I0121495

HISTOIRE

DE

LOUIS-PHILIPPE

POUR PARAITRE PROCHAINEMENT :

ÉTUDES CRITIQUES

SUR LA LISTE CIVILE ET LES BUDGETS DU SECOND EMPIRE

UN VOLUME IN-8°

PAR A.-E BILLAULT DE GÉRAINVILLE

HISTOIRE

DE

LOUIS-PHILIPPE

PAR

A.-E. BILLAULT DE GÉRAINVILLE

Major privato visus, dum privatus fuit, et omnium consensu capax imperii, nisi imperasset.

Il parut au-dessus d'un particulier tant qu'il fut dans la condition privée, et, de l'aveu général, digne de l'empire s'il n'eût été empereur.

TACITE, *Hist.* I, XLIX.

TOME TROISIÈME

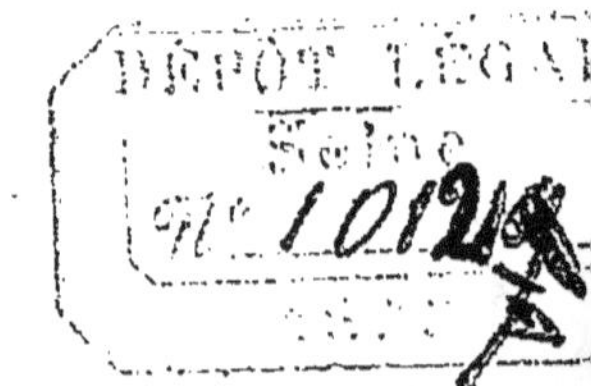

PARIS

CHEZ TOUS LES LIBRAIRES

ET BOULEVARD ORNANO, 26.

1875

INTRODUCTION AU RÈGNE

Je vais aborder le règne. A ce point de ma tâche, des devoirs nouveaux m'incombent, plus austères, plus périlleux.

Les sources d'où, désormais, je tirerai mes récits ne sont ni moins variées ni moins fécondes que les précédentes; mais, pour la plupart, elles changent de caractère et de nature. En raison de la multiplicité, et surtout du genre des informations, il me sera dorénavant presque impossible de citer toutes mes autorités aussi scrupuleusement que je l'ai fait jusqu'ici, obligé que je serai d'avoir fréquemment recours aux publications périodiques, journaux, revues, mémoires, brochures, et aussi à la foule des comptes-rendus, des monographies, et des pièces fugitives. Ce sont là des documents auxquels, à la rigueur, je pourrais encore renvoyer le lecteur, sans grande utilité pour lui; mais si étendu, si laborieux à explorer qu'il soit, ce champ de recherches et d'investigations ne contient cependant qu'une faible partie de la moisson à récolter. Il me faudra de plus fouiller des correspondances privées, compulser mémoires, notes et souvenirs inédits de familles, recourir même à des informations orales, à des éclaircissements particuliers auprès de personnes et d'agents diversement mêlés aux événements que je me suis proposé de raconter. Et c'est principalement à cette dernière source que je puiserai mon récit de la catastrophe de Saint-Leu. Il en jaillira une vive lumière sur la fin mystérieuse et tragique du prince de Condé, en attendant que les années permettent d'écarter le dernier lambeau du voile, de livrer à la publicité des noms, des pièces, des documents historiques aujourd'hui encore impossibles à divulguer : pour cela, il faut que la mort ait moissonné tous les intéressés. Mais ce qu'il m'a fallu de démarches et de vérifications pour faire sortir de témoignages authentiques et irréfragables la solution de ce problème historique, on aurait peine à se l'imaginer. Cicéron a bien raison de dire que l'histoire ne peut s'entreprendre sans loisir assuré, ni s'achever en peu de temps : *Historia nec institui potest, nisi præparato otio, nec exiguo tempore absolvi*[1]. Pourquoi rougirais-je de l'avouer ? écrit en un mois, ce IIIe volume m'a pourtant coûté près de trois années d'actives recherches, à raison de l'espèce d'enquête à laquelle j'ai dû me livrer, pour découvrir la vérité sur la fin violente du dernier Condé.

[1] *De Leg.* I, III.

A défaut d'autre mérite, j'ose du moins me flatter qu'on continuera de reconnaître en moi sincérité, conscience et exactitude. Puissent ces qualités suppléer à toutes celles qui me manquent, et que je connais aussi bien que personne! On me pardonnera peut-être ma chaleur, mes vivacités, en considération de ma passion pour le bien et la vérité. Mon cœur saigne à la vue du malheur, de l'infortune imméritée; mon esprit se révolte au spectacle de l'iniquité superbe, du vice triomphant et orgueilleux.

Je dois le répéter : même à s'en tenir à l'histoire de son pays, il y a pour l'historien consciencieux obligation impérieuse d'en franchir les limites, à l'effet d'acquérir édification complète. Pour cela, il doit consulter les publications du dehors. Le plus souvent, on rectifie ou l'on modifie ses jugements, à les comparer avec ceux des écrivains des autres nations. Aussi, mettant à profit leurs travaux, ne me départirai-je jamais d'une confrontation sévère des sources françaises avec le narrateur étranger[1].

[1] Voici une liste des publications les plus importantes de ce genre que j'ai consultées avec fruit :

Geschichtliche Darstellung des Hauses Orléans, etc. *Dessau*, 1830, in-8°. — Gleich (Friedrich). Geschichte Wilhelm's IV, Königs von England, und Ludwig Philipp's, Königs der Franzosen. *Leipzig*, 1830, in-8°. — Ludwig Philipp I, König der Franzosen. Abriss der merkwürdigsten Ereignisse aus dem Leben dieses Fürsten, nebst dem Geschlechtsregister des Hauses Bourbon, etc. *Kiel*, 1830, in-8°. — Ludwig Philipp I, König der Franzosen; biographische Skizze, etc. *Leipzig*, 1830, in-8°. — Schets

Aux trésors de lumière qu'on en verra surgir, peut-être me saura-t-on encore gré d'avoir exploité

van het leven en de regering van Lodewijk Philippus I, koning der Franschen. *Francfort*, 1831, in-8°. — Buerck (August). Ludwig Philipp, König der Franzosen, und seine Familie. *Weimar*, 1839, in-8°. Traduit en hollandais par Geraard Brandt-Maas. *Zalt-Bommel*, 1840, in-8°. — Birch (Christian). Ludwig Philipp, König der Franzosen. Darstellung seines Lebens und Wirkens. *Stuttgard*, 1841-44, 3 vol. in-8°. Augment. *Ibid.* 1850, 3 vol. in-8°. Traduction hollandaise, par Geraard Brandt-Maas. *Zalt-Bommel*, 1841-1845, 3 vol. in-8°. Par Daniel Veegens, *Haarlem*, 1846-1847, 3 vol. in-8°. — Wright (George N...) Life and times of Louis-Philippe, king of the French, *London*, 1842, in-8°. *Ibid.* 1844. *Ibid.* 1848. *Ibid.* 1850, in-8°. — Lopatta (Victor de). Vie anecdotique de Louis-Philippe Ier, roi des Français, *Leipzig*, 1846, in-12. — Wemyss-Jobons (D...). Levensschets van Lodewijk Filips, benevens een volledig verslag der jongste omwenteling in Frankrijk. *Amsterdam*, 1848, in-8°. — Douglas (Alfred-Edward). Life and times of Louis-Philippe, ex-king of the French, with an analysis of the three french revolutions, *London*, 1848, in-12. — Poore (Benjamin Perley). History of the rise and fall of Louis-Philippe, ex-king of the French, *Boston*, 1848, in-12. — O'Kelly (F...). Die Letzten Lebensjahre Louis-Philipp's, Königs der Franzosen, mit genauen Nachrichten über den Tod des Herzogs von Orléans, über den Besuch der Königin Victoria in Eu, seine Erlebnisse in der Februar revolution, Abdankung, Flucht, Aufenthalt und Tod auf dem Schlosse Richmond. *Weimar*, 1850, in-8°. — Thilo (Johann Ludwig Christoph). Ist Ludwig Philipp recht mässiger König von Frankreich? etc. *Breslau*, 1831, in-8°. Traduction française, *ibid.* 1831, in-8°. — Weisse (Christian Hermann). Über die Legitimität der gegenwärtigen französischen Dynastie. *Leipzig*, 1832, in-12. — Bricoux (C. F.). Les confessions de Napoléon et de Louis-Philippe, *Bruxelles*, 1832, in-8°; etc.

une mine jusqu'à présent à peu près complétement inexplorée, inaccessible qu'elle était aux écrivains. C'est moins à ma persévérance qu'au hasard des événements, que j'ai dû de franchir enfin un seuil interdit presque à tout le monde. Je veux parler des archives de la préfecture de police, qu'il m'a été donné de compulser, avant leur destruction à peu près intégrale, au terme de l'orgie révolutionnaire de 1871, autrement dite la Commune[1].

[1] Ainsi que la plupart de mes devanciers, j'avais toujours échoué dans mes démarches pour avoir communication des précieux documents connus à la Préfecture de police sous le nom de *Cartons historiques*. Sous la Commune, j'eus l'idée d'une nouvelle tentative. Le nom de Félix Pyat, l'un de ses coryphées, m'avait frappé. De ma vie je n'avais vu M. Pyat; je hasardai néanmoins de lui écrire : au nom de la confraternité des lettres, je réclamais ses bons offices pour cette communication. Mais ni M. Pyat, ni son secrétaire Gromier, ne daignèrent honorer d'un mot de réponse une seule de mes trois lettres. J'allais encore désemparer, quand il me vint à la pensée de tenter une suprême démarche auprès d'un autre homme de lettres, Vermorel, également membre de la Commune. Je ne connaissais pas plus Vermorel que Félix Pyat; nonobstant, je lui écrivis. J'étais bien inspiré : cette fois je trouvai accueil. Vermorel me donna rendez-vous aux Batignolles, et mit toute obligeance à faciliter mon introduction au précieux dépôt. Grâce à lui, les archives de la Préfecture de police m'ont été ouvertes, et j'ai pu, en toute liberté, y recueillir d'abondants matériaux. J'y ai passé à peu près tout le temps qu'a duré la Commune, occupé sans relâche à dépouiller d'intéressants dossiers. Le lecteur sera bientôt à même d'apprécier si ce fut là du temps bien employé.

Historien de Louis-Philippe, je n'ai pas à juger, en Vermorel, l'homme politique, ni des actes et des circons-

On vient de voir la royauté de Juillet inaugurée au sein des barricades, au milieu des pavés qu'au plus tôt, et par tous les moyens possibles, l'on s'efforce de remettre en place. Personnes et choses ont changé; mais davantage encore elles se sont amoindries, rapetissées, à commencer par le monarque. Quelque jugement qu'on porte sur Louis XVIII et sur Charles X, on doit reconnaître que tous deux eurent, en général, un profond sentiment de la dignité de la France qu'ils confondaient, non sans raison, avec la majesté de leur couronne. La Restauration avait bien compris le caractère de notre nation. L'expédition d'Espagne en 1823, l'affranchissement de la Grèce en 1827, la con-

tances qui appartiennent à une époque autre que celle qui fait l'objet de ce livre. Mais, au nom de l'histoire, j'ai le devoir, ici, de payer à sa mémoire un juste tribut de gratitude, pour le service éminent que, dans la conjoncture, il a rendu aux lettres. Par l'obligeance dont il a fait preuve à mon égard, le littérateur Vermorel a conservé à la postérité le profit de renseignements d'un prix inestimable. Il était temps d'avoir accès à ces archives, à la veille de l'incendie allumé au Palais-de-Justice, à l'agonie de la Commune! C'est le cas, une fois de plus, de déplorer cette pratique aussi aveugle qu'absurde des gouvernements, qui, perpétuellement, s'obstinent à tenir enfouis, inaccessibles aux écrivains, des trésors d'informations toujours exposés à être anéantis, au grand préjudice de l'histoire. Si chèrement qu'il soit payé, encore doit-on reconnaître le service que rendent les révolutions en forçant leur mauvais vouloir à cet égard, en brisant leur stupide résistance à des divulgations aussi essentielles que nécessaires à l'instruction et à la moralité des peuples.

quête d'Alger en 1830, furent des événements qui relevèrent les armes françaises de l'abaissement où elles avaient été précipitées par les revers de l'Empire. Louis XVIII et Charles X ont constamment le verbe haut devant l'étranger, et, sous chacun d'eux, les ministres s'inspirent de l'élévation des idées et des sentiments du monarque. Ainsi M. d'Haussez, dernier ministre de la marine de Charles X, met poliment à la porte l'ambassadeur d'Angleterre impertinent. Il ne faut s'attendre à rien de pareil de la part des ministres de Louis-Philippe. Les valets sont exactement taillés sur le patron et d'après la coupe du maître; ils en reproduisent l'image et le caractère. Nous allons retrouver les Villemain et les Cousin célébrant, en phrases avilissantes, « la vaillance de l'héritier de Frédéric » et « la magnanimité d'Alexandre ! »

Louis-Philippe est moins le roi des Français que le représentant d'une classe particulière de la nation. Il remplace le règne de l'aristocratie historique par le règne de l'aristocratie commerciale, industrielle et financière sortie des rangs de la bourgeoisie. La bourgeoisie s'est incarnée en lui : il en reproduit le caractère, le trait dominant, la cupidité, passion aussi naturelle à la classe moyenne que l'orgueil à la noblesse, l'envie à la démocratie. Pas plus que Charles X, Louis-Philippe ne renoncera à défendre le principe de la prédominance royale : il emploiera seulement d'autre moyens. Aussi loyal que nul,

Charles X a entrepris de trancher la question par la force; Louis-Philippe, loup et renard, s'efforcera d'atteindre au même but par l'astuce et la ruse. Il combattra le pouvoir parlementaire par la corruption, au lieu de l'abattre par la force ouverte. Aussi imbu que son prédécesseur de préjugés monarchiques, il a, en plus, à son service, toute espèce d'habiletés : flexible aux difficultés, rompu aux jeux et aux simulations de la politique, réfléchi, difficile à pénétrer, à tel point que Lafayette l'a pris pour une bête, et Charles X pour un honnête fidéicommissaire chargé de transmettre le dépôt sacré de la couronne au duc de Bordeaux!

Louis-Philippe n'aura jamais la prétention de s'élever haut en sentiment ou en pensée; c'est le monarque terre-à-terre, absolument dépourvu d'élévation dans les sentiments et dans les idées. *In petto* il est décidé à se faire le champion de la contre-révolution. Si donc, au début du règne, le vieux chat Louis-Philippe s'enfarine du spécieux paradoxe de la monarchie républicaine, c'est pour mieux capter et tromper la portion imbécile du parti républicain. Presque personne encore n'a pu bien lire dans l'âme profondément machiavélique de ce prince astucieux, pour qui la politique représentative n'est qu'une grande comédie, le système constitutionnel une mystification. Lui-même s'en expliquera un jour en ces termes: « C'est la maladie de l'époque, elle passera; mais il faut savoir la traiter. Les rois du continent s'en préservent par la terreur; moi, j'emploie la méthode homœopathique, et cela me réussit. » Bien naïfs sont ceux qui s'imaginent que, du fait de 1830, la France a brisé le joug imposé par les coalitions de 1814 et 1815, et qui voient déjà les trois couleurs resplendir de nouveau sur les remparts de toutes les capitales! Dans les relations extérieures, la diplomatie de Louis-Philippe se résoudra invariablement en une condescendance sans bornes aux exigences de l'étranger. Quelque question qui surgisse, on n'aura pas à se demander si Louis-Philippe est Anglais ou Américain, Autrichien ou Russe, Grec ou Turc, Papal ou Italien, on sait d'avance qu'il ne sera pas Français. C'est le chef d'un gouvernement perpétuellement à la suite, l'auxiliaire craintif et obéissant de l'autocrate russe et des haut-tenants de la Sainte-Alliance. Aussi l'Angleterre a-t-elle constamment beau jeu avec lui, à commencer du jour où son commissaire surveille l'exécution du programme qui a pour objet la prise de la citadelle d'Anvers! Ce sera ensuite l'amiral Lalande et sa flotte frémissante brusquement rappelés à Toulon, reculade honteuse où M. Thiers ne doit qu'à la prestesse qu'il a mise à se retourner, de ne recevoir le coup de pied que par derrière; M. Thiers, ce fanfaron fuyard d'un bout de sa vie à l'autre, qui, en 1840, recule du fond de l'Orient jusqu'aux fortifications de Paris! Après lui, et à sa façon, M. Guizot accomplira devant Pritchard la même évolution, pour aboutir à traitement identique. Du commencement du règne à sa fin, la lâcheté du gouvernement est la même. Louis-Philippe livrera Cracovie en 1847, comme il a livré Varsovie en 1831. A l'occupation de Cracovie par les troupes autrichiennes, au mépris des traités, l'Angleterre proteste, la France ne dit mot. Le roi des Français estime que la sagesse consiste à supporter les injures; aussi dévore-t-il toutes les humiliations, tous les affronts. Et lord Palmerston pourra se vanter impunément de le faire passer par le trou d'une aiguille[1] !

Nous ne sommes point, nous n'avons jamais été le serviteur de la légitimité, aussi nous sentons-nous bien à l'aise pour formuler à son égard notre sentiment, nos appréciations politiques : nous avons le droit de revendiquer à notre profit la position que décrit Salluste : *a spe, metu, partibus reipublicæ, animus liber*[2] : exempt de crainte et d'espérance, j'ai l'esprit entièrement détaché des factions qui di-

[1] En 1840, on parlait, devant le ministre anglais, des menaces de guerre de Louis-Philippe. « Lui, dit-il, faire la guerre! vous plaisantez : sachez bien que, quand je le voudrai, je le ferai passer par le trou d'une aiguille. » Trait de jactance sans exemple, depuis le Carthaginois Hannon, s'écriant « qu'il ne souffrirait pas que les Romains se permissent même de laver leurs mains dans les mers de Sicile ! » (*J. Freinsh. Supp.* XVI, XXVI.) Élève accompli de M. Canning, lord Palmerston fut son digne continuateur.

[2] *Catil.* IV.

visent la république. Nous ne craignons donc pas de le dire : Si légitime et justifiée qu'elle soit, la révolution de Juillet à nos yeux n'en remplit pas moins l'office de la boîte de Pandore, d'où s'échappe, pour la France et le monde, un déluge de calamités. A ce moment, et presque sans transition, il se produit aux yeux de l'observateur attentif un changement pour ainsi dire à vue dans la nature des choses et l'acabit des personnes. Ce qui, en 1830, a fait naufrage plus encore que la dynastie, c'est la vergogne du monarque, la moralité des hommes d'État, la probité du gouvernement. De cette époque date particulièrement une décomposition lente, continue du corps social, une infection générale de ses membres. Nous tombons dans un milieu délétère, d'où, au premier jour, émaneront des doctrines antisociales, des théories subversives, emprunts faits en grande partie à Babeuf, à Darthé et à Buonarotti.

Si les choses changent de nature, tout autres aussi sont les acteurs qui occupent la scène publique. A la différence de leurs devanciers, ils n'ont plus ni principes, ni croyances, ni religion politique. Il leur manque toujours la considération personnelle attachée à la dignité de la vie ; ils n'ont pas plus l'estime que le respect d'eux-mêmes. Voyez plutôt leur attitude : prosternés dans une servilité commune, les ministres de Louis-Philippe en viennent à se dénoncer mutuellement au roi, pour usurper une plus large part dans les faveurs du maître[1].

Chez les hommes d'État de la Restauration, la probité et le désintéressement sont en quelque sorte innés, inséparables des fonctions. Sous ce rapport, il n'y a pas de distinction à faire entre eux : ils portent en eux la même essence, ils reproduisent même type, même irréprochable modèle. M. Lainé, par exemple, cet homme d'une vertu antique, à son installation au ministère, dit à ses parents assemblés : « Maintenant je ne puis plus rien pour vous ; » et il tient parole. Le duc de Richelieu, avec un patrimoine plus que modeste (7,000 francs de rente), consacre à la fondation d'un hospice à Bordeaux l'intégralité de la dotation de 50,000 francs qu'il doit à la munificence, disons mieux, à la reconnaissance nationale[2]? M. de Vaublanc meurt pauvre. L'intégrité personnelle de M. de Villèle est demeurée en quelque sorte pro-

[1] Voy. *Lettres* de M. Molé, du 25 juin 1837, et de M. Guizot, du 17 septembre 1842 (*Revue rétrospect.* de 1848).

[2] « Un jour, c'était au temps de la première administration de M. de Richelieu, M. de Pontécoulant se trouvait dans son cabinet à l'hôtel des affaires étrangères, lorsque le directeur de la comptabilité s'y présenta, et, après avoir échangé avec le ministre quelques paroles sans importance, se retira en déposant sur son bureau un paquet volumineux. « Qu'est-ce que cela, Monsieur? dit le duc de Richelieu, qui venait de prendre possession de son nouveau poste. — Ce sont les frais ordinaires d'ins-

verbiale : il porte même cette vertu à un point qui n'a été bien connu que longtemps après sa disparition de la scène politique. M. de Villèle ne veut accepter aucun traitement pendant son ministère sans portefeuille ; il refuse de plus les 25,000 francs de frais d'installation alloués aux ministres titulaires ; et, plus tard encore, le supplément de 50,000 francs auquel il a droit comme président du Conseil. Enfin, et pour couronner une si louable carrière de désintéressement, il renonce, en 1830, à la pension de ministre d'État, que, selon l'usage, Charles X lui a assignée à sa sortie du ministère. La fortune de M. de Peyronnet ne fait que décroître dans l'exercice des hautes charges de l'État dont il est investi ; et, parmi toutes les imputations qui s'élèvent contre lui, son désintéressement personnel demeure constamment au-dessus de toute atteinte. Au terme d'une gestion aussi haute que délicate, M. Corvetto sort du ministère si pauvre que, sans

tallation attribués au ministre des affaires étrangères, répondit le directeur, vingt-cinq mille francs en billets de banque, que j'ai l'honneur d'apporter à Votre Excellence ; elle peut s'en assurer par elle-même. — Il n'en est pas besoin, répondit en riant le ministre, remportez ce paquet ; mon installation n'exigera pas des frais si considérables, ma valise est en bas, un garçon de bureau suffira pour la monter ici. » M. de Richelieu est mort sans laisser d'héritier de son nom ; il est malheureux qu'il n'en ait pas laissé davantage de ses vertus modestes parmi ses successeurs au gouvernement de l'État. » (Pontécoulant, *Souvenirs*, t. IV, p. 80).

une pension de Louis XVIII, il eût été livré aux horreurs de l'indigence. Ce ministre des finances ne jouait pas à la Bourse à coup sûr, de compte à demi avec le syndic des agents de change et un groupe de banquiers! M. Roy, son successeur, refuse également la pension à laquelle il a droit, comme ministre d'État, à sa sortie du ministère. Sacrifice léger, sans doute, en regard de son immense fortune : l'équité n'en fait pas moins une loi de le ranger au nombre des précédents. Ces hommes-là avaient une conscience, qui les préserve souvent de grandes fautes : car, à suivre les inspirations de la conscience, nonobstant toutes considérations politiques, il n'y a jamais danger de s'égarer : la conscience est une lampe sourde, qui nous éclaire mieux que l'esprit, dans les passages obscurs et difficiles de la vie.

1830 inaugure une ère nouvelle et de nouveaux errements. Élevés à une autre école, ministres et fonctionnaires publics entrent dépourvus aux affaires, et n'en sortent que gorgés de places ou d'argent. L'exemple devient contagieux : il en découle une industrie d'une espèce nouvelle. Avec ou sans l'attache du pouvoir, les hommes politiques se faufilent dans le monde des affaires ; ils président aux opérations, ou plutôt aux infamies d'institutions auparavant inconnues. Faiseurs d'un nouveau genre et créateurs de types extraordinaires, ils composent principalement les conseils d'administration de grandes associations financières, de prétendues sociétés de crédit qui, à l'abri de cette enseigne, et sous ce masque trompeur, n'ont d'autre but que de soutirer le pécule du prolétaire et l'épargne du pauvre. C'est à cette portion si nombreuse du public, confiante jusqu'à la crédulité, qu'on fait frauduleusement échanger, sur un marché factice, ses écus péniblement amassés contre les chiffons d'un papier sans valeur. Dans ces spéculations infâmes, l'aristocratie financière, commerciale et industrielle s'associe avec les personnages les plus haut placés. C'est un moyen infaillible de bâtir l'opulence de quelques-uns sur la misère du plus grand nombre, de refaire des fortunes ébréchées, ou dissipées, dans l'inconduite et les folies du luxe.

Les hommes d'État de la Restauration conservent jusqu'au bout l'élévation du caractère et le prestige qui, longtemps, suffiront à faire contre-poids à leurs fautes. Ce sont des conseillers de la couronne dans la plus noble acception du mot. Dégagés de tout mobile intéressé, de tout calcul personnel, ils n'obéissent qu'à leur conscience ; on ne les voit jamais se cramponner au pouvoir au risque de l'entraîner avec eux. Ils ne sont tourmentés ni de l'ambition des honneurs, ni de la passion du bien-être, ni de la soif des richesses. Aussi, en possession d'une haute autorité morale, s'ils improuvent, ils sont écoutés du monarque. Au besoin, ils savent se démettre avec dignité de leurs fonctions. Un jour, par exemple, M. de Villèle vient dire au roi Charles X : « Je vous apporte ma démission, Sire, parce qu'aujourd'hui elle peut encore servir à détendre la situation ; plus tard il ne serait plus temps, et ce n'est pas un ministère, c'est la couronne qui serait en jeu. » L'indépendance de ces hommes n'a rien d'égal que l'estime que professe pour eux le souverain. Aux Cent-Jours, les premières paroles de M. de Chabrol, préfet de la Seine, à Louis XVIII rentrant à Paris, sont pour lui conseiller le pardon. « Le ciel, dit-il, s'est chargé de la vengeance; il ne vous rend à nous que pour pardonner. » Favorablement accueilli par le roi, ce langage indépendant avait déplu aux courtisans réactionnaires : ils entreprirent de faire destituer le préfet. Mais Louis XVIII demeura inébranlable à leurs attaques. « Messieurs, dit-il, M. de Chabrol a épousé la Ville de Paris, et j'ai aboli le divorce. » Noble langage, qui fait autant d'honneur à la fermeté qu'à l'esprit du monarque!

A ces ministres et auxiliaires d'un régime pourtant antipathique à ses idées, un écrivain radical peu suspect de complaisance a rendu ouvertement la justice qui leur était due. « Cette unité de pensée et de conduite, dit M. Sarrut, propre à la plupart des hommes qui ont servi la Restauration; cette abnégation de soi qui frappe plus particulièrement aujourd'hui, il ne faut pas craindre de le reconnaître et de l'avouer, tout cela tenait à une foi sincère;

tous ces hommes avaient une conscience. Que le pays regrette la mauvaise application de cette conscience, nous partageons l'opinion du pays; mais enfin elle était d'un bon exemple. Qu'avons-nous vu depuis[1] ? » Un publiciste dont l'aveu n'est pas moins précieux, M. Fonfrède, qui a tant écrit en faveur de l'établissement de 1830, reconnaît, à son tour, que « les hommes de Juillet valaient moins que ceux de la Restauration. » Témoignage remarquable sous la plume de cet écrivain d'un caractère mobile, mais sincère, et qui lui échappe comme cri de la vérité.

Cette conscience des hommes de la Restauration, elle ne se rencontre plus qu'à l'état d'exception, et encore singulièrement oblitérée, chez leurs successeurs de 1830. A partir de cette époque, l'abaissement du niveau des caractères suit une progression constante. L'étoffe dont Louis-Philippe fait ses ministres ne discontinue plus de s'avilir, sans compter qu'il ne regarde guère à la capacité, taillant, par exemple, dans le drap de M. Cunin-Gridaine! Les suppôts de la royauté citoyenne n'offrent rien de plus remarquable que l'éclat de leurs palinodies et de leurs arlequinades.

Un échantillon de ces bateleurs et histrions politiques, ce sera, par exemple, M. Persil, l'un des premiers éclos de la couvée de 1830. Celui-là suffit

[1] *Biog. des Hommes du jour,* art. Guernon-Ranville, t. II, p. 138.

pour donner la mesure du respect de soi-même, de la tenue morale des hommes du nouveau pouvoir. M. Persil, principal accusateur des ministres de Charles X, ne demande pas moins que leurs têtes. Eh bien, à quelques années de là, à la tribune de la Chambre des députés, on l'entendra déclarer que, « si pour sauver la monarchie de 1830, il fallait sortir des limites de la constitution, les ministres n'hésiteraient point à le faire. » M. Persil prononçant l'absolution légale des ordonnances de juillet ! Au surplus, la contradiction n'a rien de surprenant de la part du personnage qui, dans un procès du journal la *Tribune*, pousse l'intempérance de langage jusqu'a dire que, « s'il voyait le roi commettre un crime, il le nierait, afin de maintenir intacte l'inviolabilité royale. » Quoi d'étonnant, dès-lors, si la France en vient à s'habituer à ne plus voir, dans ses gouvernants, que des baladins, de purs prestidigitateurs, des jongleurs politiques !

Tout en affectant extérieurement un grand respect pour la légalité, Louis-Philippe ne discontinue point de ruser avec le système parlementaire; il en sape et ruine les fondements par ses machinations occultes et ses pratiques souterraines. Parmi tous les hommes politiques qui s'offrent à lui, sa prédilection s'attache à ceux qu'il croit pouvoir le mieux ployer à ses volontés et à ses vues. Il sème alors entre eux la division; chez eux il fomente l'ambition, caresse la vanité, flatte l'orgueil, de façon à les maintenir en état de rivalité permanente, à contrebalancer réciproquement leur influence, à les annuler les uns par les autres. Aux mains de ce docteur et praticien politique, ils subissent un traitement, une sorte d'opération qui a pour effet de leur enlever leur vouloir personnel, de leur ôter toute virilité. Ils courbent leur dévouement à sa personne au niveau de leur échine. Tel est le système de Louis-Philippe, d'où résultera finalement assimilation complète du roi et de ses ministres. Ceux-ci sont l'image des *fantoccini*, figures en bois tenues par des fils d'archal : eux aussi, au mouvement que leur imprime le roi, ils exécutent des scènes variées. *Pulcinella* joue un rôle prépondérant sous le règne de Louis-Philippe.

Débarrassé de M. Laffitte, qui le gêne par sa droiture et son honnêteté, de M. Dupont (de l'Eure), qui lui est insupportable pour son indépendance et sa fermeté, Louis-Philippe se croit presque hors de page. Mais il a compté sans la situation, qui lui impose Casimir Périer. M. Périer n'aime pas plus les Bourbons de la branche cadette que ceux de la branche aînée ; s'il les sert, c'est uniquement par ambition et par orgueil. Élevé au ministère par la force des choses, il devient le véritable roi de Juillet ; il se fait craindre en haut lieu, et cordialement détester. Pour gouverner, il faut, avant tout, être doué de caractère : là est le secret du succès de Casimir Périer, Casimir Ier, comme l'appelle ironiquement Louis-Philippe!

Ce ministre a senti la rectitude de la voie tracée au dehors par la Restauration. Son coup de main d'Ancône flatte l'orgueil national. Mais, après lui, la garnison française est relevée, sans coup férir, par un simple caporal autrichien; et, partout ailleurs qu'en Algérie, l'épée de la France demeure indéfiniment clouée au fourreau. La déconsidération du trône de Juillet s'achève avant que les factions révolutionnaires se liguent pour le renverser. Il ne lui servira de rien de disposer de la plus belle armée. C'est que, si fort qu'il paraisse, un gouvernement est toujours faible quand il n'a contre la nation que l'appui de ses soldats. L'argent, comme moyen de corruption, est tout aussi impuissant à le soutenir. Un historien l'a dit : « Ni les armées, ni les trésors n'ont jamais été les appuis d'un trône : *Non exercitus neque thesauri præsidia regni*[1].

Casimir Périer connaît à fond Louis-Philippe. Il ne se fait aucune illusion sur la répulsion profonde qu'il inspire au maître, et il s'en autorise, à son tour, pour le charger ouvertement de son mépris. « Le b....e nous trahit, dit-il un jour à son ami le docteur Delaberge; avec lui, pour gouverner, il faut toujours être prêt à lui jeter son portefeuille à la tête. » Casimir Périer meurt, étouffé par l'or, la peur et la colère. Il ne se rencontrera

[1] Sall. *Jugurt.* x

plus, désormais, un seul homme de taille à brider le monarque : les successeurs de M. Périer subiront uniformément la prépotence royale. Pour être ministre de Louis-Philippe, la première condition, c'est d'avoir l'échine souple et apte à toute selle. Il n'en est pas un seul d'entre eux qu'on ne voie prêt à prendre le trot, dès qu'on lui a mis sur le dos la housse ministérielle.

La lice est ouverte. La course aux portefeuilles s'établit, et se régularise au moyen de coalitions immorales dont il existe peu de précédents dans les fastes parlementaires : il faut remonter à Fox et à lord North, dans leur lutte contre Pitt, pour en trouver un exemple aussi scandaleux. Sous Louis-Philippe, elles se compliquent encore de pactes inavouables, de compromis honteux, de marchés déshonorants.

M. de Villèle avait dit du haut de la tribune : « Travaillez à épurer les mœurs, en faisant en sorte que l'argent ne soit pas tout dans le pays; en plaçant, au-dessus de la fortune, quelque chose qui, plus qu'elle, attire la considération et les désirs. » Il ne fait que reproduire l'exhortation d'un ancien : *multo maxumum bonum patriæ, civibus, tibi, liberis, postremo humano genti, pepereris, si studium pecuniæ aut sustuleris, aut, quoad res feret, minueris*[1] : le plus grand bien, certes, que vous puissiez procurer à la patrie, aux citoyens, à vous-même, à

[1] Sall. *Epist. prim. ad Cæs.* VII.

nos enfants, à l'humanité enfin, ce sera de détruire l'amour de l'argent, ou au moins de l'affaiblir autant que possible. » La royauté de Juillet n'a garde de suivre la recommandation, encore moins de s'approprier le programme que lui a légué la Restauration. Le confident le plus austère de la pensée du règne, M. Guizot, adresse, lui, crûment à ses électeurs ce conseil demeuré fameux : « Enrichissez-vous ! » Et M. Thiers, apôtre de la même doctrine, réduit toute la conscience à ces termes : « Ayez beaucoup d'argent et ne soyez pas pendus ! » La physionomie politique de M. Thiers est, sans contredit, l'une des laideurs morales les plus tranchées du règne ; et c'est ce que Chateaubriand entend exprimer, quand il représente M. Thiers « se perchant sur la monarchie contrefaite de Juillet comme un singe sur le dos d'un chameau[1] ! »

Ce personnage ressuscite une maxime qui date des premiers jours de la Restauration : « Le roi règne et ne gouverne pas. » Mais, chez lui, la velléité de pratiquer le célèbre aphorisme ne va pas jusqu'à la tentative. Dénué de caractère, c'est de tous le moins capable de marcher sur les traces de M. Périer. On le verra, en 1840, chassé comme un valet. Languard et intrigailleur, son moral n'excède guère les proportions de sa chétive personne. Il se croit grand néanmoins, et, constamment, il est au premier plan devant lui-même. Du moins ne saurait-on lui

[1] *Mém. d'Outre-tombe*, T. VI, p. 301.

refuser l'habileté de savoir cacher ses traits véritables sous le masque de la comédie. Mais, quelque mouvement qu'il se donne, si fort qu'il se trémousse sur les planches de la scène parlementaire, il ne fait illusion à aucun esprit sérieux : c'est le matamore doublé de Scapin.

Le 29 juillet 1830, à Neuilly, lors de son entrevue avec la famille d'Orléans, il a donné la mesure de sa force de tête. L'aspect d'une grandeur de ce monde a suffi pour donner à M. Thiers le vertige ; pour l'enivrer, il n'a fallu que le verre d'eau sucrée que lui a offert la princesse Adélaïde ! Incontinent sa vanité s'est exhalée en propos ridicules, en désopilantes bouffées. Voilà pourtant l'homme qui remplira le règne du bruit de son nom, de l'éclat de sa rivalité avec M. Guizot ! M. Guizot qualifie M. Thiers de *fléau du pays*. M. Thiers lui riposte qu'il n'est qu'un *pédagogue orgueilleux*. Tous deux, dans l'occurrence, se trouvent avoir également raison. Quant au bonhomme Louis-Philippe, que la scène récrée fort, et surtout accommode, il laisse les deux champions se gourmer, et, se frottant les mains, il se dit : « Je divise et je gouverne ! » De fait, il a si bien manœuvré entre eux, qu'ils en sont maintenant à se détester comme des artistes dramatiques.

Sur le même plan, mais moins avenants au roi, se présentent MM. Molé et de Broglie. M. Molé, à qui l'on doit cet apophthegme de comédie bourgeoise : *A côté de l'avantage d'innover, il y a le danger de détruire;* M. Molé, qui aurait dû s'arrêter en route dans la carrière des honneurs, n'ayant jamais rendu de services à son pays, que sous l'Empire comme directeur-général des ponts et chaussées, à l'organisation des cantonniers! On connaîtra bientôt le duc de Broglie, un Tartufe libéral! Louis-Philippe, avec ses manières bienveillantes et faciles et son habile bonhomie, ne pouvait que ressentir de l'éloignement pour la raideur de caractère et les formes compassées de ces deux personnages. Ils seront pour lui ce que, en langage de théâtre, on appelle des *utilités*, c'est-à-dire des sujets tenus en réserve, en cas d'accident ou de mésaventure. Sceptique en matière d'idées, ne croyant qu'à la puissance du calcul, à l'à-propos des expédients, ce prince a besoin d'avoir constamment sous la main un personnel de rechange. Au fond, la musique reste la même, le thème ne comporte que d'insignifiantes variations. Le roi consacre tous ses soins à entretenir le pugilat parlementaire. Au plus fort de la coalition, M. Guizot jette à la tête de M. Molé ce lourd pavé : *Omnia serviliter pro dominatione.* Celui-ci, sans se laisser déconcerter, le ramasse prestement et le renvoie à son adversaire, en lui faisant observer qu'à l'endroit en question, Tacite a voulu stigmatiser les ambitieux. La galerie d'applaudir! Et le bon roi Louis-Philippe, que ce jeu-là amuse, continue de se frotter les mains, répétant avec son inaltérable bonhomie : « Je divise et je gouverne! »

Le talent parlementaire de M. Thiers est incontestable : matamore ou parodiste miniature de Fouché, il excelle sur les tréteaux, à moins que, Pantalon politique, il ne tombe dans la farce ou la bravade[1]. Quant à l'homme de gouvernement, sa valeur est toute négative. Sa manière se distingue à un trait particulier : chez le commun des hommes, la réflexion précède l'acte; M. Thiers, lui, superficiel et précipité, réfléchit seulement après qu'il a agi. Aujourd'hui il est si bien jugé par les hommes compétents, qu'il est douteux que, ni lui, ni personne pour lui, en appelle. M. d'Arnim, ambassadeur d'Allemagne à Paris, a récemment caractérisé les aptitudes de M. Thiers. « C'est, dit-il, à la tribune, le discoureur imperturbable sur les sujets qu'il connaît le moins, sur les matières les plus étrangères à ses études; et, dans le gouvernement, l'homme d'une complète impéritie. » Jugement d'autant plus remarquable de la part du diplomate allemand, qu'il a été impartialement formulé, en dehors de tout sentiment malveillant, de toute pensée hostile, uniquement dans le but d'éclairer son gouvernement, et qu'il était destiné à demeurer à jamais enfoui dans les archives de la Prusse.

Dans la comédie constitutionnelle et parlemen-

[1] « Oui, c'est vrai, nous avons violé la loi; eh bien, mettez-nous en accusation!... » (Paroles de M. Thiers, à la Chambre des députés, dans la discussion sur la mise en liberté de la duchesse de Berry.)

taire qui se joue de 1830 à 1848, sous les yeux et au profit du directeur de la scène Louis-Philippe, M. Thiers remplit les rôles de Figaro et de Scapin. M. Guizot, autre comédien consommé, a un emploi plus laborieux : le poseur succède au parleur.

Les fureurs simulées de Casimir Périer cachaient un cœur de poule : le fier manteau dans lequel se drape M. Guizot recouvre l'échine recourbée du courtisan, de l'ambitieux vulgaire pour qui l'exercice du pouvoir est plus précieux que l'honneur du pays. Bouche éloquente, mais esprit faux, M. Guizot, absolument dépourvu de sens pratique, est foncièrement nul en tant qu'homme de gouvernement. Sa valeur, son action sont purement oratoires. A la tribune, sa préoccupation principale est celle du maintien ; il est constamment à la recherche des effets de théâtre. Comme orateur, c'est, qu'on me passe le mot, un *tourneur* en phrases, qui sait se faire écouter par la facilité avec laquelle il prend toutes les physionomies et parle tous les langages. Dans son genre particulier, il assume à sa charge bien plus de fatigues que M. Thiers, qui n'a guère à compter qu'avec son organe voilé et criard. M. Guizot s'est dit qu'on est sûr de frapper fortement les esprits par les contraires démesurément accusés. Lafayette avait cherché sa renommée dans la popularité : M. Guizot tirera la sienne d'une immense impopularité. Dans le monde des superficiels et des ignorants, de beaucoup le plus nombreux, M. Guizot recruté de la sorte une foule de partisans ; il se compose un cortége d'intéressés et de gobe-mouches. Peu importe à Louis-Philippe le procédé de ses ministres pourvu qu'il continue de gouverner à sa guise. Mais, plus tard, à l'heure suprême du danger, il reconnaîtra amèrement de quel secours sont les parleurs et les poseurs dans l'ordre politique. Quand il tombe, le gouvernement de Juillet n'a plus que l'apparence d'un gouvernement constitutionnel, et c'est pour cette raison qu'il tombe. De tous les ministères il n'en est qu'un, celui de Casimir Périer, qui n'ait pas abdiqué devant le gouvernement personnel. « Le gouvernement constitutionnel dit un historien, faussé dès son origine en France par une *excessive timidité* et par la routine de nos traditions administratives, en était arrivé, vers la fin du règne de Louis-Philippe, à un tel degré d'amoindrissement et de débilité, qu'il n'avait plus de racines dans le pays et qu'il semblait participer de la sénilité du roi. Ce n'était plus, malgré l'illusion produite par la magnifique éloquence de son principal ministre, qu'une sorte de mécanisme tout artificiel superposé à la nation, mais séparé d'elle, et qu'elle supportait tantôt avec ennui, tantôt avec impatience. Le propre des institutions constitutionnelles, c'est de mettre les nations à même de faire elles-mêmes leurs propres affaires. Grâce au gouvernement personnel, la France n'était plus que spectatrice de cette gestion de ses plus grands intérêts ; il n'y avait en réalité qu'un acteur sérieux : c'était le roi[1]. »

Louis-Philippe entend disposer à sa volonté de la magistrature, de l'armée, du clergé, de l'éducation, des influences locales, de l'administration tout entière. La veille même de la révolution de Février, dans l'un de ces entretiens qu'il recherchait, parce qu'ils lui servaient, selon son expression, à *chambrer* les députés, il dit à l'un d'entre eux : « Vous ne connaissez pas la France : c'est un pays qui veut être gouverné par des fonctionnaires. » On verra ce que sont ces fonctionnaires dans l'ordre administratif et dans l'ordre judiciaire, et l'on aura peine à se persuader que la France ait pu se laisser gouverner, ou du moins administrer par eux durant dix-huit ans. Mais on se refusera toujours à croire que cette tourbe d'intrigants, de médiocrités, voire même de nullités, représente la suprême expression intellectuelle du pays. Qui se souvient aujourd'hui de la plupart de ces hommes, genre Macaire, genre Prud'homme, aussi étroits d'intelligence que bas de caractère, dont plusieurs même flétris par la justice? Chefs d'emploi ou doublures, ces ministres méprisés ne sont soutenus, dans le parlement, que par une

[1] P. Lanfrey, *Études politiques*, p. 375. — « Ce qui rendait pour lui la pratique loyale et consciencieuse du gouvernement parlementaire impossible, c'était, dit M. Odilon Barrot, cette manie de tout faire par lui-même qui dominait en lui et l'obsédait pour ainsi dire. » (*Mémoires posthumes*, t. Ier, p. 221.)

majorité dont tout le monde sait le tarif. A ceux qui seraient tentés de supposer qu'on fait ministres, en France, les sept ou huit Français qui ont le plus d'esprit, de talents, de connaissance du cœur humain et des conditions de l'ordre social, nous recommandons d'étudier de près les hommes investis de ce titre sous Louis-Philippe et ses successeurs. Pour le vulgaire, de loin les ministres sont des phénomènes ; à les examiner de près, au bout de l'oreille qui passe, il leur donnerait leur vrai nom. A ses tendances et propensions toujours les mêmes, la France n'a pas changé depuis le vieux cardinal de Fleury. Chez nous, les sphères élevées du gouvernement ne discontinuent point d'être le partage de la caducité sénile, le domaine privilégié d'intrigants et d'ambitieux si infimes de caractère et d'intelligence, qu'ils ne méritent pas même la qualification de médiocrités. A l'inverse des autres peuples, qui, généralement, estiment que les forces physiques et morales n'ont pas une durée indéfinie, nous sommes affolés, nous, de gérontocratie : on chercherait vainement ailleurs rien qui approche du fétichisme particulier à notre nation, rien qui ressemble à notre adoration de la décrépitude, à notre inconcevable engouement pour les rocantins.

La royauté de Juillet porte la peine de son origine. A l'intérieur comme au dehors, elle ne saurait jouer qu'un rôle abaissé. Son prestige révolutionnaire évanoui, elle s'efforce vainement de suppléer par la ruse et la corruption à l'autorité morale qui lui manque. Louis-Philippe offre un exemple de plus de l'impuissance d'un chef d'État à réagir contre le principe qui l'a élevé, à lutter contre les exigences populaires, après les avoir encouragées ou consacrées. « Le gouvernement de Juillet, à peine né, avait peur de son origine, et songeait à masquer son principe [1]. »

On verra Louis-Philippe à l'œuvre. Pour gouverner, il croit n'avoir besoin que de deux leviers, l'armée et la magistrature. Aussi en fait-il ses deux principaux instruments de règne, le double pivot de son gouvernement.

On n'a pas jusqu'ici, selon moi, suffisamment relevé deux préoccupations dominantes chez Louis-Philippe : d'une part, sa pente à s'entourer d'hommes d'épée, d'illustrations militaires; de l'autre, le soin particulier qu'il apporte à la composition de son personnel judiciaire, principalement au recrutement de ses parquets. Le roi veut tenir constamment la justice sous sa main, la mouvoir au gré de ses passions et de son tempérament foncièrement despotique [2] ? Si donc, comme militaires, Mortier, Soult, Bugeaud sont ses hommes

[1] *Mém.* d'Odilon Barrot, t. I, p. 155.

[2] « Louis-Philippe, quoique très-sincèrement pénétré de la nécessité des institutions représentatives en France, et très-résolu à respecter le serment qu'il avait fait de les maintenir, avait dans son caractère des tendances très-peu compatibles avec les conditions les plus essentielles

de prédilection ; au domanie judiciaire, les Persil et les Hébert expriment son type, la quintessence de ses choix. Ce qu'il faut à Louis-Philippe, dans ses tribunaux, ce sont des sujets à tempérament bilieux, des athlètes à outrance, de vrais casse-cou judiciaires. Dans ses procureurs et avocats-généraux il ne voit qu'une meute à lancer à la tête des écrivains, ses ennemis[1]. La pensée de la France, c'est la liberté de la presse ; son action, c'est la liberté dans les élections. Louis-Philippe n'admettra jamais ces vérités. Il est possédé de l'idée fixe de museler la presse, d'anéantir son influence. Son mot d'ordre, c'est celui de Voltaire : « Écrasons l'infâme ! » il a seulement changé d'objet. Dans l'exécution de ce dessein, les instruments du roi outrent encore, par leurs procédés, la violence de la passion royale. La rudesse, l'intempérance de langage, les travers et les défauts que, déjà sous l'ancienne monarchie, Sismondi reproche à bon droit aux procureurs et avocats-généraux, on verra les parquets de Louis-Philippe les porter à leur

de ces institutions: » (*Ibid.* p. 219.) — Louis-Philippe, d'ailleurs excellent père, était despote même au sein de sa famille.

[1] « Les attaques des gazettes, le roi les traitera comme la forêt enchantée du Tasse : en y entrant comme Renaud, la dague au poing et la lance en arrêt, le succès final ne manquera pas davantage. » (*Lettre* de Louis-Philippe à M. Martin (du Nord), 29 septembre 1841, *Revue rétrosp.* de 1848, p. 258.)

comble, au point même de laisser après eux difficilement place à d'autres excès [1]. Ce n'est pas leur faute si la presse ne succombe pas dans ce duel à outrance. [2]

A cet égard, la magistrature de la Restauration léguait malheureusement à celle de 1830 de funestes traditions, des modèles bien dangereux à suivre dans la personne de MM. Marchangy, Bellart et Mangin. Fouquier-Tinville, au tribunal révolutionnaire, restait du moins accusateur sur son siége : on ne l'avait jamais vu descendre au rôle d'insulteur public. Ceux-là, pires énergumènes de tous, n'ont plus, en place de raisons, que l'invective et l'outrage à la bouche. Au-dessous d'eux, et à leur imitation, l'on voit s'agiter la foule obscure des avocats du roi, parlant une langue qui cesse d'être celle de l'homme bien élevé. A la façon dont

[1] « Trop souvent les avocats-généraux se sont crus appelés à faire de l'éloquence sur des sentiments qui n'étaient pas les leurs, et ils ont mis dans l'accusation cette même déviation de la droiture qu'on ne devrait peut-être pas même pardonner aux avocats dans la défense des prévenus. » (*Hist. des Français*, t. XXV, p. 550, et *passim.*)

[2] Au commencement de l'année 1834, la somme des condamnations prononcées en matière de presse s'élève à 65 ans 9 mois d'emprisonnement et à 331,505 francs d'amendes. On pourrait répondre, il est vrai, que c'est un adoucissement et un progrès sur les temps antérieurs, puisqu'en cinq mois les tribunaux spéciaux de Napoléon Ier condamnèrent sept cent vingt-quatre personnes à mort! (Exposé du conseiller d'État Thibaudeau, *Moniteur* du 24 novembre 1801.)

se démènent et déclament ces furieux, on se demande si l'on est encore dans cette France, terre classique du savoir-vivre, de l'urbanité et du bon goût. C'est pitié, par exemple, de voir en quels termes incongrus et malséants nous ne savons plus quel méchant robin d'une chambre correctionnelle de Paris s'exprime sur le compte d'un homme comme Benjamin Constant. Après 1830, ce sera pis encore, quand pullulera l'engeance des magistrats mal appris et même grossiers. Ainsi l'on aura peine à croire aux termes dont se sert le procureur du roi Demangeat, de Nantes, à l'égard de l'illustre Berryer, qui n'est pas à l'audience pour lui répondre. Ici l'indécence est même poussée si loin qu'elle arrache un blâme sévère à un historien pourtant panégyriste fervent des hommes et des choses de Juillet [1].

Sous la Restauration, l'on peut encore citer des cas où le magistrat fait preuve d'impartialité, d'une dignité calme et soutenue, d'une modération bienveillante. Chez l'organe du ministère public, la conscience n'est pas encore complétement étouffée sous les emportements de la passion. De la bouche même de M. de Broë, habituellement âpre, immodéré, comme à l'égard de Courier, sortent en deux occasions remarquables des admonitions sévères à la police, un blâme ouvert et

[1] Capefigue, *l'Europe depuis Louis-Philippe*, tome VI, p. 363.

solennel de ses pratiques ténébreuses, de ses agents provocateurs. Non moins indépendant, un jeune avocat-général, M. Colomb, dans l'affaire L'Huillier, donne le rare exemple de conclure à l'acquittement du prévenu condamné en première instance. Et M. de Vatimesnil, d'ordinaire bourru et même brutal, s'abstient pourtant de l'invective. C'est encore à l'état d'exception qu'on voit le juge d'un rang supérieur s'abandonner à ces éclats de mauvaise humeur, à ces accès d'impatience, à ces interruptions moroses et fantasques qui forment le bagage habituel du magistrat de Louis-Philippe, le régime ordinaire de ses cours et tribunaux. Ici, encore, le mal empire avec le changement de gouvernement. A la température surélevée de juillet 1830, les tempéraments eux-mêmes se transforment. Il n'est pas jusqu'à Séguier qui ne subisse la métamorphose : nouvel Eson, usé et décrépit, il rajeunit dans la marmite de Louis-Philippe !

Les conflits de la magistrature avec le barreau sont un autre produit de l'éclosion de 1830.

Les magistrats de la Restauration fournissent aux lettres un contingent distingué. Après eux, ce n'est plus qu'exceptionnellement qu'on voit un magistrat ennoblir l'exercice de sa profession par l'alliance du droit avec le culte éclairé des lettres. Qu'ils deviennent rares, ceux qui font encore marcher de front l'étude de la jurisprudence avec les nobles distractions de la littérature ! On les compte, ceux qui s'associent au mouvement intellectuel de leur époque et ne demeurent indifférents à aucun débat littéraire. Ce ne sera plus que de loin en loin, à de longs intervalles, qu'on verra poindre, dans la nouvelle génération judiciaire, quelque esprits lumineux et ornés, comme M. Berville : étoiles brillantes, mais bien clair-semées, parmi tant de nébuleuses !

A peu d'exceptions près, le magistrat de Louis-Philippe est aussi incapable de moraliser que d'instruire, et plus d'un prête largement le flanc au ridicule, par sottise ou ignorance. « C'est ainsi, devers Caen », qu'à son installation, le procureur-général Didelot fait gravement son compliment à cette ville d'avoir « donné le jour au vertueux Malesherbes ! » Il a malencontreusement confondu le poëte avec le défenseur de Louis XVI ! Un rire prolongé s'ensuit en France, répercuté qu'il est en tous lieux par les organes de l'opinion, qui ont à prendre leur revanche des exploits de ce magistrat, fameux surtout par ses conclusions dans le procès civil de madame de Feuchères. D'autres, à leur tour, divertissent le public de façons diverses, dans des harangues saugrenues, où la trivialité du style le dispute à l'idée baroque. En toute rencontre et à l'aventure, ces Dangeau judiciaires donnent, à tort et à travers, de leur énorme encensoir, sur les nez de leurs patrons. Ouvrantles écluses de leur éloquence intarissable de platitudes, ils noient, en même temps qu'eux, dans un océan de ridicule, ceux qui ont le peu enviable honneur d'en fournir la matière ou d'en être le sujet[1].

Les ours qui cassent le nez à leurs maîtres, sous prétexte de leur rendre service, foisonnent dans les parquets de la monarchie de Juillet. Ainsi, lors du procès Feuchères, on entendra le procureur-général de Lyon, M. Feuilhade-Chauvin, s'écrier : « Messieurs, permettez-moi de me reporter à un souvenir de ma jeunesse. J'étudiais la loi romaine, monument impérissable de sagesse et de justice. Eh bien ! messieurs, dans ce code qui a traversé majestueusement les âges pour arriver jusqu'à nous, il y a une loi qui dit : « Venge la mort de celui à qui tu succèdes ; si tu y es infidèle, tu ne succéderas point ! »

Un mal bien autrement sérieux, car il affecte l'essence même de la justice, découle de l'éducation vicieuse de la nouvelle famille judiciaire. A cette époque, un fait grave se produit qui mérite d'être signalé. En 1830, il y a encore beaucoup

[1] « Décidément, les *Jocrisse* et les *Debureau* se sont donné rendez-vous dans les parquets de la révolution. Après M. Borély, on aurait cru qu'il fallait tirer l'échelle du ridicule ; point du tout : voici un avocat du roi, de Moulins, qui grimpe peut-être un échelon plus haut. Qu'on en juge par cet échantillon. L'orateur se croyant obligé de louer le grand prince Rosolin, s'exprime ainsi : « Le Bourbonnais a été assez heureux pour appré-« cier les qualités d'un jeune prince *devant qui nous* « *avons été admis à exposer nos besoins naturels !...* » (*La Mode*, 1832, p. 173).

d'énergie dans les convictions et les croyances, et, en dépit des grandes secousses sociales qui, depuis 1789, ont tant de fois ébranlé le sens moral, beaucoup d'hommes professent encore la fidélité au serment, le respect de la dignité des situations politiques et judiciaires. Mais, après juillet, à la suite de démissions nombreuses, la magistrature se trouve pour ainsi dire écrémée. Des organes de la justice, les moins méritants de tous sont ceux qui conservent leurs siéges. Le premier garde des sceaux, M. Dupont (de l'Eure), s'efforce bien de remédier au mal par le discernement et la sévérité de ses choix : mais Louis Philippe ne laisse échapper aucune occasion de le contre-carrer et d'entraver son œuvre. L'exercice ministériel de M. Dupont (de l'Eure) est court, son action éphémère : après lui, ses successeurs lâchent la bride au roi. Constamment adaptées à ses desseins secrets et personnels, les nominations judiciaires laissent de plus en plus à désirer; plusieurs même sont déplorables. Il se rencontrera des magistrats haut placés qui couronneront leur carrière par des actes honteux d'immoralité[1].

1 « M. Martin (du Nord), garde des sceaux, à Louis-Philippe.

« Paris, 18 septembre 1842.

« ....Le Roi remarquera, dans l'envoi que j'ai l'honneur de lui faire, une ordonnance qui accepte la démission de M. Ginestet père, comme président honoraire à la Cour de Montpellier. On ne donne pas ordinairement sa démission de

La justice se pervertit à son accouplement adultère avec la politique. C'est principalement aux officiers de parquet que le roi souffle son pernicieux esprit : la consigne remplace la conscience, dans les parquets de Louis-Philippe. Dans les causes politiques, avant l'audience, l'organe du ministère public a « son siége fait », son thème bâti d'avance contre le prévenu. Son langage et son attitude sont invariablement les mêmes : rhétorique fausse et boursouflée, style ampoulé et déclamatoire, action et pantomime de comédien. Les agissements du président forment pendant. Embarrasser l'accusé par des questions captieuses, profiter de son trouble pour le mettre en contradiction avec lui-même, essayer de l'intimider, circonscrire et limiter ses moyens de défense, recourir aux exagérations,

fonctions purement honorifiques ; mais, ici, il y a un motif tout particulier. M. Ginestet père, quoique âgé de soixante-quinze ans, est véhémentement soupçonné de s'être tout récemment rendu coupable de faits graves sur une jeune fille. Une plainte a été portée ; mais, par respect pour la magistrature, l'affaire a été *assoupie*, et on a exigé la démission de M. Ginestet père. Il l'a donnée. Toutefois, les chefs de la Cour de Montpellier craignent qu'il ne veuille la retirer quand ses inquiétudes seront complétement dissipées. C'est pour obvier à ce scandale qu'ils désirent qu'une ordonnance donne la sanction royale à cette démission, L'ordonnance ne sera pas rendue publique par son insertion au *Moniteur* ; mais elle sera transcrite sur les registres de la Cour royale.

« Je suis, etc.

« N. Martin (du Nord). »

(*Revue rétrosp.* 1848, p. 252.)

à l'âpreté du langage, aux procédés durs et blessants, et, finalement, renforcer l'accusation sous couleur d'un résumé impartial des débats, tels sont, entre tant d'autres, les écarts inséparables des procès de presse dont l'interminable série va bientôt se dérouler sous nos yeux.

Aux mains de Louis-Philippe, le personnel de la magistrature sert à deux fins. Si, dans ses cours et tribunaux, il applique tous ses soins à styler ses magistrats, à les dresser à la manière dont il entend les lancer à la tête des journalistes ; à la Chambre des députés, il en compose une meute d'aboyeurs destinée à couvrir les voix de l'opposition. Ainsi formés pour l'attaque, façonnés à l'agression âcre et intempérante, à l'obéissance aveugle et passive, leur action, au double champ où elle s'exerce, a pour effet et conséquence infaillible de susciter au roi et à son gouvernement d'implacables ennemis.

L'absence de conscience et de sens moral dans la nouvelle magistrature, son manque de dignité et même de tenue, et surtout l'abaissement du niveau intellectuel de ses membres, proviennent en grande partie de leur déplorable mode de recrutement. Pourvu qu'ils répondent à ses fins, Louis-Philippe se montre accommodant sur les choix. Délaissées par le talent déshérité des biens de la fortune, par le mérite éconduit ou découragé, les fonctions judiciaires ne sont plus remplies que par ceux qu'on est convenu d'appeler les *fruits secs du barreau*, c'est-à-dire par le commun des avocats incapables de s'y frayer une route aux honneurs, à la considération et à la fortune. A partir de 1830, la porte de la magistrature s'ouvre à deux battants à une foule d'étourneanx qui, à force d'équipées et d'esclandres, jettent sur le corps judiciaire la déconsidération et le discrédit. Les parquets surtout fourmillent de bardots. A bien des siècles d'intervalle, c'est à raison de causes semblables, la répétition du phénomène qui, autrefois, s'est produit à Rome : *Proveniebant oratores novi, stulti, adolescentuli*[1]. D'où il arrive qu'en France, du fait des magistrats, le respect pour la justice va chaque jour s'amoindrissant.

Les emplois de la magistrature deviennent en grande partie le lot d'un certain nombre de familles, auxquelles ils semblent en quelque sorte inféodés. Tout fils, parent ou allié de magistrat, autrement incapable de trouver sa voie, est versé sans scrupule dans les rangs de la magistrature, principalement celle assise, où l'immobilité et le silence suffisent au juge pour faire figure. Ainsi se forme dans l'État une caste d'une espèce nouvelle, qui, sans le relief de la noblesse, lui emprunte pourtant son orgueil, auquel elle joint une morgue insupportable. A telle investiture des fonctions judiciaires à une classe particulière de la nation, à un nombre limité de familles, il se produit au moral le même effet que, dans l'ordre physique,

[1] *Cic. de Senect.* VI.

l'on attribue communément au défaut de croisement des races. Chez ces nouveaux sujets, le fonds s'altère, le tact s'émousse, le jugement se déforme, l'intelligence même s'appauvrit. Le législateur s'est bien proposé de prévenir ce résultat par les prohibitions qu'il a sagement édictées : mais *quid leges sine moribus?* Les lois, elles ont déjà bien de la peine à être exécutées quand elles sont en complète harmonie avec les besoins du temps et la conscience générale : que sera-ce, si elles ont contre elles des intérêts puissants, des influences prépondérantes? Et puis, il n'est si habile homme que le légiste pour tourner la lettre ou fausser l'esprit de la loi. Les interdictions sont constamment éludées par l'abus des dispenses. Dans l'espèce, comme dans tant d'autres, la loi dès sa naissance a vécu. *Jàm regi leges, non regere*[1] *:* maintenant on fait fléchir les lois, et l'on ne fléchit pas devant elles.

Entré dans sa place par le canal de la faveur, grâce à l'appui de protecteurs influents, le magistrat de Louis-Philippe n'y voit plus qu'un second patrimoine à faire fructifier, à accroître pour lui et sa famille. On connaît le mot de ce conseiller de Cour royale : « Voilà mon fils substitut, et du coup une femme à 100,000 francs! » Dans cet ordre d'idées, le magistrat devient rogue et hautain; il demeure convaincu qu'il porte en lui une essence particulière. Ce travers est surtout choquant en province,

[1] *Tite-live,* X, XIII.

où, affectant de s'isoler du commun, il en vient à faire bande à part : par-dessus tout il évite de se mêler aux notabilités du commerce et de l'industrie, surtout il n'a garde de frayer avec la société ordinaire. C'est là le trait saillant, caractéristique de sa nature, le fruit le plus remarquable de sa nouvelle éducation, fondée sur les principes de M. Séguier déblatérant, dans une mercuriale demeurée fameuse, contre le « typhus moral pénétrant dans toutes les classes par la confusion des rangs! » A l'instar du consul romain, Séguier, au domaine judiciaire, se déchaîne et invective contre nos modernes Canuleius. « Que n'entreprend pas Canuleius? Il veut mêler les races, confondre les auspices publics et particuliers, ne plus rien laisser de pur et d'intact; et quand il aura effacé ainsi toute distinction, personne ne pourra plus reconnaître ni soi ni les siens : *Quas quantasque res C. Canuleium adgressum? conluvionem gentium, perturbationem auspiciorum publicorum privatorumque adferre, ne quid sinceri, ne quid incontaminati sit: ut, discrimine omni sublato, nec se quisquam, nec suos noverit*[1]. »

Le mobile dominant de cette magistrature, c'est l'avancement à tout prix; son état, une locomotion perpétuelle. A la certitude qu'il a, ou croit avoir, de quitter bientôt sa résidence, le magistrat se soucie médiocrement que sa tenue y soit bonne ou mauvaise, encore moins des souvenirs qu'il laissera. Aussi se

[1] *Tite-live*, IV, I.

donne-t-il fréquemment carrière dans des échappées dont la considération du corps auquel il appartient fait tous les frais.

De cette constitution bâtarde et foncièrement vicieuse de la nouvelle judicature, découle une justice boiteuse, essentiellement partiale, accessible de tous les côtés aux influences et aux compromis. En dehors même de la politique, la source en est infectée par l'égoïsme et l'intérêt personnel. En France, le juge n'est indépendant qu'en théorie : en réalité, une hiérarchie compliquée et discrétionnaire le place sous la main du ministre, dans une dépendance étroite du pouvoir, souverain appréciateur de ses services, arbitre et maître absolu de son avancement. A pareille organisation de l'ordre judiciaire, toute garantie disparaît pour le justiciable[1]. L'inamovibilité n'est qu'un leurre, une chimère, un thème même plus aujourd'hui controversable, tout au plus bon pour quelqu'une de ces amplifications aussi vides que pédantesques, qu'au Palais on décore pompeusement du nom de *Discours de rentrée*. « Le magistrat, observe judicieusement Benjamin Constant, est plutôt *indestituable* qu'inamovible, puisqu'il est pour son avancement à la

[1] « L'indépendance du pouvoir judiciaire est un mot vide de sens partout où les juges sont payés par le gouvernement, et n'ont, pour la plupart, que les honoraires de leur emploi. Indépendant et salarié sont contradictoires. » (De Bonald, *Pensées*.)

discrétion du ministre. » La justice n'existe réellement que chez les nations où elle se rend par le ministère de jurés, au civil comme au criminel *Neque Rhodios, neque alias civitates unquam suorum judiciorum pœnituit : ubi promiscue dives et pauper ut cuique fors tulit, de maxumis rebus juxta, ac de minumis disceptat :* jamais les Rhodiens, ni bien d'autres cités n'ont eu à se repentir de la composition de leurs tribunaux, où le riche et le pauvre, sans distinction et d'après la loi du sort, prononcent également sur les plus grandes et sur les moindres affaires[1].

De fait, sous Louis-Philippe, il n'y a plus ni droit ni loi, plus de justice à attendre pour ceux qui ont eu le malheur d'encourir la disgrâce, ou seulement le déplaisir du pouvoir. Nous n'en finirions pas à dérouler la série des exemples. M. Raspail, par exemple, dans son négoce et sa carrière industrielle avec un contentieux obligé d'affaires, perd indistinctement tous ses procès, même ceux les plus étrangers à la politique[2]. Il en est absolument de même au grand comme au petit criminel. Les vulgaires larcin

[1] Sall. *Epist. prim. ad Cæs.* VII.

[2] « Sous le règne essentiellement corrupteur et corrompu de Louis-Philippe, les tribunaux se sont montrés dans toutes les occasions, les serviles complaisants du pouvoir. On sait que, partout, il y avait ordre de faire perdre les procès aux gens de l'opposition, même quand ces procès n'avaient aucun rapport avec la politique; et ces ordres étaient toujours exécutés. » (*Biog. de Louis-Philippe*, par L.-G. Michaud, Paris, 1849, p. 106.)

sont épluchés, les minces délits tamisés; on crie *haro* sur le baudet qui a tondu du pré « la largeur de sa langue: » mais madame de Feuchères assassine, empoche ses millions, danse à la cour, et, suivant l'expression énergique d'un ancien, *fruitur Dîs iratis*[1]*!* Les magistrats qui l'ont couverte et protégée obtiennent un avancement rapide, une rénumération splendide de leurs soins, tandis que ceux qui ont fait leur devoir, comme M. de la Huproye, M. Gustave de Beaumont[2], M. Faucher, sont mis à la retraite, envoyés en mission extraordinaire, ou même brutalement révoqués.

Chauffés à ce degré anormal, les parquets de

[1] Juv. *Sat.* I.

[2] A son retour d'Amérique, en 1832, il fut désigné pour porter la parole, au nom du ministère public, dans le procès en diffamation que madame de Feuchères intenta aux princes de Rohan. Ne voulant pas signaler la reprise de ses fonctions par une apologie qui répugnait à sa conscience, M. Gustave de Beaumont allégua que, par suite de son absence prolongée, il ne connaissait pas assez le drame de Saint-Leu pour apprécier les imputations qu'il provoquait. Ses raisons ne furent pas admises. Sur son refus réitéré, le procureur du roi Desmortiers le fit révoquer de ses fonctions. La destitution de M. de Beaumont ayant eu lieu à l'époque de juillet, les journaux en prirent occasion de faire observer qu'en mémoire des *trois journées*, Louis-Philippe destituait le gendre de Lafayette. M. Gustave de Beaumont jouait de malheur avec les chefs de parquet. Sous Charles X, ce jeune substitut, aussi distingué par sa noblesse d'âme que par son talent, avait été éloigné des audiences pour avoir conclu contre l'archevêque de Paris, dans l'affaire du *bréviaire parisien.* (*Gaz. des Trib.* 31 juil. et 1er août 1830.)

Louis-Philippe ont nécessairement leur éclosion de produits jusque-là inconnus, monstrueux. De leur atmosphère corrompue, saturée des miasmes pestilentiels de la politique, s'échappent ces sorties inconsidérées, ces thèmes insensés, particulièrement accentués dans les procès de presse et dans ceux de la liste-civile. Pour le plus grand profit de la couronne, les procureurs-généraux empruntent à Calonne son mot : « Si c'est possible, c'est fait; si c'est impossible, cela se fera. » Injustement lésés dans leur personne ou dans leurs biens, nombre de citoyens n'ont que trop sujet de se plaindre : par contre, tout marche à souhait pour le maître et d'heureux privilégiés. Dans leur course extravagante, aucune barrière n'est capable d'arrêter l'emportement de « messieurs les gens du Roy ». Il en résulte fréquemment émotion dans le pays, étonnement indicible. C'est ainsi qu'à la Cour royale d'Orléans, à propos de coupes par éclaircies, abusivement pratiquées par la liste-civile dans les forêts de l'Etat[1], la thèse soutenue en sa faveur par le procureur-général Corbin est tellement folle, qu'à tel coup la France entière se met à la

[1] Vulgairement *coupes sombres*.

[2] « DE LA DISTANCE MONARCHIQUE QUI SÉPARE 1827 DE 1830.

« Il faut reconnaître qu'il y a eu progrès depuis 1830, aussi bien en matière de forêts de la couronne qu'en une foule d'autres choses.

« En 1827, M. de Villèle, ministre de Charles X, disait à l'occasion de la présentation du Code forestier : « M. le ministre des finances a reconnu que la couronne n'est

fenêtre[2]. Parallèlement, au criminel, l'on voit fleurir ce système interprétatif en vertu duquel un accusateur habile phraséologue peut faire dire à un écrivain ce qu'il n'a ni écrit ni pensé. A ce beau soleil

qu'usufruitière, et que l'usufruitier, suivant le Code civil, ne peut couper que ce qui est déterminé par la maturité ou l'aménagement. »

« M. de Martignac, rapporteur de la loi, disait encore : « La couronne est très-bien considérée comme usufruitière. Cela posé, quels sont les droits qui peuvent appartenir à M. le ministre de la maison du roi ? Ce sont ceux qui résultent de la régie et de l'administration des bois et forêts de la couronne, conformément aux règles sur l'usufruit. »

« Eh bien, MM. de Villèle et de Martignac devaient recevoir des leçons de monarchisme de la part des révolutionnaires de Juillet. Dans le récent procès devant la Cour royale d'Orléans, un procureur-général du régime actuel, M. Corbin, a proclamé que la révolution de Juillet a entendu donner à la royauté TOUS LES DROITS DU PROPRIÉTAIRE, L'INVESTITURE PLEINE ET ENTIÈRE de la dotation de la couronne. » M. Corbin a soutenu que rien de ce que peut faire la liste-civile, dans ses *propriétés*, ne saurait être soumis au *contrôle* ; enfin, M. Corbin a déclaré M. de Montalivet autocrate absolu, czar des forêts, maître de les couper suivant son bon plaisir !

« M. l'intendant peut, sans nulle entrave, organiser un commerce de gagne-petit forestier. Ce n'est pas seulement par ses programmes que Juillet devait pousser à la consommation des fagots.

« Telles ont été les théories de M. Corbin, qui, comme on le voit, dépassent de beaucoup les traditions monarchiques de 1827. Nous offrons de parier qu'afin de mieux sanctionner encore ces théories, on récompensera le procureur-général près la Cour d'Orléans par un superbe avancement, au lieu de river le bec à Corbin. » (*La Mode*, 1847, p. 559.)

de juillet 1830, l'on voit éclore, s'épanouir et mûrir, les fruits perfectionnés de la jurisprudence Bourdeau, et de la *complicité morale*, de MM. Rossi, Broglie et Hébert : merveilles du règne, pour en devenir ensuite, et à jamais, le stigmate et la condamnation[1] !

Entretenu par la centralisation administrative, un courant d'influences démoralisatrices pénètre tous les corps de l'État, qui marche à grands pas à sa dissolution. Au moyen des fonctionnaires de l'ordre administratif et judiciaire, la France se trouve enveloppée d'un vaste réseau dont la trame est tissue de rapports et de délations. Le maire, le juge de paix, l'instituteur d'école, et jusqu'à l'humble garde champêtre, déjà transformés en

[1] Il y a guerre déclarée, guerre à mort entre Louis-Philippe et la presse : il faut qu'elle meure pour qu'il vive. Les amis du roi sont ceux qui haïssent la liberté de la pensée. Quiconque la défend devient son ennemi mortel.

M. Borelly, procureur-général à Aix, prononce, à la rentrée de sa Cour, une belle et noble mercuriale dans laquelle, avec autant de courage que de haute raison, il condamne la jurisprudence Bourdeau, cette trappe tendue sous les pas de la presse, qui se trouve enlevée à sa juridiction naturelle. Mais le gouvernement est bien décidé à ne point de départir de ce moyen de confiscation, de cet engin qui a ruiné tant de journaux : M. Borelly est mis à la retraite.

Un autre officier de parquet, M. Boissieux, écrit la fameuse lettre sur les jurés probes et libres qui soulève un immense scandale à la Chambre et dans le pays. M. Boissieux est nommé conseiller à la Cour de cassation. Le plan de conduite de Louis-Philippe, à l'égard de la magistrature, est tout entier dans ce rapprochement.

courtiers d'élections, sont encore assujétis à un service d'espionnage et de police. Aussi ne manquent-ils pas de récolter pour eux et le gouvernement une abondante moisson de mépris et de haine. Au-dessus d'eux plane encore une hiérarchie de police judiciaire savamment organisée, dont les agents se surveillent entre eux. Dans sa correspondance secrète, le chef de parquet dénonce son président ou tiède ou mal pensant, et, dans ses *Notes confidentielles*, ce dernier n'a garde de demeurer en reste. Mais arrive un jour où tout ce bagage extra-judiciaire s'égare dans la fuite précipitée du dernier garde des sceaux, et devient le butin de son successeur. Les correspondants, alors, de recevoir communication de leurs dénonciations réciproques, et de voir comme ils se connaissaient bien[1] !

Un régime si dissolvant, si anormal, semblait pourtant indestructible à Louis-Philippe, « à califourchon, disait-il, sur son gouvernement. » Pour que son esprit en vînt à ce degré d'aveuglement et de perversion, il avait fallu des adulations assidues : *tam cœca et corrupta mens assiduis adulationibus erat*[2]. Uni d'intérêts avec la classe moyenne qu'il

[1] Nous tenons cette particularité d'un ancien ministre de la justice, le regretté M. Marie.

[2] Tac. *Agric.* XLIII. — « Louis-Philippe était enivré d'incroyables flatteries. Les fonctionnaires retouchaient et exagéraient pour lui les adulations qu'ils avaient tour à tour adressées à Napoléon et aux Bourbons de la branche aînée. Les discours de la nouvelle année et de

croit indissolublement liée à lui et à sa maison, et, pour ainsi dire, rivée à sa fortune, Louis-Philippe ne s'aperçoit pas de la scission profonde qui s'est produite dans ses rangs : la partie saine s'en est détachée, et, désormais, elle confondra ses aspirations avec celles des masses, à peu près complétement déshéritées, sous ce règne, non-seulement de tout droit politique, mais de toute amélioration matérielle appréciable[1]. A l'abri de ses fortifications, sous la protection d'une armée aguerrie et nombreuse, Louis-Philippe répute inexpugnable sa position aux Tuileries, jusque-là que la fusillade du peuple viendra l'en déloger. Mais l'insurrection de Paris a été précédée du soulèvement des consciences. Alors s'accomplit cette révolution du mépris que,

la Saint-Philippe ressemblaient à des hymnes. Quand son fils aîné mourut, un grand poëte qui se dit aujourd'hui un républicain de la veille, lui adressa cette phrase : « Sire, Dieu a besoin de vous ! » C'est ainsi qu'il était encouragé à suivre sa politique égoïste et personnelle. » (*Vie de Louis-Philippe*, par M. Alfred Nettement, IIIe édit. p. 121).

[1] Après l'institution des Caisses d'épargne, l'importation des Salles d'asile, et les développements donnés à l'instruction primaire, la sollicitude du gouvernement de Juillet cesse à peu près complétement de s'émouvoir au sujet des intérêts populaires. « Le gouvernement de Louis-Philippe était absolument dénué de l'esprit de progrès : non-seulement il résistait obstinément à toute réforme organique, si modérée qu'elle fût ; mais toute amélioration législative ou administrative trouvait en lui un adversaire non moins décidé. » (*La Révolution de 1848 et ses détracteurs*, par J. Stuart Mill.)

peu de mois auparavant, M. de Lamartine prophétisait éloquemment au banquet de Mâcon. La mesure était comble. « C'est que, observe judicieusement l'historien Hume, il est un degré d'abaissement comme d'élévation que les choses humaines ne dépassent pas, et d'où elles reviennent en sens contraire. »

La révolution de février ne fut donc pas, comme bien des gens le croient, un simple coup de main, une surprise : elle fut, avant tout, un acte de justice, de nécessité nationale. Une satisfaction était due à la morale publique. Il fallait que la maison d'Orléans tombât, parce qu'elle avait mérité de tomber, en manquant à ses promesses et à ses devoirs; il fallait qu'elle tombât, pour que la France vécût d'une autre vie que celle que lui dispensait une main corruptrice, pour qu'elle recouvrât sa dignité, son rang dans le monde, pour que sa puissance cessât d'être démantelée[1]. A s'amender à temps, Louis-Philippe eût certainement conjuré la catastrophe, autrement inévitable. Sa résistance obstinée, son entêtement l'a perdu. Mais ensuite que dire de

[1] « Après dix-huit ans de règne et d'une diplomatie que l'on croyait habile parce qu'elle était intéressée, la dynastie remettait la France à la République plus cernée, plus garrottée de traités et de limites, plus incapable de mouvement, plus dénuée d'influence et de négociations extérieures, plus entourée de piéges et d'impossibilités qu'elle ne le fut à aucune époque de la monarchie. » (*Discours* du ministre des affaires étrangères à la Chambre des représentants, 8 mai 1848.)

ses derniers conseillers, entièrement dépourvus de patriotisme! Certes, à la gravité du péril, à l'imminence de la débâcle, on se refuse à croire qu'ils aient totalement manqué de clairvoyance, à moins de les supposer tombés en complète ablepsie. Le plus coupable de tous, sans contredit, c'est M. Guizot, ce ministre aussi rampant que Wolsey, et qui, même après sa démission, entretint jusqu'au bout la sécurité de l'aveugle monarque. Au jugement même des fils de Louis-Philippe, ce néfaste personnage conduisait à grandes guides le char de la monarchie à l'abîme. Il ne fallait pas, en effet, une bien forte dose d'intelligence pour comprendre que l'inertie et la compression tuent à la longue un gouvernement, qui ne saurait reposer seulement sur des ministres, des préfets, des maires, des percepteurs et des gendarmes. Dans la dernière année de ce long ministère du 29 octobre, qui accélère la ruine de la royauté de Juillet, M. Guizot devient un tel objet d'exécration, que son nom seul éveille la haine jusque chez les gens qui ne le connaissent pas. M. de Polignac a été moins violemment et surtout moins profondément détesté. M. Guizot s'est chargé de donner un éclatant démenti à l'axiôme politique du cardinal de Retz, que « la faveur publique est toujours beaucoup plus assurée par l'inaction que par l'action[1]. »

Ce qui a manqué au gouvernement de Louis-Phi-

[1] *Mém. de Retz*, t. I, p. 27.

lippe, comme au surplus à tant d'autres, c'est la saine application de son principe, la pratique honnête et mesurée de son système. Nous estimons également bonnes toutes les formes de gouvernement, si elles sont sagement pondérées. Au jeu des institutions politiques, les défectuosités ne proviennent le plus souvent que du choix reprochable des agents, de leur inexpérience ou de leur mauvaise conduite, quand le mal ne prend pas irremédiablement sa source dans la perversité et l'immoralité des gouvernants. La machine gouvernementale, qu'elle s'appelle monarchie ou république, fonctionnera toujours à la satisfaction générale, pour peu qu'elle soit aux mains de conducteurs probes et intelligents. Point d'autre raison du mécanisme parfait, du jeu si régulier de ce qu'on nomme improprement la constitution anglaise, et ce nonobstant des rouages assez compliqués[1]. Point d'autre raison encore, pour le dire en passant, de l'immense supériorité de la justice britannique sur la nôtre, en dépit d'un dédale de statuts et l'absence de codification, inconvénients plus que compensés, chez nos voisins, par d'excellentes pratiques judiciaires qui nous manquent absolument.

On a dit qu'il était difficile de gouverner la France.

[1] L'Angleterre n'a pas, et n'a jamais eu, de constitution écrite. Qui ne voit, d'ailleurs, que la forme d'un gouvernement ne s'improvise pas : elle est, comme les lois, le fruit du temps.

A cet égard, il faut s'entendre. Veut-on parler d'un gouvernement personnel, au goût et à la fantaisie d'un seul homme, au profit exclusif d'une famille, ou d'un gouvernement établi pour l'utilité commune, dans l'intérêt général? Au premier cas, il est certain que, de quelque génie qu'on soit doué, à tenir le timon des affaires, on s'use vite, on dure peu. Mais, au second, à conduire les destinées du pays dans le sens de ses légitimes aspirations, de ses besoins intellectuels, moraux et matériels, tout gouvernement qui voudra sincèrement s'y résoudre et s'y appliquer est assuré, quoi qu'on dise, de fournir en France une longue carrière. On peut affirmer, sans paradoxe, que notre nation se prêtera toujours docilement à toute direction qu'on voudra lui imprimer, pour peu qu'elle soit sage et désintéressée. « On a pu dire souvent, remarque M. de Barante, que la nation française ne sait pas bien ce qu'elle veut ; mais, à tort ou à raison, elle sait parfaitement ce qu'elle ne veut pas[1]. » On est donc sûr de la trouver ombrageuse et récalcitrante, toutes les fois qu'on assume la tâche périlleuse de remonter le courant de ses sympathies, de faire violence à ses idées et à ses goûts.

Avec mission identique de monarques constitutionnels, Charles X et Louis-Philippe ont également sombré, mais chacun dans une voie divergente : le premier, pour avoir voulu briser violemment les

[1] *Vie politique* de M. Royer-Collard, t. II, p. 265.

ressorts du mécanisme parlementaire, le second pour avoir réussi à souhait à les fausser et pervertir. Il n'y a pas lieu de s'étonner de leur chute : elle était immanquable. On doit les juger sévèrement; mais aussi l'équité commande de tenir compte à chacun d'eux de ses mérites particuliers, d'honorer leurs vertus. Sans doute ils ont failli tous deux à leur principe ; ce sont des chefs de gouvernement dévoyés ; mais ce sont encore des chefs de gouvernement. Il ne viendra jamais à la pensée d'une personne de sens de mettre leur administration en parallèle avec le régime ignominieux que, sous le nom de second Empire, la France a subi pour son malheur durant dix-huit ans, celui-là né du parjure, fondé sur la violence, maintenu par la compression, sans autres voies et moyens que la vénalité, la dilapidation et la rapine. Ce gouvernement dont le chef ne rougit pas de se faire croupier de maisons de jeu, l'associé des forbans de la finance dans des spéculations de Bourse, est destiné à trouver son terme à l'excès de ses débordements et de son ineptie. Ses actes répondent à son principe, ses agissements cadrent avec son origine : « Qui monta sur le trône par le crime, » dit Tacite, « n'y régna jamais par la vertu : *Nemo enim unquam imperium, flagitio quæsitum, bonis artibus exercuit*[1]. Ce gouvernement-là, il a reçu des masses son écriteau infamant; le peuple lui donne brutalement son nom : c'est le régime de la

[1] *Hist.* 1, XXX.

gabegie, de l'immoralité, et, à ce titre, particulièrement regretté des griveleurs, des spadassins et des filles. A celui-là l'on n'a pas fait l'honneur de le renverser : à la première secousse, il s'est effondré dans sa fange, au milieu du mépris public et de la désertion de ses séides !

Il y a plus d'un genre de débauche, plus d'une sorte d'orgie ; mais la pire de toutes, sans contredit c'est celle du pouvoir absolu, destructive qu'elle est chez le despote du corps et de l'intelligence. Charles X et Louis-Philippe se retirent au moins de la scène publique sains de corps et d'esprit, en pleine possession d'eux-mêmes, avec l'intégrité de eurs facultés. Napoléon III, lui, à bout d'excès et de démoralisation, tombe au niveau de la bête brute, *pecudis :* il en a l'hébétude et l'insensibilité. Nouveau Nabuchodonosor, il justifie le mythe de l'Écriture. Ce faux Napoléon, aujourdhui dénoncé comme tel par une partie de sa famille, ne dément pas sa naissance plus que suspecte à la façon dont il clot sa carrière d'aventurier[1]. Plus d'âme en lui, nul battement pour la France, qu'il a plongée dans un abîme de calamités. Charles X et Louis-Philippe, à leurs derniers instants, tournent leurs regards vers la France ; leur suprême pensée appartient au pays :

[1] C'est de lui, et du luxe d'héritiers dont la reine Hortense gratifiait son mari, que le cardinal Fesch disait plaisamment : « Quand il s'agit des pères de ses enfants, Hortense s'embrouille toujours dans ses calculs. »

lui, au lit de mort, il roule les pensées, il est agité des sentiments de Sardanaple sur son bûcher !

L'histoire, tout en se montrant sévère pour Louis-Philippe, lui tiendra compte d'un fait considérable, qui d'autant doit protéger sa mémoire : Louis-Philippe laisse à la France une armée valeureuse, commandée par des chefs intègres et expérimentés. Il était réservé à son indigne successeur d'en gaspiller les forces et le prestige dans une suite d'entreprises décousues, sans terme ni raison, au service d'une politique extravagante, ou, plutôt, en l'absence de toute politique, pour la satisfaction de son amour-propre et de son caprice du moment. A ses mains, l'armée de la France remplit le rôle d'une sorte de maréchaussée universelle : elle est partout, hormis en France; et il ne dépend pas de lui, qu'après en avoir avili les cadres à force d'y introduire un personnel abâtardi de militaires d'antichambre, et jusqu'à des généraux de cirque, il n'étende la gangrène à l'héroïque soldat, qui ne doit qu'à sa trempe d'être préservé de la contagion. L'infection de ce régime a été si profonde que, même après sa disparition, il en reste encore des germes purulents. La tête venimeuse a bien été écrasée, le corps détruit; mais la queue subsiste toujours, et, comme la rouille, elle s'attache encore à la France pour la ronger. Qu'on réfléchisse donc, enfin, sur la folie d'une forme de gouvernement sans contre-poids, où la volonté d'un seul homme dispose arbitrairement du sort de toute une nation, où le pays tout entier dépend des digestions d'un despote!

La France, maintenant affranchie de ce fléau, ne manque point de blessures à cicatriser, de maux profonds à guérir : c'est, sans compter les autres, en bas, la démocratie envieuse et niveleuse; en haut, l'impéritie gonflée d'orgueil et de présomption, et surtout la caducité sénile, à l'excès vaniteuse, cette lèpre endémique du pays. Oh, comme la France bénirait le ciel! comme elle rendrait des actions de grâces à la Providence, si celle-ci daignait lui départir, comme gouvernants, des barbons encore plus cachectiques, plus surannés, par exemple, d'au moins quatre-vingt-quinze ans! Ne trouvons-nous pas souverainement ridicule l'exemple que donne présentement l'Angleterre, où M. Gladstone dépose le fardeau du pouvoir et remet le timon des affaires à un successeur plus jeune que lui? M. Gladstone, encore dans la force de l'âge, en pleine possession de sa puissante intelligence et de ses admirables facultés! La France, elle, si c'était possible, conserverait ses hommes d'État même empaillés. Son idole, l'objet exclusif de ses hommages, de son culte, c'est tout radoteur incapable et usé, c'est la décrépitude. La nation est affectée d'un mal particulier, d'une sorte de vertige moral : pour qu'on boive tant à sa santé, dans une série ininterrompue de sots banquets, il faut en vérité qu'elle soit bien malade!

Triste état que le nôtre, qui, après avoir arraché à Chateaubriand ce cri, cette affligeante prophétie : « La France, la plus mûre des nations actuelles, s'en ira vraisemblablement la première[1]; » a pu dernièrement encore motiver, sinon autoriser, ce jugement formulé à notre égard par un diplomate étranger : « Aujourd'hui, il n'y a plus d'hommes en France; il n'y a plus que des événements! »

A.-E. BILLAULT DE GÉRAINVILLE.

15 novembre 1875

[1] *Mém. d'Outre-Tombe*, t. VI, p. 295.

HISTOIRE

DE

LOUIS-PHILIPPE

CHAPITRE XXV.

Fragilité des bases du nouvel établissement monarchique. — Malentendu du roi avec la nation. — Physionomie cauteleuse et double jeu de Louis-Philippe. — Réceptions au Palais-Royal et députations des départements. — Ministère du 11 août.— Détresse financière, commerciale et industrielle. — Souffrances et agitation du peuple. — Proclamation énergique du 15 août. — La Fayette commandant général des gardes nationales du royaume. — Tactique du parti légitimiste. — Promotions et actes administratifs. — Curée de 1830.

On a vu, au précédent volume, comment au principe pacifique et tutélaire de l'hérédité monarchique, s'était violemment substituée l'élection d'un roi par la voie parlementaire. Ce fait révolutionnaire s'annonçait gros de conséquences; dans ses flancs, il recélait bien des tempêtes. En effet, à une dynastie intronisée dans ces conditions se posaient de redoutables problèmes. Le pouvoir dont se trouvait investi Louis-Philippe manquait manifestement d'une valable et suffisante consécration. Son origine tumultuaire ne serait-elle pas un obstacle insurmontable, sinon à la répression matérielle du désordre, du moins à la possession de cette autorité morale sans laquelle il n'y a de soumission des peuples ni solide, ni durable? Le nouveau roi pouvait-il se flatter de ramener la nation dévoyée, sans appeler à son secours la force, ou, à son défaut, la corruption et la ruse? Serait-il obligé, au prix de dangereuses hostilités, de renier une partie de ses antécédents révolutionnaires? Questions formidables, et qui n'étaient pas les seules, que, dès son entrée sur la scène, Louis-Philippe allait avoir à résoudre, dans la carrière nouvelle et périlleuse que les glorieuses journées de Juillet venaient soudain de lui ouvrir.

La révolution de 1830 causa dans le monde un tressaillement universel. En France, saluée partout avec allégresse, elle excita des transports d'enthousiasme qui, dans quelques localités, tinrent du délire et de la frénésie[1]. Devancée dans plusieurs villes, elle fut partout acceptée sans contradiction sérieuse : nulle part

[1] A Châteaudun, lieu de notre naissance, nous en avons nous-même reçu et conservé l'impression ineffaçable de l'enfance. A l'annonce des événements de Paris, des citoyens, exécutant une ascension dont auparavant on n'eût pas même osé concevoir la pensée, hissèrent les trois couleurs à la flèche du clocher de Saint-Valérien, au risque de se rompre cent fois le cou. Ils en descendirent pourtant sains et saufs, affublés désormais du sobriquet de *tricolores*. Livrée aux danses et aux chants patriotiques, une partie de la population s'abandonna, durant plusieurs jours, aux éclats immodérés d'une joie qui participait de l'ivresse. A quelque temps de là, un journal rendait hommage au patriotisme des habitants de Châteaudun, dans les termes suivants : « La ville de Châteaudun, qui s'est toujours distinguée par son patriotisme, a pris une part glorieuse aux derniers événements. A peine les fameuses ordonnances y ont-elles été connues, que la garde

il n'y eut résistance des autorités, ni opposition accusée du parti royaliste. Partout les malles-poste circulaient librement, décorées de lauriers et de rubans aux trois couleurs; partout le drapeau national était arboré, les maisons pavoisées. Le drapeau blanc et les insignes royaux disparaissaient aux cris mille fois répétés de *Vive la Charte !* La garde nationale s'organisait spontanément en tous lieux, et assurait le maintien de l'ordre. En général, dans les départements, les intérêts matériels dominaient l'opinion politique. Les esprits réfléchis ne formaient qu'un vœu, c'était de voir promptement finir la crise.

Une force morale immense se trouvait déposée dans les mains de Louis-Philippe. Déchaînée contre l'étranger, elle pouvait amener des perturbations incalculables. Mais, à la refréner, à la contenir énergiquement à l'intérieur, à la détourner au profit d'une activité pacifique et féconde, il y avait d'immenses dangers : Louis-Philippe s'exposait à être débordé d'abord, et peut-être submergé.

En disparaissant du sol de la France, dont il était devenu le fléau, Napoléon Ier avait dit : « Louis XVIII n'a rien de mieux à faire que de se coucher dans mon

nationale s'est spontanément organisée. Six cents hommes se disposaient à marcher sur Paris, lorsque les projets de Charles X sur la Vendée ont arrêté l'essor de ces bons citoyens. Placée sur la route de Bordeaux, par sa situation géographique, la ville de Châteaudun aurait pu devenir un point important, et ses bra es gardes nationaux l'eussent conservé au profit de la patrie. (*National*, 20 août 1830.) »

lit. » Ce lit, c'était l'absolutisme. Le roi de France n'eut garde de suivre ce conseil insensé d'un despote pourvu d'autant de génie, qu'il était dénué de bon sens. Doué d'un tact fin et exercé, Louis XVIII, avec sa perspicacité habituelle, vit bien qu'il fallait tenir compte de la marche des événements et des nécessités de l'époque. Un gouvernement s'expose à de graves périls quand il se refuse aux exigences du temps. Louis-Philippe, au rebours, avec son esprit borné et sa vue rétrécie, se persuada qu'il n'avait d'autre tâche à remplir que de se faire le continuateur de la Restauration, en demeurant strictement dans les voies légales. Ce fut là sa première et plus grave erreur : elle allait devenir la source d'un malentendu perpétuel entre lui et la nation. Ces mailles du réseau constitutionnel où Charles X s'était trouvé enlacé, et d'où il avait cru sincèrement qu'il y allait de son salut de sortir à tout prix, Louis-Philippe s'estima doué d'assez d'habileté pour s'en dégager, sans en rompre violemment la trame. Pour cela, il imagina de ruser avec le pacte constitutionnel. Avec un jugement comme le sien, à tant d'autres égards remarquable par sa rectitude, on a peine à concevoir une telle aberration, un pareil écart de conduite. Tant il est vrai que, souvent, le changement de condition amène dans les facultés de l'homme, même le mieux doué, d'incompréhensibles métamorphoses! Louis-Philippe, donc, n'est pas plus tôt sur le trône, que la fatalité s'attache à sa personne, pour obscurcir en lui l'entendement et pervertir le bon sens. Ainsi se trouve faussée cette clairvoyance politique qui, chez le duc d'Orléans, s'était si rarement démentie.

Beaucoup, alors, se ralliaient à sa bannière, lesquels, à les bien qualifier, n'étaient ni des adeptes, ni des partisans : ils composaient une masse de rencontre et de circonstance. C'étaient principalement ceux qui, redoutant l'épreuve d'une réforme sociale capable d'allumer au cœur des masses la fièvre démocratique, désiraient franchement la fusion, dans sa personne, du principe républicain et du principe monarchique. Dans leur pensée, Louis-Philippe n'avait reçu d'autre mandat que celui de régner, et non de gouverner : tant leur esprit était imbu des idées de la révolution anglaise de 1688, que des intrigants émérites s'étaient évertués à mettre en honneur ! Dans leur infatuation, ils ne jugeaient pas possible que, prétendant administrer personnellement, le nouveau roi démentît leurs prévisions. Enclins à croire naïvement à la reconnaissance du cœur, à la sainteté du serment, ils avaient salué avec joie son avénement au trône. Au nouvel établissement, ils apportèrent leur concours, en sincères et fervents soutiens, jusque-là qu'ils reconnurent que le pouvoir issu des barricades de Juillet était irrévocablement déterminé à trahir son origine, à manquer à ses engagements.

A se tromper sur l'esprit et le caractère du temps, Louis-Philippe était peu excusable, car il était difficile de s'y méprendre. « C'était, dit un contemporain parfaitement placé pour bien juger la situation, une époque de transaction, d'enthousiasme et d'abandon. Partout une confiance irréfléchie et soudaine, comme la révolution elle-même. Trois jours avaient suffi au peuple pour reconquérir sa souveraineté, et les enchantements du triomphe ne laissaient, pour ainsi dire, plus de place aux réflexions et aux méfiances. La France, dont la générosité s'enflamme facilement, n'apercevait plus, d'un côté, qu'un prince peu étudié, avec lequel elle rêvait la vérité du gouvernement républicain logé dans la monarchie; de l'autre, le vertige de 1793 prêt à saisir encore les esprits. Telle était l'idée fixe qui la possédait aux premiers jours d'août. De là ce caractère vague et douteux de la volonté nationale, de là l'absence de toute action énergique du peuple vainqueur sur la nature du pouvoir à instituer; de là, enfin, ce rapetissement général et subit des événements et des émotions révolutionnaires. Un homme s'offrait, qui promettait d'introduire l'ordre et la liberté dans la force, et l'on se précipita sur cette combinaison du hasard, comme sur un bien inespéré; et tout resta obscur, incertain, autour du berceau de la révolution[1]. »

L'assentiment de la nation à l'investiture royale du duc d'Orléans fut donc, avant tout, l'ouvrage de la peur, de cette peur qui, dans l'ordre politique, fut toujours le malheur de la France, à toutes les époques de son histoire. La France tout entière se livra aveuglément à la suite de Paris. Mais cet entraînement n'autorisait pas

[1] B. Sarrans, *Louis-Philippe et la contre-révolution de 1830*, t. I, p. 14.

Louis-Philippe à supposer qu'elle renoncerait à poursuivre les conséquences naturelles de la révolution, ni qu'elle consentirait à rentrer plus ou moins vite, plus ou moins directement, dans l'état de choses antérieur. Pourrait-elle donc se croire suffisamment payée du sang versé, parce qu'elle avait obtenu l'exclusion de la branche aînée, l'abolition du double vote, l'admission des citoyens de trente ans à la représentation nationale et ceux de vingt-cinq dans les colléges électoraux, et encore la faible réduction du cens électoral et d'éligibilité, enfin la reconstitution de la pairie ?

Mais, au jugement de Louis-Philippe, la révolution avait été toute de résistance aux empiétements de la Restauration, et non un fait de progrès, un acheminement à un nouveau système social. A ce compte, à considérer Juillet uniquement comme un « changement de ministère en grand, » ainsi que le disait le *Journal des Débats*, à s'en tenir à la Charte modifiée, pas n'était nécessaire de changer la dynastie : après l'abdication de Charles X et du Dauphin, elle se fût certainement prêtée avec empressement au retrait des ordonnances, au changement du ministère, à toutes les améliorations qu'on eût voulu lui imposer, et qui étaient la conséquence forcée de la victoire du peuple. Paris avait-il donc jonché les places et les rues de ses cadavres, uniquement pour un changement de personnes? La divergence des idées et des vues était profonde entre la France et son roi, et cette opposition allait éclater flagrante dès les premiers jours du règne.

J'ai dit que, comme solution à la crise, la nation avait jeté tout d'abord les yeux sur Louis-Philippe, prince jusque-là *peu étudié* par elle. J'aurais pu accentuer l'expression : la vérité est qu'elle ne le connaissait guère que de nom. Elle avait toujours été trop distraite ou trop prévenue en sa faveur, pour le juger de sang-froid et avec réflexion, pour suivre attentivement les phases et péripéties de son existence, pour démêler et approfondir son jeu, consistant, par-dessus tout, à guetter le moment favorable où il pourrait, lui et sa famille, se substituer à la branche aînée frappée d'impopularité, toujours en butte à des rancunes plus opiniâtres qu'éclairées. Une renommée acceptée sans contrôle faisait valoir le passé du duc d'Orléans, son éducation particulière, les pénibles temps d'épreuve de sa jeunesse et l'expérience de sa vie errante pendant qu'il était en exil. Il en était résulté, à son égard, les préventions les plus favorables. On ne s'était pas arrêté à certaines échappées capables de le mettre en juste suspicion. Ainsi, dans un entretien avec Manuel, à l'occasion de l'expédition d'Espagne, il s'était laissé aller jusqu'à dire : « Si, d'ailleurs, vous m'y faites parvenir (au trône), vous seriez bien sots de ne pas me bâillonner. » Ceux-là qui l'entendirent, durent plus tard s'en ressouvenir.

Clubiste en 1792, aspirant au trône en 1795, tour à tour prince, républicain, soldat, émigré, maître d'école, touriste, citoyen américain, lord anglais, gentilhomme sicilien, Espagnol en disponibilité, Louis-Philippe avait fait un rude apprentissage de la vie. De tous ces rôles, il était resté des traces dans son caractère, mais, pardessus tout, la dextérité de l'artiste scénique à se transformer, une habileté consommée par laquelle il excellait à traiter tous les hommes à leur façon, bien que sa manière fût un peu chargée. La force de l'esprit et la puissance de volonté nécessaires pour prendre de grandes résolutions, manquaient à Louis-Philippe, qui, pour des situations extraordinaires, était dépourvu d'un caractère supérieur, prééminent, d'un vaste cercle d'idées et de grands principes. Il ne possédait ni fermeté, ni droiture de cœur, ni noblesse d'âme, qualités dont l'absence ne pouvait être compensée, ni par tout son courage personnel, ni par toute sa finesse, ni par ses divers dons intellectuels. Madame de Genlis, son institutrice, ne s'était pas trompée sur son compte, lorsque, jadis, elle avait dit de lui qu'il était dénué des qualités qui, en France, sont considérées comme véritablement royales, la majesté et l'amour de la gloire, ce grand ressort de notre nation.

Parvenu à la maturité de la vie, il avait pris pour devise la maxime : « Dans le doute, abstiens-toi », aphorisme qu'il se plaisait à répéter, et qui caractérise l'homme tout entier. Traîner les choses en longueur, se tenir à l'écart et louvoyer, ne heurter personne, ne rien précipiter, se laisser à dessein chercher par les autres, faire des avances sans en rechercher l'occasion, conspirer en idée, mais éviter en réalité toute initiative, telle était sa nature, telle avait été constamment sa conduite. L'égoïsme avait été le principe, le mobile de toutes ses actions; il n'avait appliqué toutes ses facultés qu'à sa propre conservation.

La destinée l'avait pris à son école, faisant de lui un homme de juste milieu dans la marche ordinaire des choses, un homme de demi-mesures dans les cas douteux, et un homme de contradictions dans les positions où il fallait opter entre deux alternatives. Les expériences de sa jeunesse lui avaient donné la conviction, fermement maintenue par lui, qu'il s'agissait, pour son siècle, de réaliser les commencements purs et sans tache de la Révolution; mais, aussitôt qu'il occupa la place responsable de souverain, il était facile de prévoir qu'il se laisserait bientôt envahir par la crainte des passions, et qu'il redouterait la marche précipitée du principe révolutionnaire.

Louis-Philippe était exempt de la haine du bien qui avait été particulière à ses ancêtres; mais la nature ne lui avait pas donné non plus une aversion énergique pour le mal. Son institutrice lui rend ce témoignage que, dans sa jeunesse, il s'était montré détaché de tout penchant intéressé pour l'argent; mais, plus il avait vieilli et s'était enrichi, plus il semblait se resserrer à cet égard. On le taxait d'avarice : inculpation sans fondement, et que, sans plus de discernement, on a étendue à tout son règne. « Louis-Philippe, observe un judicieux historien, n'était pas un thésauriseur avare. En compulsant les dossiers judiciaires, ses ennemis les plus acharnés ont fini par fournir eux-mêmes la preuve qu'il avait de tout temps employé sa fortune en prince éclairé, qu'il avait été charitable envers les malheureux, bienveillant pour les ouvriers et utile aux artistes. Au Palais-Royal, il y avait, sous la direction des princesses, différents bureaux de secours qui, tous les jours, distribuaient des sommes assez considérables. L'on accusait les Bourbons de faire profiter de leurs aumônes exclusivement ceux qui appartenaient au parti clérical : les membres de la famille d'Orléans, au contraire, considéraient la maladie, le manque de travail et de nombreuses charges de famille, comme autant de titres pour obtenir leurs charités[1]. » Son chef, durant son règne, ne fit que continuer ces errements. Nonobstant, la presse satirique le cribla de ses brocards, ne laissant échapper aucune occasion de décocher contre lui ses traits acérés, de draper, en termes piquants, ce qu'elle appelait sa *ladrerie*. Diversifiée de mille façons, sa malignité, à ce sujet, fut inépuisable. S'agit-il d'une indisposition du roi des Français, elle constate la peine que ses médecins ont eue à trouver son cœur, pour l'ausculter, *parce que cet organe était chez lui placé bien bas*. Une autre

(1) Gervinus, *Histoire du* XIXe *siècle*, t. XIX, p. 110. « Le duc d'Orléans apportait, et c'était son droit, un ordre rigoureux, une stricte économie dans le maniement de ses deniers. Ainsi, dans sa comptabilité, il n'allouait pas d'erreurs de caisse : elles étaient à la charge du caissier. Tous les ans, lorsqu'il fixait les gratifications, il avait soin d'ajouter de sa main, à l'article du caissier, *y compris les erreurs de caisse.* » (Pascalis, ancien directeur des dépenses du duc d'Orléans. *Lettre* du 19 mai 1834.)

fois, à l'occasion du coup de pistolet du Pont-Royal, s'efforçant de donner le change sur le danger très-réel que le roi a couru, et de faire illusion sur son incontestable sang-froid, elle affirme que *ce coup-là n'a attrapé personne*, et qu'ici la direction de l'arme exclut toute intention homicide, car, s'il eût voulu frapper Louis-Philippe au cœur, l'assassin n'eût pas manqué de *viser au gousset !* La révolution de 1848 devait venger avec éclat Louis-Philippe de l'injuste imputation d'avarice.

A balancer ses qualités et ses défauts, un scrutateur sévère du cœur humain aurait presque pu prédire que, même sur le trône, Louis-Philippe ne perdrait jamais les antithèses de son caractère, telles qu'il les avait signalées dans sa jeunesse, comme révolutionnaire et comme prince, comme monarchiste et comme républicain. On pouvait prévoir que son règne serait caractérisé par des termes qui exprimeraient en eux-mêmes un caractère à deux faces, un état incomplet, un terme moyen et une contradiction, et qu'on l'appellerait royauté bourgeoise, monarchie entourée d'institutions républicaines, quasi-légitimité, règne du juste milieu et napoléonisme de la paix [1].

On connaît maintenant le prince avec lequel la France de Juillet allait sur-le-champ entrer en relations, au moyen des présentations officielles et des innombrables

[1] « Louis-Philippe, disait un journal, c'est la gravure en creux ; Napoléon, la gravure en relief. »

députations provinciales, qui, accourues de tous les points du pays, allaient, durant plusieurs mois, s'abattre sur le Palais-Royal.

Mais avant ce flot pressé, dont Paris se trouva comme inondé, Louis-Philippe dut payer sa bienvenue par un certain nombre d'audiences qui, dans leur succession, ont cela de remarquable, qu'elles marquent exactement le degré de son tempérament moral et politique, à chacune de ces visites. Ardent au début, il ira ensuite se refroidissant; et il est à noter que le fond et la forme de la pensée du roi offrent des nuances différentes, selon qu'il sent son autorité vaciller, ou qu'il a la confiance qu'elle s'affermit et se consolide. Encore sous le feu des événements du jour, il est presque en ébullition, animé, expansif à l'excès. Plus tard, il laissera en route beaucoup de cette effusion qui, présentement, chez lui déborde. Resserré et incolore, son langage, dès-lors, n'aura plus que des reflets languissants et ternes.

Le 3 août, le lieutenant-général du royaume avait reçu le Conseil de l'ordre des avocats à la Cour de cassation, que lui avait présenté M. Dupont (de l'Eure), commissaire provisoire à la justice. « Messieurs, dit le futur roi, j'ai toujours beaucoup aimé les avocats, et j'ai souvent admiré le courage avec lequel ils ont combattu les abus et défendu les libertés publiques. Heureusement, ce courage ne sera plus aussi nécessaire. Nous ferons des lois par lesquelles ces libertés seront garanties. Messieurs, vous aurez moins d'occasions de faire briller vos talents ; mais les peuples en seront plus heureux [1]. »

Cette réponse, « faite avec autant de grâce que d'abandon, » assure le journal officiel, fut bientôt suivie d'une autre aux élèves de l'École de droit, celle-là « reçue avec attendrissement, » suivant le même organe. Au moins, ne laissa-t-elle rien à désirer sous le rapport de la vivacité et de la chaleur du sentiment. « Messieurs, dit Louis-Philippe à ces jeunes gens, je suis avec vous, à la vie, à la mort [2] ! »

Le 11 août, M. Dupin aîné, bâtonnier des avocats, admis à présenter au roi les hommages de l'Ordre, s'exprimait en ces termes : « Sire, nous venons offrir au roi les respect et les hommages d'un Ordre où le duc d'Orléans a trouvé des amis, des conseils et des défenseurs. Je suis heureux d'en être ici l'organe. Sire, votre cause est la nôtre ; c'est celle des lois. On les avait violées : vous les avez rétablies. En les invoquant, nous emploierons tous nos efforts à les maintenir. Votre Majesté et son auguste famille peuvent compter sur notre inébranlable fidélité. »

« Messieurs, répondit Louis-Philippe, je vous remercie des vœux que vous venez d'exprimer. Je ne pourrais mieux faire, pour rendre mes sentiments, que de redire tout ce qui vient de sortir de la bouche de votre bâtonnier. Je m'applaudis des circonstances qui font que

[1] *Moniteur*, 11 août 1830.

[2] *Ibid.* 11 août.

vous l'avez en ce moment pour organe. Membre de mon Conseil privé depuis plusieurs années, assistant à toutes les délibérations de ce Conseil, il a connu toutes mes affaires, tous mes sentiments; il sait (et votre vénérable doyen, M. Delacroix-Frainville, que je vois avec grand plaisir à ses côtés, le sait aussi) à quel point je chéris la liberté; quel respect je professe pour les lois, combien je suis dévoué à la patrie! Je vous promets que dorénavant la justice sera rendue avec fermeté, et surtout qu'il y aura sincérité dans l'application des lois! Ce sont les seuls moyens de rendre la confiance à la nation et de prévenir le retour des maux auxquels je me félicite d'avoir participé à à mettre un terme[1]. »

Le *Moniteur* fortifiait encore ces déclarations, en les accentuant, dans les commentaires qu'il y joignait. Il représente le « contrat royal passé le 9 août comme l'acte le plus imposant qui ait jamais existé dans les archives du monde politique. » — « Les engagements, dit-il, que le monarque a pris sont tellement conformes à ses principes, que, pour la formation de ce pacte, sa bouche, d'accord avec sa conscience, avait prévenu les désirs des plus généreux amis de la liberté. C'est une pensée fort douce, fort rassurante, que de savoir que le roi présidera son Conseil avec assiduité; qu'il l'éclairera de ses lumières, le dirigera de son esprit d'ordre, d'économie et de justice. Sa présence n'y sera

[1] *Moniteur*, 12 août.

point une vaine représentation ; une partie de chasse ne viendra pas, chaque jour, le détourner des affaires de l'État. Il sait qu'il existe un grand nombre d'abus à réformer, des injustices à réparer, des services à récompenser ; que plusieurs parties de l'administration publique sont en souffrance ; que l'armée a besoin d'une prompte réorganisation ; et sa main réparatrice s'étendra partout où le bien du pays la réclamera[1]. »

Les départements de la France allaient maintenant venir. Leurs délégations apportaient avec elles des adresses diversement bigarrées, mais dont le fond et la forme, à un petit nombre d'exceptions près, sont généralement uniformes. Leur façon de procéder était des plus simples. Chacune, à son arrivée à Paris, se faisait présenter par le député de son arrondissement, lequel lui servait d'introducteur. De cet amas de harangues banales et louangeuses, presque toutes coulées dans le même moule, j'omettrai la plus grande partie. Sauf quelques échantillons, à l'effet de donner l'idée de ces lieux communs, je ne rapporterai que celles qui, à leur tour particulier, à leur relief inusité, à leur mâle indépendance, doivent, encore aujourd'hui, de conserver une valeur incontestable.

La Seine-Inférieure et la ville de Rouen ouvrent la marche dans cette interminable série. « Sire, dit le chef de leurs délégués, le département de la Seine-Inférieure, le premier, s'est ému aux cris de liberté poussés par les héroïques Parisiens.

[1] *Moniteur*, 13 août.

« Les premiers, ses bras se sont levés pour s'associer aux généreux efforts de la capitale.

« Que les citoyens de la Seine-Inférieure soient aussi les premiers à vous apporter, Sire, le tribut de leur respect et l'hommage de leurs espérances.

« Ce n'est pas seulement à Votre Majesté que s'adressent nos félicitations, c'est à la France heureuse, affranchie, triomphante. En plaçant la couronne sur votre front décoré des couleurs de Jemmapes, elle verra se réaliser le plus cher de ses vœux, l'alliance des libertés publiques avec un pouvoir assez fort pour les protéger, trop loyal pour y jamais porter atteinte.

« Que de gages de sécurité et de bonheur !

« En vous, Sire, les intentions les plus patriotiques ; dans notre illustre reine, dans votre auguste sœur, toutes les vertus réunies ; dans vos nombreux enfants, un long avenir de gloire et de liberté pour la France [1] ».

A cette éloquence ampoulée, à ces louanges hyperboliques, outrées encore, s'il est possible, dans de subséquentes harangues, la députation de la Ferté-sous-Jouarre fit enfin succéder un plus mâle et plus digne langage. « Sire, dit son orateur, le *Contrat social*, longtemps regardé comme chimérique, s'est enfin réalisé parmi nous. Votre Majesté abjure cette légitimité, fille supposée du Ciel, fille ordinaire de la force ou de la conquête : elle veut tenir tous ses droits de la

[1] *Moniteur*, 13 août.

nation, et la nation satisfaite voit en elle sa liberté sur le trône. Que de bonheur et de gloire nous promet, Sire, votre royauté nationale! Plus de défiance, plus d'antipathie, plus de mensonge, plus de parjure. Les institutions vont se développer, la confiance va renaître et le commerce fleurir. La presse, à jamais affranchie, la presse, qui a renversé le pouvoir arbitraire et fondé le trône constitutionnel, veillera sur vous et sur nous; elle préservera le roi des flatteurs et les peuples des abus. Sire, nous vous aimons comme notre concitoyen, nous vous respectons comme notre roi, nous vous défendrons de toutes nos forces, comme l'élu de la nation. Puisse Votre Majesté régner longtemps sur nous! Puissent vos enfants régner à jamais sur nos enfants[1]!

Louis-Philippe fit cette courte et assez sèche réponse : « Je vous remercie de cette belle et bonne adresse. Ce sont bien là mes sentiments. Oui, j'ai toujours soutenu les droits de la nation ; je les soutiendrai toujours. Je m'identifie avec elle. Dites-le bien à vos commettants : je suis un roi citoyen[2]. »

Plein de franchise et d'une noble fierté, le langage de la ville de la Ferté-sous-Jouarre allait avoir son émule et digne pendant dans celui d'une autre petite ville, celle-là même qui, quarante ans plus tard, devait prouver à l'univers entier qu'elle était capable, le cas

(1) *Moniteur*, 13 août.
(2) *Moniteur*, 30 août.

échéant, de joindre l'effet aux paroles, de passer de l'avertissement à l'action, et se couvrir d'une gloire impérissable. Le lecteur a deviné l'héroïque cité de Châteaudun. La Ferté-sous-Jouarre avait caractérisé l'essence du nouveau pouvoir, et défini la nature du contrat intervenu entre le roi et la nation. La ville de Châteaudun, elle, vint déclarer au monarque, face à face, que, si jamais le pacte constitutionnel était par lui enfreint, la garde nationale se lèverait pour le faire respecter et le défendre. Et ce langage était tenu sans forfanterie. « Sire, dit son représentant autorisé, les vœux des Dunois appelaient au trône un roi citoyen, dont les vertus et le courage fussent un gage de sécurité et de bonheur pour notre patrie, et ils se félicitent de voir leurs vœux exaucés.

« Le prince qui combattit à Jemmapes sous les couleurs nationales saura maintenir notre indépendance et nos libertés, si héroïquement conquises.

« Votre Majesté peut compter sur l'inviolable fidélité de la garde nationale, qui *défendrait, s'il en était besoin, la Charte constitutionnelle, l'ordre et la liberté*[1] ! »

Que le lecteur daigne ici nous permettre une courte pause et pardonne notre émotion : il ne saurait sortir de notre mémoire, qu'au nombre de ces députés figurait notre père, préludant alors, comme conseiller municipal, aux fonctions de maire qu'il devait plus tard exercer à Châteaudun avec honneur et distinction, avec un

(1) *Moniteur*, 6 septembre 1830.

dévouement et une abnégation dont les anciens du pays n'ont pas perdu le souvenir.

Les « citoyens de la ville d'Avranches, » à leur tour, vinrent rappeler à Louis-Philippe une particularité de sa jeunesse et en prendre acte pour l'avenir. « Sire, dit l'orateur de la députation, après la glorieuse révolution, la nation s'est ressouvenue qu'il existait au milieu d'elle un prince qu'elle a vu combattre vaillamment pour la cause de la liberté, un prince qui ne s'est jamais isolé de ses concitoyens, et qui, pour s'en rapprocher davantage, envoyait ses enfants aux mêmes écoles et leur faisait partager les mêmes enseignements.

« Les habitants d'Avranches se rappellent encore le voyage que vous fîtes au mont Saint-Michel ; ils n'ont point oublié les preuves que, bien jeune encore, vous donnâtes de votre amour de la liberté[1].

» En violant la foi jurée, une dynastie a elle-même rompu le contrat qui l'unissait au peuple, et trois générations sont tombées du même coup.

» La nation française, rentrée dans la plénitude de ses droits, a fixé la charte d'après laquelle elle veut être gouvernée. Confiante dans vos vertus, elle vous l'a offerte, Sire, avec la couronne. Vous avez accepté

(1) Voyez t. I, p. 40. « La cage du mont Saint-Michel n'est point une fable, comme bien des gens le prétendent : c'est un caveau creusé dans le roc de 8 pieds en carré, où le prisonnier ne reçoit le jour que par les crevasses des marches de l'église. » (Bachaumont, *Mémoires secrets*, année 1768, t. IV, p. 92).

l'une et l'autre, et vous avez juré cette loi fondamentale. »

« Je m'enorgueillis, répondit Louis-Philippe, des sentiments que vous venez de m'exprimer. Je vous remercie de m'avoir rappelé ce que j'ai regardé comme une circonstance heureuse de mon voyage au mont Saint-Michel. J'ai donné là, en effet, des preuves de mon amour pour la liberté et de la haine pour le despotisme qu'inspire la vue de ce rocher. J'ai un tableau qui retrace ce souvenir.

» J'ai combattu pour l'indépendance de la patrie; je saurai maintenir ses libertés.

» Quant à mes enfants, je les envoie sur les bancs des colléges afin qu'ils puissent s'imprégner des sentiments qui m'ont pénétré toute ma vie, et pour que leur patriotisme puisse égaler le mien[1]. »

A ces harangues, quelles qu'elles fussent, Louis-Philippe excellait à répondre, toujours avec aisance et à-propos, parfois même avec une pointe d'ironie et un grain de malice. C'est ainsi qu'à la députation de Montdidier, il dit : « Il y a bien des années que j'ai été à Montdidier; c'était une dame qui commandait la garde nationale; elle est venue au-devant de moi, quand j'y ai passé avec mon régiment[2]. »

Comblées de poignées de main et de cordiales paroles,

[1] *Moniteur*, 14 septembre.

[2] *Discours, allocutions et réponses de S. M. Louis-Philippe, roi des Français*, Paris, 1833, t. I, p. 140.

ces députations se retiraient toutes également enchantées. Le plus souvent leur chef était retenu à dîner au Palais-Royal, et l'objet, par surcroît, de prévenances et de cajoleries. On s'en apercevait aisément à son retour dans sa contrée. Mais il fallait la constitution robuste, la santé de fer de Louis-Philippe pour remplir ces nouveaux devoirs de la royauté citoyenne, pour suffire à la fatigue de ces audiences, qui, presque tous les jours, se succédaient coup sur coup. Il était là dans son élément. Doué d'une rare facilité d'élocution et d'une présence d'esprit imperturbable, c'était pour lui un jeu de donner la réplique à cette phraséologie provinciale. Merveilleusement à son aise avec la classe bourgeoise, son intarissable faconde en remontrait à ses orateurs les plus verbeux. Aussi n'est-ce pas sans fondement que Chateaubriand dit de Louis-Philippe, qu' « il représente un homme d'esprit dont la langue est mise en mouvement par un torrent de lieux communs[1]. »

Les dîners officiels, fréquents à cette époque, étaient encore pour le roi et sa famille la source d'un surcroît de fatigue. Le souverain achevait d'y déployer ses moyens de séduction et ses artifices. Louis-Philippe, dans ses relations d'intérieur, n'avait rien d'imposant ; mais il était impossible d'être plus souriant, plus affable, et de plus gracieuse humeur. A ces dîners ou aux réceptions qui les suivaient, l'on voyait figurer les notabilités impérialistes auxquelles les avances et les caresses étaient

[1] *Mémoires d'Outre-Tombe*, t. IV, p. 289.

prodiguées. Ce parti, au surplus, n'avait plus rien de redoutable : il ne se composait plus que de débris qu'il n'était pas malaisé de rallier. Le bonapartisme paraissait éteint. La grande masse de ses adhérents avait passé à l'opposition libérale et plus ou moins révolutionnaire; les autres s'étaient rattachés au gouvernement de la Restauration. Sans consistance dans le monde politique, ses illustrations n'exerçaient plus qu'une influence restreinte sur l'armée. Louis-Philippe affectait de se complaire dans la société de ses coryphées, par exemple, de Mortier et de Soult; et la reine, par lui stylée, comblait à son tour de prévenances et de démonstrations affectueuses les veuves des maréchaux Ney, Davoust et Suchet. Le *Moniteur* ne manquait pas ensuite d'en entretenir le public [1]. Quelques faveurs personnelles achevèrent de gagner les derniers tenants de l'Empire, qui ne subsistait plus qu'à l'état de légende et de souvenir.

Encore bien que ravis, au fond, de leur nouvelle condition, le roi et sa famille n'en continuaient pas moins, dans leurs épanchements du dehors, d'exhaler leurs regrets sur les jours trop tôt envolés de leur existence passée. Ils déploraient tous deux, à l'égal d'un malheur, leur élévation subite et leur destinée. Mais, à force d'être rebattues, ces affirmations affectées ne rencontraient plus guère que des incrédules. « M. de Pontécoulant se trouvait au Palais-Royal avec plusieurs de

[1] Voy. nommément n° du 11 août 1830.

ses collègues de la Chambre des pairs, quelques jours après la séance solennelle du 9 août. Le prince, dès qu'il l'aperçut, vint à lui et, le prenant à part, lui dit : « Mon cher Pontécoulant, je vous attendais, car j'ai besoin aujourd'hui de tous mes amis. — Sire, je venais avec mes collègues vous apporter mes compliments... — De condoléance, dit le roi en l'interrompant ; je sais votre opinion, Sémonville m'a tout appris. Mais si vous me voyez ici, sachez bien que c'est la crainte de l'anarchie, prête à nous envahir, qui a dicté ma détermination. Vous connaissez la simplicité de mes goûts ; j'ai fait à mon pays le sacrifice de mes habitudes, de ma tranquillité, peut-être même de ma réputation ; puissé-je avoir assuré son bonheur ! Mes devoirs sont grands, je les remplirai ; les dangers sont menaçants, avec l'amour des Français, j'en triompherai, et si cet appui devait un jour me manquer, eh bien ! je descendrais du trône plus pauvre peut-être, mais à coup sûr avec plus de tranquillité et plus de joie au cœur que je n'y suis monté. Vous voyez que mes réflexions sont faites, rassurez vous donc et venez voir la reine, mais ne lui montrez pas ce visage sérieux ; elle a confiance en vous, elle voit de même des papillons noirs et a besoin d'être soutenue par le courage de tout ce qui m'environne. » On passa dans le salon où se trouvait la reine, Son Altesse Royale madame Adélaïde et les jeunes princesses rangées autour d'une table ronde où chacune s'occupait d'un ouvrage d'aiguille. Une transformation subite s'était faite sur le visage de Louis-Philippe, tous ses traits semblaient respirer la plus insouciante gaieté : « Mesdames, dit-il à la reine et à sa sœur, je vous présente M. Parent, qui vient aujourd'hui me rendre la visite que je lui ai faite en 93, lorsqu'il était apprenti menuisier, assez maladroit, par parenthèse, dans la ville de Zurich. » Après quelques autres plaisanteries sur cette circonstance, que le roi aimait à rappeler toutes les fois qu'il se trouvait avec quelques personnes de son intimité en présence de M. de Pontécoulant, plaisanteries auxquelles la figure distinguée de ce dernier et la gravité de son maintien donnaient, en effet, quelque chose de très-piquant pour ceux qui n'étaient point au courant de l'aventure à laquelle elles faisaient allusion, le roi retourna dans le premier salon, et la reine put épancher en liberté toutes les craintes dont sa belle âme était remplie pour son époux et pour ses enfants, objet de toutes ses affections. « Ah ! Monsieur de Pontécoulant, dit-elle, vous voyez la gaieté du roi, et vous vous étonnez que je ne la partage pas ; c'est que je ne suis qu'une faible femme et que je sens mieux tout ce que je puis perdre que ce que j'ai gagné au changement de notre destinée ! J'étais si heureuse, si tranquille sur le sort de mon mari, de mes pauvres enfants, et maintenant... ». Elle n'acheva pas ; M. de Pontécoulant s'efforça de la rassurer et de lui rendre une confiance dans l'avenir que lui-même il était loin d'avoir. « Ah ! dit la reine, je vous estime trop pour ne pas deviner votre pensée ; vous aimez trop le roi pour ne pas partager mes inquiétudes ; et, tenez, voyez-le lui-même, il cherche à s'étourdir par l'agitation qu'il se donne ; sa gaieté n'est qu'un voile pour cacher ses préoccupations secrètes. Il était moins gai à Neuilly ; mais, j'en suis sûre, il était plus heureux[1]. »

La révolution consommée, restait à instituer un gouvernement. « Il n'y avait encore ni ministres ni ministère, mais seulement des commissaires provisoires nommés, le 1er août, par le lieutenant-général, et qui n'étaient pas entièrement d'accord. Le désir du roi était de former un ministère officiel, derrière lequel serait placée, sous le titre de *ministres sans portefeuille*, une *camarilla* de gens importants. Ce rôle ne convenait point à M. de Broglie, à qui il paraissait « que la direction des affaires, derrière le rideau du trône, sans caractère public, sans responsabilité personnelle, n'était pas compatible avec le gouvernement parlementaire. » Il résolut donc de s'en expliquer avec le roi, et, dès le 10 au matin, il se présentait au Palais-Royal. La conversation s'engagea sur la nécessité d'en venir à un état définitif, et M. de Broglie fit aisément comprendre au roi qu'on ne pouvait guère se flatter d'installer, au lendemain d'une révolution, un ministère sérieux, solide et durable. Ce qu'il y avait de mieux à faire, c'était de confirmer les commissaires provisoires, sauf à vérifier jusqu'à quel point chacun d'eux était propre à répondre aux exigences du moment. Le roi trouva l'avis bon et se mit à passer la revue de ses

[1] *Souvenirs du comte de Pontécoulant*, t. IV, p. 216.

commissaires. Aucune difficulté pour le baron Louis et M. Guizot, ni même pour le général Gérard, patriote sincère, homme d'ordre et de discipline. Le général Sébastiani s'offrait pour la marine, et c'était un excellent choix. Quant aux affaires étrangères, le maréchal Jourdan ne pouvait ni ne voulait y rester ; mais M. Molé mourait d'envie de le remplacer, et son rang dans le monde, ses antécédents, sa fortune, sa position dans le parti libéral, le désignaient naturellement pour le poste qu'il souhaitait. Restaient les ministères de la justice et de l'instruction publique, occupés, le premier par M. Dupont (de l'Eure), le second par M. Bignon. Or la probité de M. Dupont (de l'Eure), son désintéressement, sa persistance dans les mêmes principes depuis le Conseil des Cinq-Cents jusqu'au ministère Polignac, avaient fait de lui l'idole du parti libéral ; mais il était accessible à toutes les influences, et il paraissait dangereux de laisser entre ses mains le personnel de la magistrature. Il était donc également fâcheux de le laisser en place et de lui donner un successeur. M. de Broglie fit observer au roi que M. Dupont mettait son honneur à faire peu de cas du pouvoir, et qu'il ne tarderait pas à offrir sa démission. Rien ne pressait de ce côté ; mais il en était autrement du ministère de l'instruction publique et des cultes, où la présence de M. Bignon suffisait pour que le clergé catholique tout entier devînt l'adversaire ardent, rancunier, intraitable de la révolution ; donc il devenait urgent de le remplacer. Après avoir vainement cherché à qui cette fonction pouvait être donnée, le roi l'offrit à M. le duc de Broglie, qui l'accepta, à la condition que la présidence du Conseil d'État y fût jointe. Le ministère fut ainsi formé, et, le lendemain, le *Moniteur* annonçait la nomination définitive de MM. Dupont (de l'Eure), Gérard, de Broglie, Guizot, Louis, Molé et Sébastiani. MM. Laffitte, Casimir Périer, Dupin aîné et Bignon faisaient, en outre, partie du Conseil des ministres[1]. »

La France avait donné son adhésion au nouveau gouvernement, et le drapeau tricolore flottait dans le moindre village : mais déjà s'annonçaient les dissentiments qui allaient diviser l'opinion victorieuse. Dans l'ordre politique, l'on commençait à débattre cette question : la Chambre élective devait-elle continuer ses travaux, ou bien céder la place à une nouvelle législature? Il était facile de prévoir qu'aussitôt les premiers jours passés, les partis se reformeraient plus ardents que jamais, et entreraient ouvertement en lutte. Dès l'origine, l'observateur attentif pouvait aisément démêler, dans l'établissement de Juillet, une constitution viciée dans son principe, un trône superposé à un volcan.

En général, les premiers jours des révolutions sont toujours beaux : c'est le soleil radieux sorti du sein de la tempête. Le peuple, un moment maître de la

[1] *Histoire du gouvernement parlementaire en France*, par M. Duvergier de Hauranne, t. X, p. 688. « J'emprunte tout ce récit, dit l'auteur, aux *Notes biographiques* de M. de Broglie, en me contentant de l'abréger. »

fortune publique, ne voit plus de misères dans l'avenir, jusque-là que ses souffrances le ramènent au sentiment de la réalité. La révolution de Juillet en était une nouvelle preuve. Aujourd'hui encore, à ne considérer que ses résultats matériels et immédiats, la baisse des rentes de l'État[1], l'effondrement des valeurs, la dépréciation des immeubles, la détresse financière, commerciale et industrielle, et, comme conséquence, la misère, le malaise général, l'on demeure confondu de l'immensité des désastres et des ruines qu'elle engendra. Les invasions de 1814 et de 1815 ne causèrent peut-être pas plus de dommages : c'est qu'on les avait prévues, et que le commerce et l'industrie ne furent pas surpris, comme en 1830, par un ouragan inattendu, qui détruisait à la fois les réserves du passé et les espérances de l'avenir. Et puis, à la Restauration s'était ouverte la perspective d'une paix de longue durée. Maintenant, sans transition, du jour au lendemain, la détresse éclatait par la ruine du commerce et de l'in-

[1] *Cours de la Bourse de Paris, du 24 juillet au 12 août 1830.*

Samedi 24 juillet	. . . .	5 %	105f	15c	3 %	79f	05c
Lundi 26	(lendemain des ordonnances). .	—	101	50	—	75	60
Mardi 27	. . . .	—	100	»	—	72	40
Jeudi 5 août	(sept jours après la révolution) .	—	102	15	—	77	»
Vendr. 6	. . . .	—	101	80	—	76	45
Lundi 9	(à l'intronisation nouvelle). . .	—	103	75	—	77	60
Mardi 10	. . . .	—	103	25	—	79	10
Mercr. 11	. . . .	—	103	80	—	78	80
Jeudi 12	. . . .	—	104	40	—	79	50

dustrie, par la cessation du travail et la suspension instantanée des affaires.

Sous la Restauration, les intérêts commerciaux, industriels et financiers avaient pris un vaste développement, et la classe alors dominante, presque exclusivement composée d'hommes opulents, avait imprimé un vif mouvement à l'industrie, une activité considérable à toutes les professions particulièrement alimentées par les habitudes de luxe. Cette classe cessant tout à coup de fournir à la consommation, l'industrie parisienne, de toutes la plus affectée, se trouva réduite aux abois, à peu près anéantie. D'ailleurs, en dépit de l'enthousiasme affiché, on n'était rien moins que rassuré sur l'avenir. Paris, déserté par les riches, par les grandes familles, par les étrangers opulents, que faisaient fuir les appréhensions de l'émeute, vit en quelques mois sa population diminuer de cent cinquante mille âmes. Dans le seul mois d'août, sur treize millions que devaient produire les contributions indirectes, le Trésor éprouva un déficit de deux millions. Les capitalistes demandant à la Banque le remboursement de leurs dépôts, l'argent se resserrait, le Trésor était réduit aux expédients, et du mois d'août au mois de novembre, les fonds publics éprouvèrent une baisse de 20 francs. Les maisons de commerce les plus solides étaient ébranlées. Par ces souffrances des hautes classes, on peut juger de la misère des classes inférieures. La suppression des travaux amenait la diminution des salaires. L'État demeurait impuissant dans la crise :

car il ne peut suppléer au mouvement social. La classe ouvrière manquait du pain du jour, et n'avait guère d'espoir pour celui du lendemain.

Aussi la plus grande agitation régnait parmi le peuple. Des malheureux couverts de haillons souillés, et tels qu'on les avait vus courant à la mort, se rassemblaient tumultueusement dans les carrefours et sur les places publiques. Mais c'était principalement à la porte des ministères, sur la place de la Grève, devant le Palais-Royal et aux abords de la préfecture de police, que se formaient les attroupements. D'abord inoffensifs et paisibles, les groupes ne tardèrent pas à prendre un aspect menaçant. Les bras surabondaient, conséquence naturelle et forcée de la brusque interruption des travaux. La population laborieuse en prit sujet de se plaindre de la conservation, dans plusieurs ateliers, d'ouvriers appartenant à d'autres pays. Les machines particulièrement servaient de texte aux déclamations aveugles de la foule : on s'encourageait publiquement à la destruction des métiers et des presses mécaniques. Les ouvriers typographes qui, les premiers, s'étaient jetés dans l'insurrection, se montraient aussi les plus animés : ils menaçaient de déserter en masse les ateliers. A ces ferments s'ajoutait la fureur des *manifestations*, qui s'était emparée de la population ouvrière. Les divers corps d'états se réunissaient par bandes, chantant la *Marseillaise* et la *Parisienne*. Sillonnant en tout sens Paris, ils répandaient partout sur leurs pas le trouble et la confusion.

Les partis, toujours dépourvus de bonne foi, s'emparaient de ces désordres pour s'en renvoyer mutuellement la responsabilité. Tandis que les feuilles légitimistes les représentaient comme la conséquence inévitable des principes proclamés, les journaux libéraux accusaient ouvertement les carlistes de soudoyer des agents pour semer l'inquiétude et l'agitation dans Paris[1]. « On sait, disait le *National*, que dans des maisons du faubourg Saint-Germain ont lieu des conciliabules nocturnes, où les hommes de Coblentz et de 1815 complotent la guerre civile et attendent la guerre étrangère.[2] » Attaques et récriminations péchaient également par le fondement et l'excès.

Les barrières incendiées, l'octroi n'était plus payé : il s'ensuivait pour la ville de Paris la privation de ses revenus, au moment où elle s'imposait de lourds sacrifices pour procurer du travail aux bras inoccupés. Et le désordre n'était pas concentré dans la capitale de la France : il se communiquait aux départements ; et, dans les grands centres industriels, il y avait lieu de craindre qu'il ne prît des proportions menaçantes. A Rouen, par exemple, les ouvriers réclamèrent une

[1] Depuis l'avénement de la branche cadette, par eux considérée comme félonne et usurpatrice, le nom de *légitimistes* était celui que se donnaient les fidèles de la branche aînée ; *carliste* était le terme de réprobation, dans la bouche de leurs adversaires. Appliqué à une autre époque, ce mot serait un anachronisme : avant Juillet 1830, l'expression de *royaliste* était seule en usage.

[2] N° du 17 août 1830.

augmentation de salaire ou une diminution des heures de travail. Durant plusieurs jours, la ville offrit l'aspect le plus alarmant. Dans nombre de localités, la perception des impôts était suspendue par d'insurmontables résistances. S'ils n'encourageaient pas ostensiblement ces désordres, les amis de l'ancien gouvernement les voyaient du moins sans déplaisir. Ils s'étaient imaginé que le chômage, conséquence du manque de travail, et les souffrances qui en étaient la suite, amèneraient un retour d'opinion favorable aux Bourbons de la branche aînée. Vain calcul, grossière erreur : l'impopularité de la dynastie déchue dominait invinciblement.

Une situation pareille devenait intolérable : à tout prix, il importait d'y mettre un terme. Le 15 août, une proclamation énergique de Louis-Philippe, contresignée Dupont (de l'Eure), fut affichée dans Paris. « Français, disait le roi, vous avez sauvé vos libertés; vous m'avez appelé à vous gouverner selon les lois. Votre tâche est glorieusement accomplie, la mienne commence. C'est à moi de faire respecter l'ordre légal que vous avez conquis. Je ne puis permettre à personne de s'en affranchir, car j'y suis moi-même soumis.

« Il faut que l'administration reprenne partout son cours. De nombreux changements ont déjà été faits; d'autres se préparent. L'autorité doit être entre les mains d'hommes fermement attachés à la cause nationale. Un mouvement si prompt et si vaste n'a pu s'accomplir sans quelque confusion momentanée : elle touche à son terme. Je demande à tous les bons citoyens d'entourer leurs magistrats, et de les aider à maintenir, au profit de tous, l'ordre et la liberté.

« Des réformes sont nécessaires dans les services publics. La perception de certains impôts charge le pays d'un pesant fardeau. Des lois seront proposées pour y porter remède. Dans cet examen, aucune réclamation ne sera étouffée, aucun intérêt oublié, aucun fait méconnu; mais, en attendant les lois nouvelles, obéissance est due aux lois en vigueur : la raison politique le proclame, la sûreté de l'État le commande. Que tous les hommes de bien emploient leur influence à en convaincre leurs concitoyens. Pour moi, je ne manquerai ni dans l'avenir à mes promesses, ni dans le présent à mes devoirs.

« Français, l'Europe contemple avec une admiration mêlée de quelque surprise notre glorieuse révolution; elle se demande si telle est en effet la puissance de la civilisation et du travail, que de tels événements se puissent accomplir sans que la société en soit ébranlée. Dissipons ces derniers doutes; qu'un gouvernement aussi régulier que national succède promptement à la défaite du pouvoir absolu. *Liberté, ordre public*, telle est la devise que la garde nationale porte sur ses drapeaux; que ce soit aussi le spectacle qu'offre la France à l'Europe. Nous aurons en quelques jours assuré pour des siècles le bonheur et la gloire de la patrie .»

Mais à ce langage il fallait la sanction, au moyen de la force coërcitive : *parum tutam majestatem sine viribus*, la majesté du pouvoir est impuissante, quand elle n'est pas soutenue par la force[1]. La mesure la plus urgente était le rétablissement d'un corps de police armé, capable de rendre quelque tranquillité à Paris. Charles X, par le mauvais emploi qu'il en avait fait, avait pour longtemps compromis les agents de la force publique. Ainsi se trouvait brisé ce ressort indispensable à tout gouvernement. Un gendarme ne pouvait plus se montrer dans les rues de Paris. Il fallut revêtir la gendarmerie d'un nom différent et d'un autre uniforme. Une ordonnance du roi prononça la dissolution de ce corps, qui fut reconstitué sous la dénomination de garde municipale. Sous une appellation nouvelle, c'était la même institution, avec objet et devoirs identiques. Les anciens gendarmes, en grande partie, en remplirent individuellement les cadres. Quant à la gendarmerie départementale, son costume reçut quelques modifications : le shako, par exemple, fut remplacé par le bonnet à poil. L'armée régulière, elle-même, n'était pas à l'abri de la suspicion des masses ; et si l'on se hasardait à faire sortir des patrouilles de la troupe de ligne, c'était avec la précaution de les mettre à la suite d'un piquet de garde nationale.

Louis-Philippe comprit tout de suite que, seule, l'organisation de la garde nationale le mettrait en mesure de régner sur la place publique. Le général Lafayette avait été élevé au commandement général des gardes nationales du royaume, par ordonnance du 16 août ; elle

[1] Tite-Live, II, LV.

plaçait sous ses ordres deux à trois millions de citoyens, la partie la plus vigoureuse et la plus éclairée de la nation. Un si immense pouvoir s'expliquait par la nécessité de payer un grand sacrifice, et aussi par la popularité prodigieuse du vétéran de la Révolution. Lafayette n'était pas un auxiliaire ordinaire : au trône nouveau, il servait de rempart contre l'émeute ; il était le bouclier de Louis-Philippe à l'égard du parti républicain. Pendant que le roi se reposait sur l'autorité morale de Lafayette du soin de calmer les alarmes du commerce et de l'industrie, sa sollicitude se concentrait sur les relations extérieures et sur les moyens de détourner une guerre européenne dont les indices semblaient imminents. En effet, revenues de leur stupeur, les puissances étrangères se livraient à des préparatifs menaçants. Dans l'expulsion de la branche aînée des Bourbons, il était entré un sentiment de réaction mal éclairé sans doute, mais très-marqué, contre l'humiliation des traités de 1815. A ce point de vue, le mouvement insurrectionnel de Juillet offrait tous les caractères d'une véritable déclaration de guerre, d'une provocation à l'étranger.

Sous la haute main et la direction supérieure de Lafayette, la garde nationale fut partout organisée avec une merveilleuse promptitude : pour cette opération favorite, le vieux général retrouva le zèle et l'activité de ses jeunes années. Dix-sept cent mille gardes nationaux exercés et pourvus d'artillerie reçurent, grâce à ses soins, une institution régulière ; et il se montra fidèle à ses principes, en rendant à cette milice citoyenne l'élection de ses principaux officiers. Journellement occupé à recevoir et à haranguer des députations départementales, Lafayette n'aspirait à aucune influence immédiate sur la direction des affaires d'État. La trempe austère et rigide de son caractère était, d'ailleurs, mal assortie aux instincts variables et capricieux du pouvoir. Toutefois, docile à sa nature démocratique, il ne négligeait rien pour communiquer à l'esprit public une impulsion conforme au grand mouvement qui venait de s'accomplir. Les banquets, ces solennités fréquentes à cette époque d'illusion et d'enchantement, étaient pour lui autant d'occasions de répandre au dehors ses doctrines de prédilection. Louis-Philippe ne songeait pas encore à balancer son influence, ni à diminuer son prestige ; au contraire, alors il disait publiquement du général : « C'est mon ami et mon protecteur[1]. » Pour longtemps encore, la garde nationale était destinée à suppléer l'armée régulière, qui, à vrai dire, était presque à créer. En effet, le licenciement de la garde royale avait produit un vide considérable dans nos forces mili-

[1] « On jugera, par l'anecdote suivante, si M. de Lafayette avait acquis de l'empire sur Louis-Philippe. Le roi avait refusé de recevoir officiellement le ministre de Portugal. Cependant le commandant en chef de la garde nationale lui demanda la permission de lui présenter M. d'Alméida. Sa Majesté y consentit sans difficulté, et lorsque le diplomate parut devant le monarque, Sa Majesté l'accueillit par ces mots : « Il vaut mieux que vous me soyez présenté par le général que par tous mes ministres ensemble; c'est mon ami et *mon protecteur.* » (*Louis-Philippe et la Contre-Révolution de 1830*, par B. Sarrans jeune, t. I, p. 218.)

taires. L'indiscipline avait envahi la plupart des autres corps ; on citait des régiments qui avaient chassé leurs officiers, accusés d'attachement à la dynastie déchue[1]. Il fallait rétablir l'autorité du commandement, compléter les cadres, faire rentrer sous le joug de l'obéissance passive des soldats qu'on était forcé de glorifier pour l'avoir secoué quelques jours auparavant. Ce n'était pas la besogne d'un jour. Cette œuvre difficile ne pouvait être accomplie que par un administrateur laborieux, qui, à l'autorité du nom et de la position, joignît l'esprit de décision, une volonté ferme et tenace.

Le général Lamarque avait été envoyé avec des pouvoirs étendus dans les départements de l'Ouest, où l'on craignait un soulèvement de la part des royalistes. Sa prudence et sa fermeté calmèrent l'agitation qu'on cherchait à y fomenter. Il rassura les Vendéens sur les bruits qu'on faisait courir de persécution des prêtres et de suppression de leurs traitements. Une mission non moins importante fut confiée au général Clauzel, chargé du commandement de l'armée d'Afrique.

La dissolution de l'état-major et des corps de toutes

[1] « Nous apprenons que plusieurs régiments des garnisons du Nord, mécontents de la conservation d'officiers trop signalés par leur dévouement à l'ancien ordre de choses, se sont portés à des désordres graves et ont voulu se faire justice eux-mêmes, en chassant ceux de leurs chefs qui n'avaient plus leur confiance. Sarreguemines et Metz ont été particulièrement troublés par des scènes de ce genre. Nous attendons des détails sur ces événements, qui ne peuvent manquer de faire faire à M. le ministre de la guerre de graves réflexions. » (*National*, 2 septembre 1830.)

es qui composaient la garde royale avait été suivie licenciement des Suisses, renvoyés à leurs cantons promesse de retraite ou indemnité proportionnée ı durée de leur service. Ces mesures, qui enlevaient rmée plus de trente mille hommes d'élite, s'exécunt sans le moindre désordre. Les Suisses se mon-'ent, jusqu'au bout, tels qu'ils avaient toujours été, faitement disciplinés, dévoués à la cause de l'ordre tiles. Ainsi, un de leurs bataillons demeuré quelque ıps à Nîmes, après la révolution, dans l'attente de renvoi, n'en concourut pas moins efficacement au ablissement de l'ordre et de la tranquillité dans cette e.

assurée de ce côté, la royauté nouvelle avait à faire e à d'autres ennemis, ceux-là bien autrement dan-'eux, parce qu'ils échappaient à son action directe, que ni la police, ni la force armée ne pouvaient s'en sir. Atterré sous le coup subit que lui avait porté révolution, le parti vaincu s'était, jusque-là, renfer-é dans un prudent silence; mais la promulgation de charte nouvelle et le refroidissement du combat urent pas plus tôt permis quelque liberté, que les uilles royalistes reprirent la parole pour contester la alité de ce qui s'était fait. Elles admettaient bien e le lieutenant-général, reconnu ou nommé par ıarles X et par les députés, pût pourvoir provisoire-'ent aux nécesités de l'État; mais tout ce qui avait é fait au delà, elles le considéraient, en droit, comme dicalement nul.

La Chambre élue en vertu de la charte de Louis XVIII, la Chambre envoyée vers un trône légitime, la Chambre choisie par des électeurs qui avaient prêté serment de fidélité au roi et d'obéissance à la constitution royale, n'avait eu, selon elles, ni pouvoir ni mandat pour changer les conditions de l'ordre politique. Ceux-là même qui avaient incité la Restauration aux ordonnances de Juillet, s'efforçaient maintenant de précipiter la royauté nouvelle dans les bas-fonds de la démagogie; et, pour cela, ils se faisaient apôtres et prôneurs de doctrines exorbitantes, des théories les plus subversives. Aujourd'hui, aussi ardents fauteurs de l'ochlocratie, qu'ils l'avaient été naguère de l'autocratie de droit divin, ils recherchaient des alliés parmi ceux qui avaient fait à leur principe, à leurs doctrines, à leur dynastie, la guerre la plus implacable. Faisant ouvertement appel aux républicains, la *Gazette de France* les convia sans pudeur à s'unir à elle, dans un travail commun de démolition et de renversement. « Ceux qui adhèrent à la légitimité par sentiment ou par principes, disait-elle, et ceux qui ont foi dans la souveraineté du peuple, tout en se proposant un but différent, doivent être d'accord sur la nullité radicale de tout ce qui a été fait : ce n'est la conséquence ni d'un principe vivant par lui-même, ni d'une volonté générale librement et manifestement exprimée[1]. » Ici apparaissait la faute énorme que Louis-Philippe avait com-

[1] Numéro du 10 août 1830.

mise à ne pas ouvrir un scrutin, en y convoquant tous les Français. L'expérience, de nos jours, a démontré que son nom en fût infailliblement sorti, et à une majorité formidable. Aussi bien, on peut affirmer que, soit sympathie, soit nécessité, tout pouvoir nouveau est assuré, en France, par le fait seul de son établissement, de rallier l'immense majorité de la nation. Par là il eût enlevé à ses ennemis tout prétexte de contester son droit et ceux de sa dynastie. Mais, à s'en tenir à des adresses, à des députations, l'adhésion du pays au nouvel établissement monarchique, si réelle et si positive qu'elle fût, était néanmoins controversable[1].

[1] « Louis-Philippe commit une faute immense, irréparable, en ne soumettant pas immédiatement l'élection du 7 août 1830 à la ratification du peuple. Il eût dû le mettre en demeure quinze jours après, au plus tard, d'avoir à se prononcer sur la légalité et la légitimité de la révolution qui venait de s'accomplir à Paris. Si Louis-Philippe en avait aussitôt appelé au suffrage universel pour faire solennellement consacrer un fait accompli du consentement de tous, au grand jour et sans violences, son élévation au trône eût été sanctionnée par douze millions au moins de suffrages, irrécusables, car ils auraient été bien librement donnés, et cette fois sans abstentions, sans ces lâches et égoïstes protestations de la peur et de l'indifférence. A Paris même, aujourd'hui encore le grand centre d'action du parti républicain, de ce parti qui, en décembre 1852, y passait une dernière revue de ses forces disponibles, en déposant dans l'urne environ 90,000 *non* contre la résurrection de l'empire; à Paris même, il n'y aurait pas eu deux cents voix opposantes (à cet égard, nous en appelons aux souvenirs de tous les témoins de la merveilleuse révolution des trois jours). A ce moment, en effet, personne ne songeait encore à la république, et pas une voix non plus ne s'était élevée, pendant ou

Le plan de conduite des partisans de la légitimité de droit divin fut imperturbablement exposé par la *Quotidienne*, en ces termes : « La position la plus convenable pour quiconque a quelque noble idée de la liberté humaine, c'est d'oser demander aux révolutions la conséquence des principes qui les produisent. Ceci pousse à des abîmes peut-être, mais aussi ramène forcément à l'ordre moral, le seul qui constitue, en définitive, la société... Lorsqu'on aura vu les pouvoirs, les partis et les factions, guidés seulement par l'instinct d'une force brutale, se débattre et se renverser dans une immense arène, sans qu'aucun principe de droit puisse jamais jaillir d'un tel choc, les peuples

après les trois jours, pour rappeler les droits de Napoléon II, solennellement reconnus pourtant et proclamés en 1815, à la face de la coalition, par la représentation nationale. Ce que voyant, ceux-là même que l'empereur avait comblés d'honneurs et de richesses, et qui s'étaient trouvés trop compromis par ses faveurs pour être accueillis par les Bourbons de la branche aînée, avaient déserté en masse la cause de son fils, et mendiaient déjà avec le plus cynique empressement des places dans la domesticité du nouveau roi. Un appel franc et loyal au suffrage universel eût donc immanquablement donné à la royauté des barricades une force qui lui manqua toujours. Il eût empêché de contester la légalité même de son origine; et le prince, acclamé roi du consentement unanime de la nation, ne se fût pas trouvé ensuite constamment à la discrétion de quelques centaines d'intrigants cherchant à tirer le parti le plus avantageux pour eux-mêmes de la fausseté de sa position et prétendant lui vendre leur appui de plus en plus cher. » (*Dict. de la convers.*, art. Louis-Philippe, t. XII, p. 470).

fatigués seront bien obligés de convenir que l'équité, c'est-à-dire la légitimité, a sa source en quelque lieu plus haut[1]. »

Et ce n'étaient pas là des paroles échappées dans un premier mouvement de colère, le lendemain de la défaite : l'effet suivit de près la menace. Ainsi, après avoir perdu la Restauration par peur de la liberté, le parti légitimiste entreprenait de la relever par l'abus de la liberté, en jetant la France dans des « abîmes ! » Les soutenants de l'établissement nouveau ne manquèrent pas de se récrier, de jeter les hauts cris à tel excès d'impiété et de scandale. « Pousser au désordre parce qu'on est vaincu, disait le *National*, c'est, de tous les actes de mauvais citoyen, le plus coupable qu'on puisse commettre[2]. »

Déjà se dessinait de la sorte la double opposition contre laquelle le gouvernement de Louis-Philippe allait avoir à lutter à outrance. Faible d'abord et peu nombreuse, elle ne devait pas tarder à se grossir d'une foule d'autres inimitiés, dont la plus redoutable était celle du clergé, en raison de ses préventions, de ses répugnances, ou plutôt, de ses haines. « La révolution de Juillet, dit un historien, avait été faite, pour une large part, en haine du clergé catholique, et le mouvement commencé à Paris se continuait dans les départements. A Reims, dans la journée du 16 août,

[1] Numéro du 18 août 1830.

[2] Numéro du 21 août.

les douze petites croix élevées sur le calvaire ayant été renversées, on jeta à terre la grande croix, haute de 50 pieds, et qui surmontait un vaste piédestal en pierre de taille; le christ, détaché de la croix, fut emporté par la populace ivre d'impiété, et que la garde nationale protégea de son inertie. Cette odieuse destruction se renouvela dans plusieurs autres villes de France, à la Ferté-sous-Jouarre, à Orléans, à Chartres, à Châlons-sur-Saône, à Beaune, à Niort, à Jouarre, à Provins, à Vézelize, à Nevers, à Sarcelles, à Pommeuse, à Bourges, à Narbonne, à Toulon, à Noyon, et dans beaucoup d'autres communes. Les autorités elles-mêmes, redoutant des actes de brutalité sauvage contre les choses du culte, avaient cru devoir faire, d'office, enlever les croix plantées sur les places publiques, et les avaient d'ailleurs fait transporter dans les églises, comme dans leur asile naturel. Les vexations et les outrages étaient sans relâche prodigués aux ministres du culte. A chaque instant, la foule envahissait les couvents, les séminaires, les presbytères, sous prétexte d'y rechercher des armes, des munitions de guerre ou des preuves de complots liberticides. Les prêtres n'osaient se montrer dans aucune grande ville revêtus du costume ecclésiastique, et les pompes de l'Église étaient profanées.

« A la honte du parti révolutionnaire, les persécutions et les actes de violence se succédaient sur tous les points du territoire contre le clergé catholique, et pour entraver les plus consolantes manifestations du culte. Enhardis par l'impunité, un assez grand nombre de malfaiteurs politiques, hommes perdus de mœurs et de réputation, se donnaient la triste gloire d'outrager les prêtres et de vocifèrer contre la religion. L'évêque de Nancy, pour dérober sa personne aux sévices de la multitude, était contraint de se réfugier en pays étranger ; les perquisitions brutales, les arrestations illégales, les menaces de mort ne cessaient de terrifier ceux qui avaient le courage de rester dans leurs paroisses ; dans plusieurs départements, les maires se permettaient à l'égard des curés les procédés les plus odieux ; parfois ils les expulsaient de leurs presbytères, pour y établir des corps de garde ; d'autres fois ils s'emparaient des églises et en interdisaient arbitrairement l'approche ; dans quelques villes, le peuple s'opposait à la rentrée des élèves des séminaires, et la garde nationale ,dirigée par des chefs exaltés, ne craignait pas de mettre les ecclésiastiques hors du droit commun.

« Plusieurs églises, envahies par la population, devenaient le théâtre de scènes tumultueuses et d'horribles désordres, et les fidèles étaient consternés au spectacle des saints mystères publiquement tournés en dérision. Dans les départements et dans les villes où la multitude se montrait moins hostile, moins impie, on n'en avait pas moins à gémir sur des excès continus ; partout, c'étaient les bruits les plus absurdes et les accusations les plus calomnieuses semées contre les prêtres, afin d'aigrir et d'échauffer les esprits ; les actions les plus simples des membres du clergé étaient transformées en complots; les discours et les instructions les plus louables devenaient l'objet de dénonciations réitérées; de pieuses communautés étaient troublées dans leurs paisibles retraites; des écoles chrétiennes étaient fermées sous les plus frivoles prétextes. Cette situation, dont nous affaiblissons les traits, se prolongea très-longtemps après l'orage, et la condition des prêtres était aussi douloureuse qu'intolérable[1]. »

L'historien que je viens de citer, affirme qu'il « affaiblit les traits de la situation ». En quels termes l'eût-il donc peinte, s'il en avait rembruni les couleurs? La vérité est qu'il y a exagération dans le sombre tableau qu'il se complaît à tracer des « excès, des persécutions, » du « débordement de l'impiété », des « souffrances des prêtres et des fidèles. » Il va du moins reconnaître la « situation fâcheuse » où le « parti prêtre » s'était placé, par ses écarts multipliés et ses fautes. « Le clergé de France, dit-il, dans la plupart des diocèses, avait pris une attitude imprudente dont il récoltait les fruits. Animé d'un royalisme aussi exalté que sincère, il avait salué le retour des Bourbons avec un enthousiasme qui n'était point suffisamment dégagé de l'alliage de l'esprit de parti. Longtemps terrifié, sous le gouvernement impérial, par l'emprisonnement du pape et de plusieurs cardinaux; saisi de douleur au spectacle des violences dont il avait été victime durant la Révolution française, il avait cru, de bonne foi, qu'une restauration monarchique devait avoir pour

[1] Amédée Gabourd, *Hist. contemp.*, t. I, p. 119.

corollaire indispensable une restauration religieuse ; il n'avait dissimulé ni sa défiance à l'encontre de la liberté, ni sa répugnance à l'égard du libéralisme, et, peu soucieux de la Charte et des droits publics consacrés par elle, il s'était imaginé que toute résistance à l'autorité royale représentée par les ministres et par les agents du pouvoir, était, en dépit des stipulations constitutionnelles, une rébellion condamnable au premier chef. C'était avec un déplaisir marqué qu'il entendait parler de la gloire des armées de la République et de l'Empire ; il adoptait avec complaisance, il imposait dans l'enseignement des livres d'histoire rédigés par les amis les plus aveugles des Bourbons, et dans lesquels les événements accomplis depuis 1789 se trouvaient défigurés au profit des passions royalistes, pour la plus grande gloire de l'émigration et en haine des traditions nationales. Maître du terrain, objet des faveurs les plus signalées de l'administration monarchique, impatient de faire disparaître les souvenirs et les choses qui se rattachaient à Napoléon, toujours disposé à saluer comme les libérateurs de la France les souverains et les chefs étrangers qui avaient triomphé à Waterloo, il n'avait pas su voir quels immenses périls il avait évoqués, quelles rancunes, quelles colères il avait peu à peu soulevées, et jusqu'à quel point tout ce qui se rattachait à la religion et au culte était enveloppé, par les libéraux et leurs adeptes, dans la haine par eux vouée à la Restauration et aux Bourbons[1]. »

[1] A. Gabourd, *Hist. contemp.*, t. I, p. 116, *sq.*

Après avoir démesurément grossi les « excès des révolutionnaires, » M. Gabourd ne fait qu'effleurer, et encore en les atténuant beaucoup, leurs trop justes griefs. Je n'ai pas, ici, à retracer la conduite imprudente du clergé durant la Restauration, ses emportements, ses provocations continuelles. Il suffit de constater qu'à bon droit il en portait maintenant la peine. La Congrégation avait particulièrement soulevé les esprits par un vice, celui de tous qu'on pardonne le moins en France, l'hypocrisie. On oublie communément que le peuple n'a ni le temps, ni les facultés nécessaires pour se livrer aux abstractions. En méprisant ses affiliés, il enveloppa dans sa réprobation un corps qui professe ouvertement et, à ses risques et périls, la solidarité de ses membres et de ses adeptes. Quoi d'étonnant, dès-lors, que le clergé payât pour les recrues qu'il avait si inconsidérément enrôlées sous sa bannière ! Ainsi, à remonter seulement à 1827, pouvait-on ne pas se souvenir de l'abbé Contrafatto, coupable d'un attentat infâme sur une petite fille de cinq ans, relaxé néanmoins par le juge d'instruction Frayssinous ; de Contrafatto, scandaleusement protégé par le préfet de police Delavau, traduit enfin en cour d'assises, et condamné aux travaux forcés à perpétuité, sur la déclaration unanime du jury ? Mais, pour cela, il avait fallu que le cri de l'opinion publique devînt irrésistible. Avait-on oublié ce jeune prédicateur de Nantes, proclamant en chaire qu'il n'y avait point de salut pour le roi, ni pour la France, si la Charte n'était pas abolie, et le sermon de ce curé de la Vendée demandant un coup d'État contre la Chambre des députés pour préserver la France du retour de 1793, et tous ces mandements d'évêques remplis de déclamations et d'invectives contre l'opinion libérale? Était-elle donc effacée de l'esprit du peuple l'impression reçue de ce président du tribunal d'une ville de province, B......., congréganiste forcené, toujours en tête des processions le cierge à la main, prodiguant les amendes et l'emprisonnement à d'humbles citoyens tout au plus coupables de propos irréfléchis à l'occasion de plantations de croix par les missionnaires, quand lui-même avait pris la part la plus cynique et la plus scandaleuse aux saturnales révolutionnaires? Cet instrument du clergé, aujourd'hui si docile et si fervent, n'avait-il pas, jadis, contristé les gens pieux de sa ville, par l'éclat et la grandeur de ses débordements, par l'énormité de ses profanations sacriléges? N'était-ce pas lui qu'on avait vu, dans l'église paroissiale, se servir publiquement du bénitier en guise d'urinoir, puis, sans-culotte dans l'ignoble réalité du mot, faire du saint ciboire un usage plus immonde, plus révoltant encore, s'il est possible, aux applaudissements d'hommes et de femmes ivres d'impiété, aux ricanements hébétés d'une foule délirante et stupide?

Sorti malencontreusement de sa voie, le clergé avait maintenant beaucoup de peine à y rentrer, et surtout à dissimuler sa profonde antipathie contre la personne de Louis-Philippe. L'immense majorité de ses membres accompagnait de ses regrets la royauté vaincue en juillet, et considérait comme le triomphe de l'irréligion et de l'impiété, la victoire remportée sur Charles X. Ils s'étaient tant de fois posés comme solidaires des prétentions, des prérogatives et des espérances de la royauté légitime, qu'ils se regardaient volontiers eux-mêmes comme vaincus, et que la peur d'attirer sur eux des persécutions, les maintenait seule dans une attitude de prudence et de circonspection à l'égard de la famille d'Orléans. En proie aux incertitudes et à la crainte, le clergé attendait qu'une haute impulsion lui vînt de Rome. J'exposerai plus tard la conduite pleine de sagesse du souverain pontife Pie VIII (Xavier Castiglioni), qui permit à Louis-Philippe d'établir entre son gouvernement et les ecclésiastiques une situation régulière et de mettre à l'aise les consciences un moment hésitantes. Contenu par la peur, le mauvais vouloir du clergé ne se traduisait guère encore que par des actes mesquins et peu dangereux, par exemple, par son refus, dans plusieurs localités, d'entonner au nom du nouveau roi le *Domine, salvum fac regem*. Louis-Philippe, témoin de son impuissance et de sa profonde impopularité, s'abstint sagement de sévir. Il prévoyait avec raison que l'esprit politique de ce corps se modifierait insensiblement par suite du recrutement successif de ses membres, et que la religion elle-même, subissant l'influence de sa dynastie, deviendrait entre ses mains un nouvel *instrument de règne*. Nous le verrons, dans la suite, s'appliquer constamment à mater l'opposition des évêques indépendants, à endormir et calmer l'épiscopat par quelques concessions de détail, surtout apporter sa vigilance et ses soins à le fournir de titulaires aussi favorables que possible à sa maison. Sa défiance à l'égard des évêques ne s'assoupira jamais, et lui-même traduit le fond de sa pensée, à leur endroit, avec sa vulgarité de termes ordinaire. « Ils n'ont pas plus tôt reçu le Saint-Esprit, dit-il, qu'ils ont le diable au corps ! » La guerre contre le clergé eût-elle dû sérieusement s'engager, rien, dans les idées voltairiennes de Louis-Philippe, n'eût éveillé de scrupule à une lutte ouverte contre le pouvoir ecclésiastique. Ce prince n'ignorait pas que, de tous les partis auxquels un gouvernement peut s'associer, le parti prêtre est le seul qui le compromette sans retour ; car, au moment même où il fait jouer au pouvoir le tout pour le tout, il se cache ; et, s'il est vaincu, il s'éclipse, et s'anéantit en quelque sorte.

A l'unisson du clergé, la magistrature s'était compromise au service de la Restauration ; et pourtant ces deux corps, qui, en ce moment, auraient dû faire cause commune et demeurer étroitement unis, étaient en plein divorce. En même temps que les fleurs de lis, les christs avaient été enlevés de toutes les salles d'audience des tribunaux ; il était logique, disait-on, qu'avec la religion d'État, disparussent son symbole et ses insignes. Dès les premiers jours d'août, les feuilles judiciaires, organes attitrés de la justice, déclaraient qu'on « en avait fini avec la superstition et les momeries, » et qu'à ce titre, la messe du Saint-Esprit, qui précède la rentrée des cours et tribunaux, serait désormais abolie. Faisant observer que « le Saint-Esprit n'avait éclairé les magistrats, ni sur leurs devoirs ni sur leurs serments, » un journal félicitait ironiquement la magistrature de la suppression d'une cérémonie religieuse d'où la foi était bannie. Autrement libre dans ses manifestations, la foule en prit occasion de fredonner plus bruyamment que jamais, les couplets que la verve incrédule et moqueuse de Béranger avait propagés :

« Esprit-Saint, descends,
Descends jusqu'en bas.
— Non, dit l'Esprit-Saint, je ne descends pas. »

Antérieurement, un arrêté administratif avait prescrit l'enlèvement, sur les routes, des croix que les missionnaires y avaient partout plantées.

Des actes de cette nature et des faits analogues ne pouvaient laisser le clergé indifférent et impassible : à leur encontre, son animadversion ne devait pas tarder de réagir. Si, dans les grandes villes, elle était encore contenue par la crainte, elle allait se donner carrière dans les campagnes, là où les têtes pouvaient être facilement montées et où la répression était moins immédiate et plus difficile. C'est ainsi que de pauvres desservants de village, évidemment excités d'en haut, en vinrent à ne plus garder de mesure. Louis-Philippe fut ouvertement dénoncé par eux comme *usurparteur*, et pis encore, dans un langage qui sentait son terroir [1]. La révolte contre le gouvernement fut violemment prêchée. Allumé et attisé avec soin, le feu de la sédition se propagea rapidement dans nombre de communes. Il fallut, alors, que la justice intervînt. Aujourd'hui, à parcourir les recueils judiciaires afférents aux années qui suivirent 1830, l'on demeure confondu du nombre prodigieux de condamnations prononcées contre des membres du clergé, pour injures et outrages au roi et provocation à la désobéissance à son gouvernement [2]. L'effervescence des premiers temps passée, l'image du Christ reprit sa place accoutumée dans le sanctuaire de la justice. A Paris, ce fut pour M. Séguier l'occasion d'une ordonnance qui, à l'époque où elle fut rendue, laissa planer des doutes sur l'état mental et l'intégrité des facultés de ce premier président de Cour royale [3].

[1] « Un gueux, un mauvais gas, etc. »

[2] V. tables de la *Gazette des Tribunaux*, 1830, et années suiv.

[3] « Tout a été dit sur M. Séguier : on est généralement d'accord que c'est l'absurde fait président de Cour royale. Mais, en vérité, nous ne croyons pas que ce magistrat pittoresque ait jamais poussé les choses aussi loin qu'il vient de le faire, à propos du rétablissement de l'image du Christ, que la révolution de Juillet avait pieusement arrachée, comme dirait M. Victor Hugo, du sanctuaire de la justice.

« C'est à savoir, cette fois, que le Christ *a redemandé* à M. Séguier sa prérogative éminemment sociale, et que M. Séguier *n'a pas hésité à restituer à l'image de Dieu la place qui lui appartient*. Il est, ma foi, bien heureux que M. le président ait fait droit à la requête du Sauveur des hommes, réclamant *sa prérogative sociale!* Seulement

L'opposition au gouvernement de Louis-Philippe allait encore se grossir de tous les mécontents auxquels l'injuste ou capricieuse distribution des emplois ne pouvait manquer de faire grief. L'établissement de Juillet avait là un premier et délicat compte à régler. En effet, la tourbe des intrigants et des ambitieux de toutes catégories n'avait eu rien de plus pressé que de se précipiter en masse au banquet des faveurs et des grâces du nouveau régime. Les ambitions trompées, les vanités froissées, les déceptions de toute sorte allaient nécessairement entourer le trône de Juillet d'obstacles et de dangers. De la part du parti vaincu, c'était un coup de maître que de fomenter la lutte entre ses partisans bien ou mal assouvis, de les mettre aux prises les uns avec les autres, de les miner ainsi par leurs propres discordes. Il espérait, par là, interdire aux hommes de 1830 la faculté et l'espoir d'asseoir jamais sur des ruines un gouvernement

on regrette que le magistrat qui rend de semblables arrêts ne les date pas de Charenton. Alors on pourrait les comprendre, et on aurait peut-être la clef du *considérant* que voici :

« Un tel *olim* (c'est ainsi que M. Séguier nomme l'image du Christ!) un tel *olim* est trop profitable à l'ordre social *pour ne pas mériter de la considération, et le soin qu'il obtient, ne fût-ce que de l'antiquaire, n'est pas rétrograde.*

« Franchement, ceci casse bras et jambes. Si nos lecteurs connaissent une expression quelconque pour qualifier, comme il convient, cet infernal galimatias, nous les supplions de vouloir bien nous l'indiquer. Quant à nous, nous renonçons à la trouver. Mais devant la sainte image qui, suivant M. Séguier, *mérite de la considération*, nous ferons cette prière charitable : Pardonnez-lui, mon Dieu! car il ne sait ce qu'il dit. » (*La Mode*, 1837, p. 275.)

stable et régulier. De fait, la révolution avait fait une royauté sans force ni équilibre. Fondée sur le principe mobile de la souveraineté populaire, elle ne pouvait être plus consistante que sa base.

Cependant la répartition des profits de la victoire se poursuivait. Au vieux maréchal Jourdan, *soliveau* relevé de ses fonctions de commissaire aux affaires étrangères l'on donna le gouvernement des Invalides, vacant par le refus de M. de Latour-Maubourg d'adhérer au nouveau gouvernement. Benjamin Constant entra au conseil d'État, comme président du comité de législation et de justice administrative, avec un traitement de 30,000 francs dont il avait le plus pressant besoin. J'ai dit précédemment le prêt de 200,000 francs dont Louis-Philippe l'avait gratifié, à la sollicitation de M. Laffitte. Benjamin Constant avait trouvé au jeu sa ruine. Il lui restait juste assez de temps à vivre pour palper cet émolument d'une révolution à laquelle il avait tant contribué. Au conseil d'État furent également appelés deux écrivains du *National*, MM. Thiers et Mignet, fauteurs actifs, mais non pas des plus braves, de la grande semaine de Juillet. Le premier, après sa course à Neuilly, était allé se reposer sous l'ombrage des cerisiers de la vallée de Montmorency, chez madame de Courchamp, tante du journaliste Béquet, qui lui avait ménagé cette retraite. Le second, l'ardent distributeur de brochures orléanistes dans la rue d'Artois, s'était pareillement dérobé. Mais, le 29 juillet, la révolution accomplie, tous deux ils revinrent à la picorée. Ce fut, à proprement parler, le couple de poltrons le plus signalé de l'époque.

La composition du nouveau conseil d'État souleva de vives critiques, des réclamations à peu près générales. Elle ne trouva pas même grâce devant le public libéral. « L'organisation du conseil d'État, disait le *Constitutionnel*, était-elle donc si pressée, qu'il ne fût pas possible de prendre le temps de s'enquérir du titre à l'admission? Une petite biographie administrative et politique de ces messieurs n'eût pas été mal placée dans le *Moniteur universel*. Ce qui frappe, dans cette brusque irruption de deux ou trois salons dans les salles du conseil d'Etat, c'est moins la présence de certains noms que l'absence d'un assez grand nombre d'autres. La camaraderie, le cousinage, étant, d'un grand nombre de conseillers et de maîtres des requêtes, les seuls mérites connus, on a dit plaisamment et avec assez de justesse, que la réunion du conseil d'État pourrait être appelée l'assemblée de famille [1]. »

Dans l'ordre judiciaire, M. Dupin aîné fut nommé procureur général près la Cour de cassation, en remplacement de M. Mourre, mis d'office à la retraite, le même qui, en 1815, avait noblement refusé de s'associer aux palinodies de sa Cour. Ce magistrat couronnait sa carrière par un acte aussi courageux qu'honorable : dans un discours public, il n'avait pas craint de faire l'éloge des vertus privées de Charles X. Il était pourtant chargé

[1] Numéro du 23 août 1830.

de famille et dénué de fortune. M. Bernard (de Rennes) devint procureur général près la Cour royale de Paris, à la place de M. Jacquinot de Pampelune, et M. Barthe, l'ancien *carbonaro*, succéda à M. Billot, comme procureur du roi près le tribunal de la Seine.

Par l'influence de Lafayette, dont il s'était fait le suivant et le courtisan assidu, M. Odilon Barrot fut porté à la préfecture de la Seine [1]. M. de Schonen, autre affilié à

[1] M. Barrot, dans ses *Mémoires*, explique sa nomination en ces termes : « Le 20 août, j'étais de retour à Paris, et je rendais compte au roi Louis-Philippe des détails de notre mission (l'embarquement de Charles X à Cherbourg) ; il me remerciait avec effusion et me confirmait qu'il m'avait, en récompense de mes services, nommé préfet du département de la Seine.

« Si c'est une récompense des quelques services que j'ai pu rendre, Sire, veuillez rétracter cette nomination, qui me place trop en dehors de mes habitudes, et me fait sortir d'une carrière dans laquelle j'ai passé tant d'heureux jours et acquis le peu de considération dont je jouis. Permettez-moi de retourner à mes dossiers. Je me tiens pour suffisamment récompensé par l'honneur d'avoir été l'humble instrument de la générosité de mon pays dans cette circonstance mémorable.

« — Oh ! non, ce n'est pas ainsi que je l'entends, me répondit le roi, avec quelque vivacité. Croyez-vous que, moi-même, j'aie consulté mes convenances, lorsque j'ai accepté la couronne ? Chacun se doit à son pays, dans la situation que les événements nous ont faite. Nous aurons encore de rudes journées à traverser. Je vous ai placé à un poste dangereux et par conséquent d'honneur. Vous serez à l'Hôtel de ville, où vous pourrez exercer utilement votre influence. Ne me parlez pas de votre inexpérience dans l'administration : il s'agira bien de cela dans des temps de crise pareils à ceux-ci ! Quand les orages seront passés, hé bien, alors, nous verrons à consulter vos goûts. Quant à présent, mes ministres et

la société des *Carbonari*, de conseiller à la Cour royale de Paris passa d'emblée procureur général à la Cour des comptes. Ces promotions étaient la conséquence de l'événement de Juillet : peu de personnes y trouvèrent à redire. Mais, en dehors de ces hautes nominations, il n'en fut pas de même d'une foule d'autres que la révolution enfanta, et qui furent un sujet d'étonnement, parfois même de scandale. Ce furent surtout les choix pour les fonctions de préfet et de sous-préfet. Ce

moi, nous avons été unanimes à penser que personne mieux que vous ne pouvait occuper le poste si important de l'Hôtel de ville. »

« Je ne pouvais plus persister dans mon refus : il y aurait eu trop d'égoïsme, et peut-être trop d'orgueil, à prolonger ma résistance. C'eût été pourtant un grand bonheur pour moi de clore ma brève participation aux affaires publiques sur cette mission de Cherbourg, laquelle ne me laissait que de bons souvenirs. Mais ma destinée me réservait à de plus rudes épreuves. » (*Mém.*, t. I, p. 191). — J'ai le regret d'être obligé de dire que ce récit est un pur roman. M. Odilon Barrot fut nommé à la demande de Lafayette, dont il avait réclamé l'appui pour ce poste qu'il convoitait : le témoignage aussi formel que désintéressé de M. Dupont (de l'Eure), est décisif à cet égard.

Ce n'est pas, au surplus, le seul passage erroné de ces *Mémoires*, *ubi veritas pluribus modis infracta*. Mais là où M. O. Barrot est d'une exactitude irréprochable, c'est aux traits dont il peint l'homme en Louis-Philippe.

Quoi qu'en dise M. Cuvillier-Fleury (*Débats* du 8 août 1875), il ne commet aucune *inexactitude*, lorsqu'il affirme que ce prince « méprisait les hommes. » Quant à prêter, comme le fait le même critique, « une certaine délicatesse de cœur » à Louis-Philippe, à l'oncle de la duchesse de Berry, c'est, en vérité, dépasser de beaucoup l'ours aux pavés de la fable.

personnel se recruta principalement parmi les écrivains et les journalistes de l'opposition de quinze ans. Nombre d'entre eux portèrent dans leurs départements respectifs une désinvolture de ton et de manières qui effaroucha les populations, quand ils ne les révoltèrent pas tout-à-fait par la licence de leur langage et l'éclat de leurs débordements.

M. Gauja ouvrit la liste, comme préfet de l'Ariége. Ce gérant du *National*, signataire de la protestation des journalistes de Juillet, n'avait pas trouvé la sous-préfecture de Châteaudun à la hauteur de ses capacités : on lui donna satisfaction, en l'envoyant dans l'Ariége. A son installation à Foix, comme on lui demandait s'il recevrait le dimanche avant ou après la messe, il répondit : « Avant, pendant et après » ; saillie philosophique d'un fonctionnaire de l'État qui ne se piquait guère de pratiquer la religion de la majorité des Français. A Compiègne, le nouveau sous-préfet, M. Hipp. Bonnellier, ne tarda pas à se rendre impossible par ses fredaines ; il dut bientôt quitter les coulisses de la politique, pour celles du théâtre de l'Odéon. Ailleurs, le gouvernement investit de ces emplois des freluquets, et jusqu'à des imberbes. La presse royaliste en prit sujet de donner un libre cours à sa malignité : une averse d'épigrammes et de traits caustiques fondit sur ces nouveaux fonctionnaires[1].

[1] Un journal racontait qu'un jeune préfet, descendu à l'hôtel de la préfecture, avait fait prévenir les autorités qu'il recevrait

Quimperlé, dans le Finistère, eut pour sous-préfet un viveur, M. Romieu, *l'homme le plus gai de France.* Sa réputation était déjà faite, sur le pavé de Paris, par les bons tours qu'il avait joués pendant dix ans à la patrouille et par ses niches d'écolier aux commissaires de police, selon les joyeuses traditions des aimables étourdis de l'ancien régime. A l'apparition de son nom à l'organe officiel, un journal exprima sa surprise qu'on ne l'eût pas plutôt nommé directeur de l'Entrepôt général des vins, parce que, disait-il « il eût été là tout-à-fait dans son élément. » Toutefois, à quelque temps de là, la même feuille lui faisait amende honorable, reconnaissant qu'il s'était grandement amendé, et qu'il pouvait maintenant tenir posture de sous-préfet. « M. Romieu, disait-elle, a pris, comme sous-préfet, une allure fort grave : aujourd'hui, après dîner, c'est à peine s'il chancelle! »

On citait un sous-préfet qui n'avait dû sa nomination qu'aux instances d'un personnage désireux de s'affranchir d'une pension qu'il lui faisait, à titre de parent nécessiteux. Mais toutes ces excentricités-là pâlirent devant les faits et gestes d'un autre élu du jour, lequel suscita un immense scandale. C'était Bohain, préfet de la Charente. Ce fondateur-directeur du *Figaro*, faiseur habile

leurs hommages. Elles s'y rendirent en corps pour les lui présenter. Le nouveau débarqué les reçut dans son salon. Elles s'y promenèrent longtemps sans mot dire. A la fin, le doyen de la députation s'adressant au jeune préfet : « Monsieur, lui dit-il, quand aurons-nous l'honneur de voir M. votre père? »

et homme d'esprit, mais par-dessus tout cynique, avait aussi apposé sa signature à la protestation de Juillet. Une préfecture fut également sa récompense. Se rendant à son poste, il eut l'impudeur et l'effronterie de traîner à sa suite trois femmes galantes de Paris, qu'il présentait aux convives de l'hôtel de la préfecture d'Angoulême[1], comme ses sœur, belle-mère et femme. Il serait trop long, et surtout indigne de la gravité de l'histoire, de raconter ici les incroyables mystifications dont Bohain se régala, par le canal de ces trois femelles, aux dépens du clergé et de la magistrature. On en composerait un désopilant chapitre, qui ne déparerait pas le roman de Lesage. A la fin, cependant, l'étourderie d'une des héroïnes donna l'éveil; et, soupçonnant la fraude, les mystifiés eurent à cœur d'éclaircir leurs doutes. La vérité ne pouvait manquer de se faire jour. La supercherie dévoilée, la ville d'Angoulême retentit de leurs plaintes et de leurs cris. Cela ne servit qu'à faire bafouer la haute société par le peuple, dont elle devint la risée : *procacia urbanæ plebis ingenia,* la populace des villes est toujours disposée aux railleries[2]. Le gouvernement se hâta de remplacer Bohain par M. Larréguy, qui, à son tour, mais d'une façon moins compromettante, divertit le département de la Charente par la bizarrerie de ses arrêtés et le galimatias de ses circulaires. Bohain

[1] Et non Limoges, comme le dit par inadvertance le savant Quérard (*Litt. franç.*, 1827-1844, t. II, p. 69). Limoges est le chef-lieu du département de la Haute-Vienne.

[2] Tac., *Hist.*, III, XXXII.

reçut, comme dédommagement, le privilége du théâtre des Nouveautés. On aurait dû commencer par là : c'était le replacer judicieusement dans un milieu mieux approprié à ses aptitudes et à ses goûts, et dont il n'aurait jamais dû sortir, au sein des princesses de la rampe et des nymphes de coulisses. A Paris, la presse légitimiste s'empressa d'exploiter l'équipée de Bohain : le commun des plaisants en fit ses gorges chaudes, et les railleurs gabèrent.

Ces nominations étaient le fait de M. Guizot, l'austère ministre de l'intérieur. Quoi qu'il prétende, dans ses *Mémoires*, le discernement ne présidait guère à ses choix, et lui-même est bien obligé d'en convenir, à l'esclandre qu'il rapporte de deux sous-préfets, installant, en leur personne, l'ivresse en habits brodés dans les salons du Palais-Royal[1]. Si, parfois, il opérait des changements et des mutations, ce n'était guère

[1] « Le 17 août, Louis-Philippe écrivait au ministre de l'intérieur : « Je suis fâché d'avoir à vous avertir que deux de nos nouveaux sous-préfets sont venus hier au Palais-Royal complétement ivres, et qu'ils y ont été bafoués par la garde nationale. Mes aides de camp vous diront leurs noms, que j'oublie, et que vous tairez par égard pour leurs protecteurs. Nous ne nous vanterons pas de ces choix-là, et nous les remplacerons. » (*Mém.*, t. II, p. 55).

[2] M. Guizot a dit hier, à la tribune, que sur quatre-vingt-six préfets, il y en avait soixante-seize *complétement changés*, c'est-à-dire que la plupart ont changé de département : tel préfet, neveu d'un noble pair, a été dirigé des Vosges, où il a laissé de déplorables souvenirs, vers les Pyrénées, où ces souvenirs l'ont devancé, et où il est repoussé par l'opinion publique; tel autre, fils de pair, a échangé le département de la Lozère contre celui de la Corrèze. On cite trois nouveaux préfets, MM. Benjamin D...., de B....,

que pour la forme [2]. L'inconvénient le plus grave de ces nominations était moins, peut-être, dans l'indignité des sujets, que dans les conséquences et effets immédiats : c'étaient autant de places perdues, qui donnaient lieu à des exclusions inintelligentes, à des refus injustes ou souverainement impolitiques. Ainsi, Armand Carrel échoua dans sa demande de la préfecture de la Seine-Inférieure, après avoir sollicité vainement un siége au conseil d'État. Il avait pourtant droit à ce poste au même titre que MM. Thiers et Mignet, ses collaboreurs au *National;* il les égalait par le talent, et, de plus qu'eux, il avait une inflexible droiture, l'énergie du caractère et l'indéfectible fidélité aux principes. Armand Carrel fut donc très-blessé d'être moins bien traité, et, à bon droit, il considéra comme dérisoire l'offre qu'on lui fit de la préfecture du Cantal. De ce jour il prit seul la direction du *National*, sans pourtant rompre encore avec le nouveau pouvoir. Ce

Edmond M...., tous fils de députés, qui ont, à eux trois, à peine soixante-six *ans !*

« En revanche, M. le baron T. et M. B. S., deux anciens et excellents préfets destitués en 1815, ont cru devoir écrire à M. Guizot pour offrir leurs services : ils n'en ont obtenu aucune réponse ; mais le ministre a fait dire au premier qu'il était *trop vieux*, et à l'autre qu'il était *trop exalté*. — C'est dans les bureaux du *Globe*, du *National*, du *Temps*, c'est sur les bancs de l'école où l'ex-professeur faisait naguère un cours d'histoire, que M. le ministre est allé chercher la majeure partie des préfets et sous-préfets nommés jusqu'à ce jour, où nous voyons, dans le *Moniteur*, que, sur six nouveaux préfets, deux appartiennent encore au *National*. » (*Tribune des départements*, 29 août 1830.)

ne fut que plus tard, à ses actes ouvertement entachés de contre-révolution, qu'il se fit son ennemi irréconciliable. Le *National* déclara alors au gouvernement de Louis-Philippe une guerre à outrance, qui, après sa transformation, en 1834, sous M. Armand Marrast, devint encore plus incisive et plus implacable.

L'étincelant écrivain que je viens de nommer avait été tout aussi stupidement éconduit. M. Marrast, cet homme si finement organisé, n'en était pas à ses débuts avec sa plume, et il ne demandait qu'une position honorable au ministère de l'instruction publique. Le général Lamarque, son compatriote des Landes, l'appuyait de sa recommandation et de son patronage. Si le ministre avait eu le bon esprit d'accueillir les légitimes prétentions de M. Marrast, il aurait vraisemblablement conquis au trône de Juillet un soutien d'un prix inestimable. Mais M. de Broglie ne devait marquer son passage à l'instruction publique, que par la maladresse de ses actes et l'ineptie de ses choix. C'est l'erreur perpétuelle des gouvernements, de confondre les hommes d'un vrai talent qui s'offrent spontanément à eux, avec les médiocrités rampantes et les ambitieux subalternes. A rebuter ces hommes d'élite, ils ne manquent jamais de s'en faire des ennemis mortels. Injustement méconnus par le pouvoir qu'ils auraient consciencieusement et utilement servi, à le combattre ils trouvent l'emploi de leurs facultés supérieures. Ils se vengent en le couvrant d'un juste ridicule, et, finalement, en le renversant.

M. Duperré, dans la marine, fut promu à l'une des trois places d'amiral créées par ordonnance du 13 août, à l'effet de correspondre au rang de maréchal de France. Cette dignité était en même temps conférée au général Gérard. Nombre d'officiers supérieurs, commandants de corps ou de divisions militaires, compromis à l'excès au service de la Restauration, reçurent leur démission avec le traitement de réforme ou la pension de retraite. Il en coûte d'avoir à citer parmi eux deux hommes qui chantèrent palinodie sans profit et encoururent le mépris universel. Le premier fut le général Donnadieu, le principal instrument, comme on sait, de la sanglante répression de Grenoble. Il n'avait pas craint de se présenter au Palais-Royal pour faire sa cour à Louis-Philippe. Justement éconduit, il entra dès ce moment dans une voie d'opposition militante dont j'aurai plus tard occasion de retracer certains actes. Mais plus impudente encore, s'il est possible, fut la volte-face du maréchal de camp Vautré, son sauvage émule et impitoyable coopérateur dans les immolations de l'Isère. Rallié à la nouvelle dynastie avec un empressement dont il y avait lieu de s'étonner après le rôle actif qu'il avait joué sous la branche aînée, Vautré écrivit lettres sur lettres à Louis-Philippe pour solliciter l'avancement qu'il n'avait pas obtenu de la Restauration. Son apostasie n'eut rien d'égal que la façon éhontée dont il s'exprimait sur le compte d'un régime qu'il avait aveuglément servi. Il ne fit, par là, que s'aliéner davantage les sympathies du parti royaliste, sans réussir à se concilier les faveurs du pouvoir, qui repoussa toutes ses avances avec un dédain mêlé de mépris. Un incident émouvant signala les bassesses de ce poursuivant obstiné de la fortune. S'étant présenté au ministère de l'intérieur, le hasard voulut qu'il fût reçu par le secrétaire général, M. Didier, le propre fils de sa victime[1]!

Parmi les royalistes les plus haut placés sous le rapport du rang et de la fortune, il en est qui donnèrent le regrettable exemple de défections inattendues, et même ne surent pas s'abstenir de placets déshonorants. Tel fut un personnage dont je tairai le nom par égard pour sa famille. Il eut l'impudeur d'adresser à Louis-Philippe une requête où il sollicitait la continuation, sur la nouvelle liste civile, de la pension que lui faisait « l'infâme Charles X! » montrant bien, par là, qu'il est possible qu'un grand nom ne recouvre qu'une âme de laquais.

Dans un autre ordre de fonctions, une célébrité médicale de l'époque divertit fort le Palais-Royal, par l'imprévu et la bouffonnerie de ses sollicitations : c'était le baron Portal, premier médecin de Charles X, comme il l'avait été de Louis XVIII. Le célèbre docteur avait obtenu une audience particulière de Louis-Philippe. « Sire, lui dit-il résolûment, je viens prendre vos ordres pour la composition de votre maison médicale. — J'ai mon médecin, répondit Louis-Philippe, le docteur Marc,

(1) *Hist. des deux Restaurations*, par Achille de Vaulabelle, 4e édit., t. IV, p. 296.

qui a ma confiance depuis des années. — M. Marc, reprit le baron Portal, est un homme fort capable ; nous le comprendrons dans votre maison médicale. — Mais, répliqua le roi, je ne veux point de maison médicale ; le docteur Marc me suffit. — Eh bien ! Sire, conservez donc M. Marc, mais je vous demande la survivance. » Cet aspirant à la survivance de M. Marc allait vivre encore assez longtemps pour faire presque illusion sur le caractère burlesque de sa demande : il ne s'éteignit qu'en 1832, à près de quatre-vingt-onze ans. Mais, depuis plusieurs années, on le considérait comme tout-à-fait tombé en enfance.

Comme contraste, après ces abaissements, on est heureux d'avoir à reporter sa vue sur des hommes qui firent preuve d'une fidélité soutenue à la dynastie déchue et d'un louable désintéressement. Le littérateur Alissan de Chazet fut sous ce rapport un modèle. Pressé par Louis-Philippe lui-même de conserver son emploi de receveur particulier des finances à Valognes, il confirma sans bruit ni éclat sa démission au Palais-Royal. Il renonça également à sa place de bibliothécaire à Trianon, ne voulant rien devoir à qui évinçait son roi. Alissan de Chazet était pourtant loin d'être riche. Un autre et plus éclatant exemple encore de fidélité au devoir fut donné par l'harmonieux auteur des *Méditations*, M. de Lamartine. Quand la révolution de Juillet éclata, l'illustre poëte venait d'être élu membre de l'Académie française et nommé ministre plénipotentiaire en Grèce. Il était encore à Paris. Il salua de ses derniers adieux, il accompagna de ses regrets cette maison de Bourbon qu'il avait servie à l'exemple de son père[1]. Ce fut en vain que le gouvernement de Louis-Philippe lui offrit de lui conserver l'ambassade de Grèce. M. de Lamartine ne céda point à une tentation qui, pour un autre, aurait été irrésistible, celle de visiter un pays qui avait été le tombeau de Byron : sa grande âme était incapable de passer à ce prix du vaincu au vainqueur. Vénérant le malheur, il dit adieu à la diplomatie et redevint poëte. Combien il est regrettable que l'homme qui donnait un si bel exemple n'ait pas su, plus tard, se maintenir dans cette ligne droite et pure, et qu'il ait profané, au contact fatal des passions démagogiques, une âme éminemment faite pour concevoir et pour traduire en actes les plus nobles sentiments de l'humanité! Un autre nourrisson des muses, Alexandre Soumet, fit un pénible contraste avec les deux illustrations que je viens de citer. Celui-là, de longue date, était habitué à se prosterner indistinctement devant toutes les idoles. Devenu royaliste après avoir encensé Napoléon, il avait été nommé bibliothécaire de Saint-Cloud et de Rambouillet. *Rallié*, comme on disait alors, par euphémisme, au gouvernement de Juillet, il obtint

(1) La position de M. de Lamartine était singulière. Par la famille et par les services de son père, il appartenait au roi Charles X; par la famille et par les services de sa mère, il appartenait à la maison d'Orléans. Son père avait été major d'un régiment de cavalerie sous Louis XVI; sa mère était fille de Mme Desrois, sous-gouvernante des princes d'Orléans et du roi Louis-Philippe. (V. notre Ier vol., p. 9.)

de Louis-Philippe de nouvelles faveurs et la place de bibliothécaire du château de Compiègne.

En regard de défaillances plus ou moins affligeantes, la même époque offre un tableau consolant. On aime à voir, dans les deux Chambres, dans l'armée, dans la magistrature, dans la haute administration, comme aux plus humbles degrés de l'échelle gouvernementale, nombre de royalistes obéir à des scrupules qui ne devaient pas faire école après eux. Fidèles à leurs convictions, des généraux et de simples officiers brisèrent leur épée, des magistrats descendirent de leur siége inamovible ou de leur parquet, des administrateurs de toute classe résignèrent leurs fonctions. On compta même nombre de petits employés et d'obscurs pensionnaires de l'État et de la liste civile, qui renoncèrent à leur place ou à leur traitement.

L'histoire n'offre peut-être pas d'exemple d'une course aux places et aux emplois plus effrénée, plus éhontée que celle de 1830. Pendant des mois entiers, de tous les points de la France, l'on vit une avalanche de solliciteurs faméliques s'abattre sur Paris, comme une nuée de sauterelles dévorantes. Les plus prestes et les plus habiles ayant fait main basse sur ce qu'il y avait de mieux comme relief et comme traitement, les derniers arrivants durent se rabattre sur les emplois inférieurs, ou même sur des fonctions purement honorifiques. Et celles-là encore furent l'objet d'ardentes compétitions ! Les ministères étaient assiégés par les postulants, les grandes administrations envahies. « L'affluence des solliciteurs est si grande à Paris, publiait un journal, que les ministres songent sérieusement à faire exécuter la loi martiale contre les attroupements qui se forment dans leurs bureaux. » Contre ce débordement d'avidité et cet appétit désordonné de places et de fonctions, le sentiment public ne pouvait manquer de protester, de réagir avec énergie. Il eut pour interprète un poëte qui devint dès lors célèbre pour avoir imprimé à cette plaie son fer brûlant, son virulent stigmate. Publiée pour la première fois dans la *Revue de Paris*, la *Curée* d'Auguste Barbier restera comme un monument historique et littéraire de l'époque. Cette satire retentit comme un cri puissant contre la horde d'exploiteurs qui, absents du combat, se ruaient maintenant sur toutes les places et les positions lucratives.

Paris n'est maintenant qu'une sentine impure,
Un égout sordide et boueux,
Où mille noirs courants de limon et d'ordure
Viennent traîner leurs flots honteux;
Un taudis regorgeant de faquins sans courage,
D'effrontés coureurs de salons,
Qui vont de porte en porte et d'étage en étage,
Gueusant quelque bout de galons;
Une halle cynique aux clameurs insolentes,
Où chacun cherche à déchirer
Un misérable coin de guenilles sanglantes
Du pouvoir qui vient d'expirer.

Le théâtre à son tour appliqua sa flagellation, en versant des flots de ridicule sur la cohue intrigante et vorace [1].

[1] Parmi les pièces satiriques de l'époque, nous citerons, au hasard : les *Hommes du lendemain*, comédie en un acte, jouée le

Ce spectacle inouï d'avidité et de convoitises suscita un écrit qui fit sensation à l'époque. Un publiciste renommé, M. Fiévée, saisit cette occasion d'indiquer les moyens qu'il croyait les plus capables de tarir le mal dans sa source. Il lui semblait indispensable de changer certaines habitudes, et, à telle occasion si propice, il proposait d'accomplir, sans secousse ni déchirement, des réformes radicales impérieusement commandées par le temps. Dans une brochure pleine de vues judicieuses

11 septembre à l'Odéon, et la *Foire aux places*, de Bayard, représentée au Vaudeville le 25 du même mois, de laquelle un couplet assourdit longtemps les rues de Paris :

Qu'on nous place (*bis*)
Et que justice se fasse.
Qu'on nous place,
Tous en masse !
Que les placés
Soient chassés !

La presse elle-même, qui a fait la révolution de Juillet, n'est pas ménagée dans la pièce. L'irrévérent vaudevilliste ne craint pas de s'attaquer à son personnel triomphant qui se jette sur les emplois, particulièrement sur les préfectures, et, faute de mieux, sur les sous-préfectures, avec une avidité immodérée. Ces ci-devant pourfendeurs d'abus s'entendent dire crûment leur fait par la bouche de la belle distributrice d'emplois :

Grand ou non, vieux ou nouveau,
Parmi vous tout sollicite.
Vous avez même, on le cite,
Un confrère in-folio
Dont les rédacteurs en masse,
Soit mérite, soit audace,
Se sont tous fait mettre en place ;
Si bien, ou plutôt si mal,
Qu'en vain le public s'abonne :
Il ne reste plus personne
Pour rédiger le journal !

et d'aperçus spirituels, il concluait en ces termes :

« J'ai toujours entendu dire à chaque parti qui a triomphé : « Faut-il conserver les places aux vaincus? » J'aimerais mieux voir poser ainsi la question : « Faut-il « conserver les places? » Quel moment si on avait su le choisir! combien de bénédictions motivées seraient tombées sur la tête du roi des Français, si, le jour de son avénement, il avait rendu une ordonnance à peu près conçue en ces termes : « Excepté pour les places « dans l'ordre militaire, tous les emplois auxquels il « sera nommé jouiront provisoirement de la moitié « du traitement qui leur avait été précédemment « accordé. Ce provisoire durera jusqu'à la fixation du « budget de 1832, afin qu'on puisse calculer le budget « de 1831 en toute connaissance de cause.

« Les économies obtenues par cette mesure, de même « que toutes les autres économies qui résulteront de la « liste civile et de la suppression des places inutiles, des « faveurs somptueuses, seront présentées aux Chambres « par le ministre des finances, notre désir étant que « la France se réjouisse pour quelque chose de positif, « en connaissant le bien qui a pu déjà se faire.

« Les dépenses que les événements de Juillet ont « nécessitées seront présentées à part, dans l'exposé du « budget de 1831, pour que la France connaisse ce « que lui a coûté sa glorieuse résistance, et puisse « décider, dans sa conscience, si elle croit avoir acheté « trop cher le maintien de sa liberté et l'admiration « de l'Europe. »

« Comme les fonctionnaires nouveaux n'ont pas encore été payés (ils ne reçoivent de l'argent que douze fois par an), et qu'ils ont enlevé les places sans les marchander, il est temps encore de rendre cette ordonnance. Qui s'en plaindra ? Les places ont été si singulièrement données qu'on perdra bien peu si les heureux qui les ont prises, sur l'espoir de l'argent qu'ils en obtiendraient, se retirent.

« Écoutez ceux qui sont arrivés trop tard, malgré leur diligence ; ils croient que toute place un peu noblement titrée, rapporte 40,000, 50,000, 60,000 francs. De là une envie qui n'a pas de bornes parce qu'elle n'a pas de mesure, et qui produit un mécontentement dangereux, parce qu'il prête l'oreille au parti qui travaille à altérer la confiance dans l'avenir.

« L'occasion était décisive pour supprimer les sous-préfets, et rétablir de simples subdélégués, qui suffisaient à l'action des grandes intendances d'autrefois, et qui étaient toujours choisis parmi les citoyens établis dans l'arrondissement. On les payait fort peu ; on ne leur donnait pas des palais, un mobilier, un entretien de mobilier, etc., etc. ; mais ils étaient presque inamovibles par des motifs plus forts qu'une décision légale. Oserait-on dire qu'en France, dans la principale ville de chaque arrondissement, on n'aurait pas trouvé l'équivalent des talents d'un sous-préfet improvisé à Paris, et, de plus, l'avantage d'un administrateur connaissant les localités et l'esprit qui y domine ?

« Quel sera donc le grand travail d'un sous-préfet,

quand il y aura des maires, des conseils d'arrondissement et de département élus?

« Des préfets, bien choisis, auraient pu être chargés de nommer provisoirement ces délégués, et ils ne se seraient pas trompés dans un moment où toutes les opinions étaient à jour. Un seul véritable administrateur aurait pu faire tous les choix de ce genre en parcourant la France en poste, et sans descendre de voiture.

« Le roi des Français n'a point de parents dont il ait la fortune à faire; c'est un grand bonheur. On sait combien il en a coûté à la France pour donner un établissement un peu convenable aux parents de l'empereur. Les ministres sont dans le même cas. Il faut avant tout qu'ils établissent leurs parents, leurs alliés et autres attachés par un lien quelconque. La famille étant la base de la société, ils procèdent dans l'ordre en arrangeant les intérêts de famille avant de penser aux intérêts sociaux. Quand leur égoïsme aura de nouveau brisé la société, leurs parents ne redeviendront-ils pas Gros-Jean comme devant, même quand ils leur auraient donné des trônes?

« Les gens qui attrapent des places aujourd'hui semblent dire au peuple qui a combattu : « Souffrez, patientez; vous avez déjà fait tant de sacrifices! Votre « tour viendra. A présent que nous sommes pourvus, « nous dépenserons davantage, nous mangerons mieux; « cela vous profitera nécessairement, puisque la pro- « gression du travail tient à la plus rapide circulation « de l'argent. »

« Sérieusement, et très-sérieusement, s'il n'y a pas de promptes et grandes économies, la grande semaine de Juillet perdra bientôt ses plus fermes partisans. Terrible semaine dans l'ordre civil, qui a dérangé pour cent millions d'existences, et brisé tous les rapports qui font le charme de la vie. Que voulez-vous que j'aille dire à des familles attachantes par leurs qualités, leur amabilité, qui voient échapper tout ce qui était d'agrément dans leurs habitudes, qui sont réduites au nécessaire, si elles l'ont? Ces cent millions étaient des abus. Je ne puis donc partager leurs plaintes, moi qui en bénis la cause. Je ne puis m'unir à leurs vœux secrets, moi qui fais des vœux contraires. Il a donc fallu rompre; car on ne s'aime plus quand on ne s'entend plus. Mais le jour où ces familles pourraient me dire : « Ce dont on nous a privées, on l'a donné à « d'autres : la France n'y a rien gagné », je retournerais les visiter, leur expliquer les causes de mon absence. Nous aurions un point sur lequel nous pourrions nous entendre; et qui sait jusqu'où cela pourrait aller [1] ? »

[1] *Causes et conséquences des événements du mois de juillet 1830*, p. 95, *sq*.

CHAPITRE XXVI.

Embarras et soucis de la nouvelle dynastie. — Divergence de vues et tiraillements dans le ministère. — Reconstitution du personnel de la magistrature et lutte de M. Dupont (de l'Eure) contre Louis-Philippe. — Annonce officielle de la mort du duc de Bourbon, prince de Condé.

La révolution de Juillet comptait à peine quelques jours d'existence, que, déjà, les plus hautes fonctions amovibles du gouvernement se trouvaient concentrées aux mains de ceux qui l'avaient faite, préparée ou soutenue. De nombreuses modifications dans les formes accompagnèrent ou suivirent le changement des personnes, par exemple, celles relatives à la décoration de la légion d'Honneur, aux monnaies, aux sceaux, aux cachets des autorités judiciaires et administratives. Ces changements n'avaient rien en eux qui fût de nature à exciter la passion. C'était sur la famille d'Orléans que devaient porter les innovations les plus sensibles, d'autant plus chatouilleuses pour elle, qu'elles froissaient sa vanité et son orgueil. « Le peuple français, nation essentiellement vaniteuse[1] », était excellemment représenté, à ce titre, par le nouveau roi des Français.

[1] Poirson, *Hist. de Henri IV*, t. I, p. 296.

Louis-Philippe n'avait pas pris les armes de France. On n'allait pas même lui permettre de garder les armes d'Orléans : la Charte devait être son blason [1]. L'antique solennité du sacre se trouva virtuellement abolie. Avec Charles X avaient disparu les titres surannés de *roi très-chrétien* et de *Majesté très-chrétienne* : le *roi citoyen* détrôna le *roi très-chrétien*, et *Sa Majesté citoyenne* remplaça *Sa Majesté très-chrétienne*. Mais cette substitution ne fut pas universellement goûtée : elle devint l'occasion, qu'on ne laisse jamais échapper en France, d'un déluge d'observations satiriques et malignes. Inondé de ces brocards, le pays déversa son trop-plein sur l'étranger [2].

[1] Une ordonnance du 13 août, contre-signée Dupont (de l'Eure), porte : « Les anciens sceaux de l'État sont supprimés. A l'avenir, le sceau de l'État représentera les *armes d'Orléans*, surmontées de la *couronne fermée* et pour exergue : Louis-Philippe Ier, roi des Français. » Elle était donc enfin obtenue cette *couronne fermée*, si ardemment convoitée déjà du temps de la grande Mademoiselle, fille de Gaston d'Orléans ! Les préoccupations du moment empêchèrent que l'on prêtat beaucoup d'attention à ce changement. Cependant Louis-Philippe ne tarda pas à reconnaître que ses nouveaux sujets éprouvaient peu de satisfaction à contempler, dans ses armoiries, le *lambel d'argent*, attribut héraldique des cadets de bonne maison. Il dut renoncer à son ordonnance ; et plus tard une autre ordonnance, contre-signée Mérilhou, substitua aux *armes d'Orléans* l'emblème inoffensif d'*un livre ouvert portant sur ses feuillets les mots : Charte de 1830*. Cette question de sceau, jetée en avant sans nécessité urgente, provoqua les susceptibilités démocratiques, et fut peut-être la cause première de la contrainte que subit Louis-Philippe de faire disparaître partout les fleurs de lis des murs de ses palais et de ses équipages.

[2] A Londres, le *Times*, organe accrédité de la Cité, se faisait écrire par son correspondant de Paris : « Au sentiment d'un grand

Louis-Philippe dut régler les noms et titres nouveaux que porteraient, désormais, les princes et princesses de sa famille. Mademoiselle d'Orléans, sa sœur, s'appela à l'avenir Madame Adélaïde. Le duc de Chartres, son fils aîné, devint duc d'Orléans. Quant aux filles du roi, il fut décidé qu'elles n'auraient que le titre de princesses d'Orléans, en se distinguant entre elles par leurs prénoms.

Par une autre ordonnance, l'appellation de *Monseigneur* fut ôtée aux ministres ; mais, dans les relations privées, et même dans les rapports officiels, ils conservèrent le titre d'*Excellence*[1]. *Monseigneur* se transforma donc en

nombre de personnes, le *roi citoyen* et la *royauté citoyenne* ne compensent pas les pertes qu'on a faites. Aujourd'hui qu'il n'y a plus de religion d'État, que vont devenir les titres de *Majesté très-chrétienne* et de *fils aîné de l'Église*, le plus beau fleuron de la couronne de France? Les bonnes gens, et, moins encore, les dévotes âmes, se résignent difficilement à en prendre leur parti. Quant à moi, je ne vois pas pourquoi le nouveau roi ne conserverait pas les anciens titres. Ne sait-on pas que ces titres sont pour la plupart insignifiants? Ainsi, notre bon roi protestant est qualifié de *Défenseur de la foi*, parce qu'il plut à un pape d'octroyer ce titre à un de ses prédécesseurs, qui avait écrit contre l'Église protestante. Le roi de Sardaigne est toujours roi de *Jérusalem*, bien qu'il ne possède pas un pouce de terre entre la Méditéranée et la mer Rouge. Il n'y a donc pas de raison pour que le titre de *Majesté très chrétienne* ne demeure pas à Louis-Philippe, quoiqu'il n'ait pas de cardinal pour lui dire la messe. Mais, pour ne pas trop affliger certains de ses sujets *éminemment susceptibles*, ou pour rassurer les *faibles*, ne peut-on pas leur laisser les vénérables initiales auxquelles ils tiennent tant, et toujours dire S. M. T.-C., qui signifieraient Sa Majesté très-citoyenne? »

[1] « Chassez le naturel, il revient au galop »... Il y a à peine quinze

Monsieur le Ministre ; mais *Monsieur le Ministre* n'allait pas ête moins obsédé, ni moins platement sollicité que ne l'avait été *Monseigneur*. La morgue et les airs de grandeur ne devaient pas disparaître avec le changement de formule.

Parmi les ordonnances populaires commandées ou inspirées par la situation, je ne dois pas omettre celle qui rendit l'église Sainte-Geneviève à la destination que, sous le titre de Panthéon, la première révolution lui avait assignée. On rétablit sur son fronton l'inscription : « Aux grands hommes la patrie reconnaissante. » — « Ce fut, dit M. Guizot, une fausse et malheureuse idée, en 1791, d'enlever l'église de Sainte-Geneviève aux chrétiens pour la dédier aux grands hommes, et le nom païen de *Panthéon* auquel vint bientôt s'accoler le nom odieux de Marat, fit tristement éclater le caractère de cette transformation. Elle était abolie en 1830; le grand esprit de l'empereur Napoléon

jours qu'une ordonnance royale a décidé que le titre de *Monseigneur* ne serait plus donné aux membres du conseil des ministres, et qu'en s'adressant à eux on dirait simplement : « Monsieur le Ministre. » Il paraît que cette décision a singulièrement blessé l'amour-propre de quelques-uns de nos conseillers à portefeuille, et, pour s'y soustraire, ils ont eu recours à une interprétation légèrement jésuitique. Le texte de l'ordonnance, qui dispense de leur donner du monseigneur, ne dit rien du titre d'Excellence, et c'est cette dernière qualification qu'ils revendiquent aujourd'hui. Une circulaire a été répandue dans les bureaux pour annoncer que le mot *Excellence* devait être employé dans toutes les relations ministérielles. » (*Écho français*, 11 septembre 1830.)

en avait compris le vice, et en laissant les grands hommes dans l'église de Sainte-Geneviève, il avait décidé qu'elle serait rendue au culte chrétien. Le roi Louis XVIII avait poursuivi cette pensée de réparation intelligente et morale[1]. En fait, l'œuvre n'était qu'imparfaitement accomplie ; mais, en principe, elle était décrétée. Nous rentrâmes dans la mauvaise voie. Le Panthéon fut rendu aux seuls grands hommes. Ce fut, au milieu de notre résistance générale aux prétentions révolutionnaires, un acte de complaisance pour une fantaisie élevée, mais déclamatoire, et qui méconnaissait les conditions du but auquel elle aspirait[2]. »

Une autre ordonnance annula les condamnations pour contravention aux lois sur la publication des journaux et l'affichage des placards. Jaloux de décliner toute solidarité avec la Restauration, le nouveau gouvernement préparait en même temps une loi pour faire amnistier tous les condamnés politiques depuis 1815, et nous verrons Lafayette se faire un honneur de présenter à Louis-Philippe ces amnistiés, en prenant fièrement la qualité de leur *complice*. La plupart, au surplus, n'attendirent pas sa promulgation pour effectuer leur retour en France. Des gratifications pécuniaires accordées aux plus nécessiteux ou aux plus compromis d'entre eux, complétèrent la déplorable glorification de ce principe insurrectionnel

[1] Voy. n° 1, aux documents historiques et pièces justificatives, à la fin du IVe vol.

[2] *Mémoires*, t. II, p. 72.

que le gouvernement ne pouvait méconnaître sans se renier lui-même, mais où, de ses propres mains, il creusait son tombeau[1]. Déjà, à l'issue des *trois journées*, Rouget de l'Isle avait été présenté à Louis-Philippe, qui l'accueillit par ces bienveillantes paroles :

..... On revient toujours
A ses premières amours,

et le fit asseoir à sa table. Le roi lui continua la pension qu'il avait obtenue du gouvernement de Louis XVIII. Cette munificence de la Restauration étonna beaucoup ceux qui l'apprirent pour la première fois. J'ai dit précédemment les subséquentes libéralités dont l'auteur de la *Marseillaise* fut l'objet de la part du nouveau régime[2].

Une commission avait été formée à l'effet de régler les récompenses à décerner aux citoyens qui s'étaient distingués dans les *journées de Juillet*. Antérieurement, Louis-Philippe avait conféré le grade de lieutenant à tous les élèves de l'école Polytechnique qui s'étaient distingués dans la lutte de Paris. Deux autres ordonnances attribuaient un certain nombre de croix d'honneur à chacune des écoles de droit et de médecine, en chargeant les élèves de désigner eux-mêmes ceux qu'ils en jugeraient les plus dignes. Les écoles refusèrent

[1] La révolution de 1830 rouvrit les portes de la France indistinctement à tous les bannis, condamnés politiques ou régicides. Parmi les mieux traités, Sergent, ancien confrère de Louis-Philippe à la *société des Jacobins*, obtint 1,800 francs de pension. Sevestre, autre régicide, plus favorisé encore, vit porter la sienne à 3,600 francs.

[2] T. II, p. 190.

noblement ces faveurs, en s'excusant sur la difficulté des choix; d'ailleurs, elles ne voulaient pas recevoir de récompense pour ce qu'elles considéraient comme l'accomplissement d'un devoir. Refus d'une délicatesse généreuse, qui rencontra des imitateurs dans la garde nationale.

Une décoration spéciale, dite *de Juillet*, avait été instituée pour le commun des combattants, à l'effet de perpétuer le souvenir de la victoire, celle-là pas remportée sur des étrangers. L'idée pénible attachée à cette commémoration permanente fut si bien comprise, que des hommes honorables à qui fut conférée la croix de Juillet, même en dehors de la lutte, cessèrent peu à peu de la porter : ils sentaient qu'un insigne de guerre civile n'était plus en harmonie ni de mise avec des temps d'apaisement. De ce nombre fut Frédéric Soulié, l'un des plus illustres à coup sûr et des plus méritants. Le fusil sur l'épaule, il avait vaillamment payé de sa personne dans les *trois jours;* néanmoins, comme la généralité de ses compagnons d'armes, il s'abstint de la porter.

La nouvelle famille royale tenait tout le monde dans l'enchantement : partisans et adversaires subissaient la fascination générale. Jamais princes, à l'égal de ceux d'Orléans, n'avaient affecté de montrer des manières plus simples et plus populaires. Le roi était accessible à tous, répondait en personne à toutes les députations, se montrait chaque jour aux gardes nationaux de service au Palais-Royal, et se mêlait souvent au peuple. Son esprit facile, son extrême activité qui suffisait sans peine aux devoirs multipliés de la royauté, son langage cordial et plein d'abandon, la chaleur de son dévouement aux idées libérales, exerçaient partout autour de lui une séduction irrésistible. La presse aux mille voix exaltait à l'envi les vertus, l'affabilité, les grâces des princesses de la maison d'Orléans, les talents et l'éducation libérale des fils du roi. Le second, le duc de Nemours, s'était enrôlé dans la garde nationale à cheval. Le troisième, le prince de Joinville, était inscrit sur les contrôles de la 2e légion; et, à l'instar des simples citoyens, chacun d'eux faisait exactement son service. La reine, cette vertueuse et charitable princesse, continuait de visiter les blessés et de soulager les pauvres. Beaucoup plus artificieuse qu'on ne l'a cru jusqu'ici, elle affectait à toute occasion d'être moins touchée de son élévation que du malheur de ses proches. Mais ces sentiments de famille étaient loin d'être partagés par l'aveugle multitude, encore enivrée de son récent triomphe. D'odieux libelles, des pamphlets dégoûtants, d'ignobles caricatures où la double grandeur de l'infortune et de la royauté recevait les plus lâches outrages, tapissaient tous les étalages, et se vendaient publiquement jusque sous les voûtes de ce Palais-Royal où, il y avait à peine deux mois, Charles X était entouré de respect et d'hommages [1]. Toutes les formules de l'insulte et de l'ironie débordaient contre le

[1] Ceux qui se sentiront le courage et la force d'affronter un immense dégoût trouveront, au cabinet des estampes de la bibliothèque nationale, la collection complète des caricatures parues sur Charles X et sa famille.

monarque détrôné et sa famille, en même temps que retentissaient les hymnes de triomphe en l'honneur de la nouvelle dynastie : *magna documenta instabilis fortunæ, summaque et ima miscentis*, exemple mémorable de l'instabilité de la fortune, qui mêle les grandeurs et les abaissements[1] !

Les organes du parti légitimiste éclataient dans un concert d'imprécations contre un pouvoir qui blessait si vivement leurs affections et leurs principes. « Dieu est juste, s'écriait Chateaubriand, le plus véhément de tous, et Dieu ne permettra pas que Louis-Philippe, ce faux roi, meure en paix dans le lit sanglant de Louis XVI, où il s'est couché furtivement. » Le déchaînement allait croissant, en raison même de la personne du prince, de son origine et de ses antécédents. Aveuglés par le ressentiment, les royalistes méconnaissaient cette vérité que, par sa double qualité de Bourbon et de représentant des intérêts de 89, Louis-Philippe était, sans contredit, le seul homme capable d'imprimer une direction régulière et stable au mouvement révolutionnaire de 1830, qui, abandonné à lui-même, eût disparu tôt ou tard dans les sanglantes convulsions de l'anarchie.

Et, d'ailleurs, comment la nouvelle dynastie aurait-elle pu protéger Charles X et sa famille contre d'abjectes images et des écrits immondes, quand elle-même avait bien de la peine à défendre son propre foyer contre maint contact impur du dehors ? En effet, depuis qu'il était devenu la résidence effective de la royauté et

[1] Tac. *Hist.*, IV, XLVII.

le siége du gouvernement, le Palais-Royal ne s'appartenait plus [1]. « Ce n'était pas chose aisée, dit un biographe, que de faire respecter, au début de son établissement, une royauté assise sur les pavés des barricades. Plusieurs jours se passèrent durant lesquels le Palais-Royal resta à peu près ouvert à tout venant : point de livrée dans les antichambres, de peur d'offenser les susceptibilités de la démocratie *aux bras nus;* point de gardes aux portes, sinon des hommes contre lesquels, en d'autres temps, il eût paru prudent de se garder. Il y avait des semaines à attendre avant que la garde nationale fût organisée, et un bien plus long temps encore avant que la troupe de ligne pût reprendre son

[1] J'ai dit qu'on travaillait à réparer les dégâts causés par l'insurrection aux Tuileries. Le château ne devint habitable que le 1er octobre 1831, époque à laquelle le roi et la famille royale quittèrent le Palais-Royal. A propos de cette translation, aux Tuileries, de la cour et du siége du gouvernement, M. Odilon Barrot cite un trait caractéristique de l'habitude innée chez Louis-Philippe, de ruser avec toutes les situations, même les moins importantes. « La résidence du nouveau roi se prolongeait au Palais-Royal, et ses ministres insistaient, non sans raison, pour qu'il allât habiter les Tuileries. « Croyez-vous, me dit-il un jour « avec une vive émotion, qu'on veut absolument que j'habite les « Tuileries? Ne sait-on pas que sur chacun des murs de ce funeste « palais sont écrits les malheurs de ma famille?.. — Mais, Sire, « lui répondis-je, vos ministres ont parfaitement raison : il y a « des places qu'il faut occuper, sans quoi, aux yeux du public, « elles paraissent toujours vacantes. » — « Le lendemain, ajoute M. Barrot, j'apprenais qu'il était aux Tuileries, et je me demandais à quoi lui avait servi de jouer devant moi cette petite scène. » (*Mémoires posthumes*, t. I, p. 221.)

service dans la capitale. Il ne manquait pas de gens qui, pour avoir reçu dans la rue des poigneés de main du prince, le jour de sa visite à l'Hôtel de Ville, se croyaient des droits au même accueil dans ses salons; ce n'était pas pour rien qu'on l'avait salué du titre de « roi citoyen » ; il lui fallait payer les frais de sa popularité, et il n'était pas toujours libre de s'y refuser[1]. » Si Louis-Philippe sortait du Palais-Royal pour faire un tour de promenade, selon l'habitude du duc d'Orléans, aussitôt reconnu, entouré, accablé d'intempestifs hommages, il était bientôt obligé de regagner sa demeure, pour se dérober à d'importunes ovations. Les journaux perdaient leur peine à remontrer à la population, que le roi n'avait pas échangé sa situation calme et tranquille de prince contre les soucis de la royauté, pour être frustré du droit de prendre sa part d'air et d'exercice, au même titre que les simples citoyens.

Ces soucis de la royauté allaient chaque jour se multipliant pour Louis-Philippe, et il en ressentait déjà l'amertume. Peut-être, aussi, commençait-il à éprouver quelque désillusion du rang suprême qu'il avait si ardemment convoité. Il était maintenant aux prises avec les difficultés complexes de la politique. On sait la composition du ministère du 11 août, qu'après deux jours de laborieuses négociations, M. Laffitte avait enfin réussi à former. Il offrait l'image d'une bizarre marqueterie, réunissant dans son sein à peu près toutes les nuances de l'opinion nationale et constitutionnelle.

[1] Aug. Trognon, *Vie de Marie-Amélie*, p. 196.

« Composé, dit M. Guizot, de onze membres, sept ministres à portefeuille et quatre ministres consultants, il n'avait point d'autre unité que celle qu'exigeaient absolument ses premiers pas dans les premiers jours. Nous voulions tous sincèrement fonder la monarchie constitutionnelle qui sortait de la Révolution. Mais quand de cette intention générale il fallut passer à l'action précise et quotidienne, quand nous eûmes à déterminer ce que devait être le gouvernement de cette monarchie et à le mettre en pratique, les dissidences éclatèrent, sérieuses, vives, à chaque instant répétées. Non-seulement nous étions partagés entre les deux tendances qui s'étaient manifestées lors de la révision de la Charte, le mouvement et la résistance, l'ardeur des innovations et le respect des traditions et des lois; mais, dans chacun de ces groupes séparés, l'unité manquait presque également, car des diversités graves s'y rencontraient qui faisaient pressentir, entre des hommes d'accord en apparence, des séparations, peut-être des luttes prochaines, et qui mettaient le pouvoir hors d'état d'échapper lui-même à la confusion des idées, des prétentions et des chances qui s'agitaient autour de lui[1]. »

De ces onze ministres en titre ou *in partibus*, sept appartenaient au parti de la résistance au progrès, à tout développement ultérieur des libertés publiques, à toutes améliorations politiques et sociales un peu tranchées; c'étaient MM. Molé, de Broglie, Casimir Périer,

[1] *Mém.* t. II, p. 40.

Sébastiani, Dupin aîné, Guizot et Louis. C'est un fait d'expérience pratique. Ceux que les révolutions renversent comme ceux à qui elles profitent, ceux que le pouvoir élève comme ceux qu'il abandonne, prennent, le lendemain de leur changement de position, le contre-pied de ce qu'ils ont dit ou fait la veille. Les mêmes qui ne trouvaient jamais assez de liberté pour eux et à qui semblait toujours trop forte la part de l'autorité, parlent et agissent, alors, en vertu de sentiments et d'idées absolument contraires. Ainsi l'on avait vu les absolutistes du 25 juillet 1830 devenir ultra-libéraux le 1er août suivant. Les personnages que je viens de nommer vérifiaient à leur tour, mais en sens inverse, cette règle. On connaît M. Molé, grand seigneur à l'extérieur gourmé, à la démarche altière et compassée, au résumé, esprit et caractère des plus médiocres. Imbu au plus haut degré d'idées autoritaires, on aurait pu supposer qu'il avait fait son cours de droit public en Turquie, s'il n'avait pas été élevé à l'école de l'Empire. Le dépit d'être laissé de côté l'avait jeté dans l'opposition contre la Restauration : c'était pour lui la voie la plus certaine d'arriver au pouvoir. Le duc de Broglie, autre faux libéral, esprit orgueilleux et cœur froid, ne devait guère marquer, malgré sa morgue et ses grands airs, que comme chef et représentant d'une lignée destinée à fournir l'exemple le plus frappant de nos jours de la dégénération de l'aristocratie de race. Nous jugerons en détail ce personnage à l'œuvre. J'aurai également lieu, plus tard, de m'étendre sur le compte de Casimir Périer, ce futur tribun insolent et sans courage. Présentement, il était décidé à garder dans le Conseil une extrême réserve, sentant que son heure n'était pas encore venue et ne se souciant pas de s'user avant le temps. M. Sébastiani, dont j'ai précédemment esquissé la figure, « était, dit un historien aussi exact que judicieux, un homme encore au-dessous de la médiocrité, bavard infatigable, aussi fade et incapable qu'il était vaniteux et suffisant. Dévoré par l'ambition et par la soif du pouvoir, s'accordant parfaitement avec le duc d'Orléans, il était prêt à toute chose, mais assez prudent pour ne s'embarquer dans aucune entreprise dangereuse et pour ne pas s'exposer d'une manière téméraire [1]. » Au demeurant, héros de *camarilla* et l'homme des parades politiques, M. Sébastiani ne représentait dans le Conseil qu'un courtisan ou plutôt un valet de cour.

Avec essence semblable dans le fond et même acabit moral, M. Dupin aîné ne différait guère de M. Sébastiani que par l'extérieur et les aptitudes. A une encolure épaisse, à l'allure et aux mœurs du paysan couard et madré, il joignait un visage d'une laideur repoussante : M. Dupin justifiait amplement le mot, que l' « on n'a jamais que la figure que l'on mérite. » Mais il rachetait ces disgrâces physiques par une intelligence souple et déliée, par un esprit acéré, inépuisable en traits mordants et en saillies. Mis en parallèle avec un comédien fameux du temps, il allait mériter le sobriquet d'Odry parlementaire. M. Dupin

[1] Gervinus, *Hist. du XIXe siècle*, t. XX, p. 113.

possédait un talent de parole net et vigoureux, mais absolument dépourvu d'élan, de générosité et de grandeur. Il avait brillé jusque-là beaucoup moins comme homme politique, que comme avocat et homme d'affaires de la maison d'Orléans. La grande affaire de sa vie avait été de faire fortune : à ce but il avait appliqué toutes ses facultés. Bourreau d'argent, dans l'exercice de sa profession d'avocat, il n'en avait pas moins à tout propos les mots de désintéressement et de délicatesse à la bouche. Parvenu à l'opulence, il lui fallait maintenant, à défaut de considération personnelle, une position élevée qui lui procurât du relief. Il l'avait trouvée dans la charge de procureur général à la Cour de cassation. Mais, dans ce poste certainement approprié à ses facultés, M. Dupin, ombre effacée de Merlin, comme jurisconsulte, ne devait plus se montrer que magistrat subalterne, servile et sans vergogne. La justice, à ses mains, va se faire vassale et complice de la politique. Jamais il ne manquera de se soustraire à l'accomplissement de son devoir, toutes les fois qu'il est en opposition avec ses intérêts. On s'en convaincra bientôt à sa conduite dans l'affaire du prince de Condé, nommément à son inaction lors de l'incroyable arrêt de non-lieu rendu par la Cour royale de Paris, et, ensuite, en 1832, à la mise de Paris en état de siége. Dans ces circonstances solennelles, M. Dupin se dérobe ; il se tient à l'écart, laissant le soin de trahir les intérêts de la justice à un auxiliaire de parquet. Grand par l'esprit, petit par le cœur et le caractère, c'est l'homme à la conscience démesurément élastique. Quant au personnage politique, M. Guizot, son collègue dans le ministère, décrit ainsi la physionomie et l'attitude de M. Dupin : « Se tenant à l'écart et en observation, ami de l'ordre et du roi, mais précautionné et mobile, soigneux de ne pas se compromettre au delà de l'absolue nécessité, et se décidant, dans chaque occasion, selon son appréciation des forces en présence ou son impression du moment, sans s'engager dans aucun système, ni avec aucun allié[1]. » Durant le règne entier de Louis-Philippe, M. Dupin n'aura pas d'autre allure ni d'autre attitude; et, le 24 février 1848, après que la famille d'Orléans aura été balayée par l'ouragan populaire, on le verra, lui, le confident, l'ami particulier du roi, le conseiller intime de la maison d'Orléans, proposer, le premier, d'effacer le nom de Louis-Philippe du protocole de la justice, qui, désormais, doit être rendue au nom du peuple français! Enfin, pitoyable couronnement de sa carrière, il courbera son dévouement banal et intéressé, avec sa tête chenue, devant l'Héliogabale du second empire.

Le moment n'est pas encore venu de faire plus ample connaissance avec M. Guizot. A cette heure, son action au ministère de l'intérieur peut se résumer à ces termes : M. Guizot représente une tête de télégraphe dont M. de Broglie, son patron, tient tous les fils. A sa nomination à ce poste, de tout point imprévue, la

[1] *Mém.*, t. II, p. 46.

presse ne manqua pas de manifester son étonnement. « On ne refuse pas, disait un journal, du savoir et du talent à M. Guizot; mais on le croit trop bon logicien pour ne pas être fidèle à ses antécédents comme secrétaire et conseiller de l'abbé de Montesquiou. Pour de l'esprit, M. Guizot en a au moins autant que M. Beugnot; car il disait tout récemment à un solliciteur qui ne se trouvait pas content d'une sous-préfecture : « Eh bien! prenez-en deux[1]. »

Le baron Louis, aux finances, n'avait pas le portefeuille le moins lourd : *proxima pecuniæ cura*, le besoin d'argent pressait[2]. Si prospères pendant les premiers mois de 1830, les recettes de l'État allaient maintenant diminuant chaque jour d'une façon inquiétante. Financier habile, sinon accompli, Louis était l'homme de la situation. Il avait amassé une fortune considérable à force d'ordre et de ténacité dans une suite de spéculations fortement combinées. Jadis abbé défroqué, sensuel mais laborieux, il avait partagé les écarts de Talleyrand, au début de la Révolution. Émigré en Angleterre après le 10 août, il s'y était livré à de sérieuses études sur le système financier du célèbre Pitt[3]. Louis, étranger à tout enthousiasme pour les personnes comme pour les choses, avait prêté indistinctement à tous les régimes qui, depuis, s'étaient succédé en

1 *Écho français*, 19 août 1830.

2 *Tac.* Hist., XX.

3 En 1797, il avait consigné le résultat de ces études dans les *Lettres sur la situation des finances en Angleterre*, lesquelles, sous l'initiale G., parurent dans le *Spectateur du Nord*.

France, son expérience financière et ses utiles services. Louis-Philippe ne pouvait faire mieux que de lui confirmer, sous le titre de ministre, ses précédentes attributions de commissaire aux finances. Absorbé dans ses opérations de trésorerie, le baron Louis, en politique, s'abritait derrière Casimir Périer. Grâce à son activité et à sa décision, le nouveau gouvernement fut assuré de son pain quotidien : économiquement parlant, il avait la certitude de vivre.

Quatre membres seulement du ministère représentaient le parti du mouvement, autrement dit du progrès, des améliorations à réaliser dans l'ordre social et politique : c'étaient M. Bignon, le maréchal Gérard, MM. Laffitte et Dupont (de l'Eure). J'ai tracé le portrait de M. Bignon, dans mon précédent volume [1]. Quant au maréchal Gérard, c'était un nouveau venu sur la scène politique. M. Guizot nous le dépeint en ces termes : « Vaillant soldat de la Révolution et de l'Empire, le maréchal Gérard restait fidèle aux instincts et aux amis de sa jeunesse, sans prendre grand intérêt aux débats de principes ou aux luttes des partis. De ses habitudes militaires il avait appris à aimer l'ordre et à soutenir le pouvoir; mais il y compromettait plus volontiers sa personne que sa popularité. Esprit droit et même fin dans la pratique de la vie, mais peu actif et peu étendu, il lui déplaisait d'avoir à chercher, à travers des situations et des questions compliquées, ce que lui commandait son devoir et son honneur ; il écoutait peu

[1] Tom. II, p. 432.

les raisons qui contrariaient ses idées ou ses goûts, et discutait peu la politique qu'il servait, pourvu qu'elle ne l'écartât pas de son drapeau[1]. »

M. Laffitte et M. Dupont (de l'Eure), que j'ai gardés pour les derniers, concentraient alors entre leurs mains la plus grande somme d'influence politique. M. Laffitte est connu du lecteur : il ne me reste plus guère qu'à déterminer sa portée comme homme de gouvernement, qu'à donner la mesure de ses aptitudes politiques. Dans le Conseil, ce banquier occupait une place à part à raison d'antécédents et de faits particuliers. Sa liaison avec Louis-Philippe avait eu pour principe un acte de générosité[2]. Il en était résulté des relations suivies et des

[1] *Mém.*, t. II, p. 42.

[2] « Je fus dépositaire, pendant les Cent-Jours, d'une somme de 1,800,000 francs en traites de marchands de bois, toutes avec l'endossement signé en blanc. Un décret impérial défendit à ceux qui les avaient souscrites de les payer, leur ordonna de verser les fonds au Trésor, et prescrivit aux porteurs, pour en toucher le montant, de justifier à quel titre ils les possédaient... Dans cet intervalle, M. le chevalier de Broval reçut des nouvelles de Londres et la demande d'un envoi de fonds. On était parti en si grande hâte qu'il était difficile de tout prévoir. Je fus tout de suite autorisé à négocier de ces effets pour 150,000 francs, à vingt pour cent de perte, s'il le fallait. M. de Broval me dit qu'à tout prix il était nécessaire d'envoyer des fonds. Mon embarras était extrême, je ne savais à qui me confier; j'avais la crainte de compromettre les seules ressources qui fussent entre mes mains. Cependant, après y avoir bien réfléchi, je me décidai à aller trouver M. J. Laffitte, à lui dire la position du prince, et à lui demander 150,000 francs sur Londres, en échange des valeurs que je pouvais lui remettre. Il en avait reçu pour une somme si considé-

rapports d'intimité avec le prince. Homme du monde, causeur spirituel et abondant, M. Laffitte était de plus un financier hardi et même aventureux. A la Chambre des députés, sa parole claire et facile excellait à élucider les notions les plus abstraites du crédit, à les mettre à la portée de tous. Mais on aurait vainement cherché en lui l'étoffe de l'homme d'État : il manquait même du vernis et des qualités superficielles capables d'en simuler la figure. Versatile et léger, inconstant en tout, hormis dans ses liaisons, il approfondissait peu les personnes et les choses. Il devait faire plus que signaler sa condescendance pour le roi : son caractère allait bientôt trahir une déplorable faiblesse[1]. Fauteur et principal artisan de la nouvelle révolution, M. Laffitte était avant tout l'ami du prince : quand il cessa de l'être, et l'événement était imminent, il ne pouvait plus être autre chose. C'était un honnête homme fourvoyé dans la politique, pour laquelle il n'était point fait : moins que partout, il n'était dans une révolution à sa place.

Taillé sur un autre modèle, et tout d'une pièce, M. Dupont (de l'Eure), à l'inverse de M. Laffitte, avait

rable, au moment du départ du prince, pour le couvrir des avances qu'il avait faites, que j'appréhendais un refus; mais au contraire sa conduite fut admirable; il s'y prêta de la meilleure grâce, consentit à me donner du papier sur Londres au cours et à prendre ces traites à l'intérêt légal de cinq pour cent. » (Pascalis, *trésorier du duc d'Orléans. Mémoire publié en* 1829, p. 12).

[1] Dans la destitution de M. Comte, procureur du roi près le tribunal de la Seine, à laquelle il eut le tort impardonnable de consentir.

des vues, sinon étendues, du moins arrêtées, des principes immuables. Sa personne et sa vie valent la peine qu'on s'y arrête et qu'on les reprenne de haut, en raison du caractère de l'homme et de la diversité de ses mérites.

Jacques-Charles Dupont (de l'Eure), né au Neubourg le 27 février 1767, était, dès 1789, avocat au parlement de Normandie. Il embrassa les principes de la Révolution avec l'enthousiasme d'un ami sincère de la liberté et la modération d'un homme de bien. Entré dans la magistrature, il en avait parcouru tous les degrés avec honneur et distinction : président du tribunal criminel d'Évreux de 1800 à 1811, ensuite à la Cour impériale de Rouen. La confiance et l'estime de ses concitoyens l'ayant appelé à siéger dans les assemblées délibérantes du pays, il avait fait preuve, notamment comme vice-président de la Chambre des Cent-Jours, d'autant d'indépendance que de fermeté.

D'un bout à l'autre de sa carrière législative, M. Dupont (de l'Eure) devait participer à toutes les grandes luttes de la liberté contre l'arbitraire, de la raison contre les préjugés, et constamment s'opposer à toutes les mesures rétrogrades ou antilibérales. La Restauration s'était vengée de ses attaques, aussi courageuses que loyales, par un acte d'inqualifiable brutalité : après vingt-sept ans d'honorables services, M. Dupont (de l'Eure) avait été éliminé, par le garde des sceaux Pasquier, de sa présidence à la cour de Rouen, sans pension de retraite.

Les entreprises de la branche aînée contre les droits et les franchises de la nation l'avaient invariablement trouvé au premier rang sur la brèche. Il n'avait plus à tirer renom ou lustre des événements; il était difficile qu'ils ajoutassent beaucoup aux mérites du grand citoyen, de l'homme dont on peut dire avec Tacite : *Cunctis vitæ officiis æquabilis, opum contemptor, recti pervicax, constans adversus metus*, modèle de l'accomplissement égal de tous les devoirs de la vie, contempteur des richesses, toujours ardent pour le bien, inébranlable à la crainte[1]. Avec l'auréole dont son nom était entouré, M. Dupont (de l'Eure) avait nécessairement sa place marquée dans le nouveau gouvernement. Le 1er août, nous l'avons vu figurer, en qualité de commissaire au département de la justice, dans le cabinet provisoire formé par la commission municipale. Le 11, à la constitution définitive du ministère, il avait résolu de se retirer. Mais, sentant quel appui lui vaudrait sa personne ou seulement son nom, Louis-Philippe était décidé à le retenir à tout prix. Pour cela, il invoqua les bons offices de son ami M. Laffitte.

Le banquier y mit son dévouement ordinaire; mais il sembla, d'abord, que ses efforts dussent échouer contre les répugnances de l'austère citoyen. Il obtint pourtant de celui-ci qu'il eût une entrevue avec Louis-Philippe. M. Dupont (de l'Eure) éprouvait des défiances

[1] *Hist.*, IV, v.

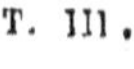

instinctives : M. Laffitte espéra que de franches explications en triompheraient. Cependant, aux premiers mots échangés avec le royal interlocuteur, la négociation faillit échouer. « Monseigneur, dit M. Dupont (de l'Eure) à Louis-Philippe, je ne crois pas qu'en vous suggérant de me faire ministre, on vous ait donné un bon conseil. D'abord, je ne m'aveugle point sur ma capacité, et puis, franchement, il n'entre point dans mes goûts d'être ministre... Je suis tout franc, tout rond, dissimulant peu ce que je pense, et, si je me connais bien, très-peu propre à faire un homme de cour. — Que parlez-vous de cour, s'écria Louis-Philippe ; est-ce que je veux une cour? Ah! Monsieur, si vous saviez combien je regrette de ne pouvoir vivre citoyen de la république française!... — Permettez, Monseigneur, les choses ne se présentent point de la même manière dans des situations différentes. Je me suis reporté d'un bond à 1789. Je veux bien renouveler l'épreuve faite à cette époque; mais c'est dans l'espérance qu'on travaillera franchement non pas à *royaliser* la France, mais à *nationaliser* la royauté, si cela est encore possible. — Est-ce que, par hasard, répliqua Louis-Philippe, vous auriez, Monsieur Dupont, la prétention de vous croire plus patriote que moi? Apprenez que je le suis plus que vous. — Plus, ce serait difficile; autant, c'est assez, et je m'en contente. — Vous n'en doutez pas, j'espère? — Écoutez donc, Monseigneur, je le désire, mais, je puis vous le dire sans vous offenser : il y a certitude d'un côté, et seulement espoir de l'autre; en un mot, je me connais et je n'ai pas l'honneur de vous connaître[1]. »

Des méfiances puisées dans l'expérience encore récente du despotisme, un soupçon vague que la monarchie des barricades portait dans son sein autre chose que les destinées naturelles de la Révolution, telles étaient, à part d'autres préoccupations, les dispositions d'esprit sous l'empire desquelles M. Dupont (de l'Eure) avait résolu de déposer le fardeau du pouvoir. Vaincu par les instances du roi et de M. Laffitte, il consentit pourtant à continuer au gouvernement son concours. Sans être doué, à beaucoup près, d'une grande portée d'esprit, M. Dupont (de l'Eure) avait l'intuition de l'avenir, la clairvoyance nette des hommes et des choses de Juillet; il avait compris les conditions difficiles de la nouvelle monarchie et deviné Louis-Philippe. Un instinct sûr lui disait que le prince se lasserait tôt ou tard du rôle de courtisan du peuple, et qu'il reviendrait sur les brisées des aînés. Et il ne se trompait point à cet égard. D'ores et déjà, Louis-Philippe, *in petto*, avait arrêté son système de gouvernement, fondé sur l'astuce et la duplicité, consistant à user les hommes les uns par les autres, à contre-balancer les influences pour faire prévaloir ses idées personnelles, assurer sa prédominance, et se maintenir en équilibre entre les partis. Dans le plan de ce prince, il était impossible que M. Dupont (de

[1] *Louis-Philippe et la Contre-Révolution de 1830*, t. II, p. 59.

l'Eure) ne fît pas bientôt discordance. De fait, d'un bout à l'autre de l'existence tourmentée du ministère du 11 août, l'exercice ministériel du garde des sceaux n'allait être, pour ainsi dire, qu'un long duel entre le brusque et franc républicain et l'obséquieux et fourbe monarque.

Aux rois, les méchants portent moins d'ombrage que les gens de bien, et le mérite d'autrui est pour eux toujours redoutable : *regibus boni quam mali suspectiores sunt, semperque his aliena virtus formidolosa est*[1]. A ce titre, M. Dupont (de l'Eure), M. Laffitte, le général Lafayette, étaient des auxiliaires que la nécessité seule avait pu imposer à Louis-Philippe. Pour des motifs différents, ils lui étaient également incommodes. Le commandant en chef des gardes nationales de France l'offusquait à raison de l'immense levier de puissance, du formidable instrument d'autorité remis entre ses mains; le banquier lui pesait pour le nombre et l'importance des services rendus; le magistrat rigide et austère lui était particulièrement insupportable pour son désintéressement antique et comme censeur ouvert ou tacite de ses actes. Louis-Philippe était bien résolu à se débarrasser d'eux, aussitôt qu'il jugerait son autorité suffisamment assise, son gouvernement affermi. Et ces trois hommes allaient lui devenir odieux à ce point, que, malgré ses habitudes cauteleuses, sa feinte et sa dissimulation ordinaires, *cujus rei libet simu-*

[1] Sall., *Catil.*, VII.

lator ac dissimulator[1], il en vint à ne plus pouvoir contenir l'aversion qu'ils lui inspiraient. Dans une conversation familière avec l'ambassadeur d'Angleterre, lord Stuart de Rothsay, s'épanchant sans scrupule à leur sujet avec ce cynisme de langage qui dénote l'absence de toute délicatesse dans les sentiments et dans les pensées, il lui arriva de dire : « J'ai trois médecines à rendre : Lafayette, Laffitte et Dupont (de l'Eure). » Or, Lafayette et Laffitte avaient mis la couronne sur sa tête, et, réuni à eux, Dupont (de l'Eure) allait la lui conserver pendant la terrible crise du procès des ministres de Charles X[2]. Mais les services rendus ne plaisent qu'autant qu'ils peuvent être acquittés; dès qu'ils vont au delà, au lieu de gratitude, ils engendrent la haine : *beneficia eo usque læta sunt dum videntur exsolvi posse; ubi multum antevenere, pro gratia odium redditur*[3]. Ces purgatifs drastiques, Louis-Philippe allait bientôt trouver, à la faveur des événements, l'occasion de les évacuer[4].

[1] Sall., *Catil.*, V.

[2] « Sans le général Lafayette, le procès aurait eu le plus déplorable dénoûment : ce ne sont pas seulement les accusés qui auraient été victimes, leur mort eût été le signal d'une révolution violente. Si, en juillet et août 1830, le général Lafayette a élevé le trône, en décembre il l'a préservé d'une catastrophe inévitable. C'est là une vérité que la *camarilla* peut bien nier aujourd'hui après l'avoir d'abord emphatiquement proclamée, mais que l'histoire enregistrera. » (*Mém. posthumes* d'Odilon Barrot, t. I, p. 197).

[3] Tac., *Ann.*, IV, XVIII.

[4] « Un personnage qui a connu particulièrement Louis-Philippe,

Au milieu de collaborateurs profondément divisés d'opinion et de sentiments, souvent en flagrante divergence de vues, dont quelques-uns même se jalousaient entre eux, on doit reconnaître que la tâche du nouveau roi n'était pas toujours d'un accomplissement facile. Dans le Conseil, son rôle était parfois embarrassant, « non, dit M. Guizot, que personne songeât encore à s'inquiéter de l'influence qu'il y pouvait exercer et qu'il y exerçait en effet. La nécessité et le péril étaient trop présents et trop pressants pour laisser place à ces jalousies des temps tranquilles. Les plus ombrageux sentaient clairement que, plus compromis que personne, pour sa famille comme pour lui-même, pour son honneur comme pour sa sûreté, le prince qui venait de se lier au pays avait bien le droit d'intervenir dans les délibérations et les résolutions qui devaient décider de son propre sort comme de celui du pays. Le roi présidait donc le Conseil et y discutait toutes choses aussi librement que ses ministres, dont il ne gênait en aucune façon la liberté. Mais il avait, dans sa situation personnelle et en lui-même, des causes de grave embarras. Les souvenirs révolutionnaires avaient tenu une grande place dans le mouvement qui l'avait appelé à la cou-

disait de lui : « Ce qui frappe surtout dans le roi, c'est son ingratitude systématique pour tous les gens qui l'ont servi, et sa haine pour les honnêtes gens. » Cette ingratitude datait de loin. Madame de Genlis accusait déjà Louis-Philippe d'ingratitude dans le *Petit Labruyère*, publié à Hambourg en 1799. Elle renouvela contre lui ce reproche dans les *Pensées diverses.* » (Nettement, *Vie de Louis-Philippe*, p. 119).

ronne, trop grande pour la mission de gouvernement que la couronne lui imposait. Il devait à ces souvenirs l'adhésion d'une foule d'hommes qui s'empressaient vers lui comme ses amis naturels, mais que leurs préjugés et leurs habitudes révolutionnaires devaient bientôt rendre pour lui des amis fâcheux et peut-être des ennemis dangereux. Beaucoup d'entre eux, sous l'Empire, avaient servi sans scrupule le pouvoir absolu; mais en rentrant dans un régime de liberté, ils reprenaient leurs idées et leurs passions de révolution, et le roi les trouvait à la fois liés à sa cause et peu propres à la bien servir. La Révolution de 1789 lui avait laissé à lui-même des impressions contradictoires et pesantes. Jeune, il avait assisté avec sympathie à cette explosion de tant de belles espérances. Les grands principes de justice, d'humanité, de respect pour la dignité et le bonheur des hommes, qui font la gloire et la force de cette puissante époque, s'étaient établis dans son âme. Plus tard, le cours des événements, les vicissitudes de sa propre destinée, ses voyages à travers les deux mondes lui avaient fait reconnaître les erreurs qui, à tant de salutaires résultats, avaient mêlé tant de fautes, de crimes et de mécomptes. Mais en s'éclairant sur la Révolution, l'esprit du roi Louis-Philippe ne s'en était pas complétement affranchi; il l'avait vue d'abord si brillante et toujours si forte, par la parole ou par les armes, par l'anarchie ou par le despotisme, qu'elle lui apparaissait comme une puissance presque irrésistible et fatale. Il regardait à la fois comme nécessaire et comme infiniment difficile de lutter contre ses passions et ses exigences ; et convaincu qu'elles ne pouvaient s'accorder avec un gouvernement régulier et libre, il n'était pas sûr qu'un tel gouvernement pût leur être opposé avec succès. Entouré ainsi de partis discordants quoique favorables, et quelquefois troublé par les doutes de sa propre pensée, c'était son penchant de ne point s'engager, dès l'abord, dans une politique fortement décidée, de ménager ses divers amis, et tantôt de céder, tantôt de résister à la Révolution, dans l'espoir de gagner, en louvoyant ainsi, le temps et la force dont il avait besoin pour surmonter les obstacles que rencontrait le difficile gouvernement qu'il s'était chargé de fonder.

« Ces complications de sa situation et ces incertitudes de son esprit perçaient dans l'attitude et les manières du roi avec les conseillers très-divers dont il était entouré. C'était aux partisans de la politique populaire que s'adressaient surtout ses soins ; il traitait M. Laffitte, encore souffrant d'une entorse au pied qu'il s'était donnée au milieu des barricades, avec une familiarité amicale et presque empressée : son langage avec M. Dupont (de l'Eure) était plein de rondeur et de gaieté, comme pour apprivoiser le paysan du Danube. Il témoignait à M. Casimir Périer beaucoup d'égards, mêlés déjà de quelque inquiétude sur sa fierté ombrageuse. Avec le duc de Broglie, M. Molé et moi, ses manières étaient simples, ouvertes, empreintes d'estime et d'abandon, sans caresse. Évidemment sa confiance sérieuse et sa faveur extérieure ne se rencontraient pas toujours en parfaite harmonie[1]. »

M. Guizot adoucit ici singulièrement les couleurs et les teintes sous lesquelles il convient de représenter Louis-Philippe et ses ministres, dans leurs rapports et relations réciproques. On aurait une idée tout aussi inexacte de la physionomie de leurs délibérations, à la placidité qu'il en fait concevoir. La vérité est que, depuis le renversement de Charles X, les conseils de la couronne avaient beaucoup perdu en gravité, sinon en dignité : l'étiquette en était exclue, la solennité absolument bannie. Nous ne voulons pas dire, par là, que la mauvaise tenue y régnât; mais, tout au moins, Louis-Philippe s'y abandonnait à un sans-façon tout bourgeois, à un laisser aller que M. Guizot, avec son amour-propre vaniteux et son orgueil de parvenu, n'a garde de retracer dans ses *Mémoires*[2]. Des scènes d'une excessive vivacité, on pourrait même dire des orages, y éclataient fréquemment, et, la plupart du temps, c'était le département de la justice qui en fournissait l'occasion et la matière.

Le 7 août, à la révision au pas de course du pacte constitutionnel, dans la discussion de la Charte bâclée,

[1] *Mém.* t. II, p. 45.

[2] Un jour, au plus fort des députations départementales, l'aide de camp Athalin vient avertir le roi, pour la seconde fois, qu'une délégation provinciale se morfond à l'attendre. « C'est bien » dit Louis-Philippe; et, là-dessus, se levant au milieu du Conseil assemblé, « je vais, dit-il, leur lâcher le petit discours, et je reviens tout de suite. »

la question de l'inamovibilité de la magistrature avait été agitée. Il paraissait dérisoire aux hommes de sens, à tous les esprits sérieux, qu'en recouvrant ses libertés, la France pût, par l'organe de ses mandataires, réviser son pacte social, annuler la création des pairs du dernier règne, prononcer la déchéance de Charles X, transporter la légitimité dans la branche cadette, et que l'ordre judiciaire, infecté d'incapacité et de corruption, ennemi juré du nouvel ordre de choses, universellement méprisé, restât seul inattaquable au milieu de ces légitimités légalement bouleversées. A la Chambre des députés, on vit donc M. de Brigode combattre avec vivacité l'inamovibilité de la magistrature. Au soutien de sa thèse, il apportait de décisives raisons. Faisant judicieusement observer que le principe de l'inamovibilité est inséparable de l'hérédité de la couronne, il en concluait que les magistrats existants devaient recevoir une investiture nouvelle. Comment laisser en place tant de gens qui ne pouvaient être que des ennemis dissimulés du nouveau gouvernement[1]? M. Dupin aîné, qui se porta le champion de l'inamovibilité,

[1] En général, l'esprit de la magistrature de Charles X était rétrograde et hostile aux idées du jour. A cet égard, M. Dupont (de l'Eure) aurait pu citer un fait que, par une excessive délicatesse, il eut le tort de taire, c'est qu'il avait trouvé, dans les cartons de la chancellerie, un *Mémoire* d'un conseiller de la Cour royale de Paris proposant au gouvernement de demander aux Chambres l'application de la marque et du carcan aux délits de la presse. Il est presque superflu d'ajouter que ce magistrat fut un des premiers à prêter serment, pour conserver son siége.

dut reconnaître, tout d'abord, le grand nombre de nominations détestables à porter au compte du régime déchu, et convenir qu'on avait surtout choisi les juges, au criminel, en vue d'opprimer les citoyens, et, au civil, à l'effet de consommer la ruine du parti contraire. « Mais, disait-il, sous l'ancien gouvernement, la magistrature avait donné de nobles exemples. » A telle incolore et si peu solide défense, l'inamovibilité courait grand risque de sombrer : M. Villemain lui vint fort à propos à la rescousse. Dans un discours étudié et brillant, mais qui, au fond, n'était qu'un tissu de sophismes, ce rhéteur passé maître adjura la Chambre, à grand renfort de mots sonores et de périodes redondantes, de « se défendre de tout esprit de réaction et de ne pas chercher à ébranler ce qui de sa nature est immuable... Les tribunaux, ajouta-t-il, seront désormais étrangers à la politique, et, plus qu'en 1815, leur indépendance doit être maintenue. La Chambre veut-elle proclamer qu'en un seul jour, en une seule heure, elle a détruit le grand principe de l'indépendance des tribunaux? » L'Assemblée se paya de ces belles raisons : moins convaincue que pressée d'en finir, elle repoussa la proposition d'une nouvelle investiture. « On continua de considérer la magistrature comme suffisamment protégée par l'inamovibilité, comme si son indépendance était mieux garantie parce qu'on tenait les magistrats par l'espérance, au lieu de les tenir par la crainte [1]! » Cette

[1] *Études politiques*, par P. Lanfrey, p. 360.

décision souleva dans le pays une réprobation générale[1]. « Vous n'avez pas voulu, dit un journal, qu'on lavât les taches, de peur de gâter l'habit ; mais il ne vous reste qu'un vêtement souillé que la France est honteuse de porter[2]. »

A quel point cependant une large épuration était nécessaire dans les tribunaux, c'est ce que des révélations accablantes allaient bientôt faire connaître. Ainsi, l'on apprit qu'à la première nouvelle du succès de l'expédition d'Alger, un premier président de Cour royale n'avait pas craint d'écrire au garde des sceaux en ces termes : « Le roi est vainqueur d'Alger ; dans ce repaire de pirates ne sont pas ses plus implacables ennemis ;

1 « La Chambre des députés a décidé aujourd'hui une grande question : les membres des cours et tribunaux, parmi lesquels il se trouve un grand nombre d'instruments passionnés de l'oppression et de la tyrannie, sont conservés dans leur intégrité.

» Nous ne dissimulerons pas que cette grave détermination trouvera peu de partisans ; la nécessité d'une nouvelle institution à donner aux magistrats par le nouveau gouvernement était aussi un principe de conservation reconnu par nombre de bons esprits et de bons citoyens. Ils comprennent difficilement que la distribution de la justice puisse continuer à être confiée à certains de ces mêmes hommes qui, dans toutes les circonstances, ont promené le glaive des lois au gré de tous les caprices, de tous les pouvoirs et des plus viles passions. La Chambre en a décidé autrement; respect à ses décisions. Elle a pensé, sans doute, que les hommes dont la présence souillerait la magistrature, et qu'il n'est pas temps encore de désigner, seraient les premiers à se faire justice; attendons qu'ils se jugent eux-mêmes. » (*Constitutionnel*, 8 août 1830).

2 *Courrier des Tribunaux*, 30 août 1830.

les élections les ont mis à découvert, nous venons de les voir : dans leurs rangs sont des pairs de France, des officiers généraux, des colonels en activité de service, des magistrats, des membres de la haute administration. Si ces hommes de trahison sont ménagés, c'en est fait de la légitimité et de la monarchie. Les moments sont chers ; il faut que le gouvernement se décide. Demain, on va rabaisser, annuler le triomphe d'Alger ; dans huit jours, il n'en restera rien, et le libéralisme, relevant sa bannière, marchera en masse contre la France et contre son roi[1]. » Et ce n'était là qu'un échantillon des déportements de l'ordre judiciaire : le dépouillement de la correspondance à la chancellerie en fit foi surabondamment.

L'opinion était unanime à réclamer la reconstitution intégrale de la magistrature[2]. Mais enlacé dans les

[1] *Procès des ministres de Charles X. Rapport fait à la Chambre des députés par M. Bérenger.*

[2] « Un des grands crimes de la dernière administration est d'avoir infecté les cours et les tribunaux, et surtout le parquet, d'une foule de magistrats qui n'avaient d'autre titre à l'exercice de leurs fonctions que leur ignoble asservissement aux volontés ministérielles, ou à celles de cette congrégation impie à laquelle nous sommes redevables de nos périls et de nos malheurs.

« Le moment est arrivé d'épurer les corps judiciaires de ces éléments de corruption ; la mesure était urgente ; l'entreprise est commencée. Nous n'attendions pas moins du nouveau ministre de la justice ; M. Dupont (de l'Eure), cet intègre et vénérable magistrat, a dignement répondu aux espérances que sa nomination avait fait concevoir.

« Déjà disparaissent de l'enceinte du parquet les hommes qui

prescriptions du principe de l'inamovibilité, les mains liées par la décision de la Chambre, le garde des sceaux allait se trouver dans l'impossibilité de porter la cognée à toutes les branches pourries de l'arbre. Le corps judiciaire était pourtant gangrené, et il avait besoin de scarifications profondes. Du fait de la Chambre des députés, la magistrature assise tout entière échappait à l'action du pouvoir exécutif. On s'était vainement flatté qu'un sentiment de pudeur obligerait nombre de magistrats inamovibles à donner leur démission. Il n'y avait guère à en attendre d'hommes à conscience large et souple, de longue main instruite aux restrictions mentales. Ceux-là surtout se cramponnèrent à leurs siéges, qui étaient les plus tarés, les plus décriés par leurs excès. Les rares démissions ne vinrent que de magistrats la plupart exempts d'écarts fâcheux, qui n'obéissaient qu'à des scrupules de conscience et de délicatesse, désireux qu'ils étaient, avant tout, d'affirmer leur religion politique. Le public vit donc avec stupéfaction des hommes perdus de réputation rester avec impudeur dans leurs fonctions. Il s'ensuivit, dans plusieurs ressorts, des scènes scandaleuses où la magistrature, honnie et bafouée à l'audience, fut encore couverte au dehors des huées et des quolibets de la foule[1].

en avaient fait une tribune de diffamation insolente contre nos institutions, nos lois, nos écrivains les plus courageux. Le zèle et l'activité patriotique de M. le garde des sceaux nous sont de sûrs garants qu'il achèvera promptement une tâche digne de son courage et de ses lumières. » (*Journal des Débats*, 5 août 1830).

[1] « Quand la fâcheuse mesure qui a consacré l'inamovibilité

M. Dupont (de l'Eure) ne put donc procéder qu'à une épuration partielle de la magistrature, notamment à une réorganisation plus saine des parquets, en remplaçant par des hommes dévoués aux principes d'ordre et de liberté les magistrats démissionnaires ou révoqués que le pouvoir n'avait institués qu'au soutien de l'absolutisme. Son œuvre ainsi limitée, et de tout point insuffisante, n'en devint pas moins la source de conflits continuels entre lui et Louis-Philippe. Ce fut un combat permanent où le rude démocrate ne faillit pas un instant

des magistrats nommés par Charles X fut résolue par la Chambre des députés, entraînée par l'opinion de deux jurisconsultes bien mal inspirés en cette circonstance, nous en fîmes sentir les inconvénients, et la presse fut unanime à la condamner. Quelques personnes pensaient néanmoins qu'on pourrait atténuer les conséquences d'une si grande faute par certains moyens que la loi laissait, à la rigueur, entre les mains du ministre de la justice. Nous en avions nous-même indiqué quelques-uns, tout en les signalant comme bien insuffisants, et praticables seulement dans des limites très-étroites, sous peine de manquer à l'équité.

« A défaut de mesures épuratoires directes, on se flattait que la prestation du serment ordonnée par la loi du 31 août amènerait un assez grand nombre de démissions ; on espérait que beaucoup de magistrats repoussés par l'opinion publique saisiraient avec empressement cette occasion de se rendre justice eux-mêmes, et de quitter leurs siéges volontairement et comme cédant à des scrupules de conscience respectables.

« Nous ne partageâmes pas cette confiance. Il est douteux, disions-nous, que les démissions soient très-nombreuses, car il ne faut pas trop présumer de la nature humaine, et s'attendre à ce que la voix de l'intérêt se taise devant celle du devoir. Il est probable même que la plupart des démissions ne seront pas celles que réclamerait surtout l'opinion publique. Ceux-là, en effet, qui

au devoir de lutter avec énergie contre les arrière-pensées et les instincts répréhensibles du monarque.

Sous la Restauration, en matière civile aussi bien qu'en matière criminelle, la magistrature avait signalé sa révoltante partialité, son honteux empressement à rendre au pouvoir toute espèce de services. Louis-Philippe, en particulier, lui avait de nombreuses obligations à cet égard. Mais, s'il était disposé à la ménager, ce n'était pas chez lui pur sentiment de gratitude : il supputait, à son tour, les services du même genre qu'il

furent assez mauvais magistrats pour s'associer à des actes coupables, ne craindront pas de garder leurs places. Ce que nous disions alors se vérifie aujourd'hui. A la Cour royale de Paris, il n'y a eu que sept refus de serment ; à Bourges, quatre ; à Amiens, six ; à Bordeaux, sept ; à Orléans, six ; à Poitiers, pas un seul ; à Douai, pas davantage. A Rennes, la proportion a été beaucoup plus forte : il y a eu seize démissions. Sans doute, parmi les magistrats qui, dans ces Cours royales, ont prêté le nouveau serment, il s'en trouve qui méritent la confiance publique ; mais qui oserait soutenir que tous sont dans ce cas ? Que dire, par exemple, de ceux de Bourges, qui rédigèrent un projet de félicitation à Charles X, pour les ordonnances de Juillet qui violaient la Charte? Ce sont ceux-là mêmes, cependant, qui, un mois après, viennent jurer fidélité à la Charte et aux lois ! A Poitiers, le scandale a été plus grand encore : pas un des membres de la Cour présents à Poitiers n'a manqué à l'appel, et pourtant douze de ces conseillers, le premier président et tout le parquet avaient signé, il y a peu de temps, une adresse dans laquelle ils approuvaient la dissolution de la Chambre, et félicitaient l'ex-roi d'avoir puni l'insolence des *deux cent vingt et un !* L'indignation publique, soulevée par ce spectacle inouï, n'a pu se contenir, et il en est résulté les scènes déplorables que tout le monde connaît. Metz a été témoin d'un fait semblable. » (*National*, 15 septembre 1830.)

en pouvait tirer. Sceptique en morale comme en matière d'idées, il s'accommodait très-bien de juges sans moralité. A l'endroit de la justice, il avait aussi, dès ce moment, ses desseins personnels, des vues bien arrêtées. Il était déterminé à la tenir plus que jamais dans une étroite dépendance du pouvoir, à l'avoir constamment sous sa main, à assouplir de toute façon ses ressorts, à employer enfin tous les moyens capables de la rendre absolument docile à ses commandements. Dans ce but, tout magistrat taré, ou autrement sous le poids d'antécédents fâcheux, lui offrait particulièrement des gages et faisait son affaire. Peu lui importait le discrédit qui dût en rejaillir sur la justice. Les dissentiments à ce sujet allaient commencer entre le roi et le garde des sceaux, et ne plus s'arrêter qu'à la sortie de M. Dupont (de l'Eure) du ministère. C'est ici le lieu d'en rapporter des traits signalés, des exemples mémorables.

X..., magistrat dont j'omettrai le nom en considération de sa famille, occupait sous Charles X un poste élevé et amovible que la révolution de Juillet venait à bon droit de lui faire perdre. Pour se réhabiliter aux yeux du gouvernement, il ne trouva d'autre moyen que de recourir à une lâche calomnie. Dans une lettre au garde des sceaux, il ne craignit pas de dénoncer le prince de Polignac comme l'instigateur secret des incendies qui, dans les dernières années du règne, avaient désolé le nord-ouest de la France. Une dénonciation si énorme valait la peine d'être éclaircie. M. Dupont (de l'Eure) chargea M. Dulong, son parent, de procéder à une information secrète. Elle ne servit qu'à fournir les preuves d'une odieuse machination et de nombre d'autres turpitudes ; par exemple, X... employait une partie de son temps à la fabrication de billets clandestins et à l'émission de lettres anonymes. Éconduit, il n'en persista pas moins dans ses sollicitations pour être réintégré sur son siége, et Louis-Philippe lui était favorable. Il fallut toute la fermeté du garde des sceaux pour faire renoncer le roi à soutenir un pareil protégé. Mais ce n'était que partie remise. Louis-Philippe replaça plus tard, et à titre inamovible, ce magistrat indigne dans une Cour éloignée de celle où précédemment il siégeait et où il n'aurait pu retourner sans honte et sans scandale[1].

Le roi, dans d'autres circonstances, obéissait à des mobiles plus exclusivement personnels. Ainsi son mi-

[1] *Biog. univ.* art. Polignac, t. XXXIII, p. 632, et *Note particulière* de M. Boullée. Je manquerais à tous les devoirs de la reconnaissance, si je ne saisissais ici l'occasion de payer un juste tribut d'hommage et de regrets à la mémoire de cet homme de bien, magistrat aussi consciencieux qu'historien estimable. M. Boullée, avant le dérangement irremédiable de sa santé, se proposait de donner des développements étendus à ses remarquables *Études biographiques sur Louis-Philippe* : la mort l'en a malheureusement empêché. Je n'oublierai jamais ce que je lui dois, pour les nombreux documents qu'il a bien voulu mettre à ma disposition et les communications de tout genre qu'il m'a faites pour cette *Histoire de Louis-Philippe*. Une exquise courtoisie et une rare délicatesse rehaussaient encore, en M. Boullée, le prix des services qu'en toute occasion il se montrait heureux et empressé de rendre à la république des lettres.

nistre venait de présenter à sa signature une ordonnance portant nomination de vingt juges de paix dans le département de la Seine-Inférieure. Louis-Philippe lit attentivement, et, s'arrêtant tout à coup : « Je ne signerai pas, dit-il ; je vois là le nom d'un homme que je n'appellerai jamais à aucune fonction publique. — Expliquez-vous, Sire, dit M. Dupont (de l'Eure) ; et pour peu que cet homme laisse quelque chose à désirer sous le rapport de la profité ou du patriotisme, je me ferai un devoir de le rayer de la liste soumise à la signature de Votre Majesté : il ne me convient pas plus qu'à elle d'introduire dans la magistrature des citoyens dont la réputation ne serait pas à l'abri de tout reproche. — Cet homme, répliqua le roi, m'a fait un procès. — Permettez, Sire : cette raison ne serait à mes yeux un motif d'exclusion qu'autant que la cause du procès dont parle Votre Majesté aurait été déloyale ; mais alors sans doute vous auriez gagné votre cause? — Non, je l'ai perdue. — En ce cas, je ne comprends point l'opposition de Votre Majesté ; et si vous n'avez à articuler d'autres griefs que la perte d'un procès, je ne vois pas là de quoi repousser un homme que je ne connais point, à la vérité, mais dont la nomination est réclamée par tout ce qu'il y a d'honorable dans son canton. » Louis-Philippe résista longtemps. A la fin, vaincu par l'insistance du garde des sceaux, il donna en rechignant sa signature[1]. On voit par là que le roi des Français n'oubliait pas les

[1] Ce juge de paix s'appelait Aynard, du canton de Blangy (Seine-Inférieure).

injures faites au duc d'Orléans. Séguier s'était donc trop pressé, à sa prestation de serment, de lui faire à cet égard son compliment et de se porter son garant en ces termes : « Consacrons toutes nos facultés au service d'un duc d'Orléans qui, mieux que Louis XII, n'aura pas d'injures à oublier, et, non moins que lui, sera le père du peuple[1]. »

Il y parut encore clairement à la nature des répulsions du roi, lorsque, à la même époque, il s'agit de nommer le premier président de la Cour royale de Caen. Le garde des sceaux présentait à la signature royale le baron Lemenuet, magistrat éclairé et intègre, dont la Restauration avait subrepticement obtenu la démission de cette même place aujourd'hui vacante. L'opinion générale désignait M. Lemenuet, et les députés du ressort de Caen étaient unanimes à réclamer la réintégration de ce magistrat irréprochable. « Sire, dit M. Dupont (de l'Eure) en soumettant sa nomination à Louis-Philippe, je suis heureux d'avoir à offrir à votre sanction un acte de réparation et de justice. — Voyons, dit le roi. Mais il n'eut pas plus tôt lu le nom de M. Lemenuet, que, déposant la plume, il s'écria : « C'est impossible, cet homme-là est trop vieux. — Sans doute il n'est pas jeune, répliqua le garde des sceaux ; mais Votre Majesté le connaît assez pour savoir que ses facultés physiques et morales ne se ressentent nullement du poids des années. — D'accord ; mais je ne le nommerai pas ;

[1] *Moniteur*, 13 août 1830.

et puisqu'il faut m'expliquer, je dois vous dire que j'ai particulièrement à me plaindre de lui : il a signé, comme avocat, une consultation dans un procès intenté contre moi. » M. Dupont (de l'Eure) eut beau représenter à Louis-Philippe que, dans une affaire judiciaire, le jurisconsulte avait pu, sans rien perdre de sa considération, émettre un avis ou signer un mémoire contraire à ses intérêts ; que sa qualité de prince n'était pas une raison pour que M. Lemenuet trahît la confiance de son client ; que, bien que contraire à ses intérêts, une consultation ne pouvait être considérée comme une injure à sa personne, le roi ne se rendait pas. Il fallut que le ministre, appuyé par les députés, fît de cette nomination une question de portefeuille. Sa ténacité triompha une fois de plus des rancunes du monarque ; mais, après lui, il ne devait plus se rencontrer d'homme de cette trempe à la chancellerie.

Le garde des sceaux avait tout autant de peine à arracher au roi certaines révocations impérieusement commandées par la morale et l'opinion publique. De ce nombre fut celle de M. Bastard (de l'Estang), procureur général près la Cour royale de Riom. Ce magistrat avait indignement abusé de son autorité, sous le ministère Polignac, pour fausser les élections. Mandant à son parquet le bâtonnier de l'ordre des avocats de Riom, il avait eu l'impudeur de lui intimer ses préférences, le menaçant de la colère du garde des sceaux, s'il refusait d'user de son influence personnelle, et de celle que lui donnait sa position, en faveur des candidats ministériels.

Et ce n'était pas le seul écart à porter à son compte. Un habitant du Puy-de-Dôme, citoyen probe et instruit, à tous égards honorable, s'était régulièrement pourvu pour la transmission, à son profit, d'un office de notaire. Il réunissait les conditions requises, et l'avis de la compagnie lui était favorable. M. Bastard n'en avait pas moins traversé sa nomination, écrivant au ministre que le candidat, à la vérité, remplissait les conditions voulues, que ses opinions étaient modérées, mais qu'il était à craindre qu'une fois nommé, il ne montrât au gouvernement des sentiments hostiles. « Au surplus, ajoutait-il, c'est le neveu d'un régicide, et cela suffit pour l'exclure. » Armé de cette correspondance, le garde des sceaux demanda à Louis-Philippe la révocation d'un magistrat qui, de toutes les façons, avait forfait à ses devoirs. Le roi résistait. M. Dupont (de l'Eure) perdit alors patience. « Mais, Sire, s'écria-t-il, en poussant de la main les lettres étalées sur la table du Conseil, il s'agit là d'actes infamants !... — Ah ! Monsieur, repartit tranquillement Louis-Philippe, vos libéraux en feraient-ils moins ? — Si un libéral en faisait autant, répliqua froidement M. Dupont (de l'Eure), je ne balancerais pas à vous demander sa destitution. » La révocation de M. Bastard (de l'Estang) fut signée, mais non sans emportement du roi contre l'inflexible ministre. Au surplus, aussi souvent qu'il s'agissait du remplacement de magistrats décriés pour leur complaisance à l'égard du régime déchu, c'était toujours à recommencer avec Louis-Philippe. Il n'apposait jamais sa signature qu'à toute extrémité, et encore en proférant son exclamation ordinaire : « En aurons-nous donc bientôt fini avec cette Saint-Barthélemy de fonctionnaires ! » Et il ne fut pas plus tôt affranchi du contrôle de M. Dupont (de l'Eure), qu'il s'en donna à cœur joie. M. Bastard fut par lui replacé et même avec avancement.

Un censeur si incommode n'était évidemment pas tolérable pour Louis-Philippe au delà des premiers mois de la fondation du nouveau pouvoir. Et puis, en dehors même des conflits de cette nature, le contraste, sous d'autres rapports, entre le roi et le ministre ressortait en maintes occasions, et il est presque superflu de dire qu'il n'était pas à l'avantage du monarque. Ainsi, un trait de désintéressement du garde des sceaux signala d'une façon tranchée la différence de manière de voir des deux personnages en fait de délicatesse. Une ordonnance rendue au rapport de M. Louis, sans discussion préalable au Conseil, portait allocation de 25,000 francs, pour frais d'installation, à chacun des ministres. Au reçu de l'ampliation, M. Dupont (de l'Eure) déclara qu'il n'en acceptait pas l'émolument, parce que, ayant trouvé l'hôtel de la Chancellerie abondamment pourvu de toutes choses, il n'avait pas eu besoin de débourser un centime. Et puis, le budget n'imputait sur aucun fonds cette allocation aux ministres. Le garde des sceaux eut presque une altercation à ce sujet avec le baron Louis, qui tenait à prouver que ses scrupules étaient d'autant plus mal placés que la suppression des ministres d'État laissait disponible une somme dont les Chambres ne demanderaient pas compte et sur laquelle on pouvait prélever ces frais. M. Dupont (de l'Eure) fut inébranlable. Le lendemain, en entrant au Conseil, le roi lui dit : « Vous refusez donc vos frais de premier établissement? — Oui, Sire. — Mais c'est blâmer la conduite de vos collègues. — Je ne blâme personne; j'obéis à ma conscience. — A votre aise, Monsieur; mais vous me permettrez de vous dire qu'il y a là luxe de susceptibilité. » Le ministre s'inclina, et l'on passa aux affaires du jour[1].

Parallèlement aux délibérations animées du conseil des ministres, avaient lieu les débats passionnés, tumultueux des deux chambres. Je diffère à dessein d'en retracer le tableau : le récit que j'en ferais maintenant se trouverait mal à propos scindé. Je donnerai, dans mon cinquième volume, l'analyse approfondie des travaux parlementaires de cette première session législative.

Placée dans une position ardue, dans des conditions difficiles, la nouvelle royauté va traverser péniblement les six premiers mois de son existence. Inquiète, faible et obséquieuse, elle flatte et réprime tour à tour l'esprit révolutionnaire ; elle vit de ruses et de concessions hypocrites. Rapprochées par une même origine, par des espérances et des intérêts communs, la dynastie

[1] Homme simple et bon, tout patriarcal dans ses habitudes, M. Dupont (de l'Eure) avait coutume de se rendre dans ses bureaux, quelques heures avant la sortie, pour s'y faire donner les noms des employés les plus méritants; et, en même temps, dans ces rangs d'un ordre secondaire, il prenait les modestes convives qui venaient partager son dîner.

et l'aristocratie bourgeoise, le principe monarchique et le principe parlementaire, s'établissent sur les bases d'une alliance offensive et défensive contre l'invasion de l'élément démocratique.

Aux prises, dans ses conseils, avec des auxiliaires à vues souvent divergentes, ou même récalcitrants, et, pour la plupart, déjà en rivalité sourde, Louis-Philippe n'avait pas seulement à pourvoir aux besoins de l'intérieur : il lui fallait encore faire face aux nécessités du dehors ; et les soins de cet ordre n'étaient pas pour lui les moins pressants. Du jour même de son avénement au trône, les relations extérieures étaient devenues le sujet de ses vives préoccupations, et actuellement il y appliquait toute sa sollicitude. Mais son attention allait tout à coup en être distraite par une catastrophe inattendue, lugubre événement de famille, celui-là même qui devait projeter sur l'éclat naissant de la nouvelle cour un funèbre reflet, et peut être considéré comme le premier coup porté à cette considération populaire dont jusqu'alors elle avait joui sans mélange.

Le 28 août 1830, le *Moniteur officiel*, organe accrédité du gouvernement, portait l'annonce suivante en tête de sa partie officielle :

« Paris, le 27 août.

« Conformément à l'ordonnance du roi, du 23 mars 1816, l'acte de décès de S. A. R. très-haut et puissant prince Louis-Henri-Joseph de Bourbon-Condé, duc de Bourbon, prince du sang, décédé aujourd'hui au château de Saint-Leu, département de Seine-et-Oise, dans la soixante-quinzième année de son âge, a été dressé aujourd'hui par M. le baron Pasquier, président de la Chambre des pairs, accompagné de M. le marquis de Sémonville, grand référendaire, et du garde des archives de la Chambre, dépositaire des registres de l'état civil de la maison royale.

» MM. le comte de la Villegontier, pair de France, premier gentilhomme de la chambre de Son Altesse Royale, et M. le comte de Choulot, capitaine général des chasses du prince, ont signé l'acte comme témoins.

» Le corps a été représenté par M. le baron de Flassans, écuyer commandant. »

Mais était-ce bien là un décès ordinaire? Il y avait grandement lieu d'en douter, à l'entrefilet suivant dans la partie non officielle du même journal : « M. le procureur général près la Cour royale de Paris, est parti ce matin pour Saint-Leu, afin de procéder immédiatement à une enquête sur les circonstances de la mort de S. A. R. Mgr le prince de Condé. »

A Paris, probablement à la suite d'indiscrétions émanées du Palais-Bourbon, circulaient déjà des bruits étranges. Des versions diverses avaient cours sur la mort du prince de Condé, laquelle, selon la rumeur publique, n'était rien moins que volontaire. On en rapportait des circonstances singulières, amplifiées ou dénaturées, comme il arrive toujours en pareil cas. Bref, dans le public, on disait que le dernier Condé, préalablement étranglé, avait été trouvé accroché à l'espagnolette d'une des croisées de sa chambre à coucher.

CHAPITRE XXVII

Ascendant prodigieux et empire tyrannique de madame de Feuchères. — Sa personne et son caractère. — Faiblesse incurable du vieux duc de Bourbon. — Intrigues et suggestions de testament. — Trame ourdie entre le duc d'Orléans, la baronne de Feuchères et le général Lambot contre l'héritage des Condé. — Imprévoyance et aveuglement de Charles X. — Avortement de la première tentative testamentaire.

J'ai été obligé, précédemment, de scinder l'historique des relations de la maison d'Orléans avec le duc de Bourbon et la baronne de Feuchères [1]. Je vais ici reprendre ma narration au point où je l'ai laissée, et la conduire à sa fin, cette fois sans nouvelle interruption [2].

[1] Voy. t. II, chap. XIII, p. 79; et chap. XVIII, p. 195.

[2] Le récit qu'on va lire est, en majeure partie, puisé à des sources inédites : informations personnelles, correspondances, mémoires, notes et papiers de famille, etc. Il est le résultat d'investigations approfondies et de laborieuses recherches. J'ai dû me livrer à un dépouillement considérable de pièces manuscrites dont je ne me suis tiré qu'au prix de l'affaiblissement de ma vue. Les originaux, copies et brouillons de lettres du duc de Bourbon, de madame de Feuchères et de la famille d'Orléans composent, à eux seuls, des liasses volumineuses. Le *Rapport-Minute* de M. le conseiller de la Huproye, et ses *Notes particulières*, que son gendre a bien voulu me communiquer, sont d'une écriture fine et serrée, aujourd'hui décolorée en maints endroits, au point qu'il m'a fallu la loupe pour la déchiffrer. Au dernier moment, j'ai encore reçu des documents

On sait où et comment le duc de Bourbon a fait la connaissance de madame de Feuchères : c'est à Londres

de Prague, en Bohême. C'est même à cette circonstance qu'est dû le retard de la publication de ce troisième volume. Je ne me suis pas cru autorisé à dire, comme Vertot : « Mon siége est fait ».

Après ces sources, minutieusement interrogées et sévèrement contrôlées, je me suis surtout attaché à l'instruction criminelle commencée à Pontoise le 15 novembre 1830, évoquée à Paris le 20 janvier 1831, et terminée, le 21 juin suivant, par arrêt de non-lieu de la Cour royale de Paris. Les cartons qui renfermaient cette immense procédure ont été anéantis, avec elle, dans l'incendie du Palais de justice allumé en 1871 par la Commune. Mais, dès 1848, j'avais pu en prendre communication discrétionnaire au greffe, grâce à l'obligeance de M. le procureur général Auguste Portalis. Depuis longtemps ma provision était faite d'extraits des pièces les plus importantes et des dépositions essentielles, tant des premières informations, que de l'instruction criminelle poursuivie à Paris, par M. de la Huproye. La destruction des procès-verbaux de Pontoise et de Paris, si regrettable qu'elle soit, n'est cependant pas pour l'histoire un malheur irréparable. Des parties considérables en avaient été antérieurement publiées, si bien que, le plus souvent, je n'ai eu qu'à les collationner, tout au plus à les compléter.

Quant aux documents publics, écrits et plaidoiries, où la controverse s'est donné carrière sur le genre de mort du prince de Condé, en voici une liste assez étendue, accompagnée de quelques observations :

I. *Appel à l'opinion publique sur la mort de Louis-Henri de Bourbon, prince de Condé*, par l'auteur des *Mémoires secrets et universels des malheurs et de la mort de la reine de France*, 2e édit. revue, avec un plan, Paris, Dentu, 1830, in-8°. Cette brochure, attribuée à tort à l'abbé Pellier, est de Lafont d'Auxonne. II. *Les secrets de Saint-Leu. Notice curieuse sur ce château et ses propriétaires, Aiglantine de Vendôme, la reine Hortense, etc., suivie d'une Biographie complète de la baronne de Feuchères et de détails sur la mort du duc de Bourbon*, par A. de Belleville, Paris, Dentu, 1831, in-18 de 64 pages.

qu'il l'a rencontrée, femme de chambre ou servante dans un mauvais lieu[1]. Après l'en avoir tirée, il l'a

III. *Trois ans au Palais-Bourbon*, par le général baron de Lambot, ancien aide-de-camp du duc de Bourbon, prince de Condé, Paris, 1831, in-8°. Il a été fait deux tirages de cette brochure; le second offre quelques variantes. IV. *Examen médico-légal des causes de la mort de S. A. R. le prince de Condé*, par M. le docteur Marc, médecin du roi, *Paris*, *Crochard*, 1831, in-8° de 92 pages, plus 6 planches. V. *Réfutation médico-légale du Mémoire de M. le docteur Marc*, par le docteur F. Dubois (d'Amiens), dans la *Revue médicale*, cahiers de février et mars 1831. VI. *Mémoire médico-légal sur la mort violente du duc de Bourbon, prince de Condé et, à cette occasion, sur les conditions dans lesquelles la mort peut être produite par la suspension incomplète et sur les signes de la strangulation par suspension*, par A.-N. Gendrin, docteur en médecine, Paris, Baillière, 1831, in-8° de 56 pag. Savante discussion scientifique qui porta le coup de grâce à *l'Examen* de M. Marc.

[1] Je trouve une note singulière dans les papiers de M. Daufresne, ancien intendant et mandataire des princes de Rohan. On y lit que Sophie Dawes fut un jour l'un des enjeux d'une partie de whist engagée, chez le marquis de Winchelsea, entre le duc de Kent, père de Victoria, reine actuelle de la Grande-Bretagne, et le duc de Bourbon, qui l'aurait gagnée à son partenaire. L'anecdote peut sembler piquante; mais la vérité m'oblige à la déclarer absolument controuvée. Son auteur a certainement été induit en erreur. C'est bien Guy, le vieux valet de chambre du duc de Bourbon dans l'émigration, qui, dans une des visites que j'ai dites, appela sur miss Dawes l'attention de son maître. Guy n'en a jamais fait mystère à ses camarades; et Poulain, le plus ancien valet de chambre après lui dans la maison, confirme son témoignage. En l'absence d'intérêt de leur part à travestir ce fait et à déguiser la vérité, leur véracité ne saurait être suspectée.

Un autre point encore hors de doute, c'est que, du jour où elle vit sa fille, de bonne heure aguerrie, lancée dans la voie des liaisons irrégulières, la mère de Sophie ne fit jamais rien

confiée aux soins d'une institutrice anglaise et pourvue de maîtres de toute espèce, qui ont cultivé ses heu-

déjà fort ébranlé par la publication de M. Dubois (d'Amiens). VII. *Consultation médico-légale sur les circonstances et les causes de la mort violente du prince de Condé, en réponse à un Mémoire à consulter adressé au nom du prince Louis de Rohan*, par A.-N. Gendrin, Paris, de l'imprimerie de Crapelet, 1831, in-8° de 80 pages; elle a été insérée au t. V du journal les *Transactions médicales*. Cette publication, qu'il ne faut pas confondre avec la précédente, est une de celles qui font le plus d'honneur à la science médicale. Dans son *Mémoire médico-légal*, M. Gendrin s'était exclusivement tenu sur le terrain scientifique, à la différence de M. Marc dans son *factum*. Ici, il entre dans l'examen et la discussion des faits. A l'aide des déductions de la science et avec une sagacité merveilleuse, il explique les circonstances du meurtre du duc de Bourbon, telles que les révélations de Lecomte et du général Lambot n'ont fait que les confirmer. Cette brochure est aujourd'hui

pour l'en détourner. Au contraire, elle se rendit complice des désordres de sa fille, en protégeant de son titre de mère ses galanteries multipliées. Aussi, plus tard, dans les procès auxquels donna lieu l'opulente succession de la baronne de Feuchères, M. Chaix-d'Est-Ange, avocat des hospices, put-il, cette fois, dire avec vérité : « Ce que raconte l'adversaire peut et doit passer pour un roman. Il nous dit que Sophie, placée en pension, a grandi sous la protection de sa mère et de sa sœur. Je dois dire que cela n'est pas. Je sais tous les ménagements qui sont dus à la mémoire d'une femme qui n'est plus là pour se défendre. Mais si les lois de la bienséance sont respectables, il y a une loi qui domine toutes les autres, et qui doit se faire entendre, c'est la vérité.

» Vous avez fait de madame Dawes, la mère, une sainte, dévouée aux pratiques religieuses; vous l'avez mise au couvent, où elle est morte, avez-vous dit, en odeur de sainteté. C'était une respectable femme. Si cela est vrai, elle ne vivait pas avec sa fille. Cela était impossible avec le genre de vie que celle-ci avait embrassé. » (*Gazette des Tribunaux*, 28 avril 1842).

reuses dispositions. Devenue sa maîtresse, elle a passé, conjointement avec lui, dans les bras de bien d'autres[1].

fort rare : Louis-Philippe a fait retirer de la circulation tous les exemplaires qu'on a pu trouver. J'en reproduirai la partie essentielle aux Documents historiques de mon IVe vol. VIII. *Observations sur l'instruction relative à la mort du duc de Bourbon, prince de Condé*, par M. Hennequin, avocat, Paris, Warée, 1831, 2e édit. in-8o. C'est la démonstration péremptoire de l'assassinat du prince, un résumé exact, mais incomplet, des principales dépositions de l'enquête. IX. *Arrêt du 21 juin 1831, relatif aux causes qui ont pu amener la mort du prince de Condé, avec des notes tirées de l'Instruction et des Mémoires présentés à la Cour par la partie civile*, Paris, de l'imprimerie Decourchant, 1831, in-4o de 41 pages, X. *L'assassinat du dernier Condé démontré contre la baronne de Feuchères et ses avocats, suivi d'observations sur les procès-verbaux et de pièces importantes et inédites concernant l'enquête et le fameux testament*, par l'abbé Pellier de la Croix, ancien aumônier du prince, Paris, Levasseur, 1832, in-8o. XI. *Mensonges et calomnies pour la baronne de Feuchères, par les avocats du suicide, seconde partie de l'assassinat du dernier des Condé*, par le même, Paris, Levasseur, 1832, in-8o. XII. *Histoire complète et impartiale du procès relatif à la mort et au testament du duc de Bourbon, prince de Condé, précédée de notes historiques et biographiques sur le duc de Bourbon, la baronne de Feuchères, et toutes les personnes qui figurèrent dans cette cause, avec cette épigraphe : « La vérité, toute la vérité, rien que la vérité »*, Paris, librairie universelle, 1832, in-12. L'avant-propos est signé V....t, ce qui a fait attribuer l'écrit à M. Vatout, bibliothécaire de Louis-Philippe. J'estime qu'il est l'œuvre de M. Viennet. Cette compilation, qui n'a de « complète et d'impartiale » que la rubrique, annoncée à 2 fr. 50 sur la couverture, était criée à cinq sous sur les ponts et dans les carrefours de Paris. XIII. *Examen de la procédure criminelle instruite à Saint-Leu, à Pontoise et devant la Cour royale de Paris, sur les causes et les circonstances de la mort de*

[1] *Dépos.* des valets de chambre Guy et Dupin devant M. de la Huproye.

Installée en souveraine dans la maison du prince, Sophie Dawes sent bientôt le besoin de couvrir d'un

S. A. R. le duc de Bourbon, prince de Condé, Paris, imprim. de Plassan, 1832, in-8°. Cette publication, encore plus que la précédente, faite dans l'intérêt de madame de Feuchères, se distribuait *gratis* chez son avoué; elle porte les signatures Lavaux et A. Lefebvre, avocats. Ce n'est pas autre chose qu'un libelle. Les dépositions des témoins y sont tronquées, défigurées, et même supprimées, quand elles se trouvent être tout-à-fait défavorables. Les personnes les plus recommandables y sont calomniées, leur caractère et leurs intentions indignement travestis. Les signataires usent largement du privilége de leur profession, de pouvoir insulter et diffamer impunément. La lecture de ce *factum* remet en mémoire l'exclamation de Beaumarchais, à propos de certains avocats : « Oh! que c'est un méprisable métier que celui d'un homme qui, pour gagner l'argent d'un autre, s'efforce indignement d'en déshonorer un troisième, altère les faits sans pudeur, dénature les textes, cite à faux les autorités et se fait un jeu du mensonge et de la mauvoise foi! » XIV. *Précis des résultats de l'instruction relative à la mort du duc de Bourbon*, par M. Mermilliod, avocat à la Cour royale, Paris, 1832, de l'imprim. de Décourchant, cinq feuilles in-4°. C'est, condensé en un faisceau accablant, le résumé des charges qui s'élèvent contre madame de Feuchères et l'abbé Briant. Cet écrit, discussion lumineuse des faits, est devenu fort rare : on le trouvera aux Documents historiques et pièces justificatives de mon IVe vol. XV. *Le dernier des Condés*, par A. de Calvimont, Paris, Vezard, 1832, in-8°. XVI. *La baronne et le prince, catastrophe*, par Th. Anne et Rousseau, Paris, Dentu et Pigoreau, 1832, 4 vol. in-12; roman dénué de toute valeur historique. XVII. *Plaidoyer pour MM. les princes de Rohan contre S. A. S. Mgr le duc d'Aumale et contre Mme la baronne de Feuchères*, par Me Hennequin, avocat, Paris, Warée, 1832, in 8° de 184 pag. XVIII. *Procès relatif au testament du feu duc de Bourbon. Plaidoyer de Me Philippe Dupin pour S. A. R. Mgr le duc d'Aumale*, Paris, imprim. de Pihan-Delaforest, 1832, in-8° de 52 pag. XIX. *Réplique pour MM. les princes de Rohan*, par Me Hennequin, Paris, Warée, 1832, in-8°. XX.

voile honnête l'irrégularité de ses relations, et de se donner un nom. Pour cela, elle jette les yeux sur un

Affaire du Testament du duc de Bourbon : plaidoierie de Me Lavaux, avocat de madame de Feuchères, *Gazette des Tribunaux* des 10, 17, 24, 31 déc. 1831 ; 7, 8, 14, 15, 21, 22, 29, 30 et 31 janv., 11 et 23 fév. 1832. XXI. *Lettre de M. de Surval à Me Lavaux, avocat, sur son plaidoyer du 23 décembre 1831, en faveur de miss Dawes, baronne de Feuchères*, Paris, Dentu, 1832, in-8o de 28 pag. On trouvera également cette lettre à la fin du IVe vol. XXII. *Répertoire général des causes célèbres*, par une Société d'hommes de lettres, sous la direction de B. Saint-Edme, Paris, 1835, in-8o. XXIII. *L'espagnolette de Saint-Leu*, calcul rationnel des probabilités sur la fin tragique de *S. A. R. Mgr le duc de Bourbon, prince de Condé*, par J. Augustin Chaho, de Navarre, Paris, Jaillet, 1841, in-8o. XXIV. *Mgr le duc de Bourbon. Notice historique sur la vie et la mort de Son Altesse Royale*, par M. le comte A.-R. de Villemur, Paris, Devarenne, 1852, in-8o. XXV. *Mgr le duc de Bourbon, prince de Condé* (complément), par le même, Paris, Dentu, 1854, in-8o. XXVI. *Quelques pages sur Mgr le duc de Bourbon, tirées des Mémoires inédits du comte de Choulot*, Paris, Dentu, 1858, in-8o. Prétendu extrait de *Mémoires* qui n'ont jamais existé, comme l'atteste M. de Choulot fils, dans une lettre qu'il nous a écrite à ce sujet. Son père s'est seulement fait l'éditeur des *Mémoires* du duc d'Enghien. XXVII. *Procès entre le duc d'Aumale et la baronne de Feuchères*, Paris, Dentu, 1861, in-8o. A ces publications il convient d'ajouter : 1o *Procès-verbal du maire de Saint-Leu*, constatant les faits relatifs à la découverte du corps du prince de Condé ; 2o *Rapport de M. Letellier, docteur en médecine à Saint-Leu, et de M. Bonnie, chirurgien du prince*, dressé à Saint-Leu le 27 août au matin ; 3o *Rapport de MM. Deslions et Godard, docteurs en médecine à Pontoise ;* 4o *Rapport de MM. Marc, Marjolin et Pasquier, docteurs en médecine à Paris, sur l'état extérieur et intérieur du prince de Condé*, commencé le 27 et achevé le 28 août à Saint-Leu, en présence du procureur général près la Cour royale de Paris. On trouvera encore ces pièces aux Documents historiques du IVe vol. Elles ont été rendues publiques par leur

loyal officier de la garde royale, le baron Adrien de Feuchères, qui l'épouse, la croyant fille naturelle du duc de Bourbon. Mais la vérité n'est pas plus tôt connue de cet homme d'honneur, qu'il se hâte de briser des liens dont il ignorait l'indignité[1]. La baronne de Feuchères avait dû à ce mariage son introduction à la cour : le scandale de sa séparation de corps oblige Louis XVIII à l'en exclure.

Nonobstant l'éclat de l'affaire et la fausseté de sa position, madame de Feuchères n'avait rien rabattu de son action despotique dans la maison du prince, sur lequel elle exerce un tyrannique empire. Mais si elle abuse de sa prospérité présente, elle étend aussi ses vues et sa prévoyance à l'avenir. Cette forte tête a compris que, pour se prémunir contre les instabilités du sort, elle n'a rien de mieux à faire que d'associer sa fortune à celle d'une puissante maison, qui, au besoin, lui servira d'égide contre ses coups. Elle fera donc cause commune avec la maison d'Orléans ; et ce

insertion dans le *Mémoire* de M. Marc, lequel figure au cahier de janvier 1831 des *Annales d'hygiène publique*. Elles sont encore reproduites dans le *Mémoire médico-légal* de M. Gendrin, cahier de mars 1831 du journal les *Transactions médicales*.

[1] « Plusieurs années s'étaient écoulées, quand, par suite d'une querelle survenue dans mon ménage, j'apprends de la bouche même de madame de Feuchères, qu'elle n'était point la fille de Mgr le duc de Bourbon, comme elle s'était plu à me le faire croire, mais qu'elle avait été sa maîtresse ; dès-lors tous les bruits s'expliquèrent.... » (Lettre du baron de Feuchères au ministre de la guerre. *Causes célèbres*, t. XIV, p. 188. V. nº 4, aux Documents historiques et pièces justificatives, à la fin du IVe vol.)

plan qu'elle a conçu et mûri, elle en poursuit jusqu'au bout l'exécution, avec une ténacité et un vouloir indomptables. On a vu la correspondance échangée entre les associés, et les principaux incidents survenus au cours de leurs relations. D'une part, c'est la femme ambitieuse, rompue aux artifices et aux manéges; de l'autre, le père de famille cupide et obséquieux, oublieux de sa dignité et de celle de sa famille.

Dans le récit que j'ai précédemment fait des efforts combinés du duc d'Orléans et de la baronne de Feuchères, pour décider le duc de Bourbon à l'adoption du duc d'Aumale, son filleul, on a vu la première phase de ces rapports. En avril 1827, il semble que l'affaire soit à la veille de se conclure. L'acte d'adoption est tout prêt; il est libellé et entièrement écrit de la main de M. Dupin, qui le communique au duc d'Orléans avec les observations suivantes : « Monseigneur, voici le projet que Votre Altesse Royale m'avait chargé de dresser avant son départ pour Londres. Pour observer fidèlement le secret que Votre Altesse Royale m'avait imposé, je vous envoie ma seconde minute écrite de ma main, n'ayant pas voulu la confier à une main étrangère.

« Le motif de *discrétion absolue*[1] m'a empêché d'en conférer avec d'autres jurisconsultes que j'aurais aimé à consulter, mais que Votre Altesse Royale sera toujours à même d'interroger quand il lui plaira, si elle le juge convenable.

[1] Ces deux mots sont soulignés à l'original.

« Réduit à mes seules forces, j'ai fait de mon mieux. J'ai cherché à assurer pleinement les nobles volontés de S. A. R. Mgr le duc de Bourbon ; et, pour qu'elles ne fussent en aucun cas illusoires, ni susceptibles d'être attaquées par des tiers, toujours disposés à faire procès en pareil cas, j'ai joint à la disposition relative à l'adoption, celle d'une institution formelle d'héritier, que j'ai jugée indispensable à la solidité de l'acte entier.

« Je suis, etc.

« DUPIN. »

L'acte ainsi préparé, il ne reste plus qu'à le faire transcrire et signer par le duc de Bourbon. Mais on a trop présumé de sa condescendance. Les assauts multipliés qu'on lui livre, ne peuvent triompher de sa résistance. Finalement, le 2 mai 1829, les consorts, le duc d'Orléans et la baronne, ont perdu la partie. C'est la première phase de l'intrigue, celle que j'ai appelée la campagne d'adoption. La vérité, je le répète, est qu'on a trouvé un obstacle insurmontable dans les répugnances du prince. Plus tard, on alléguera que la nature et la multiplicité des actes indispensables à l'adoption, comme l'obligation de recourir à la sanction royale, l'embarras et la gêne des formalités, sont les raisons qui ont déterminé le duc de Bourbon à y renoncer. Assertions sans fondement, auxquelles on a seulement recours pour masquer l'insuccès et couvrir honnêtement la retraite[1].

[1] Le duc de Bourbon avait une cassette renfermant ses papiers secrets. Après sa mort, madame de Feuchères en fit don à Obry, de Chantilly, filleul du prince. On igorait qu'elle fût à double

A partir de mai 1829, nous entrons dans la seconde phase, celle de la confection du testament. Le succès, cette fois, couronnera les efforts des intéressés, mais pour aboutir à un dénoûment atroce.

Madame de Feuchères est maintenant à l'apogée de sa faveur et de son ascendant : jamais elle n'a exercé sur le prince une domination plus absolue[1]. Le moment est venu de signaler les traits saillants de sa personne et de son caractère. Je n'ai pas la prétention de faire d'elle un portrait : je me bornerai à retracer quelques-unes des lignes les plus accusées de cette redoutable figure. Je n'écris que d'après le témoignage de personnes

fond. Obry s'en aperçut, au son métallique qu'elle rendait. Elle contenait quelques pièces d'or avec une lettre où leur destination était indiquée, et encore le fameux projet d'adoption et de testament tout entier minuté de la main de M. Dupin. On y trouva également une correspondance que, pour l'honneur de sa mémoire, le duc de Bourbon n'eût pas manqué de détruire, s'il avait jamais eu l'intention d'attenter à ses jours.

[1] « Habile à mettre à profit sa beauté et les charmes de son esprit, suppliante quand il le faut, violente et terrible quand il s'agit d'achever la victoire que l'adresse et la ruse ont commencée, madame de Feuchères exerce un pouvoir souverain, tyranique, sur ce sauvage Hippolyte,intrépide sur le champ de bataille, timide dans la société loin de laquelle ses goûts et ses chagrins l'ont retenu ; homme que trouble d'une manière sensible l'arrivée d'un étranger près de lui, réservé, vivant tout en lui-même, craignant avant tout de devenir l'objet des conversations et de la critique, également impuissant à soutenir les prières et les invectives d'une femme dont sa vieillesse est, pour ainsi dire, enivrée, et contre laquelle il ne sait trouver d'autre ressource que la fuite ». (*Plaidoyer de Me Hennequin pour les princes de Rohan*, Paris, Warée, 1832, p. 201).

qui ont bien connu et étudié la baronne de Feuchères. Par le peu que j'en dirai, on est donc assuré d'avoir d'elle, sinon une image achevée, au moins un croquis fidèle. On la verra telle que s'accordent à la peindre ceux qui l'ont approchée de plus près, et longtemps pratiquée.

Née vers 1792, madame de Feuchères a présentement environ trente-sept ans[1]. D'une taille élevée et bien prise, plutôt fraîche que belle, elle est douée d'une figure moins noble que piquante. Sa physionomie reflète d'habitude un remarquable caractère de charme et de séduction. Mais qu'elle vienne à éprouver une émotion ou seulement un mouvement d'impatience, soudain son regard devient dur, ses traits se contractent, son visage tout entier prend une expression sombre et terrible. Son maintien est hautain et sa démarche altière. Un

---

[1] Il n'est pas facile de fixer, même approximativement, la date de la naissance de madame de Feuchères. La *Biog. univ.* la fait naître « vers l'année 1795; » l'avocat du roi Ternaux et Me Philippe Dupin, le 29 septembre 1790; M. Chaix-d'Est-Ange, en 1789. (*Gazette des Tribunaux* des 28 avril et 5 mai 1842.) D'autre part, dans un certificat que lui délivre Richard Daw, son père, on la déclare née en 1794 (Voy. n° 3, aux Documents historiques et pièces justificatives, à la fin du IVe vol.); enfin, un ami de sa famille, le témoin instrumentaire William Stallar, recule sa naissance à 1785. Dans sa première déposition devant M. de la Huproye, au mois de novembre 1830, madame de Feuchères se donne trente-huit ans; elle aurait donc vu le jour vers 1792. Sa mère l'accompagnait et pouvait venir en aide à sa mémoire : mais la coquetterie féminine! Je m'en tiens à l'âge que s'attribue madame de Feuchères.

ton impérieux, des gestes prononcés, ses lèvres ordinairement crispées dénotent la vigueur de caractère, la résolution et l'audace. Elle possède à un éminent degré l'art d'allier les contrastes. Insinuante et dominatrice, tendre et altière tour à tour, elle diversifie sa manière suivant ses besoins et les circonstances. Mais elle s'impose toujours, quel que soit l'aspect extérieur qu'elle revête. Elle jouit d'une santé de fer, et d'une force musculaire rarement départie à son sexe.

Maîtresse déclarée du duc de Bourbon, elle voit s'agiter autour d'elle un entourage rempli de crainte à son égard. La haute et la basse domesticité du prince lui sont entièrement subordonnées. Au point de puissance et d'autorité où elle est parvenue, elle n'a plus souci des bienséances, qu'elle se complaît à fouler aux pieds. Les mœurs anglaises implantées par elle sont florissantes à la petite cour du duc de Bourbon. Dissolue par tempérament et par légèreté, la baronne y introduit le dérèglement des mœurs. Le Palais-Bourbon, Chantilly et Saint-Leu deviennent des foyers de dissolution, des théâtres de désordre[1]. Il est peu

[1] *Éphémérides*, ou *Journal quotidien* de M. Fort, trésorier du duc de Bourbon. J'appelle de ce nom huit gros cahiers manuscrits dont je dois la communication à un petit-neveu de l'auteur. Ce trésorier, qui paraît professer une sorte de culte pour la maison de Condé, y relate jour par jour tout ce qui s'y passe et vient à sa connaissance. Il ne fait pas plus grâce d'un commérage, que d'une pièce de gibier abattue dans les forêts du prince ; surtout il est intarissable dans le récit de ses démêlés avec M. de Gatigny, intendant général. Ces cahiers fourniraient amplement matière à

d'officiers du prince qui n'aient été gratifiés de ses faveurs. Elle reproduit le type de Sempronie, *lubidine sic accensa, ut sæpius peteret viros quam peteretur*, tellement emportée par la fougue de ses sens, qu'elle recherchait plutôt les hommes, qu'elle n'en était recherchée[1]. Je n'ai pas, ici, à entrer dans des détails qui appartiennent à la chronique et que ne comporte pas la dignité de l'histoire. L'historien doit bannir de ses récits tous les épisodes licencieux, à moins qu'ils ne soient indispensables à l'éclaircissement des faits, à la manifestation de la vérité[2]. Une autre considération, c'est la conve-

une vingtaine de volumes. Aucun détail d'intérieur n'y est omis et les moindres intérêts du prince y sont l'objet d'exposés interminables. Ainsi un mince litige de mille écus, l'affaire Masselin, que termine seulement en 1829 un arrêt de Cour royale, y remplit plusieurs centaines de feuillets. Mais, au milieu de tout ce fatras, il se trouve des détails intéressants, des particularités curieuses, des anecdotes piquantes, qu'on chercherait vainement ailleurs. On y voit, en somme, que les grands partagent absolument les tribulations et les misères des petits, mais que, de plus, fleurissent dans leurs maisons la malversation et les raffinements du libertinage.

[1] Sall., *Catil.*, XXV.

[2] Pour l'édification du lecteur, voici un échantillon des licences qu'on se permettait dans les demeures du duc de Bourbon, à son nez et à sa barbe. Un jour, à Chantilly, survenu à l'improviste dans le parc, le prince surprend, derrière un massif, un de ses grands officiers avec la favorite en posture de flagrante infidélité. Le délinquant s'esquive, et la dame n'a pas trop de toute sa présence d'esprit pour rajuster sa toilette en désordre. Voulant, sans doute, empêcher son seigneur et maître d'y voir clair, elle lui allonge au visage un vigoureux coup de poing, suivi d'une volée de coups avec sa propre canne. Ce fut là le châtiment de sa venue indiscrète.

nance de taire les noms de familles honorables, dont les descendants occupent encore aujourd'hui dans le monde un rang distingué. Mais je dois signaler au lecteur cet état de l'intérieur du duc de Bourbon, et bien lui recommander de ne point le perdre de vue : il y trouvera plus tard l'explication des entraves, des empêchements, des difficultés sans nombre que la justice rencontrera dans son œuvre. Il n'aura, dès-lors, plus lieu de s'étonner des réticences, des demi-aveux, du silence même de personnes qu'autrement on aurait dû croire absolument dévouées au prince et à sa mémoire, n'étaient les scrupules d'une fausse délicatesse, les embarras dérivant de positions fausses, d'attaches et d'engagements antérieurs[1]. A l'époque où nous sommes, cette société domestique dont madame de Feuchères fait le jouet de ses passions, elle sait néanmoins la tenir à distance dans les relations extérieures du monde, s'en faire craindre et respecter.

Généralement mal vue, haïe même, dans l'entourage du duc de Bourbon, elle ne fait nul état de l'envie et de la haine qu'elle excite. Son ascendant sur le prince est prodigieux. Personne en aucun temps n'a pu opposer de contre-poids à son influence, de résistance à ses volontés. A contrecarrer ses desseins ou ses caprices,

[1] « Combien de fois, dans le cours de cette instruction, ses fils ont été rompus, je ne dirai pas par la pusillanimité des témoins, mais par des causes que j'ignore ! » (*Notes particulières* de M. de la Huproye, communiquées par M. Theurier de Pommyer, son gendre.)

tous ont également échoué : elle a eu raison de la famille du prince aussi bien que de ses serviteurs. Tout le monde a dû baisser pavillon devant elle, à peine de tomber en disgrâce, ou, autrement, d'être contraint de désemparer.

L'aversion qu'on ressentait pour la baronne s'inspirait de mobiles divers, différents de nature et de fondement. Si, en effet, la plupart étaient exclusivement mus par l'intérêt, cet universel moteur des actions humaines, d'autres obéissaient à des sentiments plus relevés. Mais tous à l'unisson se disaient affligés de voir madame de Feuchères assombrir et contrister les derniers jours du prince. Et ces manifestations, plus ou moins bruyantes et sincères, étaient d'autant plus plausibles qu'elles ne manquaient pas de justification. C'est que, malgré ses travers, son inégalité d'humeur, et d'autres graves défauts de caractère, le duc de Bourbon était aimé : il avait su se concilier l'attachement général. On lui pardonnait sa brusquerie, ses emportements, sa violence même, en raison de son excellent cœur. Dans le commerce habituel de la vie, et plus encore dans l'intimité, il portait un esprit d'aménité douce et bienveillante : c'était le trait saillant, caractéristique de sa nature. D'un naturel peu communicatif, il n'en était pas moins affable et accessible à tous. Toujours empressé à soulager ses semblables, sa charité était inépuisable ; il ne cherchait qu'à faire des heureux. Sans doute il souffrait impatiemment qu'on lui demandât ; mais là où il apercevait ou on lui faisait voir un besoin véritable, il épanchait sans ostentation sa main secourable, des trésors de bonté.

Prolongées d'une façon choquante jusque dans un âge avancé, les irrégularités de sa vie avaient énervé sa volonté et amolli la trempe autrefois si énergique de son caractère. Il portait maintenant une chaîne qu'il ne lui était plus possible de briser. Il ressentait souvent et non sans amertume, la gêne et l'humiliation de liens qui, en le captivant, le tenaient dans une fausse et pénible situation. Surtout il avait le sentiment de sa déplorable sujétion, devenue pour lui la source de mille chagrins domestiques. Lui-même, dans l'intimité, s'en expliquait librement avec ses serviteurs. Mais, aux raisons qu'il alléguait pour se dispenser de prendre une résolution virile, il était facile de prévoir qu'enlacé dans des liens funestes, il n'aurait jamais l'énergie nécessaire pour s'en dégager [1].

Altérée assez gravement dès 1827, sa santé, dans ces dernières années, subissait un déclin rapide. Dès ce moment, ses serviteurs songèrent à lui suggérer un testament. A l'envi les uns des autres, ils tiraient

[1] « Comme il me confiait un jour ses chagrins domestiques, j'osai lui représenter qu'il serait convenable de briser des liens qu'il ne pouvait plus porter. « Vous croyez, me dit-il, cela si facile! Fort bien quand on est jeune, mais quand on a atteint l'âge de soixante et onze ans, il est presque impossible de se soustraire à l'empire d'anciennes habitudes. Je l'ai tenté plusieurs fois, et toujours sans succès. Avez-vous quelquefois vu une mouche effleurer une toile d'araignée? Pour peu que sa patte y touche, elle y reste, et l'animal vorace lui jette un fil qui l'enlace et la met à sa discrétion. Eh bien, me voilà! » (Hostein, dentiste du duc de Bourbon : *Dépos.* à Paris.)

prétexte de leur dévouement pour engager le prince à pourvoir à l'avenir. Chacun avait ses vues, son projet suivant ses opinions, ses affections ou ses antipathies. Les uns pressaient le duc de Bourbon de se remarier avec une princesse de Saxe et de tenter les chances d'une paternité un peu tardive. D'autres, à défaut de mariage, conseillaient de faire d'un jeune Bourbon un prince de Condé : tant on avait de peine à se faire à l'idée de voir disparaître cette race vantée! Mais sur qui tomberait le choix? Les uns parlaient du duc de Bordeaux; les autres, d'un Bourbon de Naples, frère de la duchesse de Berry; d'autres enfin d'un jeune prince de la maison d'Orléans.

Le duc de Bourbon avait alors pour premier aide-de-camp et secrétaire de ses commandements, le général baron Lambot, qui, dans ces doubles fonctions, avait remplacé, en 1827, le baron de Saint-Jacques. M. Lambot avait conçu le projet de faire tester le duc de Bourbon en faveur d'un des frères de la duchesse de Berry. Pour cela, il ne craignit pas de prendre, auprès de Charles X, l'initiative d'une démarche secrète : il lui importait de connaître sur ce point les sentiments personnels du roi. Ayant obtenu de Charles X une audience, il lui exposa que « le duc de Bourbon venait d'être gravement indisposé; qu'il était à sa connaissance personnelle que Son Altesse Royale n'avait fait encore aucune disposition testamentaire, mais qu'il serait possible qu'elle y songeât d'un moment à l'autre; que, dans le cas où il se trouverait avoir quelque influence sur la volonté du prince, il serait heureux de connaître les désirs de Sa Majesté, et s'il lui serait agréable que Monseigneur fît choix d'un des frères de madame la duchesse de Berry pour succéder à ses titres et à sa fortune, ou s'il préférait que cette disposition fût faite en faveur de l'un des fils du duc d'Orléans; que, dans tous les cas, il faudrait éviter de laisser cette belle fortune des Condé se disperser, et ce glorieux nom s'éteindre avec le prince. »

A la surprise du général, le roi ne lui parut pas disposé à traiter ce sujet : du moins il ne s'en expliqua pas clairement, et M. Lambot en conclut qu'il n'avait pas dessein de s'en occuper.

Cependant, avant d'abandonner son projet, le général crut devoir hasarder une nouvelle tentative. Il fit remettre à Charles X un *Mémoire* dans lequel il insistait sur les avantages de l'adoption, par le duc de Bourbon, de l'un des oncles du duc de Bordeaux. Ce jeune prince, d'origine française, pouvait être rendu à la France par la naturalisation. Pourvu d'une forte éducation et de principes solides, il serait naturellement un des plus fermes appuis de son neveu, plus jeune que lui de quelques années. Aux yeux de M. Lambot, la réalisation de cette idée comportait pour la monarchie de précieux avantages. Il s'efforçait en même temps d'intéresser au succès de son plan quelques personnages marquants de de la cour. Mais chez eux il ne rencontra que tiédeur. Aucun ne consentit à l'appuyer ostensiblement, à seconder ses vues d'une façon directe et efficace.

Rebuté de ce côté, le général prit alors le parti de se rallier à la cause de la maison d'Orléans, dont les vues ambitieuses et les visées cupides à l'héritage des Condé n'étaient un mystère pour personne. Dès ce moment il va se faire l'agent actif, la cheville ouvrière de l'intrigue qui, à la suite de phases diverses, doit aboutir au testament en faveur du duc d'Aumale.

M. Lambot avait eu, jusque-là, peu ou point de rapports avec le duc d'Orléans. Néanmoins, par l'intermédiaire de M. de Broval, secrétaire intime du prince, il lui demande une entrevue secrète. Elle eut lieu à Neuilly, au commencement de mai 1829. Le général trouva le chef de la famille d'Orléans dans une singulière disposition d'esprit. Dans sa défiance et son scepticisme invétérés, le prince n'était nullement convaincu que madame de Feuchères se fût employée pour l'adoption de son fils aussi chaudement qu'on aurait pu l'induire de ses déclarations. Il était fortement travaillé de doutes à cet égard. Aussi, tout d'abord, crut-il devoir s'en expliquer avec M. Lambot. Ce dernier assure qu'il eut une peine infinie à tirer le duc d'Orléans de son erreur et à dissiper ses préventions. Le prince nourrissait l'idée que le duc de Bourbon serait tout disposé à adopter l'un de ses fils, si madame de Feuchères entreprenait sérieusement de l'y faire consentir. Et quand M. Lambot lui confirmait les répugnances invincibles du vieillard pour cet acte, il insistait avec force sur la convenance et l'urgence, pour le duc de Bourbon, de prendre là-dessus son parti. « Il est vieux, disait-il ; passionné pour la chasse, il fait souvent des chutes de cheval : une mort soudaine peut lui ôter la possibilité de mettre ordre à ses affaires. »

De retour à Saint-Leu, le général communique à madame de Feuchères l'entretien qu'il vient d'avoir avec le duc d'Orléans. Il lui rapporte fidèlement les propres expressions du prince : « M. le duc de Bourbon sait parfaitement ce qu'il aurait à faire comme prince du sang, cependant il ne le fait pas ; et il est probable que si madame de Feuchères ne lui en parle, il ne s'en occupera pas. Il fera comme font les princes, ce qui leur est plus commode : quand une chose les embarrasse, ils ne font rien du tout. »

A entamer cette nouvelle affaire, madame de Feuchères montra d'abord une indifférence calculée. Évidemment son dessein était d'amener la maison d'Orléans à mettre un prix proportionné au service. Bien décidée à marchander son concours, elle répondit à M. Lambot que, « quant à elle, elle était satisfaite de sa condition. Le duc de Bourbon lui avait déjà assuré Saint-Leu, dont elle touchait les revenus. On lui avait fait des offres magnifiques pour déterminer le prince à tester ; elle les avait refusées. Elle ne consentirait à suivre ce nouveau plan qu'à la condition qu'on lui ferait rendre ses entrées à la cour. Quant à recevoir de l'argent, elle rejetait bien loin cette idée : elle n'accepterait rien que du prince, certaine qu'elle était qu'il lui donnerait plus qu'elle ne voudrait. » « A ces raisons, ajoute M. Lambot, j'objectai que ce serait chose bien sérieuse, si le duc de Bourbon venait à mourir sans avoir rien réglé pour l'avenir de sa maison, surtout lorsqu'elle se trouverait seule avoir un sort assuré après sa mort. Elle y réfléchit, et me promit d'aller à Neuilly voir M. le duc d'Orléans [1]. »

Le général l'y accompagne. Madame de Feuchères assure le duc d'Orléans qu'elle est toute disposée à lui prêter son concours pour décider le duc de Bourbon à tester en faveur d'un de ses enfants, mais que la difficulté est de lui en faire l'ouverture. Pour ce qui était d'elle, elle s'en chargerait volontiers, si elle pouvait convaincre le prince qu'elle y gagnerait quelque chose, par exemple, sa rentrée à la cour. Autrement, elle ne croyait pas pouvoir entreprendre l'affaire, persuadée qu'elle y échouerait. Avant tout, il fallait démontrer au duc de Bourbon qu'elle « y gagnerait quelque chose ; » et elle revenait continuellement à cette idée.

Mais à s'employer en faveur de la baronne pour l'objet qu'elle désirait, la tâche était scabreuse et difficile : à la levée de son interdiction des Tuileries, il y avait des obstacles presque insurmontables. Le duc d'Orléans ne l'ignorait pas. Néanmoins, stimulé par le prix qu'elle y attachait, il se mit courageusement à l'œuvre. Il vit Charles X à ce sujet. Nous ne connaissons pas les termes de leur entretien ; mais il y a lieu de supposer que, dans la circonstance, le premier prince du sang plaida chaleureusement auprès du roi la cause de madame de

[1] *Trois ans au Palais-Bourbon*, p. 18.

Feuchères. Et il est encore très-vraisemblable que, pour ne rien accorder, Charles X se rejeta sur les scrupules et la résistance prononcée que manifestait à cet égard sa famille. La Dauphine surtout était intraitable : sur cet article, elle se montrait d'une sévérité absolue. La duchesse d'Orléans étant venue étourdiment l'entretenir de la visite de madame de Feuchères à Neuilly, elle lui avait fait cette unique et sèche réponse : « J'espère au moins que vous n'avez pas reçu cette femme-là ! — Non, balbutia la duchesse décontenancée ; c'est mon mari qui l'a reçue. » La princesse ici donnait une entorse à la vérité. Le fait est que, stylée par son époux, elle avait fait à la baronne les honneurs de Neuilly et l'accueil le plus amical. Mademoiselle d'Orléans, sa belle-sœur, moins pudibonde encore, y avait ajouté les caresses et force cajoleries.

A quelques jours de là, M. Lambot reçoit une missive du premier gentilhomme de la chambre du roi : on l'avise que Sa Majesté le recevra le soir, à 8 heures. C'était le premier effet de la démarche du duc d'Orléans. Si le prince s'était fait auprès de Charles X l'avocat empressé de la baronne, il ne s'était pas pour cela oublié lui-même. Le général s'en aperçut aux premiers mots du roi. Charles X lui exprima le désir que le duc de Bourbon adoptât pour héritier l'un des fils du duc d'Orléans. A en croire M. Lambot, « Sa Majesté l'aurait spécialement chargé d'en parler à madame de Feuchères, et de lui dire qu'à décider le prince à cet acte, elle ferait une chose qui lui serait personnellement agréable. » Si le général dit vrai, il faut convenir que Charles X faisait preuve en cela d'une rare condescendance, ou plutôt qu'il n'était qu'un instrument aveugle aux mains de son auguste cousin. Quoi qu'il en soit, M. Lambot rapporte à la baronne les intentions vraies ou supposées du roi. Mais à celles-là elle attachait peu d'importance. Ce qu'elle aurait voulu qu'on lui annonçât, c'était le terme de sa disgrâce. Cette pensée l'obsédait. Au point de vanité où elle était arrivée, elle ne pouvait se résigner à son exclusion de la cour. C'était pour elle un supplice insupportable. Rien cependant ne faisait présager qu'il dût prochainement finir.

A défaut de testament, la loi rendait les princes de Rohan héritiers du duc de Bourbon[1]. Mais il ne paraît pas qu'il ait jamais témoigné à leur égard des sentiments bien affectueux. Abandonné à ses impulsions personnelles, par sentiment autant que par opinion politique, il se fût décidé en faveur du fils de l'infortuné duc de Berry. La communauté d'exil et de souffrances, la conformité la plus absolue d'opinions et de vues politiques, unissaient le comte d'Artois et le duc de Bourbon; la mort du duc de Berry avait rendu cette

[1] Le duc de Bourbon avait pour mère Élisabeth de Rohan, fille du maréchal de Rohan-Soubise. Voici, au surplus, le tableau exact de la généalogie des Condé :

Cette maison a sa souche dans Louis Ier, duc de Bourbon, prince de Condé, septième fils de Charles de Bourbon, duc de Vendôme, mort au combat de Jarnac, lequel eut pour fils Henri de Bourbon, prince de Condé, qui épousa la princesse de Clèves, puis, en secondes noces, une la Trémoille. De ce dernier mariage naquit

amitié plus étroite encore. Les deux princes avaient pleuré ensemble leurs deux fils, si cruellement arrachés à leur amour. Il est donc bien certain que, si le duc de Bordeaux n'eût point été destiné au trône, il aurait hérité du prince de Condé[1]. Mais on ne manqua pas

Henri II, prince de Condé, qui, de son union avec Marguerite de Montmorency, eut le grand Condé. Henri-Jules de Bourbon, son fils, épousa la princesse palatine de Bavière, d'où naquit Louis de Condé, marié à mademoiselle de Nantes, fille légitimée de Louis XIV.

Viennent ensuite : Louis-Henri, chef de la régence, mort le 27 janvier 1740;

Louis-Joseph, le vieux prince de Condé, né le 9 août 1736, mort le 13 mai 1818, époux en premières noces de la princesse de Rohan-Soubise, et, en secondes noces, de Catherine de Brignoles, princesse douairière de Monaco.

Du premier mariage naquirent :

1° Louis-Henri-Joseph, duc de Bourbon, en dernier lieu prince de Condé, né le 13 août 1756, marié en 1770 à Thérèse-Bathilde d'Orléans, qui, le 2 août 1772, donna le jour à Louis-Antoine-Henri de Bourbon, duc d'Enghien, fusillé à Vincennes, le 21 mars 1804;

2° Marie de Bourbon, née en 1755, morte en 1759;

3° Louise-Adélaïde de Bourbon, mademoiselle de Condé, née le 5 octobre 1757, abbesse de Remiremont en 1786, puis du Temple, à Paris, en 1816, décédée le 10 mars 1824.

[1] « Un jour, postérieurement à la naissance du duc de Bordeaux, le prince se promenant à pied aux Champs-Élysées, fit la rencontre d'un des officiers qui l'avaient accompagné à l'Opéra, dans la nuit de l'assassinat du duc de Berry. Cette catastrophe étant devenue le sujet de la conversation, le prince dit : « Le duc de Berry était brusque, mais il était bon ; jamais il n'a fait de mal à personne. Je l'aimais beaucoup, il avait été le compagnon d'armes de mon fils. » Après quelques instants de silence, il reprit : « Eh bien ! puisque ses enfants sont orphelins, je leur servirai de père; ils seront mes héritiers. » (*Plaidoyer de M. Hennequin pour les princes de* Rohan, Paris, Warée, 1832, p. 117.)

de représenter à Charles X qu'un héritage autrement important l'attendait. « Il ne pouvait pas, disait-on, continuer le nom des Condé : devenu roi, il porterait leur héritage au fisc. » L'infatuation de Charles X n'avait rien d'égal que son imprévoyante générosité. Il abonda dans ce sens. Il se disait qu'à force de bienfaits, il enchaînerait la fidélité d'une famille dont son manque absolu de clairvoyance l'empêchait d'apercevoir les progrès et l'influence toujours grandissante. C'était, en outre, bien mal connaître les hommes en général, et son cousin en particulier[1].

Cette affaire du testament, le duc d'Orléans mettait un prix infini à la traiter lui-même, directement, avec madame de Feuchères. Mais la difficulté était de s'aboucher librement avec la baronne. De nouvelles conférences à Neuilly, ou au Palais-Royal, avaient leurs

[1] « Le prince de Condé avait instruit Charles X de l'intention où il était de laisser au duc de Bordeaux son immense fortune. Généreux jusqu'à l'imprévoyance, le roi le détourna de cette idée. « Mon petit-fils n'en aura pas besoin, lui dit-il, la couronne lui revient de droit. » Le prince de Condé se décida en conséquence à tester en faveur de son filleul le duc d'Aumale, quatrième fils du duc d'Orléans. Mais, au préalable, il voulut le consentement formel de Charles X, consentement que le constant bienfaiteur de la maison d'Orléans s'empressa de donner dans les termes les plus gracieux. « Je sais, dit-il, à cette occasion, que plusieurs personnes me blâmeront; cependant il n'en serait pas ainsi, si elles pouvaient être témoins des manifestations d'attachement et de reconnaissance que je reçois tous les jours de la famille d'Orléans... J'ai voulu faire au duc de Bordeaux des amis qui l'aideront de leurs conseils et de leurs services. » (*Études historiques*, par le prince de Polignac, p. 427).

inconvénients. De ce qui en avait déjà transpiré, la cour s'était montrée choquée : on en avait même jasé indiscrètement jusque dans l'entourage du duc d'Orléans. L'intrigue se heurtait maintenant aux obstacles d'étiquette, à l'embarras du cérémonial. M. Lambot proposa un moyen d'y couper court : c'était que le duc d'Orléans et le duc de Bourbon se rencontrassent à dîner au Palais-Bourbon, chez madame de Feuchères. Le chevalier de Broval transmit l'idée au prince, qui s'empressa gracieusement de l'accueillir en ces termes :

— « J'irai très-volontiers dîner avec M. le duc de Bourbon chez madame de Feuchères, et où il voudra. » Broval, en conséquence, adresse à M. Lambot le billet suivant : « Cher général, ainsi qu'il a été convenu avec vous, Mgr le duc d'Orléans me charge de vous dire qu'il ne manquera pas d'arriver mardi à 6 heures chez madame de Feuchères, pour avoir l'honneur de dîner avec Son Altesse Royale. M. le duc de Chartres accompagnera le prince son père, et ils seront suivis, selon l'intention que vous avez fait connaître, de deux aides-de-camp. Combien je désire que cette partie, qu'il m'est doux d'appeler de famille et d'amis, de Leurs Altesses Royales, soit agréable à votre auguste et excellent prince, comme elle le sera sans doute aux princes ses neveux, privés depuis plusieurs mois du bonheur de le voir ! Je profiterai, dans la soirée, de la permission qui m'est donnée, pour aller faire ma cour là où je tiens par tant d'affection et de respect. »

Le dîner a lieu à la satisfaction commune des convives. Parée de toutes ses grâces et resplendissante de diamants, madame de Feuchères est la reine de la fête. Enivrée de cette concession faite à son amour-propre, elle mettra dorénavant tout son zèle au service de la maison d'Orléans. S'il avait pu exister encore un malentendu, il eût été facilement dissipé, ou plutôt il fût instantanément tombé. De ce moment, le duc d'Orléans parut moins convaincu que l'insuccès de l'adoption de son fils provînt de l'incurie ou de l'indifférence de madame de Feuchères.

Quant au duc de Bourbon, il avait bien pu à ce dîner échanger avec le duc d'Orléans des démonstrations de cordialité et d'attachement; mais, au fond, il n'en conservait pas moins, à l'encontre de son neveu, des préventions fortement enracinées. Il lui arriva même à cette époque d'exprimer à son égard, et d'une façon énergique, des sentiments peu favorables. Sa pénétration ne s'était jamais abusée sur les mobiles intéressés du prince. M. Lambot savait mieux que personne les objections qu'il ne manquerait pas d'opposer à la proposition ouverte qu'on lui ferait de tester en faveur d'un d'Orléans. Mais il comptait beaucoup sur l'expression que Charles X avit manifestée de son désir. C'était le seul argument capable d'ébranler le duc de Bourbon; car il professait pour le roi une profonde vénération, une obéissance sans bornes. Il aimait sincèrement Charles X. S'il paraissait rarement à la cour, c'est que l'influence exclusive des prêtres y frondait la licence de sa vie domestique.

Dans la maison du prince, beaucoup avaient soupçon de cette négociation secrète. Mais, concentrée comme elle l'était entre quatre ou cinq personnes, il était difficile d'en sonder le mystère, de la pénétrer dans ses détails. M. Lambot, surtout, avait donné l'éveil par la fréquence de ses courses à Paris, et par ses visites au Palais-Royal. Il venait de soumettre au duc d'Orléans un projet de testament auquel il fut apporté plusieurs modifications. Ainsi, rien d'abord n'avait été stipulé en faveur des officiers et des serviteurs du prince. Le baron de Flassans, neveu de madame de Feuchères et écuyer du duc de Bourbon, pria le général d'insérer dans son projet une clause particulière à leur sujet, disant qu' « il aimait mieux s'en rapporter au droit positif, qu'à la bienveillance fortuite et précaire de la famille d'Orléans. » On ajouta donc au texte primitif un article conçu en ces termes : « Je recommande au duc d'Aumale, mon petit-neveu, mes écuyers, gentilshommes, et secrétaires des commandements, afin qu'en cas de retraite, ils jouissent, leur vie durant, de l'intégralité de leurs appointements. » M. Lambot communique cette addition au duc d'Orléans, qui s'empresse d'y donner son adhésion en ces termes : « C'est très-bien, mon cher général : tout ce que M. le duc de Bourbon voudra sera exécuté ponctuellement. Quant à vous personnellement, il va sans dire que vous conserverez votre position au Palais-Bourbon telle que vous l'avez, ainsi que M. de Surval, qui est un très-brave homme. » *Tout ce que le duc de*

Bourbon voudra sera exécuté ponctuellement! Au sort de la fondation d'Écouen, on connaîtra bientôt la valeur de ces paroles, et l'on aura en telle estime que de raison Louis-Philippe et la valetaille de son conseil d'État.

Dans ses entretiens avec M. Lambot, le duc d'Orléans insiste particulièrement sur l'urgence de terminer l'affaire. « Nous avons le vent bon, dit-il ; les circonstances sont on ne peut plus favorables, il faut en profiter, mon cher général. » — Et, s'abandonnant à sa loquacité habituelle, il donne un libre cours à son abondance verbeuse. Du terrain de ses intérêts privés, il transporte son interlocuteur au champ de la politique. « Il y a, dit-il, des gens remplis de préjugés. Selon eux, les princes sont toujours des ambitieux qui en veulent au trône de leurs aînés. C'est ainsi qu'on traita le Régent, et que l'on me traitera peut-être. Mais vous pouvez en juger. Vous voyez mon existence si douce et si heureuse, au milieu de ma famille. Tout ce que nous désirons, c'est qu'ils s'y tiennent. » On pense bien que le général n'avait garde de contredire à l'étalage de si beaux sentiments, et surtout à l'affectation de ces goûts de simplicité patriarcale. Il se disait donc convaincu du désintéressement du prince; et, dans leur application au duc d'Orléans, il déclarait « ces préjugés et ces préventions » souverainement injustes. Puis, caressant son faible, il exaltait en lui l'administrateur et l'homme d'affaires. « Je suis convaincu, disait-il, que, si la couronne venait à échoir à Votre Altesse Royale, par droit d'hérédité, vous feriez un excellent roi, car vous entendez parfaitement les affaires, et vous aimez à vous en occuper. » A cette perspective de la couronne que, dans le lointain, M. Lambot faisait luire à ses yeux, la figure du premier prince du sang s'animait, ses traits s'épanouissaient, et un sourire de satisfaction errait sur ses lèvres. Ce langage le ravissait. Il félicitait le général de l'avoir si bien compris, et à ses observations il donnait une approbation sans réserve.

M. Lambot retouche encore le projet de testament à faire agréer au duc de Bourbon, et il se rend derechef à Neuilly, pour en donner communication au duc d'Orléans. Le prince trouve que « tout y est à merveille.» Il donne itérativement au général l'assurance que toutes les clauses et charges en seront scrupuleusement exécutées, nommément celle relative au fidéicommis de quatre millions, que le duc de Bourbon doit laisser à madame de Feuchères. C'était une précaution indispensable : la baronne, à cette époque, n'étant pas encore séparée de biens d'avec son mari ; elle ne le fut que l'année suivante. Le duc d'Orléans se borne à exprimer le désir de soumettre l'acte à ses conseils ordinaires. M. Lambot y souscrit pleinement. Il est donc convenu que, si ils donnent leur approbation, il sera immédiatement retourné à madame de Feuchères.

Effectivement, à quelques jours de là, la baronne en reçoit une copie entièrement écrite de la main de M. de Broval, secrétaire du duc d'Orléans. Broval en expédie un autre exemplaire à M. Lambot, accompagné du billet suivant : « Je tiens parole, cher général : voici une autre copie pour le cas où madame de Feuchères n'aurait pas reçu la première. Mettez-moi à ses pieds, je vous en supplie, avec tout mon dévouement. »

Mais il ne suffisait pas de s'être mis d'accord sur le contexte et les termes du testament : le difficile était de le faire agréer au duc de Bourbon. Avec la connaissance qu'on avait de ses répugnances persistantes, un éclat était à redouter. On n'abordera donc pas la question de front. Elle sera seulement soulevée dans un déjeuner où la comtesse de la Villegontier, femme du premier gentilhomme du prince, prêtera sa coopération à la baronne. Madame de la Villegontier nourrit d'ambitieuses espérances : elle compte figurer au testament du prince pour un legs important, à côté de madame de Feuchères. La cupidité a étouffé en elle le sentiment de sa dignité : elle unira ses artifices à ceux de la baronne. Associées dans un but commun, aujourd'hui ces deux femmes s'entendent parfaitement. A l'ouverture du testament, elles passeront à l'état d'ennemies irréconciliables[1].

[1] On lit dans la *Biog. univ.*, 1re édit., *supplément* de 1862, t. LXXXV, p. 397, art. la Villegontier : « Le comte de la Villegontier ne voulut prendre aucune part à cette affaire; et madame de Feuchères, qui, repoussée des Tuileries, entrevoyait pour elle la porte ouverte chez les d'Orléans (ce qui ne surprendra personne) refusait d'en parler directement au duc de Bourbon, si madame de la Villegontier ne se joignait à elle. Celle-ci n'y voulut consentir qu'après avoir pris les ordres du roi et de madame la Dauphine. Non-seulement tous deux le trouvèrent bon, mais la Dauphine dit qu'elle le désirait. Ce trop malheureux testament

On ne s'était pas trompé dans les appréhensions conçues touchant la résistance du duc de Bourbon à l'acte qu'on sollicitait de lui. Si adroitement que la question eût été mise sur le tapis, il se montra récalcitrant, absolument rebelle à ces ouvertures. On put se convaincre, une fois de plus, que ses vieilles antipathies n'avaient pas diminué à l'égard de la famille d'Orléans. Il ne fut pas possible d'obtenir de lui, seulement de bonnes paroles !

Pour le moment, il fallait que la baronne en prît son parti. Ce nouvel insuccès dut être porté à la connaissance du chef de la famille d'Orléans. Madame de Feuchères lui écrit, à ce sujet, une lettre confidentielle que le duc, probablement à sa demande, lui renvoie

fut donc décidé dans un déjeuner que partagèrent avec le prince madame de la Villegontier et madame de Feuchères. Celle-ci, pour amener le prince à avantager le duc d'Aumale, faisait valoir la considération de conserver et de perpétuer le titre vénérable de prince de Condé. A cette proposition, le duc de Bourbon se leva avec vivacité, et dit en gesticulant : « Oh! cela, jamais... jamais le nom ou le titre de prince de Condé ne sera porté par un d'Orléans. » Cette notice, évidemment fournie par la famille, et où la vérité se trouve mêlée à beaucoup de mensonges, contient, dans sa fastidieuse prolixité, des aveux bons à recueillir. Mais on y prête à madame de la Villegontier une importance qu'elle n'a jamais eue. Les capacités de cette dame, sorte de caillette, n'étaient pas, à beaucoup près, au niveau de ses convoitises. Par exemple, il est de toute fausseté qu'elle ait pris les ordres de Charles X relativement au testament du duc de Bourbon, et, encore, que la Dauphine y ait donné son assentiment. Et puis, l'acte testamentaire ne fut pas arrêté dans le déjeuner : il donna lieu seulement à de simples pourparlers.

sur-le-champ, par l'intermédiaire de M. Lambot. Elle est accompagnée de ce laconique billet, qui, par voie de prétérition, atteste le désappointement du prince : « Voici, mon cher général, la lettre que je vous prie de remettre à madame de Feuchères, et je profite avec plaisir de cette occasion pour vous assurer de tous mes sentiments pour vous. »

C'était là, pour le duc d'Orléans, un pénible mécompte. La baronne et le général avaient pourtant employé à l'œuvre tous leurs efforts. Il semble même que M. Lambot y a irrémissiblement compromis son crédit auprès du duc de Bourbon. De ce moment, en effet, le prince lui retire sa confiance, et lui témoigne une froideur marquée. Il devenait manifeste, à ses yeux, que son secrétaire des commandements s'était fait l'homme de la maison d'Orléans. M. Lambot lui-même a conscience de la fausseté de sa position. Sous couleur d'intérêts privés, il obtient un congé et part pour la Provence, son pays natal. L'affaire du testament va désormais passer à d'autres mains, celles-là qui, à travers beaucoup de violences et d'éclats, réussiront enfin à la conduire à sa conclusion funeste.

CHAPITRE XXVIII.

Obsessions de madame de Feuchères. — Résistance désespérée du duc de Bourbon. — Appel singulier au duc d'Orléans. — Violences croissantes de madame de Feuchères, et signature du testament. — Allégresse de la famille d'Orléans. — Relations suivies entre le Palais-Royal et le Palais-Bourbon : intrigue pour la rentrée de la baronne à la cour.

C'est le 29 juillet 1829 que le général Lambot se trouve dessaisi de son rôle actif dans l'intrigue du testament : de ce moment, il cesse d'être la cheville ouvrière de l'affaire. Elle passe dans les mains du baron de Surval, intendant général du duc de Bourbon. M. de Surval a succédé, dans ces fonctions, à M. de Gatigny, sinon par la protection, du moins avec l'agrément de madame de Feuchères. Il semble donc que la baronne doive compter absolument sur son dévouement à ses intérêts[1].

Mais, comme instrument à cette fin, l'intendant est loin d'atteindre à la hauteur de l'aide-de-camp. Aussi

[1] « Quand le prince veut donner M. de Surval pour successeur à M. de Gatigny, il lui dit : « Cela ne pourrait avoir lieu, si vous ne vous mettez parfaitement avec madame de Feuchères. Je tiens à avoir la paix et la tranquillité chez moi ; j'ai été assez tourmenté, je ne veux plus l'être. » (*Plaidoyer de M. Hennequin pour les princes de Rohan*, p. 201.)

est-ce à bon droit que le duc d'Orléans l'a qualifié de « très-brave homme. » Avec un fond natif d'honneur et de droiture, il n'y a guère lieu d'attendre de M. de Surval, qu'à l'instar de M. Lambot, il condescende au rôle de complaisant subalterne. L'affaire du testament se traitera donc, désormais, plus directement encore entre les associés, à l'exclusion d'intermédiaires. M. de Surval n'y prêtera son concours que dans la stricte mesure où sa place l'y oblige. Et pourtant il fera encore trop à cet égard ; car, plus tard, il aura lieu de se repentir de s'y être associé ; et, obéissant au cri de sa conscience émue, il regrettera solennellement sa participation à un acte de toute façon déplorable [1].

On peut dire que M. Lambot a emporté avec lui son testament. Les consorts procèdent à œuvre nouvel, et sur de nouveaux errements : « l'affaire si intéressante pour la famille [2] » est concertée entre le duc d'Orléans et madame de Feuchères ; et, quant à l'acte qui doit remplacer celui préparé par le général Lambot, les termes en sont arrêtés par les conseils respectifs des parties. Obsédé, torturé à tous les instants et de

[1] « Toute ma vie je regretterai d'avoir été l'instrument forcé de ce testament, qui fait aujourd'hui la joie de madame de Feuchères : tant je suis convaincu que, d'une manière ou d'une autre, il a causé la mort du malheureux prince. » (*Lettre de M. de Surval à Me Lavaux.* Voy. n° 4, aux Documents historiques et pièces justificatives, à la fin du IVe volume.)

[2] Expressions de la duchesse d'Orléans, dans ses lettres des 19 et 28 mai 1829, citées par M. Dupin, t. I, p. 336 de ses *Mémoires*.

toutes les manières, le vieux duc de Bourbon a cessé d'opposer une résistance invincible. Il se raidit bien encore contre d'importunes exigences, mais seulement d'une façon passive. Il ne répond plus par un refus absolu : il se borne à dire qu'il ne veut pas être « pressé. » Et quand madame de Feuchères revient à la charge, s'il élude encore, on sent que sa volonté est ébranlée, et qu'on finira par avoir raison d'une résistance à l'agonie. « Vous savez que c'est une faiblesse, dit-il, mais je n'aime pas à entendre parler de ma mort; ne m'en parlez point. » En butte à ces persécutions sans relâche, c'est au prix de sacrifices pécuniaires qu'il cherche à s'en affranchir. Il offre à la baronne le duché de Guise, l'un de ses plus beaux domaines, si elle consent à ne plus lui parler de testament. Madame de Feuchères demeure inflexible.

Un modèle de testament pur et simple a été rédigé par M. Dupin[1]. Il est très-lisiblement écrit; il n'y a plus qu'à le dicter ou à le faire transcrire par le prince. Madame de Feuchères le remet à M. de Surval, qui doit le lui faire copier, comme s'il ne s'agissait que d'une affaire d'administration. On n'y apportera ni solennité ni appareil. C'est un acte à bâcler sous le manteau de la cheminée, à première occasion favorable.

[1] M. Dupin fournit successivement deux projets : 1° un acte d'adoption avec institution d'héritier; 2° un modèle de testament pur et simple, celui-là même dont il est ici question. Dans ses *Mémoires*, il confond intentionnellement ces deux actes, ou plutôt il ne parle que d'un seul.

Pourtant, à s'y résoudre, le duc de Bourbon éprouvait une répugnance instinctive. Elle s'inspirait, hélas ! d'un trop juste pressentiment : il sentait confusément que ce suprême sacrifice allait mettre sa vie en danger. « Avant que Son Altesse fût déterminée à faire son testament, dépose M. de Surval, elle m'avait plusieurs fois manifesté des craintes sur les résultats que pourrait avoir pour elle la confection de cet acte. » — « Une fois qu'ils auront ce qu'ils désirent, disait-il, mes jours peuvent courir des dangers. » Le prince, ajoute le même témoin, m'exprima ces appréhensions non pas une, mais plusieurs fois, et j'avoue que je les repoussais toujours. Je ne les attribuais qu'à la crainte excessive que je lui connaissais de la mort. Cependant je lui disais : « Monseigneur, il ne faut pas vous tourmenter ainsi ; il faut vous donner toute tranquillité d'esprit, en refusant de consentir à un acte dont les suites vous causent tant d'inquiétude[1]. »

Les angoisses du malheureux vieillard sont encore attestées, par le même témoin, en ces termes : « J'ai toujours remarqué dans Son Altesse Royale la plus grande répugnance à faire ce testament. Dès qu'il en a été question, il en a repoussé l'idée avec énergie ; et ce n'est qu'à force de tourments et d'importunités de la part de madame de Feuchères, que le prince y a consenti. Je l'ai vu souvent à ce sujet dans un état déplorable. Le matin particulièrement, à son lever, je le trouvais parfois dans la plus grande affliction et me

[1] *Baron* de Surval : *Dépos.* à Paris.

disant : « Je n'ai pas fermé l'œil de la nuit ; tous ces tourments-là m'enflamment le sang d'une manière horrible. Y a-t-il rien de plus affreux que de se voir presser avec cette violence pour faire un acte qui m'est aussi désagréable ? On n'a plus à me parler d'autre chose à présent ; ma mort est le seul objet qu'on ait en vue. » Sur les observations que je lui faisais que, s'il avait la force de résister, il n'en serait pas ainsi ; que même, s'il voulait le permettre, je résisterais en son nom et le soutiendrais par tous les moyens en mon pouvoir, il me répondait toujours : « Non, ce serait encore pis ; vous vous mettriez mal avec elle, et ce serait pour moi un enfer continuel. Vous connaissez sa violence. » Sur les instances que je lui renouvelai d'en finir avec les tourments auxquels il était en proie, il me répondit une fois : « Si je ne consens point, elle me menace de partir. — Eh ! Monseigneur, laissez-la partir. — Je ne le puis, ajouta-t-il les larmes aux yeux : vous ne savez pas ce que c'est que la force d'une longue habitude et d'un attachement que je ne puis plus vaincre[1]. »

A quel point cependant cet attachement était périlleux pour l'infortuné duc de Bourbon, c'est ce qu'un autre témoin a révélé dans l'enquête criminelle. « Dans le courant de novembre 1827, dépose le sieur Bonardel, le prince était à la faisanderie qu'il venait de faire construire dans le grand parc de Chantilly. Il plantait en quelque sorte la crémaillère. J'étais à mon poste, dans la faisanderie, entre le mur et la char-

[1] De Surval : *Dépos.* à Paris.

mille. J'allai voir s'il n'y avait pas quelque bête prise dans les assommoirs. Les feuilles n'étant pas encore tombées et la charmille étant fort touffue, il était impossible de me voir. Madame de Feuchères se promenant dans le clos, son neveu M. James l'y vint trouver. Après s'être entretenus un instant de faisans, M. James demanda à sa tante si Monseigneur ferait bientôt son testament. Madame de Feuchères répondit qu'il en avait été question la veille au soir, et que cela ne serait pas long. Là-dessus M. James lui dit : « Oh ! il vivra encore longtemps. — Bah ! répondit madame de Feuchères, il ne tient guère ; aussitôt que je le pousse avec le doigt, il ne tient plus ; il sera bientôt étouffé. » Monseigneur étant sorti au même instant du salon pour venir dans l'enclos de la faisanderie, M. James dit à sa tante : « Voilà le prince ! » Je n'ai plus rien entendu[1]. »

Aux sinistres encouragements au crime qu'elle se donnait ainsi à elle-même, madame de Feuchères joignait les moyens d'en faciliter l'accomplissement. Convaincue qu'elle n'enchaînerait la volonté du duc de Bourbon, que du jour où elle aurait éloigné de lui les membres de sa famille et ses serviteurs les plus fidèles, elle n'épargnait rien dans ce but. Le prince avait une fille naturelle mariée au comte de Reuilly. M. de Reuilly remplissait, dans sa maison, les fonctions de premier gentilhomme. A la suite d'une altercation avec madame

[1] Bonardel, *brigadier des forêts* du duc de Bourbon : *Dépos.* à Paris.

de Feuchères[1], ordre fut intimé au comte et à la comtesse de Reuilly de quitter le Palais-Bourbon, et, par le canal de la baronne, M. de la Villegontier obtint la place de M. de Reuilly. M. et madame de Reuilly se trouvent ainsi écartés de la personne du prince. Madame de Feuchères exigea davantage : elle voulut que M. de Reuilly fût dépouillé en même temps de son emploi de premier aide-de-camp. « Monseigneur, dépose le baron de Saint-Jacques, me fit l'honneur de me consulter à ce sujet. Je lui représentai qu'il avait pu s'imposer le sacrifice d'éloigner de sa personne M. de Reuilly, comme premier gentilhomme de sa chambre, cette place étant purement civile ; mais que, pour les aides-de-camp commissionnés par le ministre de la guerre, au nom

[1] Madame de Feuchères avait conçu pour la comtesse de Reuilly une haine qui avait pour principe une blessure faite à son amour-propre. A leur installation au Palais-Bourbon, le baron et la baronne de Feuchères se présentèrent chez la comtesse, pour lui remettre une lettre du duc de Bourbon. Madame de Reuilly fut empêchée, ou esquiva de les recevoir, et voici en quels termes la favorite rend compte de cette circonstance au prince, alors à Chantilly : « Après avoir attendu quelques minutes dans l'antichambre, un domestique est venu me dire que madame s'habillait pour sortir, et qu'elle ne pouvait pas nous recevoir. J'ai laissé la lettre avec une carte de visite. » C'était un mauvais début. La position de madame de Feuchères, appréciée par M. et madame de Reuilly, amena des difficultés d'un autre ordre. Le comte de Reuilly ne trouva pas convenable que sa femme fît sa société de madame de Feuchères et s'assît à la même table qu'elle. Voici comment il s'en explique avec M. de Gatigny, intendant du duc de Bourbon : « Sans vouloir rappeler ici rien qui puisse blesser Monseigneur, ni aucune des personnes auxquelles il

du roi, au roi seul appartenait le droit de les révoquer. Le prince alors me pria de l'accompagner chez madame de Feuchères, en me recommandant de le *soutenir*. Je réitérai donc mes représentations devant madame de Feuchères, qui entra dans une fureur épouvantable. Après m'avoir injurié de la façon la plus grave, elle alla s'enfermer dans un cabinet voisin.

« Le prince venant à moi, me dit : « Mon cher baron, faites quelque chose pour moi : ne lui dites plus rien ; si vous saviez comme elle me traite : elle me bat ! » Son Altesse alla ensuite chercher madame de Feuchères. Il lui remontra de nouveau que mes observations lui paraissaient justes. Mais madame de Feuchères se montra encore plus courroucée. Finalement

s'intéresse, M. de Reuilly prendra la respectueuse liberté de dire que ni son intérêt, ni son honneur, ni le respect qu'il doit au roi, ne lui permettent de faire ce que Son Altesse désire, la délicatesse seule l'empêchant ; et, à cet égard, le comte de Reuilly ne craint pas d'en appeler à celle de Monseigneur, éclairé et de sang-froid. » C'était-là tout le crime de M. de Reuilly, mais c'en était un irrémissible aux yeux de madame de Feuchères, qui ne négligea rien pour imposer au prince son éloignement, comme une sorte de devoir envers lui-même. « Il n'y a, dit-elle, dans une lettre datée d'Aix, en Savoie, 5 sept. 1824, que les Reuilly qui persistent dans leurs sottises et leur ingratitude ; cela me fait mal chaque fois que j'y pense, et je prie Dieu de leur rendre à tous deux un meilleur cœur, sinon pour moi, au moins pour mon *poor dear*. Vous êtes le meilleur de tous les hommes, souvent même vous êtes trop bon ; je vous demande, au nom de mon affection, d'avoir de la fermeté dans la grande affaire. Votre dignité est compromise devant trop de monde. » La grande affaire, on le devine, c'est l'expulsion de M. et de madame de Reuilly de la maison du prince.

le prince lui dit : « Eh bien ! je ferai ce que vous voudrez. »

« Il fut convenu qu'il écrirait au ministre de la guerre, pour demander la révocation de M. le comte de Reuilly. Madame de Feuchères écrivit le brouillon de la lettre, et le fit copier au prince. Elle exigeait que je la portasse moi-même au ministre. Sur mon refus, elle me dit : « Si monseigneur vous l'ordonne, vous y serez bien obligé. — Non, Madame, je ne désobéirai pas à Monseigneur ; mais je donnerai ma démission. » Allons, allons, dit le prince, c'est fini ; je la ferai porter par mon valet de chambre.

« Trois jours après, le prince reçut du ministre, de la part du roi, une réponse négative. Il m'envoya chercher, et me montrant la lettre, il me dit : « Vous aviez bien raison. Dans quelle position cette femme me met ! »

« Le dimanche suivant, au salon du prince, un peu avant qu'il fût arrivé, un personnage que je crois inutile de nommer, représentait à madame de Feuchères, que l'on avait vu avec peine Son Altesse Royale demander la révocation de M. le comte de Reuilly, déjà privé de sa place de premier gentilhomme. Entendant parler de M. de Reuilly, je prêtai une oreille attentive, et j'entendis très-distinctement madame de Feuchères dire : « Ah ! Monsieur, que me dites-vous là ? Si vous saviez combien cette affaire m'a fait verser de larmes ! Je me suis jetée aux genoux du prince, pour l'en détourner ; mais je n'ai pu rien obtenir. » A ce moment, il me fut impossible de m'empêcher de m'écrier : « Oh ! quelle horreur ! » A ces mots, quittant brusquement le salon, madame de Feuchères entraîna ce personnage dans la salle de billard[1]. »

Les scènes de violence recommençaient toutes les fois que le faible vieillard ne se soumettait pas du premier coup aux exigences de la baronne. Le testament convoité en était l'occasion ordinaire, une source inépuisable. A la fin, une pareille situation devenait intolérable. Pour en sortir, le duc de Bourbon imagina un expédient bizarre, de ceux-là qui ne viennent qu'aux esprits pusillanimes. On était au commencement d'août 1829. « Je vois bien, dit-il à M. de Surval, qu'il faut en finir. Il me reste pourtant encore une ressource que je veux employer, c'est de recourir au duc d'Orléans lui-même, et de le prier d'engager madame de Feuchères à me laisser tranquille à ce sujet. Faites-moi un projet de lettre dans ce sens, je le copierai et lui enverrai ; nous verrons si ce moyen nous réussit. » La lettre était conçue en ces termes : « L'affaire qui nous occupe, Monsieur, entamée à mon insu et un peu légèrement par madame de Feuchères, et dont elle s'est chargée de presser la conclusion auprès de moi, m'est infiniment pénible, comme vous avez déjà pu le remarquer. Outre les souvenirs déchirants qu'elle me retrace, et auxquels je ne puis encore habituer mes tristes idées, je vous avoue que d'autres motifs ne me

[1] *Baron* de Saint-Jacques, *ancien secrétaire des commandements* du duc de Bourbon : *Dépos.* à Paris.

permettent point de m'en occuper en ce moment. On me taxera peut-être de faiblesse à cet égard ; mais c'est sur vous que je compte pour excuser et faire excuser cette faiblesse bien pardonnable à mon âge et dans ma triste position. Mon affection, Monsieur, pour vous et les vôtres vous est assez connue. Elle doit donc vous garantir l'intention dans laquelle je suis, et que je vous manifeste ici, de vous en donner un témoignage public et certain. Je viens aujourd'hui en appeler à votre générosité, à votre amitié pour moi, et à la délicatesse de vos sentiments, pour que je ne sois pas tourmenté et harcelé comme je le suis depuis quelque temps pour terminer une affaire qui se rattache à d'autres arrangements, et que je ne veux d'ailleurs conclure qu'avec toute la maturité et la réflexion dont elle est susceptible. Je compte donc sur votre amitié pour moi, je vous le répète, pour obtenir de madame de Feuchères qu'elle me laisse tranquille sur ce point. De vous, il dépend d'éviter entre elle et moi une brouille, ou au moins un froid, qui ferait le malheur du reste de mon existence.

« Recevez, Monsieur, avec votre amabilité accoutumée, l'expression de la constante et bien sincère amitié que je vous ai vouée pour la vie.

« L.-H.-J. DE BOURBON. »

Voilà donc le duc de Bourbon aux abois, implorant la générosité du duc d'Orléans, et réduit à se jeter en quelque sorte à ses pieds, pour qu'il obtienne de madame de Feuchères qu'elle le laisse en repos au sujet du testament! La réponse du prince ne se fait pas attendre. Il n'a garde de gâter son affaire, et de perdre l'avenir de son fils. Il affectera donc un désintéressement sans bornes. Mais, si explicite en la forme que soit sa réponse, elle implique au fond bien des sous-entendus. C'est un chef-d'œuvre de politique.

« Neuilly, le 20 août 1829.

« Je suis au désespoir, Monsieur, que les intentions pleines d'amitié et de bonté que vous avez bien voulu me manifester dans une conversation dont le souvenir m'est si cher, soient devenues pour vous une cause de chagrins et de contrariétés. Je suis bien reconnaissant de ce que vous *voulés* bien me répéter à cet égard dans la lettre que je viens de recevoir de vous, et vous avez bien raison de compter sur moi pour faire, en cela comme en tout, d'abord ce qui sera conforme à vos désirs, ensuite ce qui pourra mieux vous prouver la sincérité de mon attachement et de mon affection pour vous personnellement. Je tiens infiniment à ce que vos bonnes dispositions à l'égard de mes enfants ne soient la cause d'aucun embarras pour vous, de quelque nature qu'ils fussent, et je tiens surtout à éviter tout ce qui pourrait renouveler vos trop justes douleurs et blesser votre cœur si cruellement déchiré. Je vais donc me rendre tout à l'heure chez madame de Feuchères, pour remplir vos intentions en causant avec elle, et vous *pouvés* être sûr que, tout en lui manifestant, comme je le dois, combien nous sommes sensibles, moi et les miens, aux efforts qu'elle a faits près de vous pour obtenir ce témoignage public et certain de vos bontés dont vous *voulés* bien m'assurer, je lui témoignerai aussi combien nous serions tous affligés de vous causer de nouveaux chagrins et de troubler la paix de votre intérieur. Votre lettre, Monsieur, m'impose le devoir de lui demander de ne plus vous presser, et d'attendre ce qui vous sera dicté par votre cœur et par vos sentiments pour ceux qui sont issus du même sang que vous, et je le remplirai dans toute son étendue, trop heureux si vous *pouvés* y voir une nouvelle preuve de tous les sentiments que je vous porte, de ma confiance dans ceux que vous me *témoignés*, et de la constante, bien vive et bien sincère amitié que je vous ai vouée pour la vie.

« L.-Ph. d'Orléans. »

Cette tortueuse et filandreuse épître peut se passer de commentaire. Le duc d'Orléans s'y révèle tout entier, avec son naturel madré et son esprit retors. Qui n'admirera son adresse à prendre acte, en passant, des bonnes dispositions du duc de Bourbon à l'égard de ses enfants, et, aussi, le détour plein de dextérité par lequel il évite d'infliger un démenti à madame de Feuchères !

La démarche annoncée suit de près, ou plutôt elle accompagne la lettre. Deux heures à peine se sont écoulées, que le prince est au Palais-Bourbon, chez madame de Feuchères. Là, en présence d'un témoin qui n'a pas dû s'y trouver fortuitement, il emploie les plus vives instances auprès de la baronne pour qu'elle laisse tranquille le duc de Bourbon, et qu'elle s'abstienne désormais de toute importunité relativement au testament. Heureuse et fière, madame de Feuchères laisse dire et ne promet rien ; et il est facile de prévoir que la démarche n'aura aucun résultat favorable. Ainsi, sans que la cause de son fils soit compromise, ou la négociation interrompue, le duc d'Orléans se donne le mérite d'un acte honorable ; il est censé faire preuve d'une abnégation et d'un désintéressement hors ligne ! Cette scène de comédie allait bientôt être suivie d'une autre d'un genre tout différent, celle-ci émouvante, ou plutôt lamentable.

Le lendemain, le duc de Bourbon envoie chercher M. de Surval. « Eh bien, lui dit-il, les larmes aux yeux, M. le duc d'Orléans lui-même n'a rien obtenu. J'ai eu hier au soir une scène terrible. Il faut en finir ; car ce n'est pas vivre l'état où je suis.

Et, le 28 août, la scène se renouvelle avec plus d'éclat. Ce jour-là, le prince dîne chez madame de Feuchères. Au sortir de table, ils passent dans la salle de billard, séparée du salon par un simple couloir. Tout-à-coup l'on entend le bruit d'une conversation, ou plutôt d'une discussion montée à un degré d'animation extraordinaire. Sortant à l'improviste, madame de Feuchères appelle le baron de Surval. « Mais voyez donc, lui dit-elle, dans quel état se met sans raison Monseigneur ! tâchez donc de l'apaiser. » — « Effectivement, dépose M. de Surval, je trouvai le prince pâle, défait, et dans un état de colère et de crispation où je ne l'avais jamais vu. Et, apostrophant madame de Feuchères : « Oui, Madame, s'écria-t-il, c'est une chose épouvantable, horrible, que de me mettre ainsi le couteau sous la gorge, pour me faire faire un acte pour lequel vous me connaissez tant de répugnance. Eh bien ! enfoncez-le donc tout de suite ce couteau, enfoncez-le ; » et le prince accompagnait ces mots d'un geste expressif. Cette scène avait duré plus d'une heure. Monseigneur finit par s'adoucir, comme il faisait toujours[1]. » Dans ce violent effort, le duc de Bourbon avait consumé tout ce qui lui restait d'énergie morale. Il était à bout de combat et de volonté. Aussi bien, comme les forces physiques, les forces morales ont un terme ; elles s'épuisent par la lutte et la résistance : *nulla virtute superari humanarum virium modum*[2]. Il allait le lendemain se résigner au testament, pour en finir avec un enfer trop prolongé dans sa maison. Le besoin du repos, et de la tranquillité intérieure, est pour tous les hommes, et surtout dans les derniers temps de la vie, une nécessité tellement impérieuse, qu'il n'est pas de sacrifice dont on ne consente à les payer.

« Le 30 août 1829, ajoute M. de Surval, après avoir réuni toutes les notes nécessaires, je portai au prince le modèle du testament, et il le transcrivit. Quand il eut terminé, il me dit : « Ces dispositions, au moins, ne sont pas les dernières que j'aie à faire : il m'en reste

[1] De Surval : *Dépos.* à Paris. Manoury, autre témoin, qualifie la scène d' « épouvantable ».

[2] Tit.-Liv., IV, LVIII.

encore quelques-unes dont nous nous occuperons plus tard. » Et il me répéta ces paroles en deux occasions différentes avant sa mort[1]. »

Le notaire Robin avait été appelé. Le prince lui remit le testament sous enveloppe, avec suscription de sa main[2].

[1] De Surval : *Dépos.* à Paris.

[2] Voy. n° 5, aux Documents historiques et pièces justificatives, à la fin du IVe vol. Voici en résumé ce testament :

Quatre sortes de dispositions :

1° Élection d'un légataire universel;

2° Legs à madame de Feuchères;

3° Fondation d'un établissement destiné aux enfants des soldats de Condé;

4° Legs rémunératoires en faveur des officiers du prince et de ses serviteurs.

Donc : 1° Henri-Eugène-Philippe-Louis d'Orléans, duc d'Aumale, est institué légataire universel, et, à son défaut, le plus jeune des enfants mâles du duc d'Orléans;

2° Madame de Feuchères a un legs ainsi composé :

Deux millions en argent;

Saint-Leu;

Boissy;

Forêt d'Enghien ou de Montmorency avec toutes ses dépendances;

Mortefontaine;

Le pavillon qu'elle occupe au Palais-Bourbon avec le mobilier qu'il renferme.

Son legs est franc et quitte de toutes charges.

3° Disposition relative à la maison d'éducation qui doit être fondée à Écouen;

4° Dispositions afférentes aux officiers et serviteurs du prince;

Enfin, le prince demande à être enterré à Vincennes, auprès du duc d'Enghien, son fils.

Immédiatement transmise au Palais-Royal, la nouvelle y causa des transports d'allégresse. Broval, confident du duc d'Orléans, la communique en ces termes

D'une déclaration de M. de Surval, consignée à l'instruction criminelle, il résulte que le duc de Bourbon avait fait connaître verbalement à madame de Feuchères, qu'elle était portée au testament pour « les objets qu'elle désirait. » Il paraît que la baronne comprit qu'elle y figurait pour quatre millions espèces, puisqu'un témoin dépose qu'à la lecture du testament elle se serait écriée : « Le malheureux! il m'a trompée : il m'avait promis quatre millions. »

L'ensemble de la succession dépassait certainement soixante-treize millions, dont douze environ pour madame de Feuchères.

— L'*Univers* du 10 septembre dernier, et, après lui, d'autres journaux, publient une lettre de M. Bocher, administrateur des biens de la famille d'Orléans, où, à la suite de chiffres inexacts et de détails tout aussi erronés sur l'origine et la composition de la fortune de Louis-Philippe, il arrive à l'héritage de Condé, recueilli par le duc d'Aumale. A cet endroit de sa thèse, il énonce ce qui suit, dont l'effet, à coup sûr, a dû être étourdissant sur plus d'un lecteur : « ..... Ce que je peux vous apprendre et vous affirmer c'est que, lorsque M. le duc d'Aumale est devenu l'héritier de M. le duc de Bourbon, dont il était le filleul, la fortune du prince se trouvait très-obérée, que le passif en égalait presque l'actif; que le conseil du roi exprima l'avis que M. le duc d'Aumale, alors mineur, devait renoncer à la succession, que le roi l'accepta à ses risques et périls, et que c'est lui qui, par son administration, les avances et les sacrifices personnels qu'il fit, pour éteindre les dettes, rétablit cette fortune et la rendit libérée à son fils à sa majorité.

« Quant au legs particulier de M. le duc de Bourbon, auquel vous faites allusion, il est, il a toujours été exécuté, et chaque année, M. le duc d'Aumale consacre une somme de 100,000 francs *au moins* en faveur des descendants des anciens officiers de l'armée de Condé, de l'armée des princes, etc... ou d'autres serviteurs

au général Lambot, qui, mieux que M. de Surval, méritait le triste honneur de conduire l'affaire à sa conclusion : « Cher général, j'ai reçu avec bonheur la marque que vous avez bien voulu me donner de votre souvenir par votre lettre du 29 août. Elle ne m'est parvenue que le 4. Je pensais à vous, et à vous écrire aussi ; car c'est probablement le jour de votre date que l'écrit nécessaire avait été fait et signé. Le lendemain 30, la confidence se fit au père, qui offrit ses premiers remercîments dans la courte entrevue qu'ils eurent à Paris. Elle fut cordiale et tendre ; mais le secret fut

militaires de la France. Cette somme est distribuée par une commission dont j'ai l'honneur de faire partie. »

Dans mon IVe volume, je dirai le sort du « legs particulier, » qui n'est autre que celui du château d'Écouen, avec affectation spéciale et dotation de 100,000 francs, legs qui n'a jamais reçu son exécution. Mais, dès à présent, je dois relever les audacieuses allégations du premier alinéa ci-dessus, que d'autres, moins polis que nous, qualifieraient sans doute en termes plus sévères.

La fortune du duc de Bourbon très-obérée! Son passif égalant presque l'actif! Le conseil de Louis-Philippe exprimant l'avis de renoncer à cette succession! etc., etc. : en vérité, les bras vous tombent à voir se produire de pareilles articulations. Quelle idée donc se fait-on du public éclairé, pour oser lui débiter fables et bourdes de ce calibre? Non, le dévouement à une famille, pas plus qu'à un parti, ne saurait justifier, ni même excuser, de si flagrants outrages à la vérité ; et un homme dans la position de M. Bocher aurait dû, plus que tout autre, se les interdire.

On verra, prochainement, comment s'accomplit la liquidation de l'héritage du dernier Condé ; on jugera les actes et les procédés de l'administration de Louis-Philippe. C'est probablement à leur nature, et principalement à leur rigueur, que M. Bocher a dû de supposer cette succession lourdement grevée.

demandé et promis, excepté pour les parents. La satisfaction fut vive dans l'intérieur, comme je crois qu'elle l'était aussi chez vous.

« Recevez, etc. « BROVAL. »

La duchesse d'Orléans s'empresse d'écrire à son vénérable oncle, pour lui exprimer toute sa reconnaissance. « Je ne puis différer un seul instant, Monsieur, à vous témoigner toute ma reconnaissance de ce que mon mari m'apprend que vous *venés* de faire pour mes enfants. J'aurais voulu partir tout de suite et me

Le lecteur aura lieu d'admirer la façon dont cette liquidation fut conduite, surtout sujet de s'étonner de l'âpreté inexorable de M. Borel de Brétizel, administrateur des domaines du duc d'Aumale (bien innocent de ces hauts faits : il avait alors huit ans), de M. de Brétizel, faisant vendre jusqu'aux torchons d'écurie de pauvres palefreniers, et, encore, mettant à l'encan les propres bretelles du duc de Bourbon !

Plus tard, derechef, il se passera la main sur les yeux, s'il ne se pâme pas, au spectacle de cette adjudication par-devant Me Caron, notaire à Chantilly, le 3 novembre 1842, des glands de la récolte de l'année 1842 dans les forêts de S. A. R. Mgr le duc d'Aumale; adjudication qui avorte d'abord : les habitants de Chantilly, mus par un sentiment de dignité, ayant refusé de s'associer à ce mesquin brocantage; d'où, les enchères n'étant point couvertes, peu s'en fallut que l'administration du duc d'Aumale ne fût réduite à consommer elle-même sa marchandise. » C'était, dirent les mauvais plaisants de l'époque, la malveillance publique qui lui jouait ce tour *sans glands.* »

Je raconterai comment, à une seconde tentative, un *sportman* distingué, M. Fasquel, sauva l'administration du prince d'une nouvelle mortification, en se portant enchérisseur de ses 3,512 hectolitres de glands.

rendre au Palais-Bourbon, pour vous voir et vous remercier moi-même. Mais, d'un côté, je suis attendue à Saint-Cloud, et, de l'autre, j'apprends que vous *seriés* déjà reparti pour Chantilly. Il faut donc, à mon grand regret, que je remette jusqu'à mon retour de Randan la satisfaction de vous exprimer *touts* les sentiments dont mon cœur maternel est pénétré. Très-pressée et au moment de partir, je n'ai pas le temps de vous en dire davantage. Je vous prie seulement de vouloir bien vous charger de dire de ma part à madame de Feuchères combien je suis sensible à tout ce qu'elle a fait dans cette circonstance, et combien il me tarde de le lui témoigner moi-même. *Croyés*, Monsieur, que c'est de tout mon cœur que je vous exprime ces sentiments et que je vous renouvelle l'assurance de la bien vive et bien sincère amitié que je vous ai vouée pour la vie.

« MARIE-AMÉLIE[1]. »

Le duc de Bourbon lui répond, sous la dictée de madame de Feuchères :

« Chantilly, ce 3 septembre 1829.

« Madame, j'éprouve une véritable satisfaction des choses aimables que vous me dites à l'occasion des dispositions que j'ai faites en faveur de vos enfants. Mon cœur et mon amitié pour toute votre famille me les ont dictées, et je serai très-empressé de vous les répéter, lorsque j'aurai le plaisir de vous voir.

« Madame de Feuchères me charge de vous témoigner

[1] L'original de la lettre ne porte ni date ni lieu de résidence.

combien elle est sensible à votre bonté pour elle. Il est vrai qu'elle a mis dans cette affaire une chaleur qui m'a fait vaincre les difficultés que je rencontrais pour la terminer aussi promptement. Je peux vous confier, Madame, qu'elle mérite votre intérêt par les sentiments nobles et distingués qui la caractérisent.

« C'est toujours avec empressement, Madame, que je vous renouvelle l'assurance du tendre attachement et de la sincère amitié que je vous ai voués pour la vie.

« L.-H.-J. DE BOURBON[1]. »

La baronne ensuite prend la plume pour son compte personnel. Au milieu de congratulations banales, sa lettre laisse percer un mobile qui n'est rien moins que désintéressé.

« Chantilly, le 3 septembre 1829.

« Madame, je ne puis résister au désir que j'éprouve de témoigner à Votre Altesse Royale ma vive reconnaissance pour toutes les expressions de bonté pour moi dans sa lettre à notre prince, ainsi que pour celles que M. de Broval vient de me transmettre de la part de Votre Altesse. Quoique j'aie été fort peinée de n'avoir pas eu le bonheur de voir Votre Altesse Royale avant

1. Le brouillon de cette lettre atteste qu'elle a été écrite sous les yeux et avec la participation de madame de Feuchères. Ainsi l'avant-dernière phrase portait d'abord : « Elle mérite votre intérêt par les sentiments *distingués* qui la caractérisent. » La baronne, à qui ce qualificatif ne suffit pas, le fait précéder de « nobles. » Le prince sent alors la nécessité de la conjonctive, pour unir les deux adjectifs. De cette façon, les sentiments seulement « distingués » dans la rédaction primitive, deviennent à la fois « nobles et distingués, » du fait de madame de Feuchères.

son départ, comme j'en avais eu l'espérance, je l'aurais été bien davantage de son voyage pour moi.'

« A l'égard du service que je suis assez heureuse d'avoir rendu à la famille de Votre Altesse, je n'ai fait que remplir un devoir sacré que je m'étais imposé, et je n'ai vraiment d'autre mérite que d'avoir eu le courage de mettre beaucoup de persévérance à obtenir la conclusion d'une affaire aussi importante que nécessaire; et, comme j'avais prévu d'avance, j'ai, maintenant qu'elle est terminée, le bonheur de voir notre bien-aimé prince heureux et tranquille. J'ai eu l'honneur de dire à S. A. R. Mgr le duc d'Orléans, que je serais bien heureuse, si la famille royale daignait m'accorder sa bienveillance pour ce faible service rendu à leur famille, et qu'elle ne voie pas avec défaveur une personne qui n'a d'autre désir que de consacrer tous ses instants à adoucir les vieux jours de leur parent, sans pour cela laisser à sa propre famille un nom déshonorant. Mais voilà une discussion dont je dois demander mille pardons à Votre Altesse. Je ne voulais pas l'importuner; je désirais seulement lui dire combien j'étais heureuse d'avoir pu lui être agréable, en contribuant au bien-être de ses enfants. Mais je ne voudrais pas pour cela mettre Votre Altesse Royale, ni son auguste époux, dans une position embarrassante. Je prie Votre Altesse Royale de mettre mes respects aux pieds de toute sa famille, et de daigner agréer l'expression de mon entier dévouement.

Je suis, etc.

« S. D. baronne DE FEUCHÈRES. »

La réponse de la duchesse suit à un court intervalle : c'est le duc d'Orléans qui en a tracé le modèle.

« Randan, ce 10 septembre 1829.

« J'ai reçu, Madame, la lettre que vous *avés* bien voulu m'écrire de Chantilly, le 3 septembre, en même temps que celle de M. le duc de Bourbon, à qui je vous prie de dire de ma part combien ses expressions aimables et affectueuses m'ont profondément touchée. Je serai bien empressée, dès mon retour à Neuilly, d'aller lui témoigner moi-même toute ma reconnaissance, pour ce qu'il vient de faire pour mes enfants. Je sais, Madame, combien vous y *avés* contribué, et tout ce que vous *avés faits* pour *applanir* les difficultés qui pouvaient entraver un résultat si précieux pour mon cœur maternel. Permettez-moi de vous offrir ici l'assurance bien sincère de toute ma sensibilité à cet égard, en attendant que je puisse vous la renouveler moi-même de vive voix. Nous n'avons, mon mari et moi, rien laissé ignorer au roi, à M. le Dauphin et à madame la Dauphine, de la part que vous *avés* prise à ce que M. le duc de Bourbon vient de terminer, et nous leur avons manifesté *touts* les sentiments que cela nous inspirait pour vous. Je puis même vous dire confidentiellement que mon mari a fait encore auprès du roi, la veille même de notre départ, les plus grands efforts pour obtenir le témoignage de satisfaction dont vous me *parlés* dans votre lettre ; mais Sa Majesté s'est bornée à lui dire qu'elle y penserait et lui en parlerait. Soyez sûre, Madame, que mon mari ne manquera pas, à son retour de Randan, de renouveler ses respectueuses instances, pour que l'auguste chef de notre famille daigne confirmer, en vous accordant ce que vous *désirés*, ce qu'il a bien voulu nous dire si souvent avec sa grâce et sa bonté accoutumées, qu'il regardait comme rendus à lui-même *touts* les services rendus à sa famille.

« *Veuillés* recevoir, Madame, l'assurance de *touts* mes sentiments pour vous. Ils partent du cœur d'une mère reconnaissante, et vous *pouvés* y compter.

« MARIE-AMÉLIE [1]. »

Le 16 septembre, le duc de Bourbon prend la plume, derechef, pour répondre à la princesse Adélaïde d'Orléans qui, pour la première fois, apparaît dans cette correspondance. Nous n'avons pas la lettre de la sœur du duc d'Orléans ; mais des termes de la réponse du prince, on infère facilement son contenu. De la part du duc de Bourbon, ce n'est qu'un billet poli, au tour quelque peu sec et passablement mélancolique :

« Mademoiselle, je suis bien sensible à toutes les choses aimables que vous me dites au sujet des dispositions que j'ai faites en faveur de votre cher petit-filleul. Personne n'apprécie mieux que moi les aimables qualités qu'il annonce, et qui, je n'en doute pas, feront le bonheur de ses parents.

« Si je ne prolonge pas avec vous, Mademoiselle,

[1] Sauf de légères additions de la main de Marie-Amélie, le brouillon de cette lettre, dont je reproduis scrupuleusement l'orthographe, porte la grosse et très-reconnaissable écriture du duc d'Orléans. En tête on lit : « Réponse à Mme de F. »

une plus longue conversation, c'est qu'elle me rappelle des idées bien affligeantes pour mon âme déchirée. Je me borne donc, dans cette lettre, à vous renouveler l'assurance du tendre attachement et de la bien sincère amitié que je vous ai voués pour la vie.

« L.-H.-J. DE BOURBON. »

« *P. S.* Madame de Feuchères est bien reconnaissante de l'intérêt que vous lui témoignez, et me charge de vous faire ses respectueux compliments. »

Subséquemment, la princesse écrit à la baronne dans les termes suivants :

« Randan, ce 25 septembre 1829.

« Je tenais beaucoup, Madame, à ce que vous sussiez combien j'apprécie le grand service que vous avez si fortement contribué à rendre à toute notre famille, et c'est pour cela que j'avais prié M. le duc de Bourbon d'être lui-même mon interprète auprès de vous, en attendant que je pusse vous le témoigner moi-même de vive voix. Je vous remercie de m'avoir mise à portée, par la lettre bien aimable que vous avez bien voulu m'écrire, d'anticiper ce que j'aurais été bien empressée de faire, et ce que je ferai aussitôt après mon retour à Neuilly.

« C'est de tout mon cœur, Madame, que je vous offre l'assurance de tous mes sentiments pour vous, et que je vous prie de bien compter sur leur sincérité.

« Eug.-A.-H. D'ORLÉANS. »

Je trouve, à la même époque, une autre lettre de

madame de Feuchères au duc d'Orléans. Elle contient des remercîments, mais pour l'objet le plus futile. Le prince s'est mis en frais pour la baronne : de Randan il lui a expédié de la « pâte d'Auvergne; » et c'est au sujet de ce cadeau qu'elle lui témoigne sa gratitude.

« Chantilly, le 5 octobre 1829.

« Monseigneur, j'ai reçu la lettre que Votre Altesse Royale m'a fait l'honneur de m'écrire, et j'ai été bien touchée de sa généreuse attention. Aussitôt l'arrivée ici de la pâte d'Auvergne, je m'empresserai d'en faire servir à notre bon prince.

« Je suis bien fâchée que les circonstances du voyage de la famille royale de Naples forcent Vos Altesses Royales à une plus longue absence qu'elles n'ont compté faire. Monseigneur me charge de dire à Votre Altesse qu'il en est bien fâché aussi ; mais qu'il *faut ce qu'il faut* : c'est sa propre expression. Il désire que ce soient les princesses elles-mêmes qui fixent le jour de leur visite à Chantilly. Mais, connaissant leur bonté, je prends la liberté d'observer que ce sont toujours les dimanches qui conviendraient le plus à Monseigneur. Ce pauvre prince, à mesure qu'il avance en âge, *il* paraît craindre la perte d'un seul jour de chasse, et je suis souvent peinée de voir qu'il s'y fatigue vraiment trop : il n'y a pas moyen de lui faire entendre raison là-dessus.

« Je prie Votre Altesse Royale de daigner présenter mes hommages respectueux à madame la duchesse d'Orléans, ainsi qu'à son auguste sœur, et de vouloir bien agréer l'expression de mon entier dévouement pour elle et toute sa famille.

« Je suis, etc.

« S. D. baronne DE FEUCHÈRES. »

Le commerce de lettres se poursuit entre les correspondants. Le 27 octobre 1829, le duc d'Orléans écrit à la baronne pour lui donner des nouvelles du duc d'Aumale atteint d'un mal peu dangereux : « Notre petit d'Aumale a été un peu souffrant, sans qu'il y ait jamais eu lieu d'avoir aucune inquiétude. Mais il a eu de la fièvre par suite d'une courbature, et, nous croyons, d'un refroidissement. Nous avons fait venir de Clermont M. Lavort, qui est le chef de l'école de médecine et du grand hôpital, et qui est fort habile. Il nous a confirmé dans l'opinion que ce n'était absolument rien. En effet, la fièvre l'a quitté depuis deux jours. On peut le regarder comme entièrement remis de cette indisposition passagère, et, à son retour, il sera sûrement en état d'aller voir son bon parrain, quand il voudra bien le lui permettre.

« Recevez, Madame, l'assurance bien sincère de tous les sentiments que vous me connaissez pour vous, et sur lesquels j'espère que vous comptez à jamais.

« L.-PH. D'ORLÉANS. »

P.-S. — Madame la duchesse d'Orléans et ma sœur me chargent de tous leurs compliments pour vous, et nous vous prions tous de présenter les nôtres à M. le duc de Bourbon. »

Cependant, à la suite des angoisses et des agitations d'intérieur auxquelles il a été si longtemps livré, le duc de Bourbon fait une grave maladie. Son sang s'est allumé, et les médecins constatent chez lui un état inflammatoire arrivé à la période aiguë. Un dénoûment fatal est à craindre. La perversité de madame de de Feuchères s'efforce encore de l'avancer[1]. Devenu à ses mains l'objet de soins perfides, d'une sollicitude homicide, le malheureux prince tombe dans un état qui inspire des craintes sérieuses pour ses jours. La famille d'Orléans en est instruite. A l'effet d'en mieux juger,

[1] *Baron* de Préjean, *gentilhomme de la chambre* du duc de Bourbon. — « Dans le cours de la maladie qu'essuya Monseigneur pendant le mois de novembre 1829, madame de Feuchères se faisait apporter à dîner dans la chambre de Monseigneur, le pressait de dîner avec elle; et, quoique les médecins recommandassent au prince la diète la plus sévère, elle l'excitait à boire, non-seulement du vin de Chambertin, son vin ordinaire, mais même du vin de Champagne; ce qui entretenait l'inflammation des jambes et faisait dire aux médecins du prince qu'ils ne parviendraient jamais à le guérir. » (*Dépos.* à Paris.)

Dupin, *valet de chambre.* — D. « Étiez-vous à Chantilly lorsque le prince y tomba malade, à la fin de 1829? Est-il à votre connaissance que son médecin lui eût prescrit un régime rafraîchissant, et surtout l'abstinence de *vins* et de *liqueurs,* et que madame de Feuchères se faisait servir à dîner dans l'appartement du prince, et insistait pour qu'il renonçât à son régime?

R. Oui, je puis attester que madame de Feuchères insistait auprès du prince pour qu'il se levât et dînât avec elle. Le prince avait beau lui représenter que le repos du lit lui était indispensable pour le rétablissement de sa santé, elle le forçait en quelque sorte de se lever, de partager son dîner et de boire des vins dont l'usage lui était défendu. Le médecin avait beau représenter que

son chef veut faire une visite au prince. Le duc de Bourbon a beau se défendre de le recevoir, il insiste toujours. Pour avoir accès auprès de son oncle, il s'accommodera à toutes les circonstances. C'est ce que le secrétaire Broval mande à madame de Feuchères, dans un billet du 15 novembre 1829, où la flagornerie du valet rivalise de bassesse avec le maître. « Vous êtes, écrit-il à la baronne, l'ange gardien de votre auguste ami. Ne permettez pas que, pour recevoir Leurs Altesses Royales, il s'impose la moindre incommodité, vu son état de souffrance. Elles vous le demandent, Madame, bien instamment, et vous acquerrez par là encore un droit de plus sur elles. »

« L'ange gardien » a bien autre chose à faire qu'à

l'inflammation des jambes du prince indiquait la nécessité d'un régime, et qu'il ne pouvait opérer sa guérison; le prince, si bon, cédait toujours pour avoir la paix; et, chose bien étrange, madame de Feuchères disait, dans le salon, que le prince la forçait de dîner avec lui dans son appartement fermé et malsain. » *(Ibid.)*

Manoury, *premier valet de chambre* du duc de Bourbon. — « L'année dernière, le prince avait mal aux jambes; on lui appliquait des cataplasmes; on lui avait recommandé de garder le lit. Madame de Feuchères se faisait apporter à dîner dans la chambre de Monseigneur, le forçait presque de se lever, et insistait pour qu'il bût avec elle, indépendamment du vin de Chambertin, son vin ordinaire, du vin de Champagne et du vin de Rota. Monseigneur avait beau se défendre et insister sur la nécessité de suivre le régime qui lui était prescrit, M. Bonnie avait beau prescrire le lit et l'abstinence du vin, il fallait que le prince se levât et bût avec elle; et j'ai su que, rentrée dans le salon, madame de Feuchères disait que c'était le prince qui la contraignait de dîner avec lui. » *(Ibid.)*

s'occuper du duc de Bourbon. Madame de Feuchères continue d'être sous le coup de son idée fixe : elle est tourmentée du besoin de rentrer à la cour. A cette fin, elle a préparé une supplique qu'elle se propose de déposer aux pieds de Charles X. Le 23 novembre, elle en fait part au duc d'Orléans, et sollicite en même temps son appui et celui de sa famille en faveur de sa requête :

« Monseigneur, lorsque je suis arrivée hier à Paris, j'ai appris, par M. de Lambot, les démarches pleines de bonté que S. A. R. madame la duchesse d'Orléans avait daigné faire en ma faveur auprès de la famille royale. Cette nouvelle marque d'intérêt de sa part me pénètre de reconnaissance. Le bon général a mal compris mes intentions, dans la minute qu'il a eu l'honneur de vous soumettre hier au soir. Je n'ai jamais voulu faire valoir, dans ma demande au roi, les faibles services que j'ai eu le bonheur de rendre à la famille de Votre Altesse.

« Voici, Monseigneur, la copie de ma lettre au roi, telle que je l'ai conçue[1]. Je serai heureuse, si Votre

[1] AU ROI.

« Sire, je viens supplier Votre Majesté de daigner excuser la liberté que je prends de l'entretenir de ma pénible position. Fatiguée de la lutte cruelle que j'ai été obligée de soutenir contre d'injustes préventions, je me suis enfin décidée, de concert avec ma famille, à réclamer la protection des lois, pour que la justice me soit rendue. Mes juges m'ont donné pleine et entière satisfaction.

« Le feu roi avait cru devoir m'interdire la cour, à l'occasion

Altesse l'approuve. Mais, je l'avoue, je l'ai écrite tout à-fait dans le découragement, et peu inspirée, craignant toujours que je ne pusse rien attendre d'une démarche personnelle.

« Je suis, etc.

« S. D. baronne DE FEUCHÈRES. »

Et, pour mieux atteindre son but, elle ne néglige aucun moyen. Indépendamment de la maison d'Orléans, elle fait jouer des ressorts de famille. Le marquis de Chabannes, neveu de M. de Choulot, et colonel de la garde royale, a épousé Mathilde Dawes, sa nièce. Il va s'employer pour la tante[1]. Muni d'une lettre pressante du duc de Bourbon, il obtient une audience de

des différends qui existaient entre mon mari et moi; mais, maintenant qu'ils sont juridiquement terminés, et que mon bon droit a été reconnu par arrêt des tribunaux, je dois reprendre ma position sociale, et je me trouve dans le même cas que toutes les femmes séparées de leurs maris, qui sont admises à l'honneur de faire leur cour à Votre Majesté. N'ayant jamais rien fait pour encourir votre disgrâce, Sire, et les désirs de Votre Majesté, aussitôt qu'elle a daigné me les faire connaître, ayant toujours été des ordres pour moi, j'ose la supplier de vouloir bien se faire rendre compte du jugement rendu en ma faveur, et de daigner révoquer l'ordre rigoureux qui me défend sa présence. Ma reconnaissance pour cet acte de justice et de bonté sera égale à mon dévouement pour le roi et son auguste famille.

« Je suis, avec le plus profond respect, Sire, de Votre Majesté, la très-humble, très-obéissante et très-soumise servante et sujette.

« S. D. baronne DE FEUCHÈRES. »

[1] « J'ai toujours souffert de la position fausse dans laquelle se trouvait ma tante vis-à-vis de la cour et du monde. » (Lettre

Charles X. Embarrassé de la réponse à faire à son cousin, le roi se tire d'affaire comme il arrive d'ordinaire en pareil cas, en n'en faisant aucune. Ce silence affecta péniblement le duc de Bourbon, d'autant qu'il sentait les trop justes raisons du monarque. Après tant d'autres, c'était pour lui un déboire de plus, résultant de la fausse démarche arrachée à sa faiblesse.

Prévoyant bien que la ténacité de la baronne ne lui laisserait pas de repos, tant qu'elle ne serait pas arrivée à ses fins, la famille d'Orléans n'avait pas discontinué d'intercéder pour elle. Charles X, relancé sans cesse, demanda au garde des sceaux un rapport sur le procès de séparation de corps du baron de Feuchères. Terne et peu concluant, ce document se prêtait à toutes les inductions. Le duc d'Orléans avait pourtant fait des démarches pour qu'il fût favorable à sa protégée.

Le prince y met toute la bonne volonté possible. Mais lui-même paraît médiocrement compter sur le succès de ses efforts, et ses communications à ce sujet sont loin d'être encourageantes. Nous en trouvons la preuve dans le billet suivant à M. Lambot, alors de retour de Provence : « Je vous remets, mon cher général, la lettre de M. de Chabannes, que j'ai fait lire à mes princesses, et dont nous n'augurons rien de bon. J'espère que nous verrons le roi demain soir, et nous tâcherons de l'entraîner. Mais je crains, et je n'aime

de M. de Chabannes au duc de Bourbon). — Madame de Choulot, femme du capitaine général des chasses du prince, était née de Chabannes.

pas la tournure donnée à ce rapport. Je vous écrirai dès que j'en saurai davantage, et je vous renouvelle l'assurance de tous mes sentiments. »

Au commencement de décembre 1829, le duc d'Orléans manifeste le désir de se rendre à Chantilly, et il prie M. Lambot de lui fixer jour. Le général lui écrit et en reçoit la réponse suivante :

« Ce vendredi matin, 11 décembre 1829.

« Je m'empresse de vous informer moi-même, mon cher général, pour éviter toute méprise, que, puisque vous croyez que cela ne dérangera pas M. le duc de Bourbon, ce sera dimanche 13, c'est-à-dire après-demain, que nous irons faire une visite à Chantilly. Mes princesses ont préféré ce dimanche, parce que les suivants nous jetteraient dans les confusions de Noël, du jour de l'an et des réceptions qui en résultent. Et cependant madame la duchesse d'Orléans a encore du monde à dîner et des présentations à recevoir le soir. Mais n'importe : nous partirons d'ici, comme l'autre fois, à neuf heures du matin. Nous arriverons (*Wind and weather permitting*) à Chantilly à midi. Nous y resterons deux heures, et les dames auront encore le temps des toilettes avant le dîner. Au reste, si cela causait le moindre embarras à M. le duc de Bourbon, veuillez seulement me le faire dire demain ; et recevez, mon cher général, l'assurance de tous mes sentiments pour vous.

« L.-Ph. d'Orléans. »

Le 17 décembre, nouvel échange de lettres entre le duc et le général, touchant l'affaire qui tient tant à cœur à madame de Feuchères. Nous y voyons que la situation ne s'améliore pas, si même elle ne va pas empirant.

« Ce jeudi matin, 17 décembre 1829.

« Nous sortons de chez le roi, mon cher général, et je vous prie de venir chez moi le plus tôt que vous pourrez, soit aujourd'hui, soit demain, ou quand vous voudrez. Notre conversation n'a pas eu de résultat satisfaisant. Cependant j'ai prié le roi de trouver bon que je lui en reparle encore, et il me l'a permis. Aussi je ne veux pas encore désespérer tout-à-fait. Mais cela va mal.

« Vous connaissez tous mes sentiments pour vous.

« L.-Ph. d'Orléans. »

A la réception du billet, M. Lambot court au Palais-Royal, où il a un entretien prolongé avec le duc d'Orléans. Il leur parut que Charles X, personnellement, n'était pas mal disposé pour madame de Feuchères, qui, relativement au testament, s'était conformée à ses désirs. D'ailleurs, son affectueuse amitié pour le duc de Bourbon le portait à l'indulgence, et, par considération pour lui, il inclinait visiblement à condescendre aux désirs de la baronne. La Dauphine, elle-même, semblait s'être un peu relâchée de ses rigueurs. D'où venait donc la résistance? A en découvrir la source, le duc d'Orléans et M. Lambot étaient aux champs.

Tout-à-coup une idée traverse la tête du général :

c'était de voir le cardinal de Latil, directeur de la conscience de Charles X[1]. Ce personnage, étroitement lié avec M. et madame de Reuilly, avait cessé toute communication avec le Palais-Bourbon, depuis la brouille de la comtesse avec son père. M. Lambot ne connaissait guère le cardinal que de vue; nonobstant, stimulé par madame de Feuchères, il se décida à lui faire visite. L'Éminence le reçut convenablement. Tirant prétexte de la rupture du duc de Bourbon avec sa fille, le général peignit à M. de Latil la situation fausse et pénible qui en résultait pour le prince. Il était bien désirable que madame de Reuilly se réconciliât avec son père, et reprît dans sa maison une place qu'elle n'aurait jamais dû quitter. Comme conclusion, il insinua que le seul moyen d'opérer un rapprochement était de faire rendre à madame de Feuchères ses entrées à la cour. Il offrait, en retour, sa sortie irrévocable du Palais-Bourbon. Ici, on le comprend, le général entreprenait de jouer l'Éminence : l'éclipse de madame de Feuchères eût été de courte durée. Mais le négociateur de la baronne avait affaire à forte partie : le cardinal de Latil était un homme trop avisé, pour se laisser prendre facilement au piége. Fidèle aux habitudes cléricales de temporisation, le prélat ne repoussa pas absolument l'ouverture, mais il ne prit aucun engagement. L'intérêt qu'il portait au

[1] *Directeur*, et non pas confesseur, comme le disent à tort plusieurs auteurs, entre autres M. de Viel-Castel, dans son *Hist. de la Restauration*, t. XVII, p. 51 : ce dernier emploi était tenu par un prêtre obscur, nommé Jocquart, sans influence politique.

comte et à la comtesse de Reuilly et un acte de haute moralité à accomplir, étaient pour lui des motifs suffisants de donner suite à l'affaire. Il répondit à M. Lambot, qu'il n'interposerait son office qu'autant qu'il aurait la certitude du départ définitif de madame de Feuchères. M. Lambot l'assura qu'elle était résignée à sa sortie du Palais-Bourbon. « La seule chose qu'elle désirât, dit-il, était que le roi, en lui accordant la faveur qu'elle sollicitait, daignât exprimer la convenance pour elle de quitter la maison du prince. La volonté du monarque lui servirait d'excuse auprès du duc de Bourbon, qui, autrement, pourrait la taxer d'ingratitude. » — « Que madame de Feuchères se décide donc à quitter le Palais-Bourbon, répliqua le cardinal, et tout pourra s'arranger. On assure, ajouta-t-il, que le prince a fait des dispositions testamentaires. Il est à désirer qu'il fasse encore œuvre de justice, des legs convenables à la maison de Rohan et à madame de Reuilly. »

A l'issue de l'audience, M. Lambot se hâte d'instruire le duc d'Orléans du résultat de sa démarche, mais sans lui nommer M. de Latil :

« Chantilly, 25 décembre 1829.

« Monseigneur, d'après le dernier entretien que j'eus l'honneur d'avoir avec Votre Altesse Royale, je me décidai, dès le lendemain, à voir un personnage que j'ai pris l'engagement de ne pas nommer. Il me dit qu'il ne pensait pas pouvoir en aucune façon se mêler de cette affaire, à moins que madame de Feuchères ne se décidât à quitter le Palais-Bourbon; que madame de Reuilly étant alors réconciliée avec son père, tout pourrait s'arranger. Cela me donna la pensée qu'il serait possible que la résistance du roi ait pu être due autant à l'influence des amis de madame de Reuilly, qu'à celles que nous avons soupçonnées exclusivement. Quoi qu'il en soit, Monseigneur, j'ai écrit hier que madame de Feuchères était prête à quitter le Palais-Bourbon, si la chose était agréable au roi. J'ai prié aussi cette dame d'écrire à Votre Altesse Royale pour lui faire part de sa détermination. J'ai fait connaître mon intention d'aller à Paris lundi prochain. J'espère, ce jour-là, pouvoir avoir l'honneur de faire ma cour à Votre Altesse dans la soirée.

« Je suis, etc. Baron DE LAMBOT. »

Le général n'y avait pas mis tant de façons avec madame de Feuchères : il lui avait crûment rapporté son entretien avec le cardinal. Froissée dans son amour-propre, la baronne commença par exhaler sa mauvaise humeur, reprochant à M. Lambot l'engagement qu'il avait pris en son nom, sans l'avoir préalablement consultée. Au fond, cependant, elle n'était pas mécontente de la tournure que prenait l'affaire. La réflexion aidant ensuite, elle se montra empressée à poursuivre la négociation, « encore bien, dit-elle, qu'on lui eût donné le conseil de ne jamais quitter le Palais-Bourbon. » M. Lambot crut devoir, en conséquence, confirmer au cardinal sa détermination.

Mais, en homme qui, à tout événement, prend ses précautions, il a soin, comme il le marque au duc d'Orléans, de faire souscrire à madame de Feuchères un engagement formel et absolu à cet égard. Il est consigné dans une lettre adressée au prince, laquelle doit être placée sous les yeux du roi, en preuve de l'acquiescement irrévocable de la baronne. En réalité, elle est destinée à servir au général de couverture, au besoin, dans le cas d'un revirement toujours à craindre de la part d'une femme aussi mobile que madame de Feuchères. Elle écrit donc au duc d'Orléans dans les termes suivants :

« Chantilly, le 24 décembre 1829.

« Monseigneur, je ne trouve point d'expression pour rendre à Vos Altesses Royales toute la reconnaissance que j'éprouve pour les vives sollicitations qu'elles ne cessent de faire en ma faveur auprès du roi. Je devais espérer en la justice de Sa Majesté, dès qu'elle avait été instruite que je n'ai pas eu de tort envers mon mari, et je suis bien peinée que Vos Altesses n'aient pu réussir dans leurs démarches pour moi.

« Votre Altesse Royale désire avoir une réponse positive sur la proposition de quitter le Palais-Bourbon, s'il était jugé nécessaire.

« Mgr le duc de Bourbon a tant de déférence pour les volontés du roi, qu'il consentirait à tout ce qui pourrait détruire les injustes préventions contre moi. J'ai donc encore recours à Votre Altesse pour la supplier de faire connaître au roi, que je suis prête à quitter ma demeure du Palais-Bourbon, sur-le-champ, plutôt que de laisser planer sur moi une défaveur qui afflige toute ma famille, ainsi que toutes les personnes qui prennent intérêt à moi.

« Oserais-je vous prier, Monseigneur, de vouloir bien présenter mes hommages à Leurs Altesses Royales, et de daigner agréer l'expression de mon entier dévouement.

« Je suis, etc.

« S. D. baronne DE FEUCHÈRES.

Le duc d'Orléans accuse réception à M. Lambot par le billet suivant :

« Samedi, à 3 h. et *demi* (*sic*), 26 décembre 1829.

« Je vous fais mille remercîments de m'armer de la lettre de madame de Feuchères, à qui je réponds en l'assurant de ce dont elle ne doit pas douter, que j'en ferai le meilleur usage que je pourrai.

« Recevez, etc.

L.-PH. D'ORLÉANS.

Il s'en explique avec la baronne dans la communication suivante : « Je vais mettre dans ma poche, Madame, la lettre que vous *avés* bien voulu m'écrire hier, afin de l'avoir toute prête, lorsque je trouverai l'occasion de la montrer au roi, et vous *pouvés* être sûre que je la saisirai avec empressement. Nous avons encore parlé au roi, madame la duchesse d'Orléans et moi, de ce qui vous intéresse, et nous avons fait de notre mieux. Cependant nous n'avons pas encore à vous transmettre une réponse qui soit conforme à vos désirs et à nos instances. Pourtant je ne désespère pas, et Sa Majesté a encore permis que nous lui en reparlions une autre fois, ce à quoi nous ne manquerons sûrement pas, pourvu que ce soit après le jour de l'an. Je vous prie de ne pas dire que le roi nous a dit cela, quoique cela ne soit pas bien important; mais les princes, et plus encore les rois, n'aiment pas qu'on répète ce qu'ils ont dit en *confiance*.

« Mes princesses seront bien sensibles à votre souvenir. Ma sœur a été bien souffrante d'un rhume; mais la fièvre l'a quittée, et elle va se remettre tout-à-fait.

« *Veuillés* faire toutes nos amitiés à M. le duc de Bourbon. Nous sommes bien contrariés de ce qu'ont dit les gazettes. Mais j'espère que leur polémique n'ira pas plus loin, et je le leur ai fait demander. J'ai été bien aise qu'*ils* aient été mal *informés*, et que ce soit de Nemours dont *ils* ont parlé, puisque cela nous a mis à portée de nier le tout sans mentir. J'espère que cela a répondu aux désirs de M. le duc de Bourbon.

« *Veuillés*, etc.

« L.-Ph. d'Orléans. »

Nier le tout sans mentir! l'aveu donne la mesure d'élasticité de la conscience des princes, et, en particulier, du duc d'Orléans.

Voilà donc l'attaque complétement organisée contre le château : il ne reste plus qu'à donner l'assaut décisif. Mais, avant de tenter ce suprême effort, M. Lambot revient au cardinal de Latil.

« Chantilly, 24 décembre 1829.

« Monseigneur, d'après la conversation que j'ai eu l'honneur d'avoir avec Votre Éminence, je me suis assuré que madame la baronne de Feuchères consentira sans difficulté à quitter le Palais-Bourbon, si la chose est agréable au roi. J'ai lieu de croire que Sa Majesté, personnellement, est assez bien disposée en sa faveur pour se décider à lui rendre sa position sociale, en révoquant l'ordre donné par le feu roi, qui lui défendait de paraître à la cour. Il n'existerait donc alors plus d'obstacle à ce que madame la comtesse de Reuilly pût être réconciliée avec son auguste père, et contribuât au bonheur de ses vieux jours, ainsi que Votre Éminence l'a observé. Je n'ai cessé, depuis que j'ai eu l'honneur d'être appelé auprès de S. A. R. Mgr le duc de Bourbon, de former les vœux les plus ardents de voir cesser la fausse position d'un prince qui ne devrait être que l'objet de la vénération de tout ce qu'il y a d'honnêtes gens en France. Je ne pouvais que m'affliger et former des vœux; mais Votre Éminence peut les réaliser. C'est une mission digne de son caractère noble et élevé. J'aime à espérer qu'elle l'accomplira, et qu'elle rendra ce service de plus à notre auguste famille royale.

« Je suis, etc.

« Baron DE LAMBOT. »

Si désireux qu'il fût d'accomplir un acte de haute moralité, et, du même coup, de détourner de la tête du comte et de la comtesse de Reuilly le danger d'une exhérédation totale, le cardinal de Latil n'avait pourtant garde de compromettre sa dignité, son caractère sacerdotal. Bien résolu à ne pas servir de jouet à un intrigant et à une méprisable sultane, il n'agira qu'à bon escient. Aussi, avant de faire un pas de plus, il s'enquiert exactement de la situation. On lui fit voir clairement que, « sortie du Palais-Bourbon par la porte, la baronne ne manquerait pas d'y rentrer par la fenêtre, » sitôt qu'elle aurait obtenu ce qu'elle convoitait. M. de Latil acquit en même temps la certitude que les intérêts de la famille d'Orléans étaient étroitement liés à ceux de madame de Feuchères, ou, plutôt, qu'ils en étaient inséparables, et que, de tous, le principal était d'assurer son maintien, ou, en cas de sortie, de lui procurer son rappel dans la maison du duc de Bourbon. En l'état des choses, c'était donc pour l'Éminence une lutte d'influence à engager, un combat à soutenir contre le premier prince du sang. Le cardinal ne se souciait nullement d'en affronter les ennuis, peut-être même le scandale. Il avait éclairé la conscience de Charles X : il crut devoir désormais se départir de l'affaire, encore qu'il lui en coûtât d'abandonner à leur sort le comte et la comtesse de Reuilly. Il notifie, en conséquence, à M. Lambot sa détermination en ces termes :

« Paris, 28 décembre 1829.

« J'avais gardé le silence sur ce que M. le baron de Lambot a jugé à propos de me communiquer la semaine dernière, et ce n'est qu'après avoir reçu la lettre qu'il m'a adressée, il y a trois jours, et afin d'être dans le cas de lui répondre, que j'ai parlé à mes amis de ce qui pouvait les intéresser.

« Je les ai trouvés disposés à donner les plus sincères témoignages de leur attachement et de leur respect, mais, en même temps, persuadés qu'ils doivent éviter toute démarche qui pourrait être mal interprétée, et rester éloignés aussi longtemps que leur délicatesse et l'opinion publique leur en feront un devoir.

« C'est donc l'opinion publique qu'il importe de changer. Je persiste à le penser, et je dois répéter ici à M. Lambot que je ne puis, en aucune manière, influer sur ce changement. Je le prie de ne pas douter de la peine que j'en éprouve. »

Le désistement du cardinal de Latil laisse l'affaire tout entière sur les bras du duc d'Orléans : la baronne n'a plus rien à attendre que du succès de ses démarches. Il est vrai qu'il ne les lui marchande pas, non plus que sa considération et celle de sa famille. Aussi bien, pour ce prince, l'honneur ne vient qu'après l'argent. On va donc le voir poursuivre le cours de ses obsessions et déployer de nouveaux et décisifs efforts pour entraîner le consentement de Charles X.

CHAPITRE XXIX

Intimité de jour en jour plus étroite entre la famille d'Orléans et madame de Feuchères. — La baronne obtient sa rentrée à la cour. — Répulsion persistante du duc de Bourbon pour la maison d'Orléans. — Ordonnances de Juillet. — Adhésion du prince au nouveau gouvernement.

En dépit du mystère qui avait présidé à l'œuvre du testament du duc de Bourbon, le secret, entre les associés, n'avait pu être si bien gardé qu'il n'en eût transpiré quelque chose. Des indices non équivoques avaient mis la famille de Rohan sur la trace du complot ourdi contre l'héritage des Condé. Louis de Rohan, son chef, n'avait jamais cessé d'entretenir de bons rapports avec madame de Feuchères, et même, en plusieurs rencontres, peut-être avait-il eu le tort de lui marquer trop d'empressement, de lui faire une cour trop assidue. Mais les Rohan étaient incapables des artifices et de la dissimulation nécessaires pour la captation d'une succession. D'un caractère ouvert, d'une humeur franche et joviale, Louis de Rohan était extrêmement goûté du duc de Bourbon, qu'il récréait par l'imprévu et l'abondance de ses saillies. Mais, si inépuisable qu'il fût, ce fonds-là était insuffisant pour la conservation de ses droits. Il jugea donc à propos de condescendre à une démarche à laquelle sa fierté s'était jusque-là refusée. Les princesses d'Orléans étant venues plusieurs fois à Saint-Leu et à Chantilly, il estima que les dames de sa maison n'avaient plus de raison de se dispenser d'y faire acte de présence. La princesse Berthe de Rohan vint donc à Chantilly : elle aussi amenait pavillon à madame de Feuchères ! La vanité de la baronne en fut au plus haut point exaltée. L'orgueilleuse et altière courtisane reconnut cette déférence par un accueil plein de courtoisie et des attentions extraordinaires.

Empreintes de ce caractère, ces nouvelles relations ne pouvaient manquer de porter ombrage à la famille d'Orléans. Aussi son chef fait part à M. Lambot de ses inquiétudes à cet égard. Et, sur ces entrefaites, le duc de Bourbon étant tombé malade, il ne peut plus dissimuler l'intensité de ses appréhensions. Il veut à toute force se rendre à Chantilly, encore bien qu'on lui représente qu'obligé de garder la chambre, le prince n'est pas en état de le recevoir. « Cependant, objecte le duc d'Orléans, le prince de Rohan y va. » M. Lambot lui fait observer que le duc de Bourbon est habitué à voir journellement M. de Rohan, qui, dégagé de toute étiquette, ne lui cause aucune gêne, dans les termes de la familiarité. Cette explication ne suffit pas à rassurer le prince. Le général ne réussit à calmer ses transes, qu'en lui promettant qu'on le recevra dès le rétablissement du duc de Bourbon. « Au moins, vous en parlerez à madame de Feuchères, ajoute le duc d'Orléans, et vous me manderez ce qu'elle aura décidé à cet égard. » En attendant sa réception,

M. Lambot lui écrit pour lui donner des nouvelles de son vénérable oncle. « Mille remercîments, mon cher général, répond le duc d'Orléans, pour votre attention et celle de madame de Feuchères. Vous me ferez grand plaisir de me donner des nouvelles, quand vous serez de retour à Chantilly. En attendant, je suis bien aise d'apprendre que cela va mieux, et quand je ne le gênerai pas en y allant, je m'empresserai d'y faire une course. Vous m'avertirez quand il sera sur pied. » La visite a lieu quelque temps après.

Le duc d'Orléans n'était pourtant pas encore tranquille à l'endroit des princes de Rohan; aussi, à leur sujet, voulut-il avoir avec M. Lambot un entretien confidentiel. Le général s'efforça de dissiper ses craintes. Il lui raconta qu'il avait sondé adroitement le duc de Bourbon, pour connaître ses sentiments intimes à l'égard de la famille de Rohan. Ayant amené la conversation sur ces princes, le duc de Bourbon s'était borné à lui répondre : « Quand on a été toute sa vie sans voir les gens et que, tout-à-coup, ils vous arrivent et ne vous quittent plus... » ; et, ici, s'interrompant et levant les épaules, il avait laissé son interlocuteur tirer de ses paroles telles inductions qu'il lui plairait. Si M. Lambot dit vrai, la boutade du prince était fort injuste, car, dans ces dernières années, c'était lui qui avait attiré dans sa maison les princes de Rohan, qui ne lui avaient fait aucune avance. Il en était même arrivé à se passer difficilement de Louis de Rohan, à son jeu et à ses chasses. C'est que, comme je viens de le dire, ce dernier excellait à l'égayer par le mordant et la vivacité de ses saillies.

Au plus haut degré surexcitées par la pensée de l'ouverture prochaine de l'opulente succession de Condé, les cervelles de la petite cour du duc de Bourbon en étaient venues à ce point de fermentation qu'on pouvait les croire à l'envers, sinon complétement détraquées. Et madame de Feuchères n'était pas la dernière à qui la tête eût tourné ! La conclusion à son gré de l'affaire du testament lui avait donné la plus haute idée d'elle-même, et encore de la grandeur des obligations que la famille d'Orléans avait contractées à son égard. Un trait d'elle, à cette époque, en fournira la preuve. S'entretenant un jour avec M. Lambot du service qu'elle avait rendu à la maison d'Orléans, pour avoir décidé le duc de Bourbon à faire le duc d'Aumale son héritier, elle lui dit qu'elle était étonnée qu' « un désintéressement si absolu de sa part à l'égard de cette famille ne lui eût pas encore valu une démonstration publique et éclatante de gratitude. » A ces mots de *désintéressement absolu*, le général n'avait pu s'empêcher de se récrier, et de faire observer à la baronne qu'elle aussi, avait trouvé son compte au testament, qui lui assurait une si belle part dans l'héritage. Mais, à peine avait-il achevé de prononcer ces mots, que, bondissant d'indignation, la dame lui avait lancé un regard courroucé, tout autant qu'elle aurait pu faire, s'il eût proféré un blasphème. « Comment ! général, s'écria-t-elle, est-ce que vous plaisantez ? Sachez donc que, si je ne l'avais pas refusé, Monseigneur me laissait toute sa fortune. Il m'avait même offert de me donner tout de suite le duché de Guise, son plus beau domaine, si je consentais à ne pas le presser pour le testament. » Elle n'en dit pas davantage; et, là-dessus, tournant brusquement le dos, elle laissa là le général abasourdi.

Le lendemain de cette sortie, elle recevait une invitation à un concert du Palais-Royal. Sa présence et les prévenances dont elle fut l'objet de la part de la famille d'Orléans, ne laissèrent pas de produire une certaine sensation.

Le 31 décembre 1829, la veille du premier de l'an, le duc d'Orléans adresse ses souhaits de bonne année au duc de Bourbon. « Ne pouvant, Monsieur, lui écrit-il, aller demain à Chantilly pour vous souhaiter une bonne année, comme m'y porteraient mon inclination et *touts* mes sentiments pour vous, je veux, au moins, y suppléer en vous transmettant l'expression de *touts* mes vœux, et celle de ceux de madame la duchesse d'Orléans, de ma sœur et de tous mes enfants. Quoique votre petit filleul ignore encore toute l'étendue de vos bontés pour lui, cependant il a pensé de lui-même à vous écrire et à vous témoigner son regret de n'avoir pas été à Chantilly. Je n'ai pas cru devoir l'en empêcher. Permettez-moi donc de vous remettre sa lettre, et d'y ajouter l'expression de *touts* mes sentiments et de ma vive et bien sincère amitié pour vous.

« L.-Ph. d'Orléans. »

Le duc de Bourbon répond : « Je suis très-sensible,

Monsieur, aux bons souhaits que vous, les princesses et vos enfants formez pour moi à ce renouvellement d'année, et je vous prie d'en agréer mes remercîments. Vous croirez aisément à toute l'étendue des miens pour ce qui peut contribuer à votre bonheur. Dans ces sentiments, Monsieur, je vous renouvelle l'assurance de la vive et sincère amitié que je vous ai vouée. »

Du nouvel an, le plus inespéré, sinon le plus beau cadeau, c'est celui qui échoit à madame de Feuchères. A la fin, la famille d'Orléans a triomphé de la procrastination de Charles X : il a consenti à lever l'interdiction qui pèse si cruellement à l'orgueil de la baronne. Il fait plus : madame de Feuchères rentre à la cour sans condition; elle n'est point obligée, au préalable, de quitter le Palais-Bourbon. Le duc d'Orléans se hâte de lui transmettre cette bonne nouvelle.

« Paris, ce 15 janvier 1830.

« Je m'empresse, Madame, de vous annoncer que le roi vient de me dire que l'ordre du feu roi à votre égard allait être entièrement révoqué et effacé ; que Sa Majesté recevrait les dames au mois de février, et que vous *pourriés* venir comme auparavant à cette réception, sans une nouvelle présentation ni rien de semblable. Le roi m'ayant autorisé à vous en instruire, je ne veux par perdre un instant à vous transmettre une aussi bonne nouvelle. Et il faut encore que je vous dise qu'ayant dit au roi que vous étiez prête à quitter le Palais-Bourbon et à habiter une maison particulière, le roi m'a permis de vous dire, de sa part, de n'en rien faire; qu'il regardait comme rendu à lui-même le grand service que vous *avés* rendu à toute la famille; qu'il était charmé de vous le témoigner, et qu'il serait désolé de faire ce chagrin à M. le duc de Bourbon et à vous. Madame la duchesse d'Orléans et ma sœur, qui étaient présentes, et qui n'y ont pas été inutiles, me chargent de vous féliciter de leur part, et de vous parler du plaisir que ceci leur cause, en attendant que le temps leur permette d'aller voir M. le duc de Bourbon, à Chantilly. *Veuillés*, Madame, lui faire toutes nos amitiés, et recevoir l'assurance de *touts* les sentiments bien sincères que je vous garderai toujours.

« L.-Ph. d'Orléans [1]. »

L'effet qu'une pareille communication dut produire sur madame de Feuchères, on en jugera par ce fait que, désespérant de vaincre jamais les répugnances de Charles X et de sa famille, elle traçait à M. Lambot, quelques jours auparavant, ces lignes mélancoliques :

« Chantilly, 7 janvier 1830.

Si vous trouvez l'occasion, mon cher général, de parler de moi, soit à Monseigneur ou à madame la duchesse d'Orléans, je vous prie de leur dire que je me suis privée d'aller à la réception, cette fois-ci, par rapport à la position délicate où je me trouve. Il me semble

[1] Au dos de la lettre se trouve ce singulier placet de l'auteur des *Messéniennes* : « M. Casimir Delavigne désire beaucoup que Monseigneur veuille bien lui accorder une loge pour demain à l'Opéra italien. »

que je serais moins embarrassée de ma triste personne en allant leur faire ma cour la première fois par invitation. Je serais bien aise que Leurs Altesses sachent que mon séjour à la campagne ne m'empêchera pas de profiter de leurs bontés, lorsqu'elles me feront l'honneur de m'inviter chez elles.

« Je vous dis mille sincères amitiés, et vous souhaite beaucoup d'amusement dans la capitale. »

Depuis la confection du testament, en dehors de son rôle officiel dans la maison du duc de Bourbon, il semble que M. Lambot n'y remplisse plus d'autres fonctions que celles d'affidé et de surveillant pour le compte de la famille d'Orléans. Il a soin de tenir son chef exactement au courant de tout ce qui s'y passe, particulièrement de l'état de la santé du prince. Il note encore minutieusement les allées et les venues du prince Louis et de la princesse Berthe de Rohan, qu'il ne manque jamais de rapporter au Palais-Royal. C'est ainsi que, le 8 janvier 1830, il mande au duc d'Orléans : « Monseigneur, le prince Louis de Rohan, parti hier de Chantilly après moi, m'a apporté un billet de madame la baronne de Feuchères. Votre Altesse Royale était si pressée dans la soirée, que je n'aurais pu sans indiscrétion l'occuper de cet objet. J'ai pensé que Votre Altesse Royale daignerait ne pas trouver mauvais que je prisse la liberté de joindre ici ce billet, ce qui m'a paru la meilleure manière d'en remplir l'intention. La princesse Berthe est venue faire une visite à Chantilly, le jour des Rois.

« J'ai reçu de mon jardin de Provence quelques grenades. J'ai pensé qu'elles pourraient faire plaisir à Son Altesse Royale madame la duchesse d'Orléans, comme fruits du Midi. J'ai pris la liberté de les lui envoyer, espérant que Son Altesse Royale daignera le trouver bon. »

Le 14, autre billet au duc d'Orléans, relativement à la santé du duc de Bourbon. « Monseigneur, madame la baronne de Feuchères a pensé que Votre Altesse Royale serait bien aise d'avoir le bulletin de Mgr le duc de Bourbon, et m'a chargé de l'honneur de le lui envoyer [1]. »

C'est au cours de cette correspondance que madame de Feuchères reçoit la nouvelle de la levée de l'interdiction qui la tient éloignée de la cour. A l'expression de ses remercîments à la famille d'Orléans, on jugera de la vivacité, ou plutôt de l'exaltation de ses transports.

« Palais-Bourbon, le 15 janvier 1830.

« Je voudrais essayer de témoigner à Vos Altesses Royales ce que j'éprouve en ce moment, mais je suis tellement émue par votre lettre, Monseigneur, que je ne puis trouver de mots pour exprimer ma reconnaissance. Je jouis aussi du bonheur que je vais apporter à Chantilly, à notre pauvre prince malade. Il sera bien touché de tout ce que Vos Altesses ont fait pour moi,

[1] Le billet porte l'annotation suivante de la main de Marie-Amélie : « Il me semble qu'il n'y a pas d'autre réponse à faire pour le moment, que l'intérêt et les remercîments. Aller à Chantilly, dans ce moment, ne ferait que gêner le duc de Bourbon. »

ainsi que de la bonté parfaite de Sa Majesté dans cette circonstance. Je ne puis m'empêcher de verser des larmes. J'ose me flatter que mon cœur est connu de Vos Altesses, et qu'elles devineront ce qui s'y passe pour elles.

« Je prends la liberté de joindre ici la lettre que je viens de recevoir de Chantilly. Je ne manquerai pas de continuer à tenir Vos Altesses au courant des nouvelles de notre bon prince.

« Permettez que je mette aux pieds de Vos Altesses l'hommage de ma profonde reconnaissance.

« J'ai, etc.

« S. D. baronne DE FEUCHÈRES. »

Et madame de Feuchères ne s'en tient pas à cette missive. Sans attendre la réponse du duc d'Orléans, elle prend de nouveau la plume, pour lui apprendre qu'il « a touché l'âme du prince jusqu'à verser des larmes ! » Cette seconde épître se termine par quelques mots familiers à l'adresse du jeune duc d'Aumale. A tels épanchements intimes, c'est à croire que la baronne fait partie de la famille.

« Chantilly, le 18 janvier 1830.

« Monseigneur, je crains toujours de ne pas mettre assez de discrétion en écrivant aussi souvent à Votre Altesse, sachant combien tous ses moments sont occupés. Je n'ai aucun changement à annoncer. J'ai trouvé notre bon prince à peu près dans le même état que lorsque je suis partie d'ici. Il garde toujours le lit, et souffre beaucoup par moments ; mais ce qui nous rassure, c'est que son médecin ne paraît nullement inquiet : il attribue ses grandes douleurs au froid excessif. Nous sommes entourés de neige et de glace, ici, comme en Sibérie. Aussi je ne voudrais pour rien au monde que les princesses vinssent à Chantilly, malgré tout le plaisirque leur présence occasionne. Ce serait trop exposer la santé de Leurs Altesses.

« Comme je l'avais prévu, Monseigneur, votre bonne et excellente lettre a touché l'âme de notre cher prince jusqu'à verser des larmes. Il a été pénétré surtout de la manière gracieuse dont Sa Majesté a bien voulu révoquer, sans y mettre aucune condition, l'ordre qui l'affligeait par rapport à moi. Il dit qu'il reconnaît là l'ancienne bonté du roi pour lui. Enfin, Monseigneur, je vous écrirais un volume, et jamais je ne pourrais rendre tout ce que ce cher prince a exprimé dans cette circonstance. Il m'a chargée maintes et maintes fois de bien vous remercier, ainsi que madame la duchesse d'Orléans et votre auguste sœur, pour ce que vous avez fait pour moi tous les trois. Il dit que vous avez adouci le reste de sa vie, parce qu'il entrevoit maintenant un avenir plus heureux pour moi. En effet, c'est une bien grande consolation, après tant d'années de chagrin, de pouvoir remplir un devoir d'affection et de reconnaissance envers votre bien-aimé parent, et cela avec l'agrément et l'approbation de toute sa famille.

« Veuillez, Monseigneur, présenter mes hommages respectueux à toutes Leurs Altesses Royales, sans omettre notre petit prince le duc d'Aumale, dont je ne voudrais pas être oubliée.

« Je suis, etc

« S. D. baronne DE FEUCHÈRES. »

A cette époque, l'intimité entre le Palais-Royal et le Palais-Bourbon atteint son apogée. Le chef de la famille d'Orléans, pourtant si réservé d'habitude, s'est départi de sa circonspection ordinaire, jusqu'à mettre la baronne dans la confidence de scènes d'intérieur, de détails infimes et purement domestiques. A part leur caractère fastidieux, je n'en finirais pas à reproduire l'intégralité des lettres et billets de ce genre que j'ai sous les yeux. Je suis obligé d'en éliminer la plus grande partie, pour ne pas allonger démesurément cette série de citations déjà trop étendue. Dans nombre de ces lettres, c'est un échange de commérages, de ragots si puérils, qu'on n'imaginerait jamais que des correspondants de ce rang aient pu y trouver plaisir ou seulement distraction. On en prend une singulière idée de la pauvreté des entretiens qui faisaient les délices de ces splendides demeures. Et quand, par une cause ou par une autre, les interlocuteurs sont obligés d'interrompre leur conversation ou leurs communications, ils se promettent bien d'y revenir le plus tôt possible, ainsi que l'atteste le message suivant : « Je vous remercie bien, Madame, de tout ce que vous me *mandés* dans la lettre que le général Lambot vient de me remettre de votre part. D'après ce qu'il me dit des mouvements de M. le duc de Bourbon, ce sera dimanche que j'irai à Saint-Leu, et que j'y mènerai Aumale avec ses deux frères Nemours et Joinville, puisque je puis me flatter que cela n'importunera pas M. le duc de Bourbon. Nous arriverons vers deux heures et demie, et, si vous le *permettés*, nous repartirons après dîner, à huit heures ou à huit heures et demie au plus tard, afin que les enfants soient dans leurs lits à dix heures.

« Il me tarde, Madame, d'entendre les détails que vous *voulés* bien me promettre, et je serai bien heureux si nous pouvons renouer dimanche la conversation que nous avions si heureusement commencée, sous vos auspices, au Palais-Royal, dont mon départ a arrêté malheureusement la conclusion.

« Mes princesses se joignent à moi pour vous témoigner combien elles apprécient tous vos procédés, et combien elles seront charmées de vous en remercier elles-mêmes. Permettez-moi, Madame, d'ajouter à cette expression celle de tous mes sentiments.

« L.-Ph. d'Orléans. »

Le 29, Madame de Feuchères donne le bulletin de la santé du duc de Bourbon, sorte de communication dont la famille d'Orléans paraît fort avide.

« Chantilly, 29 janvier 1830.

« Monseigneur, je n'ai point importuné Votre Altesse Royale, car je n'ai rien eu de nouveau à lui annoncer sur la santé de notre prince. Il a toujours gardé sa chambre depuis, n'ayant pu ni dîner à table, ni monter au salon. Son état, sans donner d'inquiétude, est une habituelle souffrance. Il ne voit pas de monde, pas même les personnes de sa maison. Je lui ai parlé sans cesse du tendre intérêt de Vos Altesses, et il en est fort touché ; mais il m'a dit, pas plus longtemps qu'hier au soir, qu'il serait fâché que les princesses prissent la peine de venir à Chantilly par un temps aussi froid. Au reste, je pense, Monseigneur, que son séjour ici ne se prolongera pas, puisqu'il a décidé que sa maison *rentre* à Paris le premier du mois, et, d'après son désir, nous partons tous lundi. S'il survenait quelque changement, j'aurais soin d'en prévenir Vos Altesses, et je serai, comme toujours, prête à recevoir les ordres dont elles voudront bien m'honorer.

« Veuillez croire, Monseigneur, que rien n'égale le dévouement dont je suis pénétrée pour votre auguste famille, et le profond respect de votre très-humble et très-obéissante servante,

« S. D. baronne DE FEUCHÈRES. »

Dans ces relations, à ce moment si fréquentes, entre le Palais-Royal et le Palais-Bourbon, on demeure frappé d'un fait, c'est qu'autant le duc d'Orléans apporte d'empressement à honorer de ses visites le duc de Bourbon, autant ce dernier s'applique, j'allais dire met d'art, à les esquiver. Ainsi, le 6 février 1830, il mande à madame de Feuchères, toujours sur la route de Paris : « Dites bien à M. le duc d'Orléans que je regarderai comme une véritable marque d'amitié de sa part qu'il diffère son voyage jusqu'à ce que le temps soit plus doux et que je puisse un peu me tenir sur mes jambes. Ainsi soit-il, chère Sophie ! Je vous embrasse de cœur et d'âme. »

Cependant, le prince continue d'être alité. Mais « l'ange gardien de son auguste ami[1] » s'occupe moins de l'entourer de soins, que de vaquer à ceux plus importants de sa rentrée prochaine à la cour. Ce jour, impatiemment attendu, absorbe toutes les facultés de la baronne. C'est au duc d'Orléans lui-même qu'elle s'adresse pour le cérémonial à observer dans la circonstance : elle en sollicite conseils et direction.

« Palais-Bourbon, ce 4 février 1830.

« Monseigneur, devant entièrement à Vos Altesses Royales la grâce qui m'a été accordée, je ne crois pas devoir suivre de moi-même l'idée qui m'est venue sans la soumettre d'abord à Votre Altesse, ainsi qu'à LL. AA. RR. madame la duchesse d'Orléans et Mademoiselle. Avant de reparaître à la cour dimanche, je pense qu'il serait plus respectueux d'écrire à madame la Dauphine, ainsi qu'à S. A. R. Madame. Je prends la liberté de joindre, ici, le projet de mes deux lettres, et lorsque j'aurai l'honneur de voir Votre Altesse, elle aura la bonté de me dire si je dois les écrire ou non. Dans le cas contraire, je la prie de regarder mon idée comme non avenue.

« Le baron de Surval a dû avoir l'honneur de voir Votre Altesse hier au soir et de lui donner des nouvelles de notre prince. J'aurai l'honneur de lui en parler plus en détail. Je ne suis pas sans inquiétude de voir que cette maladie traîne depuis si longtemps.

[1] Voy. *supra*, lettre de Broval, du 15 novembre 1829.

« Je supplie Monseigneur d'agréer l'expression de mon dévouement et de daigner mettre mes hommages aux pieds de Leurs Altesses Royales.

« Je suis, etc.

« S. D. baronne DE FEUCHÈRES. »

C'est le 7 février que madame de Feuchères va faire sa rentrée aux Tuileries. La réception est la grande, l'unique affaire qui l'occupe. En pensant « au grand événement du jour », elle éprouve un trouble tel qu'elle ne peut s'empêcher d'en faire confidence au duc d'Orléans.

« Palais-Bourbon, ce 7 février 1830.

« Monseigneur, afin que Votre Altesse voie l'état de notre pauvre prince et son éloignement pour recevoir du monde, j'aime mieux lui envoyer tout-à-fait confidentiellement les deux petites lettres que j'ai reçues de lui hier et aujourd'hui. Puisqu'il n'est nullement en danger, Votre Altesse ne pense-t-elle pas qu'il vaut mieux retarder encore son voyage à Chantilly? J'y vais toujours demain, et Votre Altesse peut compter sur mon exactitude pour la tenir au courant, s'il y avait quelque chose de nouveau.

» Je suis tout en émoi, et presque tremblante, en pensant au grand événement de ce soir. J'éprouve un vif regret, c'est de n'avoir pas l'honneur de faire ma cour à LL. AA. RR., madame la duchesse d'Orléans et Mademoiselle. Si je ne craignais de commettre une indiscrétion, j'aurais demandé la permission d'aller, en sortant des Tuileries, déposer à leurs pieds l'hommage de ma reconnaissance pour tout ce qu'elles ont daigné faire pour moi, dans cette circonstance. Mais, dans la crainte de gêner à cette heure, je dois me borner à supplier Votre Altesse Royale de vouloir bien me servir d'interprète auprès d'elles, et accueillir avec sa bonté accoutumée, ainsi que Leurs Altesses Royales, l'hommage de mon entier dévouement.

« Je suis, etc.

« S. D. baronne DE FEUCHÈRES. »

Au château, la baronne est reçue par le roi, le Dauphin et la Dauphine. Quant à la duchesse de Berry, soit hasard, soit calcul, elle est allée à la comédie ; et, le lendemain, quand elle apprend la réception de madame de Feuchères, elle exhale en termes amers son déplaisir. « Comment, dit-elle, sans avoir quitté le Palais-Bourbon ! » On dit à la princesse que c'était la volonté du roi, et on lui répéta les propres paroles de Charles X : « Je ne veux pas faire à M. le duc de Bourbon ce chagrin inutile. » La duchesse de Berry n'objecte plus rien dès-lors ; mais il lui en resta longtemps une petite moue.

Par sa protestation pleine de noblesse et de dignité, la princesse n'avait fait que se rendre l'interprète de la cour, choquée au plus haut degré de la rentrée de madame de Feuchères aux Tuileries. Ce fut à ce point que, le lendemain, le vicomte Sosthène de la Rochefoucauld, directeur des beaux-arts, ne craignit pas d'adresser à ce sujet des remontrances à Charles X. Nous devons rapporter les termes de sa lettre : elle est aussi honorable pour le monarque capable de la recevoir, que pour son auteur, qui, en l'écrivant, s'exposait à encourir la disgrâce, ou tout au moins le déplaisir du prince.

« Au roi.

» Paris, 8 février 1830.

» Madame de Feuchères, qui a le plus triste renom à Londres, la maîtresse affichée de M. le duc de Bourbon, a été reçue par le prince le plus pieux !...

» Pardonnez, Sire, ce cri d'indignation et de douleur à celui de tous vos sujets qui vous est le plus sincèrement dévoué ; car il vous chérit assez tendrement pour ne jamais vous taire la vérité, pour ne pas craindre même de vous déplaire, si toutefois un esprit aussi élevé que le vôtre n'était assez grand pour apprécier le motif qui me fait agir.

» Et qu'on vienne donc parler honneur, conscience, religion, morale, dans un pays où la cour donne un pareil exemple[1] !... »

[1] *Mém.* de la Rochefoucauld, duc de Doudeauville, t. IX, p. 585. Je dois ajouter, à l'honneur de M. de la Rochefoucauld, qu'à cet égard il était coutumier du fait. Antérieurement, le 1er mars 1825, il avait écrit à Charles X une lettre du même genre, où se trouve encore ce passage : « Il est curieux, ou plutôt honteux, de voir le prince de Talleyrand constamment chez cette abominable madame de Feuchères, et y dîner dans la plus grande intimité. On ne se donnerait pas cette peine sans un but ; et il est important que le roi le sache, pour être prêt contre quelque sourde menée..... » (*Ibid.*, p. 82).

Au surplus, avant que Charles X en vînt à condescendre à cet acte d'insigne faiblesse, la lutte avait été vive et prolongée au sein de la famille royale. On a vu qu'avec ses principes rigides la Dauphine avait capitulé, quand la duchesse de Berry résistait encore. J'ai précédemment rapporté son observation sévère à la duchesse d'Orléans, lorsque celle-ci était venue inconsidérément lui apprendre la visite de madame de Feuchères à Neuilly. Humiliée et confuse, la princesse s'était, depuis, bornée à invoquer les circonstances atténuantes. Elle s'évertuait à faire comprendre à la duchesse d'Angoulême, que, si elle devait avoir de si grandes obligations à la baronne, elle ne pouvait guère se dispenser de la recevoir. A toutes ses objections, elle opposait cette invariable réponse : « Si vous aviez des enfants, si vous étiez mère, vous sentiriez comme moi, dans cette circonstance. » Parée de vertus nombreuses et d'éclatants mérites, la duchesse d'Orléans était malheureusement tout-à-fait dénuée d'élévation d'esprit et de noblesse de caractère. Ce n'était pas la première fois qu'elle se montrait absolument dépourvue du sentiment qu'elle aurait dû avoir de sa dignité, comme femme, épouse et mère de famille. Elle ne sentait pas ce qu'une bourgeoise, ou même une simple femme du peuple, eût compris. Quant à la princesse d'Orléans, sa belle-sœur, esprit fort et maîtresse femme, celle-là n'avait plus rien à démêler avec des délicatesses de cette nature : il y avait longtemps déjà qu'elle avait jeté son bonnet par-dessus les moulins !

Antérieurement, le 27 septembre 1829, le duc d'Orléans avait porté à la connaissance de madame de Feuchères un événement de famille, l'arrivée prochaine de son beau-frère, le roi de Naples, à Paris[1]. Pendant le séjour qu'il y fit, M. Lambot eut occasion de voir la duchesse de Berry. La princesse s'enquit affectueusement de la santé du duc de Bourbon. « Je suis bien aise, dit-elle, de ce qu'il a fait pour les d'Orléans; ce sont de si braves gens! — Sans doute, répondit le général; mais Madame n'ignore pas quelles étaient ses premières intentions. Elle sait également que j'avais suggéré au prince l'idée de choisir l'un de ses frères pour successeur au nom de Condé. — Oui, oui, reprit la duchesse, je le sais; mais cela n'a pu se faire. » Les d'Orléans de si braves gens! Plus tard, à Blaye, sous la main du geôlier Bugeaud, la malheureuse princesse dut se sentir cruellement désabusée, traitée, comme elle le fut, par

[1] « Randan, 27 septembre 1829.

« Après de longues incertitudes, madame, il est enfin certain que le roi de Naples arrivera le 31 à Grenoble avec la reine de Naples et la reine d'Espagne, leur fille, et nous partons demain d'ici pour nous trouver à Grenoble, à leur arrivée. Nous y resterons avec eux jusqu'au 3 novembre, jour fixé pour leur départ, et nous reviendrons ici chercher *le petit troupeau*, que ma sœur a bien voulu se charger d'y garder, en notre absence; puis, nous nous mettrons en route pour Neuilly, où je n'espère pourtant pas que nous puissions arriver avant le 10 ou le 12, et aussitôt que nous aurons été aux Tuileries, nous serons bien empressés d'aller à Chantilly témoigner toute notre reconnaissance à M. le duc de Bourbon, et vous assurer, madame, de tout le prix que nous mettons à la part que vous avez prise à former sa détermination.

« L.-PH. D'ORLÉANS. »

son oncle Louis-Philippe, avec un oubli si complet des devoirs de la parenté, qu'un journal républicain, la *Tribune*, put dire, en toute vérité, « qu'il avait agi avec sa nièce comme un savetier n'eût pas voulu agir avec la sienne ». Dans l'esprit de Louis-Philippe, résolu à déshonorer la princesse, l'éclat d'un accouchement combiné avec la captivité ne peut manquer de servir la cause de l'usurpation, en portant le dernier coup à la branche aînée, à cette famille royale, sa bienfaitrice, dont il tient son rang et sa fortune[1].

[1] A la duchesse de Berry, sa nièce affectionnée, Louis XVIII n'avait pourtant pas ménagé les avertissements. Mais cette princesse était trop légère pour en faire jamais son profit; et puis, chez elle, l'esprit était toujours la dupe du cœur : elle ne comprenait rien aux défiances et à l'antipathie qu'en toute occasion le vieux monarque manifestait à l'égard de la famille d'Orléans. Ainsi, un jour qu'elle avait exprimé le désir de posséder un cabriolet comme elle en avait vu un au duc, le roi la dissuada d'acheter une voiture aussi légère. « Si le duc d'Orléans se cassait le cou, dit-il, cela lui était assez égal. » (Castlereagh, *Letters*, t. XI, p. 379.) C'était justement l'époque où la cour et le gouvernement auraient bien voulu se débarrasser de la conspiration permanente résultant de l'attitude ambiguë du premier prince du sang, et l'envoyer à l'État de Buenos-Ayres, alors en quête d'un roi, pour lui permettre d'y satisfaire son ambition et son désir de régner. La princesse ne conservait pas même le souvenir de la contenance étrange de son oncle au lit de mort de son mari. « Chateaubriand, qui vit de très-près le duc d'Orléans au chevet du duc de Berry mourant, crut lire dans ses yeux une expression de joie mal dissimulée, nonobstant l'attitude d'accablement qu'il avait prise. Le duc de Bourbon, de son côté, observa que, lorsque le prince fit allusion à la grossesse de sa femme, la figure pâlissante du duc d'Orléans trahit une vive contrariété. » (Villemur, *Notice sur le duc de Bourbon*, p. 335.)

A quelques jours de là eut lieu la grande fête du Palais-Royal[1]. Le duc de Bourbon s'excusa d'y assister: il avait fait une visite au roi de Naples, qui ne la lui avait pas rendue. Ce manque d'égards lui fut très-sensible; mais il évita d'en rien laisser apercevoir. Il en savait la cause. De cette mortification nouvelle, il prit son parti, comme de tant d'autres, qui découlaient pour lui de la même source. Le duc d'Orléans s'efforça de pallier cette absence de procédé par des excuses banales dont le prince ne fut point dupe.

Au temps ordinaire, la maison du duc de Bourbon partit pour Saint-Leu. A vrai dire, c'était pour elle seule changement de résidence : le prince, vieil et infatigable Hippolyte, avait la sienne dans les bois. Tous les ans, on jouait la comédie à Saint-Leu. Cette année, la représentation fut fixée au 25 juillet. A la suggestion de madame de Feuchères, le duc de Bourbon en prit occasion d'une nouvelle politesse à la famille d'Orléans : il invita tous ses membres. La journée fut remplie d'émotions diverses. Le duc d'Orléans et sa sœur ne se lassaient pas de se promener dans le parc, qui leur rappelait tant de souvenirs de leur enfance : ils reconnaissaient ces beaux arbres dont plusieurs avaient été plantés par leurs mains. Le duc de Bourbon lui-même, si étranger au monde, menant par goût une vie isolée et presque sauvage, semblait, ce jour-là, se complaire dans sa nombreuse société. La comédie fut bien jouée. J'ai dit précédemment que madame de

[1] Voy. t. II, p. 273.

Feuchères y remplissait un rôle : elle s'en acquitta avec autant de grâce que d'esprit. On chanta des couplets de circonstance. En prenant congé de ses hôtes, le duc d'Orléans rappela qu'il recevrait à Neuilly, le mercredi suivant, pour la dernière fois. « Le lundi d'après, ajouta-t-il, séance royale ; et ensuite nous partirons pour le château d'Eu, afin de faire prendre les bains de mer à nos enfants. »

Les plaisirs et les distractions de cette journée n'avaient pas fait perdre de vue les affaires aux augustes invités. Mademoiselle d'Orléans nourrissait la pensée de rentrer en possession du domaine de Saint-Leu. C'était précisément l'époque où, cherchant à se prémunir contre l'instabilité testamentaire, la baronne pressait le plus le duc de Bourbon de lui en passer de son vivant acte de donation. La minute était déjà dressée chez le notaire du prince. Une seule considération avait fait ajourner la réalisation de ce projet, l'énormité des droits d'enregistrement à payer. Mademoiselle d'Orléans, qui le savait, fit demander à madame de Feuchères si elle voulait lui céder Saint-Leu. A cet arrangement, il y avait double avantage pour les parties contractantes. En faisant faire au duc de Bourbon une vente pure et simple, on réduisait considérablement les droits; madame de Feuchères n'avait plus que la peine d'encaisser le prix. Elle accepta en principe. Saint-Leu et ses dépendances furent estimés quatre millions cinq cent mille francs. Mais la baronne ne trouva pas cette somme assez ronde : elle désirait cinq millions. Elle prit elle-même l'affaire en main, et la suivit directement avec Louis-Philippe. J'ai sous les yeux une lettre d'elle remplie d'évaluations relativement à ce projet d'acquisition. Elle est écrite avec esprit, mais avec un maniement âpre des chiffres, avec une rigueur de calcul inexorable. Madame de Feuchères ne laisse pas néanmoins de s'y targuer de désintéressement. Laissant le prince libre de terminer à sa volonté, elle lui fait cependant de telles observations, qu'il ne peut faire autrement que de donner les cinq millions, ou de renoncer à Saint-Leu. L'affaire en était là lors de la tragédie qui termina les jours de l'infortuné duc de Bourbon.

Le lendemain, 26 juillet, avait lieu, à Paris, la promulgation des fameuses ordonnances.

Toujours livré au plaisir et avide des jouissances que procure la capitale, le général Lambot s'était attardé au Palais-Bourbon, malgré les devoirs de sa charge de premier aide-de-camp, qui devaient le rappeler auprès du duc de Bourbon. A la gravité des événements, il sentit, à la fin, la convenance de son retour. Mais, constamment à l'affût des occasions, il ne put se décider à partir, qu'au préalable il n'eût tâté la place et sondé le terrain. Il n'y avait plus à s'y tromper : de ce moment, l'objectif était le duc d'Orléans. M. Lambot avait une recommandation naturelle dans les services qu'il avait rendus au prince. Il courut donc à Neuilly, prenant le pont de ce nom, comme la route la plus sûre. Dans cette résidence, son introduction ne fut pas sans difficultés. Confiné dans le parc, le duc d'Orléans se cachait, et ne voulait recevoir personne. Le général fut seulement admis auprès de la duchesse. Elle était entourée de sa belle-sœur et de ses filles. La duchesse d'Orléans paraissait accablée : ses paupières étaient rouges, elle avait dû beaucoup pleurer. Abordant vivement M. Lambot : « Dites à M. le duc de Bourbon, s'écria-t-elle, que, depuis deux jours, nous sommes ici dans la consternation. Au milieu des affreux événements qui se passent à Paris, on ne nous fait rien dire de Saint-Cloud, et nous restons chez nous à pleurer et à gémir. Dites-lui cela, dites-lui aussi qu'il reste chez lui, et qu'il ne s'expose pas. »

Madame de Feuchères, au contraire, se montrait parfaitement calme et rassurée au milieu des événements. Elle en profitait à sa manière, pour satisfaire son besoin de mouvement, de continuelle locomotion. La galanterie y trouvait son compte. Elle allait et venait sans cesse de Saint-Leu à Paris, et, pendant ces courses, le vieux duc de Bourbon devenait ce qu'il pouvait. A son retour à Saint-Leu, M. Lambot n'avait pas mis le prince dans la confidence de sa visite à Neuilly. Mandé par lui, ce fut presque de sa bouche qu'il parut apprendre les nouvelles de Paris. « Voilà que l'on m'assure, dit le duc de Bourbon, que la maison d'Orléans a quitté Neuilly, et qu'ils sont tous partis avec six voitures. Je voudrais savoir ce qui en est. Il faut que vous montiez à cheval. Si, comme je le crois, la nouvelle est fausse, vous présenterez mes hommages aux dames, et vous direz que je vous ai envoyé savoir de leurs nouvelles. Tâchez d'apprendre tout ce qui se passe. » Le général partit incontinent pour Neuilly.

Au château, on lui apprit que le duc d'Orléans s'était transporté à Paris. Ne pouvant être reçu par la duchesse, qui était fort souffrante, il vit Mademoiselle d'Orléans. La princesse lui confirma le départ de son frère, et, dans un entretien prolongé, lui développa cette thèse, que, dans cette terrible crise, le duc d'Orléans se sacrifiait pour le salut de la France. C'était comme un mot d'ordre donné à toute la famille. Son insistance à cet égard frappa M. Lambot. Mademoiselle d'Orléans revenait sans cesse à ce thème : « Mon frère est un honnête homme ; il se sacrifie. » Elle termina en engageant le général à se rendre sur-le-champ à Paris, au Palais-Royal, où, si peu qu'il eût de temps, le duc d'Orléans aurait grand plaisir à le recevoir. Mais à cette démarche, il y avait une objection. Le duc de Bourbon avait dépêché son aide-de-camp au duc d'Orléans, son parent, non au lieutenant-général du royaume. M. Lambot crut devoir tenir compte de la nuance. Ses scrupules toutefois ne l'empêchèrent pas de se rendre à Paris, et, à défaut d'y entrer, de rôder autour du Palais-Royal. S'enquérant de ce qui se passait, il restait de la sorte dans les termes de sa mission. Il affirme qu'il évita de se rencontrer avec le duc d'Orléans, ce qui est assez difficile à croire. Toujours est-il qu'à son retour à Saint-Leu, rendant compte des motifs qui l'avaient détourné de voir le prince, il encourut le blâme du duc de Bourbon. Celui-ci ne partageait pas la manière de voir de son aide-de-camp. « Vous auriez pu y aller, dit-il, et je veux que vous y alliez demain. Vous le complimenterez de ma part. » Excessives à l'origine, ses frayeurs avaient beaucoup diminué : il se montrait maintenant rassuré et tranquille.

Le *Moniteur* du 4 août attesta sa disposition d'esprit en ces termes : « M. le duc de Bourbon, prince de Condé, a déclaré aux personnes de sa maison et aux autorités locales, qu'il ne quitterait point sa résidence. Il a souscrit, pour les blessés et les veuves des journées de Juillet, une somme de 6,000 francs[1]. »

A la visite que lui fit M. Lambot, le duc d'Orléans chargea le général de mander à son oncle qu'il allait lui envoyer un de ses aides-de-camp pour l'inviter à la séance de son installation, qui devait avoir lieu le 9 août. « Au surplus, ajouta-t-il, c'est une simple formalité ; aussi j'engage M. le duc de Bourbon à ne pas venir, si cela doit le gêner. » En effet, le 8 août, à 11 heures du soir, M. de la Rochefoucauld, aide-de-camp du duc d'Orléans, se présenta à Saint-Leu. Il était porteur de la missive suivante : « C'est demain, monsieur, que les Chambres se réunissent pour recevoir le serment que je dois prononcer. Il me serait bien

[1] Le journal officiel fait ici erreur : la souscription du prince fut réellement de 10,000 francs, versés dans la caisse du *Constitutionnel*. Inutile de faire remarquer que la note du *Moniteur* émanait du Palais-Royal.

agréable de vous y voir occuper la place qui vous appartient près de moi; mais je n'ignore pas que votre santé ne me permet pas de l'espérer. »

Le duc de Bourbon se retira dans son cabinet pour tracer sa réponse. Une demi-heure après, il la remettait lui-même à l'aide-de-camp. Concertée entre le prince, madame de Feuchères et M. de la Villegontier, elle était conçue en ces termes :

« Saint-Leu, ce dimanche 8 août 1830.

« J'aurais fait tous mes efforts, Monsieur, pour vous accompagner demain aux Chambres, si j'en avais eu la possibilité; mais l'état de ma santé m'empêche absolument de remplir mes intentions à cet égard.

« Agréez, Monsieur, avec votre amabilité accoutumée, tous mes regrets, comme l'assurance de l'amitié bien tendre et bien sincère que je vous ai vouée pour la vie.

» L.-H.-J. DE BOURBON-CONDÉ. »

« *P.-S.* — Je vous écris, Monsieur, comme au lieutenant-général du royaume. Demain, je serai de cœur avec vous, et vous trouverez toujours en moi un sujet aussi fidèle que dévoué[1]. »

Au moment de signer la lettre, le duc de Bourbon

[1] « Le prince abondait dans le sens que le duc d'Orléans pouvait seul nous tirer de la crise..... A cette époque, il recevait journellement trois ou quatre courriers : les dépêches et les lettres lui parvenaient, quelques-unes décachetées, à la vérité, mais sans obstacle, même avec des témoignages de respect et de considération pour sa personne. Au dos de l'une on lisait : *Vive le duc de Bourbon! il peut être tranquille, il ne lui sera point fait de mal.* » (*Baron* de Préjeau : *Dépos.* à Paris.)

parut hésiter s'il ajouterait à sa signature le nom de Condé[1]. Il se leva pour aller chercher la dépêche du duc d'Orléans, et voir si celui-ci lui avait donné le titre de prince de Condé. Il revint avec la lettre en disant : « Oui, l'adresse est : Prince de Condé ; » et il signa comme je viens de le dire.

Le nouveau roi lui fit l'accusé de réception suivant : « Nous vous remercions, monsieur, ma famille et moi, de la réponse que vous m'avez faite et des autres témoignages d'amitié que mon fidèle messager nous a rapportés hier au soir de votre part. Soyez bien tranquille à Saint-Leu ; soignez-y ce qui nous est si précieux, le raffermissement de votre santé, et recevez l'expression de ma bien vive et bien tendre amitié pour vous. »

[1] A la mort de son père, le duc de Bourbon aurait dû prendre le titre de prince de Condé. Il s'y refusa, « ne voulant pas, dit-il, porter un nom qui devait périr avec lui. »

CHAPITRE XXX

Contre-coup de la révolution de 1830 sur le duc de Bourbon. — Nouveaux excès de madame de Feuchères. — Détermination irrévocable chez le prince de fuir à l'étranger. — Lettre inconsidérée de Louis-Philippe à madame de Feuchères. — Assassinat du duc de Bourbon dans la nuit du 26 au 27 août. — Stupeur et consternation au château de Saint-Leu. — La croyance au suicide ne se prolonge pas au-delà des premières heures d'accablement.

La chute de Charles X affecta douloureusement le duc de Bourbon. Dans l'intérêt de son repos, il avait pu se résigner à disposer de son immense fortune en faveur du duc d'Aumale ; mais toutes ses affections appartenaient à la branche aînée. Sa sollicitude s'était vivement émue au spectacle de cette maison de France si soudainement renversée du trône; il était plein d'anxiété et d'alarmes sur l'avenir du fils du duc de Berry, sur le sort de ces trois générations de rois violemment précipités dans l'exil. Il répétait sans cesse : « Que vont-ils devenir ? quel sera le sort de cet enfant ? » Au seul nom de Charles X, il fondait en larmes[1].

[1] « Les événements de Juillet avaient profondément affecté le prince : il regrettait dans Charles X un ami, gémissait sur les nouveaux malheurs qui accablaient cette famille, si longtemps malheureuse et qui était la sienne. Je l'ai vu pleurer à cette pensée, inséparable pour lui de l'avenir de la France, qu'il chérissait, et sur laquelle il pleurait aussi. » (*Vicomte* de Belzunce, *gentilhomme de la chambre* du duc de Bourbon : *Dépos.* à Bayonne.)

Il avait renoncé à la chasse, son passe-temps favori, et l'un des plus impérieux besoins de son existence. Se rappelant les malheurs qui avaient signalé la première révolution, il redoutait de semblables orages : la tourmente de 1830 pouvait-elle être plus pure d'excès ? Sa petite cour, aussi divisée d'opinion et de sentiments que les grandes, entretenait en lui ces appréhensions : elle lui faisait voir en perspective une nouvelle persécution de la noblesse. On avait démesurément grossi à ses yeux les désordres commis à Saint-Cloud après le départ de Charles X. Il était rempli de crainte, moins encore pour lui que pour ses serviteurs.

J'ai dit que, sous couleur de recueillir d'utiles informations, madame de Feuchères était continuellement sur la route de Paris. Les événements n'avaient en rien modifié son caractère; elle exerçait dans la maison du prince le même esprit de domination, un tyrannique empire : son action même s'y faisait sentir plus despotique que jamais. Sous prétexte de sécurité, elle fit effacer les armoiries des livrées et des voitures. A sa suggestion encore, le duc de Bourbon décida de ne plus porter d'autre titre que celui de prince de Condé, plus populaire que celui de Bourbon. Il prescrivit en même temps les précautions à prendre pour la protection de ses domaines. A cette fin, il rédigea une sorte de proclamation qu'il se proposait d'afficher aux portes du château de Saint-Leu [1].

[1] « La seconde fois que j'eus l'honneur de voir le prince, le 10 ou le 11 août dernier, il me demanda avec empressement ce qui

Nées de l'explosion du moment et surtout mal fondées, ces terreurs ne pouvaient être durables. L'ordre matériel une fois rétabli, on vit renaître le calme dans l'esprit du duc de Bourbon : il revint à ses habitudes ordinaires. Aussi bien l'hygiène du vieillard ne comporte point les soucis dévorants, les afflictions prolongées. En cela le duc de Bourbon subissait la loi commune. Charles X, la fille de Louis XVI, la famille du duc de Berry, étaient sans doute pour lui le sujet de poignantes anxiétés; mais celles-là, aussi, devaient s'émousser, et

se passait à Paris et ce qu'on disait de lui. Je pris la liberté de lui dire que tout paraissait rentré dans le calme, qu'aucun pillage n'avait eu lieu, que Monseigneur était aimé, etc., et qu'il n'avait point d'ennemis. A quoi il daigna me répondre, en souriant : « Oh ! j'en connais, moi : ce sont les lièvres et les lapins auxquels je fais une cruelle guerre. »

« Il eut alors la bonté de me dire que le pillage du château de Saint-Cloud l'avait effrayé; qu'il craignait que les voleurs, comprimés dans Paris, ne se répandissent dans la banlieue et ne pillassent les châteaux et les propriétés particulières, et, prenant sur sa table un papier plié, il ajouta, en agitant ce papier : « Croiriez-vous que, moi aussi, j'ai fait une proclamation que je me proposais de faire afficher, et par laquelle je déclare que j'ai donné tout mon bien au roi Philippe, et dans laquelle je recommande de ne faire de mal à aucun de mes serviteurs; accablé d'années et d'infirmités, je n'ai plus qu'à mourir. » (Hostein : *Dépos.* à Paris.) Manoury confirme ce témoignage : « M. Hostein, dit-il, venait presque tous les dimanches à Saint-Leu; je l'y ai vu depuis Juillet. Un jour, me promenant avec lui, après qu'il eut quitté le prince, je lui dis : « Vous avez été bien longtemps avec Monseigneur? » M. Hostein répondit : « Ce bon prince, ne s'est-il pas avisé de faire une proclamation ! » Je ne me rappelle pas assez, pour les retracer, les détails que me donna M. Hostein; mais c'était le jour même. » (150e *Dépos.* de l'instruction de Paris.)

finalement disparaître. « Bonnie, disait-il à son chirurgien, nous n'avons plus que deux bonnes nouvelles à apprendre : l'arrivée de Charles X à sa destination et la certitude que sa santé n'est pas altérée, et alors nous pourrons reprendre nos habitudes. » Effectivement, dès qu'il connut l'embarquement sans accident de la famille royale à Cherbourg, il recouvra toute sa sérénité et revint à son genre de vie ordinaire.

La révolution de Juillet lacérait en quelque sorte le testament fait, un an auparavant, en faveur du duc d'Aumale. Le duc de Bourbon avait testé surtout sous l'empire de cette idée, qu'en sa qualité d'héritier du trône, le fils du duc de Berry pouvait se passer de ses libéralités. Aujourd'hui, sous le coup et l'impression des événements, les plus vives répugnances lui revenaient contre un acte qu'on n'avait réussi à lui arracher qu'à force d'obsessions et d'importunités. Il lui échappait, parfois, des paroles significatives à ce sujet ; aussi, dans son entourage, s'attendait-on à un nouveau testament qui annulerait le premier.

Il importait extrêmement à Louis-Philippe de combattre un pareil revirement d'idées. On a dû remarquer qu'au cours des événements récents, si graves et si imprévus qu'ils fussent, ni lui ni sa famille n'avaient un seul instant perdu de vue le duc de Bourbon. A leurs soucis politiques, se joignait l'appréhension non moins cuisante de laisser échapper une si riche proie. Malgré le fardeau des affaires dont il était surchargé, Louis-Philippe trouvait encore le temps d'appliquer à cet objet ses soins particuliers. Déjà il avait multiplié les messages à l'effet de rassurer son vénérable oncle. Comprenant bien que c'en était fait de l'héritage, si le prince venait à quitter la France, il était décidé à mettre tout en œuvre pour l'y retenir. A cette époque, le *cabinet noir*, à la poste, fonctionnait principalement à l'égard du duc Bourbon ; ses lettres ne lui étaient remises que préalablement examinées. Le colonel de Rumigny, aide-de-camp de Louis-Philippe, s'entendait pour cela directement avec le chef de service: M. Chardel, nouveau directeur général des postes, était complétement laissé à l'écart. Je dirai plus tard la lettre adressée au prince de Condé par Charles X, que Louis-Philippe fut véhémentement soupçonné d'avoir interceptée. Cette condition subalterne et humiliante finit par dégoûter M. Chardel, qui, à la première occasion, s'empressa d'échanger sa place de directeur général des postes contre un siége à la Cour de cassation.

La surveillance des relations du prince ne constituait toujours qu'une précaution bien insuffisante pour l'objet en question. Afin de mieux s'assurer de ses dispositions, la famille d'Orléans estima que ce n'était pas trop d'une visite de la nouvelle reine en personne à Saint-Leu. La démarche décidée en principe, on n'attendait plus, pour l'accomplir, qu'une occasion favorable.

Les craintes du Palais-Royal étaient partagées, et dans une large mesure, par madame de Feuchères. Elle, aussi, n'était rien moins que tranquille sur le sort des dispositions de 1824 et du dernier testament. A la longue, elle s'était moralement usée dans ses rapports impérieux avec le prince. Depuis les scènes d'août 1829, il avait conservé une impression pénible des violences de la baronne : son refroidissement à son égard devenait chaque jour plus marqué. Sa confiance en elle avait complétement disparu ; il était contraint et inquiet en sa présence. Naguère encore, madame de Feuchères tenait le prince dans un état d'asservissement absolu, au point d'exiger qu'il se rendît chez elle pour ouvrir les lettres qui lui étaient adressées. Le duc de Bourbon venait de s'affranchir de cette dépendance, et, contrairement encore à une ancienne habitude, il ne descendait plus chez elle avant le dîner. Prononcé devant lui, le nom de madame de Feuchères le faisait tressaillir. Il se rappelait que le baron de Feuchères lui avait autrefois écrit « qu'il eût à se méfier d'elle, parce qu'elle était capable de se porter à tous les excès [1]. » Si la baronne demandait à être admise auprès de lui, il en témoignait de l'impatience. « Qu'est-ce que cette femme me veut ? » disait-il ; et il paraissait préoccupé, presque tremblant. Les changements qui s'étaient opérés dans

[1] « Je sais que M. de Feuchères a écrit au prince pour lui témoigner ses regrets d'être dans la nécessité de le quitter ; qu'il y était contraint par les scènes que lui faisait éprouver madame de Feuchères ; il engageait le prince à se méfier d'elle ; qu'elle était capable de se porter à tous les excès. Manoury m'a montré cette lettre. » (Dupin, *valet de chambre : Dépos.* à Paris.) On pense bien que la lettre ne s'est pas retrouvée dans les papiers du duc de Bourbon.

son esprit ne se rapportaient pas exclusivement à elle; ils s'étendaient encore aux gens qu'elle avait placés autour de lui, comme espions, pour le surveiller. Le valet de chambre Lecomte, en particulier, était pour lui un sujet de répulsion. C'était un ancien coiffeur de la rue de la Paix que madame de Feuchères avait pris à son service, pour son habileté à la coiffer. Depuis, elle l'avait imposé au prince, comme valet de chambre. Mais il n'avait aucune confiance en lui : une sorte d'instinct confus l'avertissait du péril, et d'où il devait venir[1].

[1] *Comtesse* de la Villegontier. — « En apprenant de la femme Collin, le 13 août, que Lecomte était le valet de chambre de service, je ne pus m'empêcher de m'écrier : *Ils l'ont assassiné!*

D. Pourquoi, en apprenant que Lecomte était de service auprès du prince lors de sa mort, avez vous dit : « *Ils l'ont assassiné?* »

R. « Je savais que Lecomte avait été imposé au prince par madame de Feuchères, en qualité de valet de chambre, parce que Lecomte coiffait très-bien, et qu'elle désirait l'avoir constamment à sa disposition; je savais que le prince, qui n'aimait pas à voir de nouveaux visages autour de lui, s'était longtemps refusé à admettre Lecomte à son service; mais il avait fini par y consentir à force d'importunités, comme il faisait toujours. Madame de Feuchères avait même interverti, à son égard, l'ordre établi dans la maison du prince et avait exigé que Lecomte mangeât à l'office, avantage dont n'avaient jamais joui les autres valets de chambre du prince. Lecomte, d'après ce que j'avais entendu dire, ne jouissait pas d'une bonne réputation dans son quartier; et Monseigneur le regardait comme un espion placé auprès de lui par madame de Feuchères. Ce sont là les seuls motifs qui m'ont arraché cette exclamation : *Ils l'ont assassiné!* J'ajoute que la manière dont il remplissait son service auprès de Monseigneur était malhonnête et même brutale. » (124e *Dépos.* de l'inst. suivie, à Paris, par M. le conseiller de la Huproye.)

A quels excès madame de Feuchères en était venue à se porter sur la personne du faible duc de Bourbon, de quelles terreurs cette triste victime demeurait pénétrée vis-à-vis d'elle, c'est ce qu'on ne croirait jamais, si l'instruction criminelle ne fournissait à cet égard des preuves irrécusables. Ainsi, le 11 août, quatorze jours seulement avant la catastrophe, Obry, de Chantilly, filleul affectionné du duc de Bourbon, rencontre au château de Saint-Leu, à huit heures du matin, dans le corridor qui précède son appartement, le prince en simple caleçon, sans bas ni souliers, et en proie à une agitation extraordinaire. S'étant permis de lui en demander la cause, le duc de Bourbon lui confie que madame de Feuchères est *une méchante femme*, et qu'elle l'a frappé ; et, lui montrant son œil gauche ensanglanté et sa figure portant des traces d'ongles : « Voyez, dit-il, dans quel état elle m'a mis ! » Ces mots « madame de Feuchères est une méchante femme » revinrent plusieurs fois à la bouche du prince, qui, regrettant peut-être la confiance qu'il venait de témoigner à son filleul, lui fit promettre de n'en rien dire.

Ne voulant pas faire la même confidence à Manoury, pourtant son valet de chambre de confiance, il lui dit, en lui montrant son œil, quand il entra le matin dans sa chambre : « Tenez, voyez cela ; je me suis heurté à la table de nuit. » Manoury ayant pris la liberté de faire observer au prince que la table de nuit avait moins de hauteur que le lit, le duc de Bourbon ne répondit rien. Une demi-heure après, il dit à ce valet de chambre : « Vous saurez si madame de Feuchères déjeune à table, et vous me le direz ; vous ne ferez semblant de rien. » Manoury revient quelque temps après, et apprend au prince que la baronne a commandé à déjeuner dans son appartement pour deux personnes, et qu'après le déjeuner, elle doit se rendre à Paris.

Il revient à onze heures et demie, pour le déjeuner du prince. Dans l'antichambre est dressée une petite table au-dessous de laquelle on place un tapis de toile, pour préserver le tapis ordinaire. En le posant, Manoury aperçoit une lettre qui passe sous la porte de l'escalier de service[1]. Il la ramasse et la porte au prince. Le duc de Bourbon s'en saisit avec précipitation, la lit et en paraît extrêmement troublé. Après le déjeuner, il dit à Manoury : « Eh bien ! vous n'avez pas cru à l'histoire de la table de nuit ; vous aviez raison, j'ai failli me tuer. » Et là-dessus, il raconte que, reconduisant la baronne, après une vive discussion, le pied lui a manqué sur la première marche de l'escalier, qu'il est tombé sur le côté gauche, que sa tête a porté et qu'il s'est blessé à l'œil. Cette seconde explication parut au serviteur aussi invraisemblable que la première, car il était évident que, dans l'un et l'autre cas, le contour extérieur de l'œil ne fût pas resté intact, comme il l'était ; rien, ni sur le nez, ni sur la partie supérieure

[1] Ou escalier dérobé. Voy. *Procès-verbal de description* de cette portion du château, et les *Plans*, à la fin du volume.

de l'orbite, ni sur la joue, n'indiquant la plus légère contusion, il était manifeste que l'état où on le voyait ne pouvait provenir que d'un coup directement porté. Au surplus, la chute n'était pas douteuse; et Manoury s'était empressé de frotter le prince avec des eaux spiritueuses, là où se trouvaient des meurtrissures assez étendues[1].

[1] A l'évocation de la procédure criminelle à Paris, lors de sa première comparution, comme témoin, devant M. de la Huproye, conseiller-instructeur, madame de Feuchères niera les violences auxquelles elle s'est portée, le 11 août, sur la personne du prince: elle invoquera même un *alibi*. Mais elle est confondue par les témoins, qui attestent sa présence à Saint-Leu toute la matinée de ce jour. Elle soutient encore qu'elle n'a appris l'accident qu'à Paris, de la bouche de M. de la Villegontier. Mais ce dernier, à son tour, déclare qu'il n'en a parlé à madame de Feuchères, que comme d'une *chose parfaitement connue d'elle*. Finalement, malgré sa présence d'esprit et son adresse à éluder les questions embarrassantes, elle s'égare dans un labyrinthe de contradictions, et tombe dans des divagations dont le magistrat demeure frappé. A sa fausseté démontrée, l'*alibi* se retourne d'une façon accablante contre la baronne. On a peine à comprendre qu'à l'issue de cet interrogatoire, le magistrat l'ait laissée sortir libre de son cabinet: dans tout autre affaire, contre un pareil témoin, le juge d'instruction n'eût pas manqué de décerner un mandat de dépôt. Les confidences de M. de la Huproye à M. Monmerqué et à M. Vanin, ses collègues à la Cour, expliquent sa conduite, sans la justifier. Le procureur général Persil lui a intimé, de haut lieu, la défense de rien entreprendre, « quoi qu'il arrive », contre la liberté de madame de Feuchères. Cependant M. de la Huproye s'ouvre à M. Vanin de l'obligation pour lui, du devoir même qui lui incombe, de la faire arrêter. — « Oui, répond ce conseiller; mais êtes-vous sûr d'être soutenu par la Cour? » (*Papiers* de M. Monmerqué. *Note* de sa main, communiquée par M. Boullée.)

Le 20 août, conformément à la résolution arrêtée au Palais-Royal, la nouvelle reine se rendit à Saint-Leu, sous prétexte de remettre à son auguste parent le grand cordon de la Légion-d'honneur ; elle devait en même temps l'inviter à siéger à la Chambre des pairs. Marie-Amélie prodigua au vieillard ses épanchements : « Considérez-moi toujours, lui dit-elle, non comme reine, mais comme votre nièce bien-aimée, qui vous chérit[1]. » Encore bien que la révolution de Juillet eût ranimé chez le duc de Bourbon ses vieilles antipathies contre la maison d'Orléans, il accueillit cordialement sa parente et se montra touché de sa visite. Mais sa détermination était prise de n'accepter du régime nouveau aucune dignité : il fut inébranlable dans son refus de paraître à la Chambre des pairs. Au château de Saint-Leu, on demeura surpris que, mettant de côté toute étiquette, la reine se fût entretenue en particulier et longuement avec madame de Feuchères.

Les irrésolutions du prince de Condé étaient arrivées à leur terme. Son parti était irrévocablement pris d'en finir avec ses tortures morales, avec d'insupportables angoisses, avec les tourments sans cesse renaissants de son intérieur. Dans la nuit qui suivit la visite de la reine, un cavalier se dirigeait vers le château de Saint-Leu par la route du parc, moins sonore que celle des cours : c'était M. de Choulot, capitaine général des chasses du duc de Bourbon. Il était attendu, et Manoury l'introduisit avec précaution dans la chambre du prince.

[1] *Baronne* de Flassans : *Dépos.* à Pontoise.

« Mon parti est pris, dit celui-ci, en l'apercevant. La reine m'a aujourd'hui même apporté la grande plaque de la Légion-d'honneur. On veut que je figure à la Chambre des pairs. Vous comprenez que c'est impossible. » La fuite fut résolue.

Le prince avait confié à M. de Surval la garde de ses diamants, avec recommandation expresse de n'en parler à personne, surtout à madame de Feuchères. Dans les derniers jours de juillet, il s'était fait remettre par son intendant un million en billets de la Banque de France, également sous le sceau d'un secret absolu à l'égard de la baronne. « Elle se doutera bien, lui dit-il, que vous m'avez apporté de l'argent; mais dites-lui que je n'ai pris que 60,000 francs. » Dans le courant d'août, M. de Surval, à qui le prince rend le million, veut lui remettre son reçu; mais il s'y refuse, en disant qu'il « considère ce million comme étant toujours à sa disposition, pour l'emploi qu'il en compte faire. » A l'importance de la somme, on comprend que la destination n'était autre qu'une expatriation, et le chiffre que le prince avait dit d'accuser à madame de Feuchères n'avait évidemment pour but que de lui faire prendre le change sur la résolution bien arrêtée de départ. « Il est certain, dépose un témoin, que, dans les derniers temps, le prince manifestait l'intention de secouer le joug de madame de Feuchères, et que c'était là le motif qui le portait à s'éloigner [1]. »

[1] *Baron* de Préjean : *Dépos.* à Pontoise. — Interrogée par le conseiller-instructeur sur ce projet de voyage, qui a pour but de

C'était Manoury que le duc de Bourbon avait chargé des apprêts du voyage, en lui recommandant le plus profond secret, principalement à l'égard de madame de Feuchères. « Elle est fine, lui dit-il, elle cherchera à vous tirer les vers du nez ; prenez bien garde de lui laisser rien entrevoir de mes projets. » Il lui remet deux billets de mille francs avec commission de louer une voiture à Paris. Manoury doit prendre des chevaux de poste et se rendre, non à Saint-Leu, mais derrière la forêt de Montmorency, sur la route de Beaumont. La voiture attendra le prince au village de Moisselles. Pour la rencontrer il n'a qu'à traverser la forêt, ce qu'il lui est facile de faire sans éveiller les soupçons, sous prétexte de chasse. « Si vous ne revenez pas ce soir, dit-il au valet de chambre, je saurai ce que cela veut dire. » La nécessité de se munir d'un passe-port, ou plutôt la simplicité de Manoury fait tout échouer. Pour l'obtenir, cet honnête nigaud croit indispensable de s'adresser au premier gentilhomme du prince, M. de la Villegontier, sorte de gobe-mouches, qui ne voit et n'entend que par les yeux et les oreilles de sa femme. Il ne pouvait manquer de lui en parler, et madame de la Villegontier, qu'on nous dépeint comme une mijaurée étourdie et babillarde, laisse à son tour éventer le secret, qui n'en est bientôt plus un pour madame de Feuchères. La tentative de fuite avortait.

s'éloigner d'elle, madame de Feuchères lui fait, sans sourciller, cette bonne, j'allais dire bouffonne réponse : « Je n'y crois pas ; il me l'aurait confié ! »

Parfaitement instruite des intentions du prince, madame de Feuchères fera dorénavant bonne garde; elle est bien résolue à ne point se laisser prendre au dépourvu. Les moindres démarches du duc de Bourbon sont épiées : la vigilance de la baronne est continuellement en éveil. En prévision de l'avenir et à tout événement, elle se fait délivrer, par la maison Rothschild, une traite d'un demi-million sur Londres, et, de plus, elle se ménage une retraite secrète rue de Courty, à Paris[1]. Flassans, son neveu, est la seule personne à qui elle en fait confidence. Ces précautions insolites n'étaient certainement pas étrangères au coup qui se préparait.

Le projet de fuite à l'étranger ne pouvant recevoir son exécution, il fallait bien en revenir à Chantilly, et cependant les terreurs du duc de Bourbon allaient toujours augmentant. Le 22 août, quatre jours avant la catastrophe, il exprime à Manoury le désir de le voir coucher à la porte de sa chambre. Manoury, serviteur fidèle et dévoué, mais de l'espèce de ceux qui s'autorisent de leur dévouement pour faire continuellement la leçon à leurs maîtres, lui objecte que cela pourra paraître étrange aux autres valets de chambre; qu'il faut donner cet ordre à Lecomte, valet de chambre de service. « Oh! non, répond vivement le duc de Bourbon; il n'y a qu'à laisser cela. » Lamentable témoignage de la trop juste suspicion dont le prince

[1] *Lettre* de Flassans au général Lambot, dans les *Papiers* de M. Lambot.

était tourmenté et de la façon dont il appréciait lui-même les dangers de sa position[1] !

A la célébration de la Saint-Louis, le 25 août, jour anniversaire de sa fête, le duc de Bourbon reçut les autorités de Saint-Leu. Il fit preuve, en cette circonstance, de son affabilité ordinaire, et se montra particu-

[1] Plus tard, lors du procès civil relatif au testament, on verra Me Ph. Dupin, avocat du duc d'Aumale, s'entendre avec Me Lavaux, avocat de madame de Feuchères, pour attribuer à cette circonstance une singulière signification. Cet imperturbable avocat ne craint pas d'affirmer que le prince entendait par-là se défendre contre le « penchant irrésistible qui l'entraînait au suicide ! » Comme si, dans cette hypothèse, il eût suffi de placer le surveillant dans le salon, où, sans doute, il était possible de protéger le duc de Bourbon contre les entreprises du dehors, sans pouvoir le sauver de lui-même. En fait d'allégations controuvées, de mensonges, d'impostures de toute espèce, on ne sait, en vérité, auquel de ces deux avocats on doit décerner la palme. Certes, Me Ph. Dupin déploie un rare talent d'effronterie, une fertilité d'invention peu commune. Mais ensuite que dire de Me Lavaux, tressant, en pleine audience, des couronnes de pudicité pour sa cliente ! Il soutient qu'il n'est pas vrai que le duc de Bourbon ait jamais entretenu des relations intimes avec madame de Feuchères. « C'est là, dit-il, une atroce calomnie : l'amitié la plus pure, l'amitié seule a constamment présidé à leur longue vie commune. » (*Gazette des Tribunaux*, 24 décembre 1831 ; *Causes célèbres*, t. XIV, p. 168.) L'impudente affirmation de Me Lavaux avait provoqué, à l'audience et au dehors, un éclat de rire universel. Me Ph. Dupin craignit d'avoir sa part du ridicule dont s'était couvert l'avocat de la baronne ; il jugea donc à propos de dégager son opinion de celle de son confrère, et, pour cela, il lui infligea un démenti public, en reconnaissant « l'illégitimité des liens qui unissaient le duc de Bourbon à madame de Feuchères. » (*Gazette des Tribunaux*, 8 janvier 1832.)

lièrement touché des témoignages d'affection que lui prodiguèrent les habitants. Ces démonstrations d'un attachement aussi vif que sincère auraient suffi à dissiper ses inquiétudes touchant sa sécurité parmi eux, s'il avait pu encore en conserver.

Dans l'impossibilité d'échapper par la fuite à l'enfer de son intérieur, le malheureux prince en était maintenant réduit à aviser aux moyens de pourvoir à la sûreté de ses jours. Le 25 août, il annonce à M. de Surval qu'il partira le lundi suivant 31 pour Chantilly, et il lui recommande de n'en rien dire à personne [1]. C'est ainsi que, dans son impuissance à se dérober autrement à madame de Feuchères, il est conduit à ce projet de retour à Chantilly, lequel, dans l'ordre accoutumé des choses, ne devait avoir lieu qu'au mois de septembre. Guy, son vieux valet de chambre, transportera les fusils de chasse à Chantilly, où le prince ne tardera pas à se rendre. Et telle est l'impatience du duc de Bourbon d'arriver à cette résidence où un instinct conservateur lui dit d'aller chercher un asile, qu'il recommande à Dubois, son architecte, de presser les travaux que de nouveaux aménagements nécessitent. Il devra déployer toute l'activité possible pour que l'appartement du prince soit prêt le 31 août, « dût-on même y passer la nuit [2] ! »

Le lendemain 26, à huit heures du matin, nouvelle et violente scène entre le duc de Bourbon et madame

[1] *Baron* de Surval : *Dépos.* à Paris.

[2] Dubois, *architecte : Ibid.*

de Feuchères. A la suite d'une altercation prolongée, le prince ouvre tout-à-coup la porte de son salon avec de grands éclats de voix, et pousse dehors la baronne avec ces mots : « Laissez-moi tranquille ! » Il a refermé sur lui la porte avec violence, contre son habitude ; et, rentré dans son appartement, pâle et en proie à une extrême agitation, il se fait donner par Manoury de l'eau de Cologne [1].

[1] *Baron* de Préjean. — « Le 26 août, sur les huit heures et demie du matin, madame de Feuchères demanda à parler au prince. Cela donna lieu à une scène assez violente dans le cours de laquelle on entendit répéter plusieurs fois le nom de M. de Choulot, et le prince s'écrier : « Non, madame, cela ne sera pas. » Monseigneur ouvrit la porte de son salon donnant sur le corridor, et la referma très-vivement après que madame de Feuchères fut sortie... Manoury le retrouva dans sa chambre, et lui donna de l'eau de Cologne qu'il demandait. (*Dépos.* à Paris.)

Comte de la Villegontier. — D. « Le 26 août, veille de sa mort, une scène assez violente n'a-t-elle pas éclaté entre le prince et madame de Feuchères ?

R. « Cette scène eut lieu le matin, vers neuf heures, dans l'appartement de Monseigneur. On entendit le prince exprimer fortement un refus ; il prononça le nom de M. de Choulot. Lorsque madame de Feuchères fut sortie, Manoury trouva Monseigneur assis sur le petit canapé, devant la croisée à l'est, dans une extrême agitation ; il fut même obligé de lui donner de l'eau de Cologne. (*Ibid.*)

Manoury.— D. « Dites ce que vous savez sur la scène qui aurait eu lieu, le 26 août, entre le prince et madame de Feuchères ?

R. « Ce jour-là, sur les huit heures et demie du matin, j'ai entendu beaucoup de bruit dans le salon où était le prince avec madame de Feuchères. J'ai entendu prononcer plusieurs fois le nom de M. de Choulot ; j'ai vu le prince ouvrir la porte de son salon à madame de Feuchères, en lui disant : « Laissez-moi tran-

M. de Choulot avait reçu, le 24 août, à Chantilly, une dépêche qui le mandait à Saint-Leu le 27, à dix heures du matin. A l'issue de la scène qu'on vient de voir, un nouveau courrier lui est expédié pour qu'il arrive d'urgence à huit heures : il s'agit d'une communication importante. Ce jour-là, le prince doit se mettre en chasse à Chantilly : c'était un stratagème pour effectuer plus facilement son départ définitif de cette résidence.

Sur cette expectative, le duc de Bourbon retrouve sa gaieté ordinaire. Dans la journée, on lui annonce la visite de M. de Cossé-Brissac, qui vient l'entretenir d'affaires de service. Le prince lui fait un accueil plein de bonne humeur. Il engage avec bonté M. de Cossé à séjourner quelques jours à Saint-Leu, puis à y coucher au moins une nuit, et, sur le désir que lui témoigne celui-ci de retourner à Paris le même jour, il l'invite à dîner. A table, il a toute sa sérénité ; il boit et mange comme d'habitude [1].

quille ! » J'ai entendu Monseigneur refermer la porte avec violence, contre son habitude. Le prince étant rentré dans sa chambre pâle et dans une situation qui me parut extraordinaire, j'y entrai moi-même. Je vis le prince assis sur une banquette qui est le long de la croisée — est ; il paraissait préoccupé et me demanda de l'eau de Cologne. Je lui donnai le flacon qui était sur la cheminée. » (*Ibid.*)

[1] François, *valet de pied.* — « Le 26 août dernier, M. le comte de Cossé-Brissac dînait à Saint-Leu ; il parla des caricatures exposées dans Paris. Le prince, qui n'aimait pas qu'on parlât politique à table, fit signe à M. de Cossé de se taire. Le dîner fut gai ; le prince dîna très-bien. Au dessert, madame de Feuchères avait épluché des cerneaux pour le prince, qui se servait difficilement

Après le dîner, on passe au salon, où M. de Cossé-Brissac reste jusqu'à neuf heures et demie. Le duc de Bourbon se fait lire un article de journal, et prend part à la conversation avec sa liberté d'esprit ordinaire. M. de Cossé se retire, emmenant avec lui le général Lambot à Paris. Le prince reconduit son hôte jusqu'au vestibule.

On dresse une table de jeu. La partie se prolonge jusqu'à onze heures et demie. Le prince critique un coup et apporte au jeu son attention accoutumée. Il perd onze fiches, qu'il ne paie pas, en disant : « A demain. » Il se retire, après avoir souhaité le bonsoir à la compagnie, selon son habitude [1].

de sa main droite; le prince les refusa, ce qui me frappa... » *(Dépos.* à Paris*)*

Sallée, *valet de pied.* — « J'étais depuis treize ans valet de pied de Monseigneur. Le 26 août, je le servais à table; je l'ai vu aussi gai qu'à l'ordinaire ; il a bu et mangé comme d'habitude. » *(Ibid.)*

[1] François. — « Après le départ de M. de Cossé, le prince fit apporter une table à jouer. Je dois faire remarquer que, depuis les événements de Juillet, on ne jouait pas chez le prince : c'était le troisième jour qu'il en avait repris l'habitude. La partie dura jusqu'à onze heures et demie. En se retirant, le prince salua affectueusement toutes les personnes qui l'entouraient, en leur disant : « A demain. » *(Dépos.* à Paris.*)*

Baron de Préjean. — « M. de Cossé partit vers les neuf heures avec le général Lambot. — Au whist, qui dura jusqu'à onze heures et demie, le prince me fit observer que j'avais fait une impasse, contrairement aux règles du jeu, ce qui prouve qu'il avait toute son attention au jeu. Il perdit onze fiches et ne les paya pas en disant : « A demain. » *(Ibid.)*.

Comte de la Villegontier. — « J'ai remarqué que Monseigneur, qui ne parlait presque jamais et qui n'aimait pas que l'on parlât à

« Il était onze heures et demie, » dépose un témoin, « lorsque le prince se retira. Nous montâmes l'escalier avec Monseigneur, M. de la Villegontier, M. de Mollac, M. de Préjean et moi; il nous souhaita le bonsoir d'une manière très-affectueuse. Il était aussi calme que je l'aie jamais vu[1]. » Gens de cour et hommes du monde, doués d'autant d'habitude que de finesse d'observation, ces témoins ne pouvaient guère se tromper sur l'état moral du prince.

Le duc de Bourbon est dans sa chambre à coucher avec Lecomte, valet de chambre de service, et le chirurgien Bonnie, qui le panse tous les jours. Lecomte, en se retirant, demande à quelle heure il devra se présenter le lendemain. — « A huit heures, » répond le prince, avec sa tranquillité ordinaire.

Demeuré seul, il semble que le prince va échapper aux regards des hommes. Mais, le lendemain, on constatera qu'après le départ du chirurgien et du valet de chambre, il est resté fidèle à toutes ses habitudes. Ainsi, il a deux montres : l'une de chasse, qu'il remonte tou-

son whist, s'était exprimé avec critique et plus de gaieté qu'à l'ordinaire sur un des coups de cette partie, où, du reste, il fut le même que de coutume. » (*Ibid.*)

[1] *Baronne* de Préjean : *Dépos.* à Pontoise.

« On prétend que traversant le vestibule où étaient réunis ses gens, il leur aurait fait comme un signe d'adieu, qui leur parut extraordinaire; mais un seul témoin en dépose, le sieur Collinet, avocat, témoin étranger à la maison, et qui n'était pas, ce jour-là, à Saint-Leu; et il n'en dépose que par ouï-dire. » (*Notes particulières et inédites de M. de la Huproye, conseiller-instructeur.*)

jours lui-même; l'autre de ville, que remonte le valet de chambre de service, « parce que le prince était trop maladroit pour l'ouvrir [1]. » Le duc de Bourbon ne manque pas de remonter sa montre de chasse, et il inscrit au crayon sa perte au jeu. Il a encore l'habitude de faire un nœud à son mouchoir, quand il veut se rappeler le lendemain quelque chose. Le lendemain, on trouvera sous son oreiller le mouchoir avec un nœud.

On allumait toujours sur sa cheminée deux bougies que le prince éteignait. On plaçait également une bougie allumée dans l'âtre de la cheminée, derrière un garde-feu en fer-blanc. Le mouchoir noué et les bougies soufflées ne sont pas les seuls témoins qui attestent que le duc de Bourbon s'est mis au lit. Une infirmité l'obligeait de porter un bandage qu'il quittait chaque soir et cachait dans son lit : on le retrouvera également le lendemain[2].

Couché maintenant, le prince de Condé est sans doute livré au sommeil. Avant d'abandonner ses

[1] Dupin : *Dépos.* à Pontoise.

[2] Bonnie, *chirurgien.* — « Le prince était atteint d'une hernie inguinale du côté gauche; personne ne le savait que moi.... Je lui avais recommandé d'ôter le bandage tous les jours, en se couchant. J'en avais seulement prévenu les valets de chambre. » (*Dépos.* à Paris.)

Dupin. — « Le prince avait été atteint il y a longtemps d'une hernie, à la suite d'une chute de cheval. Son médecin lui avait prescrit l'usage d'un bandage, et dans les trois années qui ont précédé sa mort, il ne le quittait que la nuit; et quand il allait en voyage, on mettait dans la voiture un sac dans lequel étaient des bandages. Le prince ne voulait pas qu'on le sût. » *(Ibid.)*

sens au repos, il a probablement donné sa dernière pensée à son départ du lendemain pour Chantilly. Mais, de lendemain, l'infortuné prince n'en aura point : le malheureux, comme il s'est trompé de voyage !

M. de Choulot n'avait été évidemment mandé d'urgence, et si matin à Saint-Leu, que pour précipiter le départ. Le duc de Bourbon se proposait de partir à l'insu de la plupart des personnes de sa maison. Cette fois encore trop de personnes avaient été mises dans la confidence, pour que le secret n'eût pas transpiré. Madame de Feuchères était si bien instruite de la détermination du prince, qu'elle s'était empressée d'en aviser le Palais-Royal[1].

C'est alors que Louis-Philippe lui écrit cette lettre irréfléchie où il lui recommande d' « empêcher le départ du prince *à tout prix*[2] ! » Les associés comprenaient la portée du déplacement du duc de Bourbon; ils en avaient calculé la gravité, mesuré les conséquences. Il était indubitable que les testaments ne survivraient pas longtemps à l'émancipation du testateur. Mais comment empêcher sa fuite à l'étranger ? Madame de Feuchères ne vit d'autre moyen que le crime. De la missive souverainement imprudente de Louis-Philippe elle tira une interprétation sinistre, qui, certainement, n'était point entrée dans la pensée de son auteur. Ses dispositions étaient prises pour donner à la lettre un commentaire meurtrier.

[1] *Papiers* du général Lambot. (*Documents inédits.*)

[2] J'y reviendrai dans mon IVe volume.

Mais le crime, il fallait se hâter de le commettre à Saint-Leu : car, autant il était d'un accomplissement facile dans ce château, autant son exécution eût été entourée d'obstacles, hérissée de difficultés à Chantilly. C'est que la disposition des lieux et l'aménagement intérieur étaient loin d'être les mêmes dans ces deux résidences. A Chantilly, l'appartement du duc de Bourbon se trouvait naturellement disposé de façon à prévenir toute surprise. Le valet de chambre de service couchait dans une pièce attenante à la chambre du prince, de laquelle elle n'était séparée que par une cloison. Leurs lits étaient placés sur une ligne parallèle, de sorte que le serviteur entendait jusqu'aux moindres mouvements du maître. En outre, on ne pouvait arriver à la chambre du prince sans passer par celle du valet de chambre : les autres issues étaient fermées. A Saint-Leu, au contraire, le duc de Bourbon était dans le plus complet isolement. Le propriétaire de tant de splendides demeures n'y occupait qu'un logement réduit aux proportions exiguës et modestes d'un simple particulier[1].

Situé au premier étage, l'appartement du prince se composait de trois pièces ayant toutes vue sur le parc. C'était d'abord le salon *rouge*, où il recevait habituellement. Ce salon s'ouvrait par une porte d'angle sur la grande galerie qui traversait le château dans toute sa longueur. La seconde pièce, celle du milieu, était précédée d'un petit carré d'entrée avec porte dans le mur de

[1] Voy. *Procès-verbal de description*, dressé par l'architecte Grisart, et les *Plans*, à la fin du volume.

la grande galerie, ou corridor longitudinal. De ce carré d'entrée on pénétrait dans l'antichambre, ou cabinet de toilette, par une porte ménagée à droite, dans la cloison. Cette antichambre communiquait au salon par une porte dans l'angle du fond, à droite. En face de cette dernière existait une autre porte, celle-là vitrée, sans serrure, qui formait l'arrivée d'un escalier dérobé, ou escalier de service. Sur la même face, à proximité, et donnant également dans l'antichambre, était une autre porte établissant communication avec le vestibule, ou tambour d'entrée, de la chambre à coucher du prince.

L'escalier dérobé, depuis si tristement fameux, conduisait d'abord à un palier à l'entre-sol, pour descendre ensuite au rez-de-chaussée, où il aboutissait à un corridor qui menait à l'appartement de madame de Feuchères, et aussi, en face d'elle, à celui occupé par son neveu Flassans et sa femme.

La chambre à coucher du duc de Bourbon était éclairée par deux croisées, l'une sur la face principale du château, l'autre en retour sur le pignon. Cette chambre n'avait qu'une issue, pratiquée dans la cloison qui la séparait du tambour d'entrée, lequel, indépendamment de la porte de communication avec l'antichambre précitée, communiquait à gauche, par une autre porte, avec une garde-robe, qui, elle-même, s'ouvrait sur la grande galerie du château.

De l'autre côté de cette galerie, parallèlement et presque en face de l'appartement du prince, se trouvait le logement du général Lambot. Enfin, contiguë au général, et tout près du grand escalier, était la pièce occupée par le valet de chambre de service. Confiné au bout de la galerie, ce dernier ne pouvait être averti de ce qui se passait dans l'appartement du duc de Bourbon, qu'au moyen de la sonnette pendue à l'alcôve de sa chambre à coucher.

Ainsi relégué au fond du premier étage de son château, le prince, en cas de besoin, se trouvait dépourvu de toute assistance efficace [1]. Et, dans ces dernières

[1] « Le croiriez-vous? le prince était relégué au fond de son château, à l'une de ses extrémités; et, nonobstant son âge, ses infirmités nombreuses et habituelles, il était, pour ainsi dire, abandonné à lui-même, et hors de portée de tout secours. » (*Rapport-Minute* et *Notes particulières* de M. de la Huproye, conseiller-rapporteur.) C'est à M. Theurier de Pommyer, gendre de M. de la Huproye, et ancien juge au tribunal de la Seine, que je suis redevable de la communication des *Notes particulières*, auxquelles j'ai déjà fait des emprunts intéressants. Il ne faut pas confondre ces *Notes particulières* avec le *Rapport-Minute*, dont j'ai eu communication au greffe criminel, ainsi que des volumineux procès-verbaux de l'instruction judiciaire et des pièces annexées, grâce à un magistrat d'une exquise obligeance, M. le procureur-général Aug. Portalis. Essentiels à l'histoire, ces deux documents se complètent l'un par l'autre. Dans son *Rapport-Minute*, destiné à la Cour, le conseiller-rapporteur s'attache surtout aux éléments de criminalité, au côté particulièrement judiciaire; il omet beaucoup de traits et de particularités qu'il a dû pourtant recueillir, à l'effet de s'éclairer sur la moralité des personnes. On les trouve dans ses *Notes particulières*, où, par exemple, il relate les éclaircissements qui lui sont fournis par les valets de chambre Guy et Dupin, sur l'intrigue galante de madame de Feuchères avec l'Anglais Gordon, et sur ses relations intimes avec le général Lambot, tous détails qu'il a cru convenable d'éliminer de son *Rapport*.

années, madame de Feuchères avait su si bien disposer les choses, qu'il n'était entouré que de gens sous sa dépendance exclusive, et sur le dévouement desquels elle pouvait absolument compter. Autrefois, la partie de l'entresol placée directement au-dessous de l'appartement du prince, était occupée par ses serviteurs personnels, mais la baronne était parvenue à les en déloger, pour y installer les gens de son service particulier. Ainsi, la pièce située immédiatement au-dessous de la chambre à coucher du duc de Bourbon était originairement celle de Manoury, son valet de chambre depuis seize ans, et qui, dans cet emploi, avait succédé à son père. De cette chambre, on entendait le moindre bruit que pouvait faire le vieillard. Manoury avait dû l'abandonner aux époux Dupré, l'un valet de pied, l'autre femme de chambre de madame de Feuchères. Venaient ensuite : la veuve Lachassine, autrefois appareilleuse de son métier, et, aujourd'hui encore, attachée, au titre le plus équivoque, au service de la baronne ; puis la nommée Adèle, femme de chambre de madame de Flassans ; ensuite l'abbé Briant, mauvais prêtre bon à tout faire, maître de langues et secrétaire intime de la baronne, voire même son aumônier à ses heures perdues[1]. Enfin, au

[1] Régent de sixième au lycée Charlemagne, l'abbé Briant était entré au service de madame de Feuchères, en qualité de précepteur de son neveu James Dawes, depuis baron de Flassans. M. Theurier de Pommyer, gendre de M. de la Huproye, qui l'eut pour professeur à Charlemagne, nous assure qu'il s'y était signalé par un enthousiasme forcené pour Napoléon. C'était-là, il faut en convenir, un singulier titre à son introduction dans la maison du père de

rez-de-chaussée, se trouvait l'appartement de madame de Feuchères, lequel s'ouvrait sur le corridor qui conduisait, d'une part, au grand escalier du château, de l'autre, à l'escalier dérobé. De cette disposition des lieux il résultait que, par ce dernier escalier, on pouvait arriver librement jusqu'à la porte du prince, non-seulement des appartements intérieurs, mais aussi du parc et de la cour du château !

J'entre ici dans le vif de mon récit, l'assassinat du duc de Bourbon. Au moment de déchirer un voile jusqu'ici réputé impénétrable, je dois compte au lecteur du fondement de ma narration, de la nature et de l'origine de mes preuves [1].

l'infortuné duc d'Enghien. Le duc de Bourbon avait en suprême aversion ce prêtre intrigant et fourbe.

[1] C'est, en partie, au zèle pieux et à la persévérance d'un ancien serviteur du duc de Bourbon, M. Colin, que l'histoire sera redevable de la découverte de la vérité sur l'attentat de Saint-Leu. M. Colin, dénommé Colin *fils* dans l'instruction criminelle commencée à Pontoise, évoquée et poursuivie à Paris, est décédé dans cette ville, rue du Bac, en mai 1873. Né en quelque sorte dans la maison de Condé, au Petit-Bourbon, il était, lors de la catastrophe, employé à l'intendance du prince. Ses dépositions fournirent d'utiles renseignements à l'enquête ; surtout il exprima énergiquement sa conviction absolue de l'assassinat. Maintenu, en qualité de régisseur, par l'administration du duc d'Aumale, à raison de son intégrité et de sa capacité éprouvées, il avait conçu le dessein, qu'il suivit jusqu'à sa mort, de percer le mystère qui couvrait les derniers moments du prince de Condé. Conservant ses anciennes relations avec la haute et la basse domesticité du prince, il ne laissait échapper aucune occasion de recueillir les indices et renseignements capables de lui procurer la manifestation de la vérité. Mais sa position particulière était un obstacle à la divulgation du résultat de ses recherches.

Elles découlent principalement de deux témoignages essentiels, d'une portée inégale sans doute, mais tous deux d'une authenticité incontestable, rendus qu'ils ont été à des époques et dans des conditions qui mettent à l'abri de toute suspicion la véracité de leurs auteurs. J'ai, par-devers moi, deux versions aujourd'hui encore complétement inédites, touchant le crime de Saint-Leu. La plus grave résulte des révélations *in extremis* de Lecomte, le valet de chambre de service, comme on sait, dans la nuit fatale. Le récit de Lecomte est, de plus, corroboré et complété par les éclaircissements de sa femme. C'est au lit de mort, à l'adjuration solennelle qui lui en est faite, que Lecomte se décide à rendre enfin témoignage à la vérité. Il a compris la nécessité d'une réparation, même tardive, aux mânes du prince de Condé. Après le silence qu'il a trop longtemps gardé, il éprouve le besoin de débarrasser sa conscience d'un poids insupportable; il satisfait au devoir de laver la mémoire de son infortuné maître d'une imputation atrocement calomnieuse, de l'infamie du suicide.

Sur le forfait de Saint-Leu, les révélations de Le-

Ces recherches, M. Colin me les a communiquées. Il a fait plus: il s'est mis obligeamment à ma disposition pour les vérifier et contrôler, et poursuivre de nouvelles investigations. Sur ses indications et avec son concours, j'ai pu m'aboucher avec les derniers survivants de la domesticité du duc de Bourbon, leurs descendants et héritiers. J'ai eu communication, de la sorte, de papiers dont ils étaient loin de soupçonner toute l'importance. Il m'a donc été possible de me faire, pour ainsi dire, nouvel instructeur de l'affaire; et, à cette tâche, je n'ai épargné ni mon temps ni ma peine.

comte et de sa femme jettent une horrible clarté. Elles éclairent surtout d'un jour lumineux la procédure criminelle, en expliquant et en faisant parfaitement comprendre ce qui, en dehors d'elles, demeurait jusqu'ici ambigu, mystérieux, inexplicable. A nommer les personnes, à préciser les faits et les circonstances, comme le fait Lecomte, on sent tout-de-suite qu'on a affaire à un témoin oculaire qui rapporte simplement comment les choses se sont passées. Il y a là des affirmations et des signalements qui n'ont point de contrefaçon possible : ils sont d'une nature qui exclut toute possibilité d'invention, je dirais presque tout mélange du faux avec la vérité. Mais je ne vais pas jusqu'à dire que le témoignage de Lecomte soit exempt de toute réticence : au contraire, à sa sobriété de détails sur ce qui le regarde, je suis assez porté à croire, ou qu'il n'a pas eu le temps de tout dire, ou qu'il a volontairement retenu et emporté avec lui, dans la tombe, une part de la vérité.

Ce qui achève de mettre le sceau à la sincérité de Lecomte, pour ce qu'il a déclaré, c'est que, sur les faits essentiels, il est absolument d'accord avec le général Lambot, l'auteur de la seconde version. Ici, de nouvelles explications sont indispensables.

M. Lambot est décédé en 1844. Il a laissé de nombreux papiers, qui m'ont été communiqués. Un manuscrit y figure sous ce titre : *Éclaircissements sur l'assassinat de Mgr le duc de Bourbon, prince de Condé, et Observations sur la procédure criminelle*, etc. Ce sont les ébauches d'un travail que, sans doute, le général se proposait de publier à son heure. Dans l'état où il l'a laissé, ce mémoire étendu n'a jamais vu le jour, à notre connaissance du moins, et, probablement, il ne le verra pas de longtemps, à raison de la gravité des articulations et des personnalités qu'il renferme[1]. Le général ne fait pas mystère de la source de ses informations : il sait tout de Flassans, le propre neveu de madame de Feuchères, son confident, le dépositaire de ses secrets, avant la mésintelligence qui finit par éclater entre le neveu et la tante. Les détails que donne M. Lambot n'expliquent que trop bien son attitude ambiguë au cours de l'instruction criminelle, et, ensuite, le rôle équivoque qu'il n'a cessé de jouer jusqu'à sa mort. M. Lambot est en parfait accord avec Lecomte sur la désignation des assassins et sur les circonstances principales du crime ; il ne diffère guère que sur des faits accessoires, sur des détails secondaires. Et l'on ne saurait attribuer cette concordance à un concert préalable entre le général et le valet de chambre : car, outre qu'il est à peu près certain que, l'instruction criminelle close, ils ne se sont jamais revus, M. Lambot inculpe gravement Lecomte de complicité dans l'assassinat du prince de Condé. Il allègue à sa charge, et à deux reprises différentes, que, non-seulement dans la nuit du 26 au 27 août, mais *tout le temps de son dernier service auprès du prince, il a laissé ouverte la porte de l'escalier dérobé et libres les communi-*

[1] M. Boullée, qui en a eu comme nous communication, jugeait également sa publication impossible, en face d'intéressés encore vivants.

cations avec le dehors ; et il insinue clairement qu'il ne doute pas qu'en cela Lecomte n'ait obéi aux ordres ou, tout au moins, aux suggestions de madame de Feuchères.

De ces deux versions, je l'ai dit, la valeur intrinsèque ne saurait être réputée égale. En effet, acteur involontaire, ou plutôt témoin passif, du moins à l'en croire, dans la nuit du 26 au 27 août, Lecomte rapporte ce qu'il a vu ; le général, lui, a passé cette nuit-là à Paris, au Palais-Bourbon, où il est rentré tard[1].

Ses informations ne sont donc que de seconde main ; mais la provenance en est sûre : elles lui viennent de Flassans, que madame de Feuchères a eu soin, ce jour-là, de tenir éloigné du théâtre du crime. Est-ce de propos délibéré que le général s'est également absenté de Saint-Leu, dans la prévision du coup qui se tramait? C'est une question sur laquelle les données manquent, et que je laisse à résoudre à la sagacité du lecteur. Quant à moi, j'estime que le général n'a jamais été mis dans la confidence de l'horrible complot, malgré sa liaison intime avec madame de Feuchères. Mais il a pu le prévoir, ou autrement le soupçonner ; et il me semble impossible que, tout au moins, il n'en ait pas eu le pressentiment : il a dû, dès-lors, prendre ses précautions en conséquence. Un fait significatif, s'il ne justifie pas, fortifie du moins cette opinion : c'est le trouble étrange du général à la première nouvelle

[1] Son *alibi* est constaté d'une façon irréfragable dans la procédure criminelle.

qu'il reçoit, à Paris, de l'événement de Saint-Leu[1]. Dans tous les cas, même avant les confidences de

[1] Bladier *fils, chef de bureau à l'intendance.* — « La nouvelle de la mort du prince fut apportée au Palais-Bourbon vers dix heures. Une heure après, Colin fils annonça qu'il était monté le matin chez le général Lambot, qu'il lui avait remarqué un air abattu, et qu'en descendant il en avait fait l'observation à Chaponet, domestique du général; que Chaponet lui avait répondu que le général était fatigué, étant rentré tard. » (54e *Dépos.* de l'instruct. de Paris.)

Colin *fils, employé à l'intendance.* — « Il ne sait pas à quelle heure le général Lambot est rentré dans la nuit du 26 au 27; mais le 27, s'étant rendu à huit heures chez le général, pour recevoir ses instructions relativement à l'arrivée du prince, qui devait avoir lieu le lundi suivant, il le trouva la tête entre les mains et les coudes appuyés sur la table... » Ayant demandé à Chaponet ce qu'avait le général, Chaponet répondit : « Ah ! ce n'est pas éton-« nant, il est rentré tard, » sans indiquer l'heure. »

Sur une nouvelle et très-pressante interrogation du magistrat-instructeur, le témoin ajoute : « J'ai constamment dit que je ne croyais pas au suicide ; mais je n'ai jamais dit que je connusse l'auteur ou les auteurs de la mort du prince. » (55e *Dépos. Ibid.*)

Le bruit circula que M. Lambot avait dit, au Palais-Royal, en présence de M. de Rumigny, aide-de-camp du roi : « Il est bien heureux pour moi de n'être pas resté à Saint-Leu ; on dirait que je l'ai pendu ! » M. de Rumigny démentit le propos. Mais l'instruction relate une parole du même genre.

Baron de Surval. — « Je n'ai point entendu le propos prêté au général Lambot ; mais il m'a dit à moi-même, dans mon cabinet : « Ma foi, il est bien heureux pour M. de Flassans et moi que nous n'ayions pas été à Saint-Leu ce jour-là. » (7e *Dépos. Ibid.*)

M. de la Huproye, dans ses *Notes particulières*, relève à bon droit le caractère étrange de ces paroles. « En vérité, dit-il, on se demande si de telles pensées, surtout dans un pareil moment, peuvent venir à un honnête homme. »

Flassans, M. Lambot n'a jamais pu avoir le moindre doute au sujet du meurtre; et, le lendemain, ses agissements tortueux, sa conduite louche, ses efforts manifestes pour sauvegarder madame de Feuchères, ne sont pas de nature à réhabiliter ses torts, à recommander sa mémoire [1].

Flassans, brouillé avec sa tante pour des motifs d'intérêts, est mort prématurément à Calais, en 1831, au retour d'un voyage d'Angleterre, et, à ce qu'on présume, dans les convulsions de l'empoisonnement [2]. On frémit, à cette occasion, d'avoir à se demander si c'est un nouveau crime à porter au compte de madame de Feuchères.

Pour des motifs divers, où l'intérêt paraît encore occuper sa place ordinaire, M. Lambot, lui aussi, rompit de bonne heure avec madame de Feuchères. C'est ici qu'on désirerait qu'il se montrât plus explicite, moins sobre d'explications. Avant même la terminaison de l'instruction criminelle, le général, s'il ne devient pas l'ennemi

[1] « Le 28 août, lorsqu'on procéda à une enquête sommaire, Lecomte disait que c'était par ordre de madame de Feuchères qu'il avait été chercher Manoury; ce dernier disait également que c'était par ordre de madame de Feuchères que Lecomte était venu le chercher. Le général Lambot fit remarquer alors qu'il était inutile de faire figurer madame de Feuchères dans leurs dépositions, et effectivement cette circonstance n'y fut pas mentionnée. » (*Baron* de Préjean : *Dépos.* à Paris.)

[2] A l'examen du corps, le médecin de l'autorité déclara que la mort n'avait pu être « le résultat des causes qu'on lui attribuait ». Il n'y eut pas d'autopsie, et il ne fut pas donné suite à l'affaire. (Voy. *La Mode*, oct.-déc. 1831, p. 280.)

irréconciliable de la baronne, assure du moins qu'il n'a plus voulu la revoir. Dans les ménagements qu'il garde encore envers elle, surtout dans son silence à l'égard de son complice, faut-il voir des nécessités de position ? Quoi qu'il en soit, il est en relations suivies avec Flassans, jusqu'à la mort de ce dernier. J'ai sous les yeux une correspondance qui en fait foi, et atteste en même temps qu'il en reçoit de redoutables confidences, notamment lorsque ce neveu de madame de Feuchères récapitule au général ce qu'il « en a coûté à sa tante pour se tirer d'affaire ! »

Il serait difficile d'imaginer une position plus perplexe, plus fausse, que celle de M. Lambot de son vivant, et qui, au même degré, doit persister jusqu'à sa mort. Aide-de-camp et secrétaire des commandements du duc de Bourbon, longtemps amant de madame de Feuchères, instrument de la maison d'Orléans et affidé de Louis-Philippe, compagnon de libertinage de Flassans, et, avec lui, du complice de la baronne, il connaît parfaitement les auteurs et les circonstances du crime. Mais, encore bien que véhémentement soupçonné, à tort, selon moi, d'y avoir trempé, même clairement désigné dans un libelle retentissant[1], comme auteur principal du forfait, il ne croit pas qu'il lui soit possible de faire connaître la vérité. Il parlera donc pour ne rien dire, avec des réticences telles qu'elles paralysent entièrement l'action de la justice. C'est alors qu'il entreprend de concilier ce qu'il répute justement son devoir avec des

[1] *L'Appel à l'opinion publique*, p. 48, ainsi qu'on verra au prochain volume.

ménagements qui en impliquent virtuellement l'abandon. C'est une tâche contradictoire, inextricable que la sienne. Son devoir, c'est de déchirer le voile, de faire luire sans restriction la lumière, Mais, à raison d'antécédents particuliers, de sa liaison intime avec la baronne, peut-être même d'engagements secrets, il est l'esclave d'étranges scrupules. Il s'imagine faire assez, à disculper la mémoire du prince, à l'affranchir du stigmate du suicide, dans des déclarations répétées. Sans doute il désire ardemment que la vérité se fasse jour, mais il ne lui convient pas que ce soit par son organe. Dans mon IVe volume, j'aurai à retracer les conséquences qui découlent de ces singuliers agissements. On y verra à quels moyens bizarres, à quels pénibles détours le général a recours pour mettre la justice en action. On suivra ses démarches pressantes, multipliées, du moins à ce qu'il assure, auprès de M. de Canouville, de M. Dupin aîné, de M. Persil, de la princesse Adélaïde d'Orléans, enfin sa *Pétition* solennelle à la Chambre des pairs, à l'effet de provoquer une information complète, approfondie, sur les causes et les circonstances de l'assassinat du prince de Condé. Avec le besoin de se mettre en règle avec sa conscience, M. Lambot paraît sincère, à revendiquer, comme il le fait, l'accomplissement des devoirs qui incombent à la justice. Mais, constamment dominé par des préoccupations personnelles, il recule toujours devant l'obligation de lui en fournir les moyens. Il tient la vérité dans sa main, mais il ne peut se résoudre à l'ouvrir. Il en laissera seulement le dépôt intact à sa mort : triste et inadmissible compensation de sa conduite durant sa vie, que cette révélation posthume, inefficace et stérile !

Et ici, par une circonstance singulière, le général transmet son embarras à l'historien. En effet, le co-auteur du crime de Saint-Leu, le complice principal de madame de Feuchères, est aujourd'hui encore vivant, et même, à l'heure où j'écris, pas encore parvenu à un âge fort avancé. L'allégation peut paraître étrange, elle n'est pourtant que l'expression de la vérité. Oui, le second assassin du prince de Condé est toujours vivant. Nommé par Lecomte et sa femme, dénoncé par M. Lambot en termes si diaphanes [1], qu'il eût aussi bien fait de le désigner par son nom, il est impossible de se méprendre à son sujet, et rien ne m'a été plus facile que de vérifier son identité avec certitude. Mais il s'ensuit pour l'écrivain une condition difficile. La prescription couvre maintenant l'assassin, mais elle ne protége pas également mon récit. Et puis ce complice de madame de Feuchères n'est pas seul : il a des enfants, une famille honorable, au sein de laquelle il serait aussi téméraire qu'injuste de porter le trouble et la déconsidération. Lui-même occupe dans le monde une position assez élevée ; et, à cette occasion, qui n'admirerait les vicissitudes de la vie, le changement que le cours des années amène dans les personnes et dans les choses ! Donc, à une époque si rap-

[1] Dans ses *Éclaircissements*, M. Lambot, usant de termes plus que populaires, l'appelle, en trois ou quatre endroits, le *greluchon de madame de Feuchères*.

prochée de l'événement, l'histoire n'a pas encore acquis ses droits imprescriptibles. Aux écueils qui m'entourent, on comprend la nécessité où je suis de supprimer les développements, pour m'en tenir aux circonstances capitales. Ce n'est pas ma faute si, dans une narration forcément écourtée, l'intérêt se trouvera considérablement amoindri. Cet avertissement donné au lecteur, j'ai hâte de poursuivre mon récit.

On sait qu'indépendamment de sa liaison irrégulière avec le duc de Bourbon, madame de Feuchères entretenait de multiples relations, un commerce perpétuel de galanteries. Elle paraît y avoir porté un tempérament effréné : avec elle les amours marchent de front et à la file. Tous les officiers du prince, ou peu s'en faut, ont passé dans ses bras ; elle en est maintenant arrivée à recruter ses amants au dehors. Les premiers, aussi, on doit le reconnaître, n'étaient guère dignes de l'attacher : la plupart ne sont rien moins qu'estimables. Le plus marquant de tous, le général Lambot, avait longtemps paru son amant de prédilection. A son tour, il venait d'être supplanté, remplacé, un peu par sa faute, dans les goûts passagers de la baronne.

Flassans, son neveu, avait lié connaissance avec un homme un peu plus jeune que lui, que le service du corps auquel il appartenait avait mis en rapport avec les hôtes du château de Saint-Leu. Il l'avait associé à ses parties de plaisir, et présenté à M. Lambot, qui avait promis de s'employer à son avancement. Entre le protecteur et le protégé, il semble bien que la disparité de condition, l'inégalité du rang, et surtout la disproportion d'âge, eussent dû établir une ligne de démarcation infranchissable. Il n'en avait cependant rien été, ou elle s'était vite effacée dans la communauté du libertinage. Flassans avait également présenté à sa tante ce compagnon de plaisir. Sa bonne mine, sa belle prestance, son parler avantageux, avaient séduit madame de Feuchères, qui s'en était éprise et avait fait de lui son amant préféré. M. Lambot, à sa demande, s'était constitué son introducteur auprès du duc de Bourbon, qui, malgré sa répugnance naturelle pour de nouveaux visages, lui avait fait bon accueil à la considération de la baronne. Mais, avec la soif des plaisirs et du bien-être dont il était dévoré, cet individu était abîmé de dettes[1]. Madame de Feuchères les avait payées, conquérant par-là sur lui un avantage marqué, un ascendant redoutable. Dominé, maîtrisé par elle, cet homme ne s'appartenait déjà plus. C'était sur lui qu'elle avait jeté les yeux pour l'exécution de l'horrible dessein qu'elle couvait. Elle ne pouvait plus fatalement, plus funestement rencontrer. Tant il est vrai que le libertinage entraîne infailliblement à d'autres désordres, souvent même aux plus graves excès, et qu'il n'y a qu'un pas de la débauche au crime!

Dans le choix de cet instrument pour la perpétration d'un forfait qu'autrement, et réduite à ses seules forces,

[1] M. Lambot ajoute *dégradé par la détresse*, expressions qui me semblent quelque peu suggérées par le dépit. Nous comprendrions mieux *par la misère* : mais, pour M. Lambot, ces termes là sont peut-être synonymes. (*Papiers inédits* du général Lambot.)

elle eût été dans l'impossibilité de consommer, madame de Feuchères faisait preuve d'un infernal discernement, d'une satanique habileté. Déplorable témoignage de la portée de son esprit, de l'étendue de son jugement : d'avance elle ruinait les fondements de toute poursuite criminelle! Comment, en effet, diriger jamais ses soupçons sur un homme revêtu d'un pareil emploi, chercher un assassin dans une arme d'élite, dans un corps spécialement affecté à la sûreté des propriétés, à la sécurité des personnes, enfin en ce moment même préposé à la garde du château de Saint-Leu? Ainsi déroutée, déconcertée à l'origine, l'information criminelle serait forcément condamnée à s'agiter dans le vide. Et, au même but, elle allait faire converger d'autres moyens tels que la scélératesse la plus expérimentée est seule capable de les inventer.

De ce complice d'un attentat de longue main prémédité, M. Lambot, dans ses *Éclaircissements*, dit que la baronne avait « piqué sa crânerie ». On a peine à s'expliquer que de pareils termes se soient rencontrés sous la plume du général, autrement qu'au titre de bien triste épigramme, comme un trait sanglant d'ironie. Comme s'il y avait l'ombre de bravoure à coopérer à un si noir forfait, ou, plutôt, comme s'il n'y avait pas insigne lâcheté à s'en rendre complice, la nuit, sur un vieillard infirme, endormi et sans défense! Mais, de ces expressions mêmes, il est permis d'induire que madame de Feuchères avait fait jouer à l'égard de son abominable associé ses artifices et ressorts ordinaires.

J'ai emprunté presque tous les détails qui précèdent au général Lambot : le valet de chambre Lecomte va maintenant me servir de guide. Je n'ai plus, en effet, qu'à résumer les révélations soigneusement recueillies de sa bouche, touchant ce qui s'est passé, dans la nuit du 26 au 27 août, au château de Saint-Leu. Je pousserai l'exactitude jusqu'à reproduire ses expressions, me bornant à éliminer le nom de l'assassin et des indications trop caractéristiques. Le lecteur ne doit pas s'attendre ici à un tableau dramatique et émouvant. S'il en résultait pour lui quelque désappointement, je le prie de me le pardonner, par la nécessité où je suis de condenser la version de Lecomte dans un petit nombre de lignes d'une rigoureuse fidélité, mais, au demeurant, décolorées et ternes.

Donc, « le 26 août, à minuit, Lecomte a pris les ordres du duc de Bourbon pour son lever du lendemain. Il se retire, emportant avec lui la clef du cabinet de toilette, dont la porte communique avec la grande galerie du château[1]. Ce jour-là, il se couche un peu plus tard que de coutume.

» Vers deux heures de la nuit, on frappe à la porte de sa chambre : c'est Dupré, valet de pied de madame de Feuchères, qui vient le prévenir qu'il se passe certai-

[1] Trois portes de l'appartement du prince donnaient sur le grand corridor du château. Celle du salon et celle de la garde-robe restaient ordinairement fermées à l'intérieur. Le valet de chambre de service fermait celle du cabinet de toilette, ou antichambre, et emportait la clef. Le lendemain 27 au matin, on trouvera les deux premières fermées en dedans, comme d'habitude (Voy. *Plan* du 1er étage, à la fin du vol.)

nement quelque chose d'extraordinaire dans la chambre de Monseigneur, au mouvement inaccoutumé qui y règne: sa femme et lui ont entendu distinctement les allées et les venues de personnes. Lecomte ne peut s'expliquer ce bruit par la seule présence de madame de Feuchères ; d'ailleurs, à cette heure, elle n'a pas l'habitude d'aller retrouver le prince dans son appartement. Monseigneur serait-il indisposé? mais, alors, il n'eût pas manqué de l'avertir, au moyen de la sonnette tenue à sa portée dans l'alcôve. Il a dormi d'un sommeil léger, et n'a rien entendu. Là-dessus Lecomte s'habille.

« Sorti de sa chambre, il vient à peine d'ouvrir la porte de l'appartement du prince qui communique avec le grand corridor, qu'à la clarté du bougeoir qu'il tient à la main, il aperçoit deux personnes se dirigeant avec précipitation vers l'escalier de service. Lecomte s'élance à leur poursuite. Il les atteint; mais quelle n'est pas sa stupéfaction quand il reconnaît X... et madame de Feuchères! X..., fuyant par l'escalier dérobé, tire malencontreusement la porte vitrée, de façon que l'ayant refermée sur lui, madame de Feuchères est empêchée de le suivre. Lecomte se trouve de la sorte en face d'elle; sur le moment elle demeure interdite à son aspect.

« Cependant elle se remet de son trouble, et intime à Lecomte l'ordre de retourner dans sa chambre; et tel est le ton dont elle commande, que Lecomte n'ose désobéir. Il regagne donc lentement sa chambre, mais en proie à toutes sortes de pressentiments funestes. Il se jette tout habillé sur son lit. X... et madame de Feuchères lui reviennent continuellement à l'esprit. Il a l'idée confuse d'un grand malheur. Le matin, beaucoup plus tôt qu'il ne l'a déclaré dans l'instruction, il est à la porte de la chambre à coucher de Monseigneur. Elle est fermée au verrou, contrairement à son habitude. Lecomte frappe inutilement à plusieurs reprises et à coups redoublés, si bien qu'on a dû l'entendre du dehors, et il ne s'explique pas qu'aucun témoin n'en ait déposé dans l'enquête[1] ».

Tel est, en substance, quant au fait de l'assassinat, le récit de Lecomte. Ce valet de chambre se reconnaît coupable d'avoir célé aux magistrats le fait terrible de sa rencontre avec X... et madame de Feuchères. Mais, pour le surplus, il proteste qu'il est innocent du meurtre du duc de Bourbon. Et, devant la justice, il a constamment déclaré l'assassinat du prince.

Après Lecomte, sa femme a fourni des renseignements qui, corroborant et complétant les explications de son mari, font jaillir une épouvantable lumière sur la nuit ténébreuse du 26 au 27 août. Ainsi, la femme Lecomte a vu entre les mains d'Adèle, femme de chambre de madame de Flassans, une serviette, ou nappe-

[1] Au nombre de ces témoins, on ne saurait comprendre M. de la Villegontier. On verra plus loin que, ce jour-là, il était sorti à 6 heures du matin, pour se rendre auprès du curé de Taverny. Je supprime de la version de Lecomte, entre autres circonstances, ce qui a trait au rôle abject joué par la veuve Lachassine. Ceci soit dit pour qu'on ne suppose pas, dans la suite, que j'ai ignoré des particularités qui, un jour ou l'autre, ne peuvent manquer d'être révélées.

ron, maculée d'une façon bizarre. Ce linge était marqué de taches de tabac et de mucosités, froissé, roulé à ses extrémités d'une façon bizarre, comme s'il eût servi à étreindre un corps étranger. Adèle et elle en ont causé, ne pouvant comprendre comment il se trouvait dans la garde-robe de madame de Flassans, dont le mari ne prenait pas de tabac. La femme de chambre en a aussi parlé à sa maîtresse, qui a fait disparaître cette nappe. La femme Lecomte et son mari ont souvent réfléchi à cette particularité, et elle ne peut se défendre de penser qu'on s'est servi de ce linge pour étouffer le prince. Il est à sa connaissance que les époux Dupré ont reçu beaucoup d'argent de madame de Feuchères. Son mari et elle en ont également « obtenu des secours » , mais elle ne précise pas la somme. Elle ajoute que si son mari n'a pas tout révélé dans l'instruction, c'est qu'il était dominé par la terreur qu'inspirait madame de Feuchères, et qu'il redoutait sa vengeance.

Après ces détails fournis par la femme de Lecomte, il me faut revenir aux révélations posthumes du général Lambot. J'ai à signaler les points principaux sur lesquels il diffère de Lecomte, en relatant une circonstance que ce valet de chambre paraît avoir absolument ignorée. Mais, d'abord, un mot sur le fond et la forme des *Eclaircissements* de M. Lambot.

Écrit dans un style soldatesque, et souvent de mauvais goût, ce mémoire, dans maints endroits, tourne et dégénère en diatribe virulente, en satire amère contre la justice, particulièrement à l'égard des magistrats de la

Cour de Paris. On aurait peine à imaginer la violence de l'auteur et l'intempérance des formules dont il se sert pour bafouer la justice. Déjà, dans sa *Pétition à la Chambre des pairs*, M. Lambot s'était livré à une critique acerbe de la conduite et des actes de la magistrature dans l'enquête criminelle ouverte après la mort du prince de Condé. Il la taxe d'information incomplète; il reproche à M. de la Huproye *les omissions et les erreurs qui existent dans l'instruction qu'il a dirigée;* il accuse enfin la justice d'avoir *manqué aux devoirs les plus sacrés*[1]. Mais ici c'est bien autre chose : M. Lambot dépasse toutes les bornes. Son persiflage se déchaîne sans frein ni mesure; et, ainsi que je l'ai dit, il n'est tempéré ni par l'urbanité, ni par la délicatesse du goût. Le général fait ses gorges chaude celui qu'il appelle *le bonhomme la Huproye;* surtout il tourne en dérision *son manque absolu de perspicacité, qui*, selon lui, n'a rien d'égal que *son ingénuité et sa candeur* ! Si, comme nous, M. Lambot avait eu entre les mains le *Rapport-Minute* de M. le conseiller de la Huproye, il eût sans doute été plus juste à l'égard de ce respectable et consciencieux magistrat, qui peut avoir manqué parfois de sagacité, et certainement de fermeté, mais n'en a pas moins vu clair dans le fait de madame de Feuchères et de ses complices, hormis le second assassin, son coopérateur ; et encore ce dernier, X..., n'aurait-il probablement point échappé à ses investigations, s'il avait eu l'idée de s'enquérir à fond des liaisons galantes de madame de Feuchères, s'il avait songé à scruter minu-

[1] *Mém. présenté à la Chambre des pairs*, p. 23.

tieusement toutes ses relations intimes. Mais arrivons aux différences entre les deux versions.

M. Lambot, je l'ai dit, ne désigne point par son nom X., le complice principal de madame de Feuchères ; mais il le signale en termes si clairs, d'une façon si tranchée qu'il est impossible de concevoir ni doute ni incertitude à son égard. Ensuite il ne dit pas que le duc de Bourbon a été étouffé, mais *étranglé*, sans expliquer de quelle manière. Enfin, il assigne au crime une heure beaucoup trop avancée dans la nuit, en désaccord flagrant sur ce point avec Lecomte, qui la précise et la fixe avec certitude. Le degré de frigidité cadavérique constaté le lendemain par les médecins, confirme à cet égard l'exactitude de Lecomte. Ce sont là les dissemblances principales entre les deux récits : les autres sont si légères qu'il me semble superflu de m'y arrêter.

Mais il ne saurait en être de même de la circonstance importante dont j'ai fait plus haut mention. Le général affirme que le second assassin, *l'amant de madame de Feuchères*, n'est sorti du château de Saint-Leu que dans la journée du 29 août, par la difficulté de tromper la surveillance d'Obry concierge [1] : jusque-là, il est demeuré caché dans la chambre de l'abbé Briant. M. Lambot assure tenir cette particularité de Flassans, et il n'y a aucune raison pour révoquer en doute son témoignage. Force est donc de reconnaître que, de ce chef

[1] Il ne faut pas confondre Obry, concierge du château de Saint-Leu, avec Obry, de Chantilly, son frère, filleul du duc de Bourbon, et inspecteur de ses forêts.

au moins, il est incontestablement fondé à reprocher à la justice, opérant par ses parquets, *sa négligence et son impéritie*, sans aller jusqu'à dire, comme il le fait, par un trait d'amère ironie, *qu'elle aurait dû, au préalable, se faire opérer de la cataracte par ses médecins !* On verra effectivement les magistrats de Pontoise et, à leur suite, ceux de Paris, M. Bernard (de Rennes) en tête, s'abstenir de toute perquisition, à leur descente au château de Saint-Leu, dans des lieux éminemment suspects. Il ne leur viendra pas un instant à la pensée de se livrer à des recherches dans l'appartement de la baronne, aux deux étages occupés par elle et ses gens, particulièrement chez la veuve Lachassine, chez James Dawes, chez l'abbé Briant, alors que, dans ces logements, il y avait assez de place pour cacher vingt assassins ! Qu'on songe, après cela, aux résultats qu'une perquisition exacte eût amenés, si l'on avait pris ce soin élémentaire ! Quelle capture on eût faite ! Ce n'est pas seulement sur X... que la justice mettait la main : des recherches bien dirigées auraient encore conduit à la découverte du linge imprégné de taches de tabac et de mucosités et tordu d'une si étrange manière. Il eût bien fallu en rendre compte, lui trouver son explication véritable. Il n'en fut malheureusement rien. Inexpérience, légèreté, tâtonnements, mollesse ou incurie, tel sera, en dernière analyse, le spectacle de l'action judiciaire qui, dans le IVe volume, se déroulera incessamment sous les yeux du lecteur.

Au moyen de ces trop authentiques et lugubres données, il devient maintenant facile d'établir à coup sûr ce qui s'est passé dans la chambre du prince de Condé, au cours de cette horrible nuit. Rien de plus aisé que de recomposer pièce à pièce cet affreux drame. La sagacité du lecteur m'a certainement devancé : lui-même il a rétabli la succession des actes accomplis, il en a suivi la chaîne, parcouru la série, et les péripéties, jusqu'au dénouement fatal.

Le duc de Bourbon ne se servait presque jamais la nuit du verrou intérieur de sa chambre à coucher[1]. D'ailleurs, pour qu'il le tirât, il suffisait de faire entendre une voix connue, d'annoncer un courrier, une missive urgente. Madame de Feuchères et son amant pénètrent donc sans difficulté dans la chambre de leur victime. Le prince est surpris en plein sommeil.

[1] Il était rare que le prince s'enfermât la nuit. Dans les diverses informations criminelles, ses valets de chambre sont unanimes à cet égard. Manoury déclare n'avoir «jamais trouvé le verrou fermé,» lorsqu'il était de service; Dupin, que, s'il l'a trouvé quelquefois fermé, «c'était que le prince avait pour cela d'autres motifs que l'habitude;» tous, qu'il avait «le sommeil dur, »et qu'« il s'endormait très-vite.» Ainsi, le 22 août, jour de la visite de la reine des Français, Manoury, qui n'était pas de service, entra dans sa chambre pour l'en prévenir à six heures et demie du matin, et le trouva endormi et ronflant. De tous les valets de chambre, Lecomte n'est pas le moins affirmatif. «C'est à tort, dit-il, que, dans le procès-verbal dressé à Saint-Leu, on m'a fait dire que le prince avait l'habitude, en se couchant, de fermer le verrou de sa chambre : pendant les trois ans que j'ai passés au service du prince, je n'ai peut-être pas trouvé vingt fois le verrou fermé; souvent il arrivait au prince de fermer le verrou dans la journée, mais non le soir.» (*Dépos.* à Paris.)

Lui enveloppant brusquement la tête avec le linge apprêté à cet effet, le plus déterminé des assassins l'étreint violemment, pendant que son complice se jette sur le lit, qui n'a pas plus de trois pieds de haut. Là, comprimant sous ses genoux le corps dans les parties inférieures, il n'a pas de peine à se saisir des bras, et il les contiendra jusqu'à ce que le duc de Bourbon, à bout de forces, ait cessé tout mouvement de résistance. Cela n'a pu être long : le vieillard a dû être bientôt épuisé. La tête ainsi enroulée, et le corps maintenu immobile, il aura été rapidement suffoqué. Mais la constriction violente exercée sur le cou y laisse sa trace dans l'excoriation que l'autopsie attestera. Le duc de Bourbon avait l'habitude de coucher avec un mouchoir disposé en forme de cravate autour de son cou. Le plus robuste des assassins s'en sert pour transporter, ou plutôt pour traîner le corps à la croisée. Cependant, dans l'accomplissement de cet acte, le lit monté sur des roulettes cède à ses efforts; il se déplace, et s'éloigne d'environ un pied et demi du mur. Du lit à la fenêtre, il a fallu amener le cadavre sans trop de bruit. Dans le trajet, au contact de corps durs et saillants, table de nuit, commode, chaises et bureau, il essuie les éraillures aux jambes qu'on y relèvera le lendemain. Reste à simuler la pendaison, pour faire prendre le change sur le crime. Dans le tour qu'il forme autour du cou du prince, le mouchoir est susceptible de laxité: l'assassin n'a qu'à y passer le second mouchoir qui sert de lien suspenseur. Le couronnement de l'œuvre consiste à accrocher le corps à l'espagnolette. Quelques soins accessoires sont cependant encore à prendre. En premier lieu, on procède à la toilette du prince suspendu à son licou, on répare ensuite le désordre inévitablement apporté à la chambre. Les deux scélérats n'y manquent point. Mais, comme il arrive presque toujours en pareil cas, ils dépassent le but : ils vont se trahir eux-mêmes, à l'excès de leur prévoyance. Le dernier et décisif moyen pour détourner l'idée du crime, et accréditer invinciblement la croyance au suicide, c'est, du dehors, de ramener le verrou intérieur dans sa gâche, à l'unique porte d'entrée de la chambre à coucher du duc de Bourbon, à l'aide d'un cordon ou lacet, procédé que tout le monde aujourd'hui connaît. Cela eur est d'autant plus facile, que, relâchée et mal jointe, la porte joue aisément dans sa feuillure[1]. Mais, à la sortie de l'antichambre, un pied déjà sur les marches de l'escalier dérobé, au moment d'échapper, les deux assassins, ainsi qu'on l'a vu, se trouvent tout-à-coup, inopinément, en présence de Lecomte.

Nous voilà au lendemain de cette funèbre nuit. Je passerai rapidement sur les détails qui composent ici le fonds du récit de mes devanciers. Donc Lecomte s'acquitte de son service accoutumé. Le 27 au matin,

[1] Il résulte encore des dépositions des quatre valets de chambre, que le verrou de la porte de la chambre à coucher du duc de Bourbon était « très-gai, très-facile à mouvoir, » et que la porte était «mal jointe.» Comme il n'habitait jamais Saint-Leu l'hiver, il lui était indifférent que cette porte, d'ailleurs précédée d'un tambour, joignit bien ou mal : il n'y avait même pas fait mettre de bourrelet.

il se présente à la porte de la chambre à coucher du prince. Contrairement à son habitude, le verrou est tiré. Le valet de chambre frappe; pas de réponse, aucun mouvement. Après la rencontre qu'il a faite dans la nuit, Lecomte y met de la bonne volonté, s'il suppose son maître endormi.

Il se retire dans sa chambre, troublé sans doute, car, pour l'en tirer, il faut que le chirurgien Bonnie vienne lui demander à être introduit auprès du duc de Bourbon, pour son pansement ordinaire. Le valet de chambre revient alors avec Bonnie. Ils frappent de nouveau sans plus de réponse.

De ce pas on court prévenir M. de la Villegontier. Mais, dès 6 heures du matin, il est sorti du château pour se rendre auprès du curé de Taverny[1], gravement insulté la veille par un colporteur.

Madame de Feuchères est avertie. Elle est encore couchée. « J'y vais monter, dit-elle; quand il entendra ma voix, il me répondra. » Elle quitte sa chambre, les pieds nus dans ses pantoufles et à moitié vêtue, ce qui est assez naturel : mais ce qui l'est moins, c'est qu'au lieu de la voie ordinaire et la plus directe, celle naturellement indiquée dans la circonstance, par le petit escalier de service ou escalier dérobé, elle prend le grand escalier d'honneur du château. Elle monte entre Bonnie et Lecomte, ce dernier pâle et tremblant[2]. Et,

[1] Et non de Saint-Leu, comme il est dit à la page 2 du *factum* intitulé : *Examen de la procédure criminelle*, etc.

[2] « Madame de Feuchères est montée par le grand escalier avec

frappant à la porte : « Ouvrez, dit-elle, Monseigneur, ouvrez; c'est moi! » Appel véritablement diabolique, sciemment adressé à un cadavre!

A ce moment, il faut étudier de près l'attitude et les actes de madame de Feuchères.

On suppose sans doute qu'après avoir ainsi appelé en vain, et sous le coup de l'inquiétude commune, elle va s'adresser aux personnes présentes pour enfoncer la porte. L'inquiétude ne calcule pas plus que la douleur : briser, renverser l'obstacle, c'est la première idée qui s'offre à l'esprit. Telle n'est pas la disposition de madame de Feuchères. Elle envoie chercher Manoury, et, le plus tranquillement du monde, lui ordonne d'enfoncer la porte. Le valet de pied Dubois apporte une masse de fer; Manoury en frappe à coups redoublés le vantail du bas, qui cède et ouvre un passage. Manoury, Bonnie et Lecomte entrent dans la chambre.

Quel spectacle alors s'offrit à leurs yeux? Je laisse ici la parole à l'éloquent avocat des princes de Rohan. M. Hennequin, dans sa plaidoirie, l'a décrit avec une grande vérité et sous une forme saisissante.

« C'était au mois d'août, dit-il, à huit heures trois quarts du matin. Les volets étaient fermés, la chambre presque obscure. Une bougie placée tous les soirs dans l'âtre du foyer, jetait une faible clarté. A sa lueur,

moi et Lecomte; elle était entre nous deux. Elle me dit en montant : « Si le prince ne répond pas, il faudra faire enfoncer la porte; si c'est une attaque, une saignée pourra lui être utile. »

« C'est dans le grand escalier que Madame de Feuchères a parlé d'une saignée. » (Bonnie : *Dépos.* à Paris.)

Manoury et M. Bonnie entrevoient le prince debout contre la fenêtre du nord, la tête appuyée au volet, immobile et dans la position d'un homme qui écoute. M. Bonnie en se jetant vers le prince, écarte une chaise placée à quelque distance de lui. Manoury saisit dans ses bras son maître, qu'il veut reporter sur son lit. Le corps, le visage étaient froids. Il ouvre précipitamment les volets de la fenêtre du levant. Alors on aperçoit le duc de Bourbon pendu par un mouchoir à l'espagnolette de la croisée, la tête inclinée sur la poitrine, le visage pâle et décoloré, les bras roides contre le tronc, les genoux à demi ployés, l'extrémité des pieds touchant le tapis. Tout secours était inutile : le prince avait cessé de vivre.»

Manoury ouvre la porte aux officiers et aux gens de la maison. Il arrête seulement sur le seuil madame de Feuchères, pour lui épargner ce douloureux spectacle. Elle va se laisser tomber en gémissant sur un fauteuil du cabinet de toilette.

Le château cependant est dans l'émoi. L'abbé Pellier de la Croix, aumônier du prince de Condé, vient d'y rentrer; à son tour, il accourt. Il trouve la baronne assise, étendant les bras vers ceux qui entrent ou qui sortent paraissant désolée, mais sans larmes. Debout près d'elle, M. Bonnie remplit l'office de consolateur. Manoury s'avance alors vers l'aumônier, et, lui montrant le corps, lui dit : « Voilà Monseigneur[1] ! »

[1] « Le 27 août, entre huit et neuf heures du matin, revenant de la paroisse où j'avais dit la messe, à peine étais-je rentré dans

De retour de sa visite au curé de Taverny, M. de la Villegontier fait sortir tout le monde de la chambre. La porte est fermée jusqu'à l'arrivée des autorités, qu'il envoie prévenir. En même temps, il avise par lettre le procureur du roi de Pontoise.

ma chambre, que j'entends courir sous les fenêtres, comme si le feu eût été au château. Je demande ce qu'il y a d'extraordinaire. « C'est Monseigneur! répondit-on; c'est Monseigneur! » Je me précipite dans l'escalier; et, en traversant les cours, j'entends: « Monseigneur est mort! » Sans autre idée que celle d'une apoplexie ou d'une chute dans l'escalier, je continue de courir et j'arrive dans l'appartement par la porte ouverte alors, laquelle conduit directement au cabinet de toilette. Là, je trouve madame de Feuchères assise près de la fenêtre dans un fauteuil, étendant le bras gauche vers ceux qui entraient ou sortaient; M. Bonnie, chirurgien, paraissant faire auprès d'elle l'office de consolateur; et M. de Préjean, debout, les larmes aux yeux, le dos appuyé contre la porte vitrée, que j'ai su depuis être au-dessus d'un escalier dérobé, qui part du rez-de-chaussée et de l'entresol, aboutissant ainsi dans l'intérieur de l'appartement. Manoury voyant que je cherchais Monseigneur, me retire par le bras, et me fait entrer dans la chambre à coucher. Je vais droit au lit qui se présente à gauche; et voyant encore ma méprise, il me reprend en me faisant regarder vers la fenêtre, et disant: « Voilà Monseigneur! »

» Effrayé d'un tel spectacle, je m'arrête et porte la main sur mes yeux, ayant de la peine à croire ce qu'ils apercevaient. Après cet instant d'hésitation, je m'approchai pour m'assurer si tout secours était inutile. Je porte la main gauche sur la nuque, que je vois rouge et découverte, ainsi que le haut des épaules.

» Le corps était vêtu ainsi : un foulard jaune et rouge autour de la tête, une chemise seulement, sous laquelle on apercevait une flanelle; le bas du corps était serré par un caleçon et les jambes étaient nues.

» Les deux pieds, le gauche plus que le droit, touchaient le tapis. Les jarrets étaient ployés de manière à perdre au moins deux

Quittant le cabinet de toilette, madame de Feuchères s'était retirée dans son appartement. Elle n'avait eu garde encore d'attirer l'attention des gens de la maison sur l'escalier de service, en suivant ce trajet : elle s'était de nouveau rendue chez elle par le grand escalier du châ-

pouces de la hauteur du corps, et le corps lui-même se trouvait encore ployé vers la ceinture, de manière à perdre au moins deux pouces de sa hauteur, en sorte que l'infortuné vieillard eût pu frapper les pieds sur le tapis.

« Le corps était non pas suspendu, mais accroché à l'agrafe supérieure du volet intérieur de la croisée par le moyen de deux mouchoirs passés l'un dans l'autre, dont le plus haut faisait un anneau entièrement aplati, et le second formait un ovale dont la base inférieure supportait ce qu'il y avait de poids du corps par la mâchoire inférieure. Le second mouchoir m'a paru être comme une mentonnière dont la partie supérieure se terminait non point sur le cou, mais presque sur le haut de la tête par derrière, en sorte qu'il n'y avait aucune pression sur la trachée-artère ou sur la gorge, le point d'appui ne partant pas de derrière le cou. Le mouchoir ne faisait pas nœud coulant, et les deux tours étaient passés dans le mouchoir supérieur.

« La bouche étant un peu ouverte, on n'apercevait que fort peu la langue, qui paraissait comme reployée sur elle-même. Mais le visage ne m'a point paru défiguré, et il était beaucoup moins coloré que le derrière du cou.

« J'ai appris par Manoury que, lorsqu'on a eu déposé le cadavre sur le lit, la bouche s'est ouverte promptement d'elle-même.

« Il n'y avait aucune chaise auprès du corps, ni même placée auprès de la croisée. Il n'y avait non plus aucune chaise, ni pantoufle au milieu de la chambre, ni devant la cheminée.

« Le lit m'a paru éloigné du mur d'environ huit à dix pouces; il m'a semblé aussi qu'il était bouleversé.

« Le corps, accroché, ainsi que je l'ai décrit, à la croisée, présentait le bras droit le long de l'espagnolette. Ce bras, ainsi que le gauche, était raide et les poings fermés. Cette position m'a paru

teau. Mais cette circonstance même provoque l'observation. On remarque que l'escalier dérobé est resté ouvert toute la nuit, et Manoury interpelle à ce sujet Lecomte: «Vous n'avez donc pas fermé le verrou? » A quoi Lecomte répond : « Je l'ai cru fermé ; je n'y ai pas fait attention[1]. » On n'a pas oublié que cet escalier donne, non pas dans la chambre de madame de Feuchères, située au rez-de-chaussée, mais dans le corridor d'en bas,

contraire aux premières lois de la gravitation : car le point d'appui partant du haut de la tête par derrière, les épaules devaient être appliquées contre les volets de la croisée. Cette position m'a paru aussi être celle où une main étrangère eût soutenu le corps par-dessous les cuisses, pendant qu'un autre l'accrochait. Ceci paraît d'autant mieux fondé que, à cause du garde-feu en tôle qui était devant la cheminée, la bougie, qui brûlait dessus, ne pouvait éclairer le tapis sur lequel reposaient les pieds du cadavre.

» Le mouchoir qui était autour du cou était formé par un nœud placé presque sous l'oreille droite : ce qui ne m'a pas paru naturel pour le prince, qui ne pouvait lever la main gauche assez pour toucher sans effort ce côté de sa coiffure, l'ayant vu très-souvent pencher sa tête avec effort, quand il voulait toucher ce côté de sa coiffure.

« Les deux montres de Son Altesse Royale étaient remontées.

« Un mouchoir a été trouvé sous son oreiller avec un nœud; et c'était, dit-on, son usage de faire un nœud, quand il voulait se rappeler quelque chose. (Abbé Pellier : *Dépos.* à Pontoise.)

[1] « J'ai remarqué que ce verrou (celui de la porte ouvrant sur l'escalier dérobé) était tiré, de manière que l'on pouvait pénétrer dans ledit cabinet de toilette par ledit escalier dérobé. C'est Manoury qui nous l'a fait remarquer, en disant à Lecomte : « Vous n'avez donc pas fermé le verrou? » A quoi Lecomte répond : « Je l'ai cru fermé, je n'y ai pas fait attention. » (Bonnie : *Dépos.* à Paris.)

accessible à tout le monde par le vestibule, et qui permet d'arriver du parc et de la cour jusqu'à la porte du vestibule [1].

A neuf heures trois quarts, le maire de Saint-Leu et son adjoint, accompagnés du docteur Letellier, se présentent pour dresser procès-verbal. Absolument illettrés, ces deux fonctionnaires s'en remettent de sa rédaction à un membre du conseil municipal, lequel n'en était guère plus capable qu'eux. Il y parut à son contexte et à sa forme. On s'en tint à une simple visite dans la chambre mortuaire, après quoi l'on passa dans le salon *rouge*, pour arrêter le teneur de l'acte [2].

Au château, la stupeur était générale. Officiers et serviteurs du prince, tous également consternés, avaient perdu la réflexion, ou plutôt on eût douté qu'ils en eussent jamais connu l'usage. Les pleurs coulaient de tous les yeux et tenaient lieu de paroles. On se fuyait plutôt que l'on osait se parler. Dans la première impression du moment, le procès-verbal fut donc rédigé sous l'empire exclusif de l'idée de suicide. La fermeture du verrou à l'intérieur avait passé immédiatement à l'état d'observation décisive : c'était un argument auquel il semblait qu'il fût impossible de contredire. Seul il avait formé la conviction du plus grand nombre et dominé la cons-

[1] Voy. *Procès-verbal de descript.* et *Plans*, à la fin du vol.

[2] Voy. nº 6, aux Documents historiques et pièces justificatives, à la fin du IVe vol. Rédigé hors de la vue du corps, ce procès-verbal fourmille d'erreurs, de méprises et d'inexactitudes. L'abbé Pellier les a relevées dans son livre intitulé : *L'Assassinat du prince de Condé*, etc. p. 92, *sq*.

cience de tous. Subjugués par ce fait, tous ceux qui allaient s'occuper de la première information judiciaire, devaient admettre *a priori* que le suicide était constant; on n'allait pas instrumenter pour découvrir la vérité, mais pour compléter la démonstration d'une vérité réputée connue[1]. Et ceux qui, en petit nombre, depuis longtemps associés aux pensées et aux sentiments du prince, repoussaient dans le fond de leur âme la supposition du suicide, n'osaient en ce moment émettre une opinion que cette circonstance semblait avoir réfutée d'avance.

Pour comble de malheur, il n'y avait plus de chef dans la maison; mais l'autorité de madame de Feuchères continuait de s'y faire sentir : elle était encore redoutée après la mort du prince. Son influence ne fut pas étrangère à la rédaction du procès-verbal, qui ne fut clos qu'à une heure assez avancée du jour. M. Lambot, à son arrivée à Saint-Leu, eut soin d'en faire éliminer toutes les circonstances de nature à compromettre la baronne, notamment l'ordre qu'elle avait donné d'aller chercher Manoury, pour enfoncer la porte. Madame de Feuchères faisait en même temps

[1] On en trouve la preuve dans les pièces de l'enquête. On lit, en effet, dans le Procès-verbal d'autopsie dressé par les trois médecins de Paris, le 8 août: « Continuant nos opérations, M. le procureur-général ayant pris connaissance du rapport ci-dessus (celui du 27),et considérant que l'autopsie cadavérique *ne peut manquer* d'ajouter des lumières nouvelles à celles existant déjà *pour démontrer le suicide*, a requis qu'il soit de suite (*sic*) procédé à cette opération, etc... »

répandre toutes sortes de bruits sur le prétendu radotage et sur le délire présumé du prince, à l'effet de fortifier la croyance au suicide : tant il paraissait difficile à admettre moralement par ceux qui connaissaient ses principes religieux, sa crainte de la mort, son caractère chevaleresque. Et puis comment croire qu'il eût conservé l'énergie nécessaire pour se détruire ? Madame de Feuchères avait beau s'évertuer à diriger les esprits vers cette unique idée ; déjà, au milieu des conjectures et des commentaires que suscitait cette catastrophe imprévue, beaucoup se sentaient ébranlés, et étaient bien près de s'y montrer ouvertement rebelles. Manoury, entre autres, s'étant hasardé à combattre cette opinion, en lui opposant la résolution arrêtée du voyage dont M. de Choulot et lui avaient seuls reçu la confidence, elle se hâta de lui imposer silence par ces menaçantes paroles : « Prenez garde, de pareils discours pourraient vous compromettre auprès du roi. » Ainsi l'intimidation débutait en face du cadavre ! M. de Choulot, arrivé le matin, se montrait aussi fort étonné que le prince l'eût mandé d'urgence seulement pour assister à la levée de son corps.

Nonobstant la terreur que la baronne inspirait, des voix courageuses commençaient à s'élever qui frappaient de malédiction les « auteurs » des chagrins domestiques de l'excellent prince qu'on venait de perdre, et elle était clairement désignée comme la cause principale d'un si grand malheur. La réflexion, trop longtemps absente, était insensiblement revenue, et l'abattement du premier moment ne devait guère se prolonger au-delà de la journée du 27. Dès l'après-midi même, quelques personnes émettaient des doutes sur la réalité du suicide. De là au soupçon d'assassinat, il n'y avait qu'un pas : on le franchit dans la soirée.

A une heure, le juge de paix d'Enghien vint au château. A s'abstenir, comme il le fit, de toute recherche, de tout examen des lieux, à négliger complétement de s'assurer du véritable genre de mort du duc de Bourbon, il semble bien que, dès son entrée, il fut circonvenu : autrement, il faudrait considérer ses agissements, non-seulement comme empreints de légèreté, mais comme véritablement ineptes et stupides. C'est lui, en effet, qui eut l'inconcevable idée de faire détacher le corps de la croisée pour le placer sur le lit, malgré les observations qui lui furent faites, enlevant ainsi l'un des moyens de constater s'il y avait eu suicide ou assassinat. Une seule chose le préoccupait, l'apposition des scellés[1]. A trois heures, quand les magistrats et les médecins de Pontoise arrivèrent, il y avait deux heures que le corps était exposé sur le lit. Pendant ce temps, l'abbé Briant allait et

[1] Dans ses *Notes particulières*, M. le conseiller-rapporteur de la Huproye apprécie sévèrement la conduite de ce juge de paix, en ces termes : « Contre le vœu des personnes présentes, et au mépris de leurs observations, sans avoir rien vu, sans avoir rien constaté, et en vertu de son droit qu'il connaissait apparemment mieux que ses devoirs, il a requis que le corps fût décroché et replacé dans son lit. « Ah ! quel horrible spectacle ! » s'est-il écrié ; et ce sublime de sensibilité a privé la justice d'un des moyens de constatation les plus précieux... La vérité est qu'il s'est borné à apposer les scellés auxquels M. le président de la Chambre des pairs a substitué les siens. »

venait, ne cessant de répéter que, « depuis longtemps le « prince radotait; que c'était un vieux bonhomme qui « n'y était plus; qu'il avait eu un moment de délire; « et que, frappé par les évènements de Juillet, il « n'était pas étonnant qu'il eût lui-même mis fin à ses « jours. » Les magistrats crurent donc n'avoir qu'un fait matériel à constater. On le leur dit si évident, qu'ils ne daignèrent presque entendre personne.

L'émotion factice de madame de Feuchères n'avait pas été de longue durée : elle n'était plus occupée maintenant que du soin de ses intérêts. Elle se montrait particulièrement préoccupée des papiers qu'avait pu laisser le prince de Condé, et ce souci était partagé par son neveu Flassans, de retour à Saint-Leu. Dans la journée du 27, après qu'on se fut assuré que le duc de Bourbon n'avait laissé aucune nouvelle disposition testamentaire, elle se dit soulagée d'une grande inquiétude. L'abbé Briant, son affidé, ou plutôt son complice, avait surtout vaqué à cette recherche : à présent, il se livrait à des soins d'un genre encore plus sordide : il ne songeait qu'à la conservation des bijoux et de l'argenterie, qui, disait-il, «étaient de ce moment la propriété de madame de Feuchères. »

Cependant, à l'observation calme et réfléchie des circonstances et des faits, aux inductions qu'il fallait nécessairement en tirer, indices et marques allaient toujours se multipliant, qui, dans l'évènement de la nuit, attestaient irrécusablement l'intervention de mains criminelles. Démenti par l'âge, le caractère et les idées du prince, le suicide paraissait désormais insoutenable. Les preuves matérielles abondaient, qui démontraient invinciblement le crime. Tout d'abord, on se prit à réfléchir à cette circonstance que, en entrant dans la chambre du duc de Bourbon, l'on avait trouvé sur la cheminée deux bougies éteintes et non consumées. Qui donc avait pu les éteindre ? Le prince ? Pour se livrer aux préparatifs compliqués de sa mort, il s'était donc volontairement plongé dans les ténèbres[1] ? Dans les conditions où il avait été accompli, le crime, par toutes ses particularités, dénotait que, si son exécution avait été l'œuvre d'une nuit, une longue préméditation y avait présidé. Il devenait manifeste qu'il ne pouvait avoir eu pour auteurs qu'un nombre fort restreint de personnes, toutes habitant le château de Saint-Leu, ou, autrement, possédant une connaissance approfondie des lieux et des habitudes du prince de Condé. L'attentat décelait un plan conçu et combiné longtemps à l'avance, des moyens mûris et préparés de longue main. A la réponse à cette question que la justice, à bon droit soupçonneuse, ne manque jamais de se faire en pareil cas : « Qui donc y avait intérêt[2] ? » il n'était guère possible d'hésiter sur son principal

[1] « Si le prince s'était suicidé, eût-il éteint les bougies ou ne les eût-il pas rallumées ? La lueur de la bougie qui brûlait dans l'âtre du foyer suffisait-elle à ses préparatifs? » (*Notes particulières* de M. de la Huproye.)

[2] « *L. Cassius ille, quem populus romanus verissimum et sapienissimum judicem putabat, identidem in causis quærere solebat*, CUI BONO FUISSET : Cet illustre L. Cassius, que le peuple romain

auteur. Et pourtant, par la fermeture du verrou intérieur, les scélérats s'étaient bercés de l'espoir de faire prendre le change à tout le monde. Mais réduite à sa juste valeur, cette circonstance même allait se retourner contre eux, et ne plus subsister qu'à l'état de supercherie criminelle, comme un témoignage de plus de l'infernale habileté des assassins!

regardait comme le plus sage et le plus intègre des juges, commençait, dans toute affaire, par s'enquérir *à qui le crime avait profité.* » Cic., *Discours* pour Sex. Roscius d'Amérie, XXX.

FIN DU TOME TROISIÈME.

DOCUMENTS HISTORIQUES

ET

PIÈCES JUSTIFICATIVES

(Voir le IVe vol.).

NOTA. — Nous donnons ici seulement le procès-verbal de description et les plans du château de Saint-Leu : l'abondance des matières nous oblige à rejeter à la fin du t. IV le surplus des documents historiques et des pièces justificatives.

PROCÈS-VERBAL DE LA VISITE DE LA PORTION DU CHATEAU DE SAINT-LEU OCCUPÉE PAR S. A. R. LE DUC DE BOURBON.

« Nous, Jean-Louis-Victor Grisart, architecte, demeurant à Paris, rue de Crébillon, n° 2, choisi par M. de la Huproye, conseiller à la Cour royale, à l'effet de nous transporter au château de Saint-Leu-Taverny, où est décédé S. A. R. Mgr le duc de Bourbon, pour faire, conjointement avec lui, la visite de la partie du château occupée particulièrement par Son Altesse Royale, et des logements correspondants à son appartement dans les divers étages, et qui, par leur disposition, ont une communication directe audit appartement de Son Altesse, nous sommes, en conséquence, rendu audit château, le vingt mars mil huit cent trente-un, où étant,

« Nous avons fait la visite :

« 1° De l'appartement du prince, situé au premier étage de l'extrémité ouest du château et ayant vue sur le parc ;

« 2° Des logements au-dessous en entresol au-dessus du rez-de-chaussée ;

« 3° Et, enfin, d'une portion de l'appartement de madame la baronne de Feuchères, et des communications qui existent entre cet appartement et celui de M. le baron de Flassans.

« Cette visite faite, nous avons tracé des plans figurés desdits appartements, sur lesquels nous avons coté toutes les mesures qui nous étaient nécessaires pour faire le rapport exact desdits plans.

« Ce travail terminé, et notre présence sur les lieux n'étant plus nécessaire, nous nous sommes retiré pour procéder, dans notre cabinet à Paris, à la continuation de nos opérations, et nous avons signé.

« *Signé* : GRISART.

« Et, le premier avril et jours suivants, nous, architecte susdit, étant dans notre cabinet, nous nous sommes occupé du rapport au net des plans de chacun des appartements ci-dessus désignés, au nombre de trois, et nous avons fait porter toutes les indications nécessaires pour faire reconnaître les localités; nous nous sommes ensuite occupé de faire la désignation desdits appartements, en indiquant les communications qui existent entre eux. Nous rapportons ici cette désignation.

« DÉSIGNATION.

« *Appartement de S. A. R. Mgr le duc de Bourbon.*

« Cet appartement consiste en trois pièces au premier étage, ayant toutes les trois vue sur le parc.

« Celle du milieu, précédée d'un petit carré d'entrée, forme l'antichambre dit cabinet de toilette; elle a son entrée sur la grande galerie qui traverse le château dans toute sa longueur, par deux portes, dont l'une dans le mur de la galerie, et l'autre dans la cloison, formant le carré d'entrée dans l'angle du fond; à droite est la porte d'entrée au salon, en face de laquelle est une porte vitrée, formant l'arrivée d'un escalier dérobé descendant à l'entresol au-dessous, occupé par les gens attachés au service de madame la baronne de Feuchères, et la portion de rez-de-chaussée occupée par madame la baronne de Feuchères et M. le baron de Flassans.

« Sur la même face et à gauche de cette porte d'escalier, est une autre porte vitrée, fermant le tambour d'entrée de la chambre du prince, dans lequel est une garde-robe ayant une issue sur la galerie susdite.

« La chambre du prince ensuite est séparée de l'escalier et de la garde-robe susdite par une cloison en planches, dans laquelle il ne se trouve d'autre ouverture que celle de la porte d'entrée, donnant dans le tambour susdit.

« Cette pièce est éclairée par deux croisées, dont une sur la face principale du château, et l'autre en retour dans le pignon. C'est au panneton de l'espagnolette de cette dernière, placé à six pieds cinq pouces du sol de la chambre, que le prince a été trouvé pendu.

« La cheminée est presque en face de cette croisée, et le lit est placé au fond de la pièce dans un renfoncement terminé, de chaque côté, par une porte formant quart de cercle.

« De l'autre côté de la galerie et parallèlement audit appartement, se trouve le logement du valet de chambre de service immédiatement après le grand escalier, et ensuite celui du général Lambot; on arrive à ces deux logements par des portes pratiquées dans la galerie presque vis-à-vis celle de l'appartement du prince.

« L'arrivée commune de ces appartements a lieu par la rotonde vitrée adaptée à la façade du côté de la cour, par la grande antichambre ensuite, à gauche de laquelle est le grand escalier.

Entresol au-dessous de ces appartements et pris aux dépens de la hauteur du rez-de-chaussée.

« Cet entresol, dans la portion au-dessous de l'appartement du prince, ne s'étend que dans la partie correspondant à la chambre à coucher du prince et à la portion de galerie derrière.

« Il consiste en trois pièces : celle à l'angle du château, éclairée par deux croisées, est au-dessous de la chambre à coucher du prince; elle forme une chambre à coucher où logeait le nommé Dupré, valet de pied de madame la baronne de Feuchères : cette chambre n'est séparée de l'escalier dérobé communiquant à la pièce d'entrée de l'appartement du prince, que par une cloison en planches; la seconde pièce ensuite renferme le fourneau et la chaudière de la salle de bains au-dessous.

« La troisième pièce ensuite forme une chambre à coucher, à cheminée, éclairée par une croisée dans le pignon du château, et a son entrée sur un corridor, au bout duquel sont quelques marches conduisant au second palier du grand escalier; cette dernière pièce servait de logement à la dame Lachassine.

« Ces trois pièces se communiquent entre elles, et les deux qui servent de chambre à coucher ont chacune une communication à l'escalier dérobé, en passant par la pièce intermédiaire où se trouve la chaudière des bains, laquelle a une porte sur le palier dudit escalier.

« A droite de cette porte est la continuation dudit escalier, descendant au rez-de-chaussée dans un corridor communiquant à droite à la salle des bains, et à son extrémité à gauche à un petit vestibule communiquant au grand escalier, à la chambre de madame la baronne de Feuchères et au logement de M. le baron de Flassans.

« La partie de cet entresol immédiatement au-dessous du logement du valet de chambre de service et de celui de M. le général Lambot, forme trois pièces : la première, attenant le grand escalier, était occupée par M. Briant, aumônier de madame la baronne de Feuchères; la deuxième ensuite par une femme de chambre de madame la baronne de Flassans; et la troisième formait la pièce dite des atours.

« Ces trois pièces ont chacune une entrée sur le corridor conduisant au grand escalier, et la troisième a une seconde porte de communication à la pièce occupée par la dame Lachassine. Cette porte est maintenant condamnée.

« Des trois pièces susdites on ne peut communiquer directement à l'escalier dérobé conduisant à l'appartement du prince qu'en passant par la pièce occupée par ladite dame Lachassine, et la pièce où est la chaudière des bains.

« Nous devons faire observer toutefois que, des pièces de cet entresol occupées par M. Briant, par la femme de chambre de madame la baronne de Flassans et par la dame Lachassine, on peut encore communiquer à l'escalier susdit en descendant par le grand escalier, et prenant le corridor longeant la chambre à coucher de madame la baronne de Feuchères, et au bout duquel se trouve ledit escalier dérobé.

REZ-DE-CHAUSSÉE.

« *Portion de l'appartement de madame la baronne de Feuchères.*

« Cette portion de l'appartement consiste en une grande chambre à coucher éclairée sur le parc, en un boudoir à l'angle du château et en une salle de bains au derrière dudit boudoir.

« On arrive à la chambre à coucher par un petit vestibule dont l'entrée est au-dessous du deuxième palier de repos du grand escalier; ce petit vestibule donne aussi entrée au corridor conduisant à l'escalier dérobé.

« Le boudoir a deux portes-croisées de sortie sur le jardin.

« La salle de bains à la suite a une porte de sortie sur le corridor conduisant au grand escalier; immédiatement à gauche de cette porte est l'entrée de l'escalier dérobé susdit.

« L'appartement de M. le baron et de madame la baronne de Flassans consiste en trois pièces éclairées sur la cour du château et communiquant, soit au corridor conduisant à l'escalier dérobé, soit à la salle de bains susdits.

« Telle est la désignation détaillée de l'appartement de S. A. R. Mgr le duc de Bourbon, des appartements attenants au-dessus tant à l'entresol qu'au rez-de-chaussée et des communications qui existent entre les diverses pièces de ces appartements et l'escalier dérobé susdit.

« Nonobstant les trois plans que nous annexons audit procès-verbal, et pour l'intelligence de la désignation susdite, nous avons fait faire, sur la demande qui nous en a été formée par M. de la Huproye, un plan en relief des trois étages, établi de manière à laisser voir le rapport et les communications qui existent entre ces divers appartements.

« Ayant satisfait sur tous les points à la mission qui nous a été donnée, nous avons clos le présent procès-verbal de rapport, auquel nous avons employé, tant au château de Saint-Leu qu'en notre cabinet et dans l'atelier du menuisier que nous avons chargé d'établir le plan en relief pour en diriger l'exécution, vingt-six vacations de chacune trois heures, et nous avons signé, après lecture faite.

« Paris, le cinq mai mil huit cent trente-un.

« Signé : *Grisart.* »

FIN DES DOCUMENTS HISTORIQUES ET PIÈCES JUSTIFICATIVES.

CHAPITRE XXXI

Attitude morne et embarrassée de Louis-Philippe à l'annonce de la mort violente du duc de Bourbon. — Portée au Palais-Bourbon, la nouvelle se répand bientôt dans Paris. — Information judiciaire du parquet de Pontoise. — MM. Pasquier, de Rumigny et consorts, dépêchés en toute hâte à Saint-Leu. — Autopsie et procès-verbal par les médecins de Louis-Philippe. — Factum inconsidéré de M. Marc, premier médecin du roi. — Cette publication ouvre carrière à la controverse médicale. — Balourdise, faux errements du procureur général, M. Bernard (de Rennes). — Son remplacement par M. Persil.

Le 27 août 1830, au matin, le baron de Surval, intendant général du duc de Bourbon, se présentait au Palais-Royal : il venait annoncer à Louis-Philippe la mort violente de son oncle, le prince de Condé. Portée au Palais-Bourbon par un messager particulier, la nouvelle avait promptement circulé dans Paris. Il est présumable que le roi en était instruit avant la visite de M. de Surval. Quoi qu'il en soit, à l'apprendre de sa bouche, il éprouva une émotion qu'il lui fut impossible de maîtriser. Louis-Philippe fut sobre de questions ; et, ce qui était surprenant chez lui, ne s'abandonna point dans la circonstance à sa loquacité habituelle. Aussi bien commentaire et réflexions auraient été pour lui assez embarrassants. Sa contenance nous est retracée en ces termes par M. de Surval : « Il me fit l'effet d'un homme surpris par une nouvelle déplaisante, encore bien que pas absolument inattendue. Il avait peine à dominer son agitation intérieure. A la couleur et à la contraction de ses traits, il était assez difficile d'apprécier exactement les sentiments du roi..... Je m'attendais à une foule de questions : je fus fort étonné de sa réserve. En somme, il m'a paru profondément troublé... [1] ». Louis-Philippe congédia presque aussitôt l'envoyé ; et s'enfermant avec sa sœur, la princesse Adélaïde d'Orléans, il tint une sorte de conseil.

A l'issue de cette délibération intime, M. Pasquier, nouveau président de la Chambre des Pairs, M. de Sémonville, grand référendaire, M. Cauchy, archiviste, étaient mandés au Palais-Royal. Ils reçurent l'ordre de se transporter sur-le-champ à Saint-Leu, pour y remplir les fonctions d'officiers de l'état civil. M. Pasquier seul avait été admis dans le cabinet de Louis-Philippe, avec lequel il s'était assez longuement entretenu. Le roi leur adjoignit deux autres personnes : M. de Rumigny, l'un de ses aides de camp et chef de sa police particulière, et un sieur Amand Guillaume, attaché à son cabinet. On a conjecturé, depuis, qu'ils n'étaient pas partis sans être munis de recommandations confidentielles et d'instructions secrètes.

[1] *Lettre autographe* de M. de Surval communiquée par M. Boullée.

Sortie du Palais-Bourbon, comme nous venons de le dire, la nouvelle de la fin violente du prince de Condé s'était propagée dans Paris. Sans doute du fait des gens de service, on en racontait même des particularités absolument ignorées au Palais-Royal. Louis de Rohan, héritier du sang du duc de Bourbon, fut un des derniers informé. Fortuitement ou à dessein, il était laissé dans l'ignorance de la mort d'un parent dont le testament clandestin du 30 août 1829 lui enlevait l'opulent héritage. Les journaux ne manquèrent pas d'en faire l'observation ; et chacun, à son point de vue particulier et au gré de ses passions, releva le contraste.

A Saint-Leu, les malencontreuses mesures prises par M. de la Villegontier, à son retour au château, produisaient déjà leurs effets : elles allaient ouvrir la voie à celles plus fausses encore qui, judiciairement, devaient suivre. Ce personnage à l'esprit crédule et obtus, était inexcusable dans la circonstance. En sa qualité de pair de France, il ne pouvait ignorer les règles spéciales découlant du rang et de la condition du prince, prétendu suicidé. Dans la conjoncture, en faisant même abstraction d'usages constants, la conduite à tenir était naturellement indiquée. Les errements à suivre étaient ceux que suggère le bon sens. Tout le monde en faisait actuellement l'observation, et la diversité du langage n'ôtait rien à la justesse des réflexions. Du moment que le duc de Bourbon était accroché inanimé, qu'il n'y avait plus aucun espoir de le rappeler à la vie, à ses officiers incombait le devoir de laisser le corps du prince et la chambre à coucher dans l'état où ils se trouvaient, de procéder à la fermeture de la porte, d'y mettre même un gardien jusqu'à l'arrivée des Pairs auquels il appartenait exclusivement de constater le décès, avec toutes ses circonstances, C'était ensuite à la Chambre des Pairs d'ordonner, s'il y avait lieu, une information régulière sur les causes de la fin violente du duc de Bourbon. Mais, au rebours de ces indications, déjà l'on était entré et on devait persister dans une voie en apparence légale, mais d'où allait forcément dériver une série d'actes illégaux, engendrant des complications de plus d'une sorte. Le principal effet devait être de jeter l'information judiciaire hors de ses voies accoutumées, d'y introduire la confusion, et, à tout résumer d'un mot, d'en faire un chaos presque inextricable.

Saint-Leu étant du ressort de Pontoise, M. de la Villegontier, le matin du 26, s'était empressé d'informer de la tragique catastrophe le parquet de cette ville. M. Roussigné, procureur du roi, était alors à Paris, pour postuler de l'avancement. En son absence, M. Vinet, juge-auditeur, se rendit au château de Saint-Leu, accompagné de M. Sorel de Boisbrunet, juge d'instruction. Ces magistrats y arrivèrent à trois heures, avec les docteurs Deslions et Godard.

Un premier et impérieux devoir incombait aux représentants de la justice : c'était de faire fermer les portes du château, de le fouiller dans toutes ses parties, d'interroger tous ceux qui y avaient passé la nuit, et, sur le fondement de certaines rumeurs et de particularités équivoques, de procéder à des arrestations préventives. Il y avait surtout obligation pour la justice de constater minutieusement l'état des lieux, de se livrer partout à des perquisitions inflexibles. Aux simples lumières du bon sens, il était difficilement admissible que le prince de Condé, l'héritier et seul survivant d'une race glorieuse, eût choisi le genre de mort d'un malfaiteur, d'un désespéré obscur, en se suspendant misérablement à un ignoble licou !

Loin de là, et dès leur entrée au château, les magistrats de Pontoise abondent dans l'idée du suicide. Leur constat procède aveuglément d'une opinion toute faite. Il est d'un bout à l'autre superficiel, empreint d'une excessive légèreté. Des faits étranges, inexplicables, ne les arrêtent pas un seul instant. Ils négligent les soins les plus usuels, les vérifications les plus élémentaires. Par exemple, il ne leur vient pas à l'esprit de s'assurer si la porte de l'escalier dérobé, autrement dit de service, lequel établit une communication entre l'appartement de Mme de Feuchères et celui du duc de Bourbon, est restée fermée dans la nuit du 26 au 27 août. M. de Boisbrunet, sorte de magistrat gobe-mouches, se borne à tirer à lui de deux ou trois pouces la porte de cet escalier. Il demande bien « ce que c'est que cette porte » ; et une voix lui ayant faussement répondu qu' « elle était considérée comme condamnée, qu'on ne s'en servait pas », il se contente de la refermer, en la repoussant négligemment dans sa feillure. Le suppléant du procureur du roi ne se montre ni plus défiant, ni plus avisé. Aussi dénué de clairvoyance que le juge d'instruction, il n'est frappé d'aucune des circonstances qui, aux yeux d'un observateur sagace et réfléchi, auraient incontinent décelé le crime. Tel était le résultat de l'opinion préconçue du suicide! Quant au constat purement médico-légal, les docteurs Deslions et Godard, chargés d'y procéder, y apportèrent plus de soin et de circonspection. Ainsi, dans leur procès-verbal, ils évitent soigneusement de se prononcer sur le genre de mort du prince de Condé. Leur extrême réserve sur ce point, en dépit du courant qui alors emportait les esprits, est même particulièrement remarquable.

Sorti du Palais-Royal, le personnel de Louis-Philippe n'allait pas tarder à faire son entrée à Saint-Leu. L'aide de camp de Rumigny avait pris avec lui le général Lambot dans sa voiture. Tout d'abord, à premier examen du corps du duc de Bourbon, la chose n'apparut point à M. Pasquier sous le même jour qu'aux magistrats de Pontoise. Avec sa perspicacité ordinaire et sa grande expérience, il n'avait garde de s'y tromper. Sur-le-champ il demeure frappé des indices irrécusables de l'assassinat, et, dans un billet confidentiel, il s'en explique aussitôt à Louis-Philippe.

« *Au Roi.*

» SIRE,

» En arrivant à Saint-Leu, je trouve la fin tra-
» gique du prince de Condé connue de tout le
» monde, avec ses plus affreuses circonstances.
» Je trouve un procès-verbal dressé par le maire,
» avec toute l'authenticité possible. Le juge d'ins-
» truction et un substitut du procureur du roi sont
» déjà arrivés, et se disposent à instrumenter. Les
» circonstances de la mort sont trop extraordinaires
» pour qu'elles ne motivent pas une instruction très
» approfondie, et je pense qu'il pourrait être utile
» que le roi fît partir sur-le-champ deux médecins
» comme les docteurs Marc et Marjolin, qui ont
» l'habitude des vérifications que ce fatal évènement
» commande.

» En attendant, je vais dresser l'acte de décès
» suivant les formes prescrites ; puis, je procéderai
» à l'apposition des scellés, et aurai l'honneur,
» avant la fin de la journée, de rendre compte au
» Roi de la fin de l'opération.

» J'ai bien l'honneur d'être, Sire, de votre Majesté,

» le très-humble, très-obéissant serviteur et sujet.

» PASQUIER.

» Saint-Leu, vendredi 27 août, 4 h. du soir

P. S. » On répand déjà qu'on n'a pas trouvé un » seul papier : ainsi, il y a *déjà été regardé*[1]. »

Destinée à demeurer secrète, cette missive laconique ne parle que de « circonstances extraordinaires. » M. de Rumigny, lui, avec son sans-façon soldatesque, n'y met pas tant de ménagements : il va risquer une supposition redoutable. Le même jour, il écrit également au roi, et son impression particulière donne à l'évènement une couleur nouvelle, une physionomie inattendue. Agent dévoué, policier de Louis-Philippe, il est parti du Palais-Royal évidemment imbu de l'idée du suicide ; mais il ne lui est pas possible de la conserver sur les lieux, et il manifeste son sentiment en ces termes :

« SIRE,

» Je pense que ma présence est indispensable » pour ce premier moment. Je ne partirai donc que » si le Roi m'envoie un ordre positif.

» Le procès-verbal a été fait par les soins de » M. de la Villegontier, qui a agi aussi maladroi- » tement que possible. Les soupçons ne se portent » encore sur personne ; mais Dieu sait ce qu'on

[1] Ces mots sont soulignés à l'original.

» apprendra, car je dois dire que la mort n'a pas » l'air d'avoir été un suicide !

» Il est important qu'on ne puisse accuser per- » sonne, et que le testament ne vienne pas faire » accueillir des soupçons.

» J'attendrai l'enquête des docteurs Marc et » Marjolin pour quitter Saint-Leu.

» J'ai l'honneur d'être, Sire, de Votre Majesté, » le tout dévoué serviteur et fidèle sujet.

» THÉOD. DE RUMIGNY[1]. »

Donc, au jugement de l'aide de camp de Louis-Philippe, la mort du prince de Condé « n'a pas l'air d'un suicide ». C'est pourtant à ce titre qu'elle figurera au *Moniteur,* organe officiel du gouvernement, et encore dans les feuilles officieuses à sa dévotion ! Cependant l'affidé, l'homme de confiance du Roi, s'émeut à la pensée du testament qui provoque des « soupçons », et il en fait l'aveu naïf. Au surplus, il va se donner tout entier à sa tâche. Le Palais-Royal a entendu faire de lui l'auxiliaire de la baronne de Feuchères : il a mission expresse de la couvrir de la protection de Louis-Philippe. A Saint-Leu, il va donc, à tout prix, n'importe par quels moyens, s'efforcer de précipiter l'opinion dans le courant du suicide !

[1] Les lettres de MM. Pasquier et de Rumigny ont déjà été publiées par M. H. de Lourdoueix, dans son ouvrage intitulé *La Révolution c'est l'Orléanisme.* Nous en reproduisons ici le texte authentique, d'après les originaux qui ont passé sous nos yeux.

Mais, ici, arrêtons-nous un instant. Aussi bien le lecteur nous a certainement devancé : ce récit lui aura déjà suggéré la matière d'une réflexion pénible.

Dans la plus humble famille comme dans la plus illustre maison, il existe un préjugé d'honneur, ou plutôt un principe de moralité, qui rejette bien loin l'idée qu'un de ses membres ait pu, dans la plénitude et l'intégrité de sa raison, attenter à sa vie. En effet, le suicide d'un proche déteint en quelque sorte sur tous ses parents ; et à encourir cette tache, il n'est aucun parmi eux qui de plein gré se résigne. Aujourd'hui on ne traîne plus le suicidé sur la claie, comme autrefois ; on ne le frappe plus d'anathèmes publics ; mais le sentiment chrétien n'en subsiste pas moins, qui condamne et poursuit à jamais sa mémoire. De là partout cette pieuse émulation de mensonges officieux pour en déguiser l'opprobre. Pauvre ou riche, noble ou roturier, personne n'échappe à ce devoir, et même ne voudrait s'y soustraire. Complices respectables de ces sentiments pieux, les autorités civiles et religieuses se prêtent à de louables accommodements à ce sujet. Dans les formalités laïques et les cérémonies de l'Église, elles admettent tous les tempéraments possibles. Eh bien, le roi des Français fera seul exception. Louis-Philippe ne balancera point à mettre ouvertement sa conduite en opposition manifeste, en contradiction choquante, avec les principes et les sentiments de l'universalité des hommes !

Et, pourtant, le dernier Condé est son oncle; c'est de plus un bienfaiteur, qui, au détriment de ses héritiers légitimes, a versé dans sa famille une fortune inespérée et colossale. Ce parent, vieillard de soixante-quinze ans, a succombé dans des conditions et des circonstances où un ténébreux mystère est impuissant à voiler le crime. Nonobstant, sans plus d'examen, Louis-Philippe veut qu'il soit légalement, officiellement acquis, que le dernier survivant de cette race glorieuse des Condé a clos sa carrière, l'histoire de sa famille, par l'ignominie du suicide! Et cette idée est tellement arrêtée chez lui, ancrée dans son esprit, qu'il expédie précipitamment à Saint-Leu tout un personnel instrumentant et verbalisant, expressément chargé de la faire passer au rang des faits authentiques! Bref, dans la plénitude de la réflexion, la famille d'Orléans court à la honte d'un suicide comme d'autres volent à une gloire nouvelle! Elle n'écoute ni avis, ni représentations; elle passe outre à toutes les impossibilités et physiques et morales. La leçon faite aux affidés au Palais-Royal va se traduire en procès-verbaux à Saint-Leu; et, sur ce malheureux cadavre à peine refroidi, un proche parent, le propre légataire du mort, va imprimer une flétrissure qu'en aucun temps les lois divines et humaines n'ont prévue!

Le matin du 27 août, dans la première stupeur et la consternation générale, la croyance au suicide était née de la difficulté de concevoir l'introduction des meurtriers dans la chambre du prince, fermée en dedans au verrou. Le 28, elle allait s'évanouir, après qu'on eut reconnu l'illusion dont on avait été le jouet à l'origine. Ce jour-là, relevant des traces manifestes, des indices non équivoques du passage d'assassins dans la chambre du duc de Bourbon, l'abbé Pellier, son aumônier, dit à M. de la Fontaine, inspecteur général des forêts : « Si l'on n'eût pas trouvé le verrou poussé dans sa gâche à l'intérieur de la chambre, il me serait démontré que le prince a été victime d'un affreux assassinat. » Et comme il en signalait les preuves oculaires, de tout point évidentes, M. de la Fontaine lui fit observer qu'il y avait moyen d'expliquer comment le verrou avait pu être fermé du dehors. On en fit sur-le-champ l'expérience ; et comme elle réussit sur une porte absolument semblable à celle de la chambre à coucher du duc de Bourbon, la seule raison qu'on invoquât à l'appui du suicide disparut. L'expérience recommencée, toujours avec succès, dissipa les derniers doutes, leva toutes les incertitudes. Ainsi se trouvait ramenée à sa juste valeur la circonstance sur laquelle les médecins de Louis-Philippe avaient insisté dans leur rapport : tant eux-mêmes se rendaient bien compte du peu de fondement de leurs inductions, de la pauvreté de leurs arguments au point de vue médico-légal! Du même coup allaient successivement s'éclaircir des côtés demeurés jusque-là obscurs, maints détails et circonstances autrement incompréhensibles, par exemple, la posture du prince, l'excoriation au cou, les éraillures des jambes, absolument inexplicables dans l'hypothèse du suicide. Et à toute investigation nouvelle, à chaque subséquente recherche, à mesure que l'on se communiquait ses remarques, le résultat de constatations positives, les preuves de l'assassinat allaient toujours se multipliant et se fortifiant entre elles. Dès lors tombaient les uns après les autres les raisonnements de ceux qui voulaient que l'infortuné prince de Condé eût attenté à ses jours. En raison de leur nature, de leur caractère, surtout de leur gravité, les faits accusateurs ne cessaient de s'élever à l'état de formidables preuves. Il devenait de plus en plus certain que le malheureux duc de Bourbon, préalablement étranglé ou étouffé, avait été, après coup et à force de bras, hissé, accroché à l'espagnolette de sa chambre à coucher!

Dans l'ordre purement physique, la supposition du suicide était inadmissible par ses difficultés matérielles. En effet, le corps du prince se trouvait accroché au panneton ou agrafe de l'espagnolette des volets intérieurs de la croisée nord de sa chambre à coucher. Le point d'attache était à la hauteur de six pieds, quatre à cinq pouces du parquet de l'appartement. Ce n'était donc qu'en levant les bras fort au-dessus de sa tête qu'un homme, même d'une taille élevée comme le duc de Bourbon, eût pu fixer à l'agrafe le lien suspenseur. Or, par suite de blessures reçues à la guerre, d'accidents de chasse et de graves infirmités, le prince n'avait plus l'entier usage de ses mains.

La position constatée était la suspension incomplète, laquelle ne peut amener la mort que dans l'une de ces deux circonstances : 1° constriction du lien rendue instantanément irréparable par le seul effort de l'individu; 2° position du pendu, telle qu'aucun effort de sa part ne fût possible ou efficace pour faire cesser l'action produite par le poids du corps. Or, au moment de l'ouverture de la chambre mortuaire, le cadavre ne se trouvait dans aucune de ces conditions. Le lien n'était pas à nœud coulant, et ne formait pas même anneau autour du cou. La constriction était donc impossible. La position du corps laissait au prince la facilité de faire cesser le danger, en se redressant instinctivement sur ses pieds.

Pour le suicide, il fallait de plus admettre qu'à l'origine la suspension avait été complète, et que ce n'était que par suite de l'extension, du relâchement des liens suspenseurs, qu'elle avait pris les apparences de la suspension incomplète. Mais alors il devenait nécessaire, et pour la préparation et pour la consommation du suicide, que le duc de Bourbon eût pu s'élever sur un meuble lui facilitant d'abord la formation des liens suspenseurs, et du haut duquel il se serait ensuite précipité, ce qui aurait déterminé pendant un temps quelconque la suspension complète, et par suite la strangulation. Mais, en entrant dans sa chambre, on n'avait trouvé à la portée du prince aucun meuble dont il eût pu s'aider. Il y avait bien une chaise à côté du bureau, à l'angle de l'embrasure de la croisée, mais trop distante du corps du duc de Bourbon pour qu'elle eût pu lui fournir les moyens d'accrocher les mouchoirs à l'espagnolette. Ainsi placée, elle n'avait pu servir à l'accomplissement du suicide. De ce chef encore, son impossibilité paraissait démontrée.

Dans la supposition même où la chaise eût été à sa portée, il devenait indispensable que le duc de Bourbon pût s'y exhausser sans le secours de personne. Mais, à cet égard, pas un de ses serviteurs qui ne reconnût que cela lui eût été complètement impossible. On rappelait à ce sujet qu'il ne pouvait monter les degrés, d'ailleurs fort doux, du grand escalier du château qu'avec infiniment de peine, en posant lentement les pieds l'un après l'autre et en s'appuyant sur sa canne [1].

Matériellement inacceptable, le suicide ne sup-

[1] « Quand il montait dans sa voiture, dont le marchepied s'abaissait beaucoup plus que dans les voitures ordinaires, il (le duc de Bourbon) avait besoin de deux bras pour le soutenir. C'est un fait avéré. Comment, dès lors, concevoir que l'adresse et les forces lui fussent revenues pour monter sans aide sur une chaise rembourrée durement et deux ou trois fois plus élevée que le marchepied de la voiture? Qu'on se représente un vieillard

portait pas mieux l'examen au point de vue moral. Le duc de Bourbon en effet l'avait en horreur; et autrefois, dans plusieurs circonstances, il s'en était formellement expliqué au sein de son entourage. Et puis, avant de prendre une détermination dont il ne pouvait pas même concevoir la pensée, n'aurait-il pas ressenti des scrupules? Eût-il manqué de mettre ses gens, ses amis, sa maison, Mme de Feuchères elle-même à l'abri d'un cruel soupçon? Il n'eût certainement pas failli au devoir de consigner sa résolution dans un écrit laissé en évidence sur le bureau ou sur la cheminée de sa chambre à coucher. Au sentiment de ceux qui connaissaient à fond le prince, c'était là encore une fin de non-recevoir invincible contre la supposition du suicide.

D'ailleurs, comment admettre que le duc de Bourbon, qui jouissait incontestablement de la plénitude de sa raison, de l'intégrité de ses facultés intellectuelles et morales, eût voulu que sa race et son nom s'éteignissent dans un genre de mort qui ne pouvait que réveiller en lui des idées désho-

de soixante-quinze ans, infirme de trois doigts et d'une épaule, et dont les jambes sont enflées et infiltrées, faisant, ainsi qu'on a voulu le faire accroire, les apprêts de son dernier instant! A part toutes les autres circonstances reconnues ou avouées, on sera forcé de convenir qu'il lui était physiquement impossible d'escalader cette chaise, de s'y maintenir pour attacher les mouchoirs, de la repousser ensuite pour n'en être plus soutenu. » (*L'assassinat du dernier Condé*, par l'abbé Pellier, pag. 10.)

norantes, une flétrissante image? Lui, si attaché aux antiques traditions nobiliaires, si scrupuleux, on peut même dire si méticuleux observateur des formes, il se serait donc infligé une fin, ou plutôt un supplice, que les anciennes lois du royaume épargnaient à la noblesse? Ses plus vieux serviteurs, comme Poulain et Guy, depuis plus de cinquante ans dans sa maison, étaient les premiers à se récrier contre l'odieuse imputation du suicide. « Impossible qu'il se soit pendu, répétait le vieux Guy; cela était trop contraire à ses principes d'honneur! » De fait, même au cours de ses déplorables égarements, le duc de Bourbon n'avait jamais apostasié de ses sentiments de chrétien et de chevalier. Et le baron de Saint-Jacques, son ancien aide de camp, qui le connaissait bien, faisait judicieusement observer que, si jamais il eût conçu la pensée de se détruire, il n'aurait assurément pas choisi un genre de mort qu'il avait constamment réprouvé, déclaré infâme, ignominieux!

Nombre de circonstances dont chacune prise isolément avait peu d'importance, tiraient de leur ensemble et de leur rapprochement une signification décisive. Elles se rapportaient surtout à l'état de la chambre à coucher. Le lit avait principalement attiré l'attention et frappé l'esprit des gens de service, parfaitement au courant des habitudes du prince. A première vue, les valets de chambre avaient unanimement déclaré qu'il n'occupait pas la position où on l'avait laissé la veille. Dans l'état où il se trouvait, il n'était pas concevable que le duc de Bourbon l'eût volontairement quitté pour accomplir son suicide. Il était bien visible que, dans la nuit du 26 au 27, le lit avait été refait par des mains étrangères. Même, de la précipitation qu'elles avaient apportée à l'œuvre, il était résulté plus d'une méprise. Ainsi le duc de Bourbon tenait à ce que son lit touchât le fond de l'alcôve : c'était un usage constant, et on n'y avait pas dérogé le jour qui avait précédé l'attentat. D'où venait donc qu'il était éloigné de plus d'un demi-pied du fond de l'alcôve? — Le prince se couchait et dormait sur le bord, du côté de la table de nuit. Comment donc, le matin du 27, le lit marquait-il un enfoncement dans le milieu, avec les bords extraordinairement relevés? Et, circonstance très remarquable, la dépression n'était point celle qu'eût dû produire un homme de l'âge et de la corpulence du duc de Bourbon. Enfin, la couverture, qu'il ne tirait que légèrement, était cette fois rejetée aux pieds d'une façon insolite et bizarre!

Ces particularités étranges s'expliquaient naturellement par la nécessité où s'étaient trouvés les assassins de refaire le lit à la hâte et de réparer, vraisemblablement non sans trouble, le désordre inévitablement causé par la perpétration du crime. Le lit avait donc été remanié par eux, et ils s'étaient ingéniés à effacer autant que possible les traces de l'attaque et de la résistance de la victime. Mais les soins qu'ils avaient pris à cet effet tournaient à leur confusion : ils ne servaient aujourd'hui qu'à mieux établir leur présence ! L'attention une fois éveillée sur ce point, d'autres observations allaient s'ensuivre. Donc, en réparant le désordre du lit, on avait simulé l'affaissement que d'ordinaire le poids du corps y produit. On avait ensuite rangé au bord du lit les pantoufles du prince l'une à côté de l'autre, ce qui semblait naturel, mais n'était pas dans ses habitudes. C'était une erreur de plus au compte et à la charge des assassins. En l'état actuel du lit, outre que le duc de Bourbon n'occupait jamais le milieu, comment concevoir qu'il eût pu en sortir sans que le bord eût été tout au moins légèrement foulé ? Quant aux pantoufles, il les laissait habituellement auprès de la chaise où il s'asseyait pour que son valet de chambre fît sa toilette de nuit. Une autre observation à leur sujet achevait de dévoiler la supercherie criminelle. Les pieds du prince étaient pansés chaque soir avec un onguent ou corps gras. Si donc, contrairement à sa coutume, il s'était servi de ses pantoufles et les avait quittées au bord du lit, le liniment devait avoir laissé des traces. On les avait examinées avec beaucoup d'attention, et on n'en avait découvert aucun vestige.

Manoury avait remarqué des gouttes de cire

tombées du bougeoir sur le plateau. Ce bougeoir avait donc été déplacé et promené dans la chambre. D'autres gouttes de cire encore, celles-là en plus grand nombre, apparaissaient sur le tapis, dans la direction de la cheminée à la croisée du nord. L'induction ici était facile à tirer. Il était infiniment probable que les auteurs du crime s'étaient servis du bougeoir pour accrocher le corps au panneton de l'espagnolette, de façon à simuler la pendaison, et qu'en train de se livrer à cette horrible opération, ils avaient laissé la cire s'égoutter sur le bougeoir et maculer le tapis de la chambre.

Déjà suffisamment probants par eux-mêmes, ces indices de l'assassinat auraient été bien autrement concluants, si, au moment de l'ouverture de la chambre à coucher, on avait procédé aux constatations propres à faire la lumière sur les ténèbres de la nuit fatale. A la justice incombait le devoir et l'obligation d'étendre ses investigations aux détails en apparence les plus superficiels. Loin de là, avec une légèreté dont il n'y a malheureusement que trop d'exemples dans les annales de l'instruction criminelle, elle allait passer outre à une foule de points dont le moindre était cependant de nature à conduire à d'importantes découvertes, et, en sachant en tirer parti, probablement à des révélations certaines.

On a vu la haute domesticité de Louis-Philippe prendre les devants pour Saint-Leu : ses médecins attitrés allaient suivre. Le soir du 27 août, les docteurs Marc, Marjolin et Pasquier font leur entrée au château. Dans le choix de ces trois praticiens, il y avait un oubli complet de bienséance : les convenances seules de la maison d'Orléans s'y rencontraient. M. Marc était son premier médecin ; M. Marjolin, médecin consultant; M. Pasquier, médecin du jeune duc d'Orléans. Ce sont eux qui vont dresser les procès-verbaux officiels, naturellement d'un grand poids aux yeux des magistrats, et, comme l'espère le Palais-Royal, d'une portée décisive sur l'opinion publique. Ils ne réclament assistance ni coopération d'aucun de leurs confrères de Paris, desquels la neutralité impartiale pourrait peser dans la balance. Surtout ils n'ont garde de s'adjoindre aucun des médecins ordinaires du prince de Condé. C'est ainsi que fut écarté un praticien hors ligne, le célèbre docteur Alibert, son premier médecin : c'est qu'on redoutait extrêmement ses lumières et sa haute autorité médicale. Un autre et modeste praticien ne trouva pas davantage grâce à leurs yeux : et pourtant, à exclure celui-là, il y avait inconvenance insigne. C'était le docteur Guérin, en dernier lieu médecin du duc de Bourbon, après l'avoir été du prince de Condé, son père.

Ce même jour 27 août, à huit heures du soir, M. Dupont (de l'Eure), garde des sceaux et ministre de la justice, invitait M. Bernard (de Rennes), procureur général près la Cour royale de Paris, à se transporter d'urgence à Saint-Leu, pour y diriger lui-même les recherches de la justice sur les causes et les circonstances de la mort du duc de Bourbon. M. Bernard partit sur-le-champ, accompagné de M. Legorrec, l'un de ses substituts. Une erreur de direction les conduisit à Chantilly. Après avoir battu la campagne jusqu'à l'aube, ils entrèrent au château de Saint-Leu le lendemain 28, à huit heures du matin. Se croyant toujours dans la bonne voie, le procureur général avait presque toute la nuit tourné le dos à Saint-Leu! Dans cette résidence, il allait de jour faire encore plus fausse route.

Dans l'intervalle, les médecins du roi s'étaient mis à l'œuvre : ils avaient procédé à l'examen des parties extérieures et intérieures du corps du duc de Bourbon. Commencée le 27, l'autopsie est continuée le lendemain 28, en présence et sous les yeux de M. Bernard (de Rennes). Ce jour-là le procès-verbal doit être clos. M. Marc préside à la rédaction; M. Marjolin, faisant l'office de secrétaire, tient la plume. La conclusion, on la devine. « La mort du prince de Condé a été la suite de la strangulation, et cette strangulation n'a pas été opérée par une main étrangère [1]! »

[1] Le mot « strangulation », employé par les médecins de Louis-Philippe, implique une sorte de contradiction avec leur conclusion. Pour parler congrûment et être conséquents avec eux-mêmes, ils auraient dû dire *pendaison ;* car de quel autre terme se servir, sinon de *strangulation*, pour exprimer l'étranglement du prince par des assassins?

Cette conclusion des docteurs de Louis-Philippe avait achevé de plonger le château dans la stupeur : tant il devenait évident qu'elle avait été concertée, convenue entre eux d'avance! A cet égard, la conviction s'était fortifiée des incidents significatifs qui avaient marqué la confection du procès-verbal. Il en coûte ici d'avoir à dire que des hommes d'un incontestable talent, en possession d'un juste renom et d'une grande position de fortune, se signalèrent à l'envi par un scandaleux oubli de leurs devoirs professionnels. Un échantillon fournira la mesure de leur savoir-vivre, de l'urbanité de leurs procédés. Le chirurgien Bonnie s'était obligeamment mis à leur disposition pour les éclairer sur les circonstances matérielles du crime et les habitudes intimes du duc de Bourbon. M. Pasquier l'éconduisit rudement. Il fit plus : il s'abandonna envers lui à un persiflage outrageant. C'est que les judicieuses observations de Bonnie avaient singulièrement embarrassé les praticiens de Louis-Philippe! Tout d'abord, il leur avait fait remarquer que l'excoriation constatée au cou du prince, au dessous du lien suspenseur, était absolument inexplicable dans l'hypothèse du suicide : on ne pouvait en rendre raison autrement que comme résultat du froissement de cette partie par la main de l'assassin violemment introduite sous sa cravate, pour déterminer la strangulation ou pour traîner le corps au lieu de la suspension. Pour ce qui est des jambes, ce chirurgien avait en outre insisté sur les éraillures et excoriations longitudinales de six pouces environ de longueur, lesquelles, loin d'être un indice de suicide, n'étaient susceptibles d'aucune explication satisfaisante dans la supposition de ce genre de mort. Il fallait donc toujours en revenir au crime! A ces raisons pertinentes, même topiques, les médecins de Louis-Philippe n'opposaient que la dérision. MM. Marjolin et Pasquier s'étaient montés à un ton particulièrement rogue et arrogant : à la façon d'oracles, ils ne procédaient que par affirmations pédantesques et tranchantes. M. Marc, lui, retranché dans un superbe silence, se contentait de laisser errer sur ses lèvres un sourire ironique et dédaigneux!

Dans une chute, en 1816, le duc de Bourbon avait eu la clavicule de l'épaule gauche cassée : il en était résulté pour lui l'impossibilité de lever le bras gauche assez haut pour porter la main à sa tête. C'était une particularité essentielle à constater. M. Bonnie avait demandé justement que cette infirmité du prince fût vérifiée à l'autopsie. Les trois médecins du roi s'y refusèrent avec hauteur. Mais dans la controverse médicale sur le point de s'engager, cette omission volontaire allait être à bon droit relevée à leur charge : elle témoignait du degré d'impartialité qui avait présidé à l'accomplissement de leur mission. Au demeurant, leurs manières blessantes faisaient plus que d'exclure tout sentiment de confraternité à l'égard d'un collègue. Par exemple, quand M. Bonnie se présenta pour entrer dans le salon où devait avoir lieu la rédaction du procès-verbal, M. Marjolin, se levant avec pétulance, courut lui fermer la porte au nez!

Si, vis-à-vis d'un confrère, les médecins officiels usaient de ces façons plus que cavalières, on peut imaginer jusqu'où ils poussaient l'oubli des formes à l'endroit de la haute comme de la basse domesticité du château. De fait, l'une aussi bien que l'autre était mise à de rudes, à de pénibles épreuves. Les indications utiles n'étaient accueillies par eux qu'avec indifférence ou dédain. Les serviteurs du prince étaient soigneusement maintenus à distance, si bien que, durant l'examen médical, il ne dépendit pas de ces praticiens que la maison tout entière du duc de Bourbon ne fût complètement laissée à l'écart [1].

Le 30 août, M. Bernard (de Rennes), procureur général, rendait compte à M. Dupont (de l'Eure),

[1] « Dans l'après-midi du 27 août, le corps étant déjà placé sur son lit, on a crié : *Que tout le monde sorte!* (de la chambre fatale). Je suis sorti ainsi que d'autres personnes. Alors sont entrés deux hommes connus dans l'instruction, MM. Guillaume et de Rumigny, n'étant ni magistrats civils, ni magistrats judiciaires. Quel intérêt avaient-ils à faire évacuer la chambre, s'ils ne venaient que rendre un devoir? Le même jour, lors de la visite du corps par les médecins de Paris, à neuf heures du soir,

ministre de la justice, du résultat de sa mission en ces termes :

« Monsieur le garde des sceaux,

» Vous m'avez transmis, le 27 de ce mois, à huit heures du soir, l'ordre de me rendre à Saint-Leu, avec l'un de mes substituts, pour y constater par les voies légales la mort violente de S. A. R. le prince de Condé. J'ai l'honneur de vous rendre compte du résultat de ma mission.

» Au reçu de votre dépêche, et après quelques dispositions préalables, je suis parti de Paris, accompagné de M. Legorrec, substitut de mon parquet. Arrivé au château de Saint-Leu, résidence du prince, j'y ai trouvé l'instruction déjà commencée sur les circonstances et les causes de la mort de Son Altesse Royale, par les magistrats du tribunal civil de Pontoise.

» A mon arrivée, ces magistrats m'ont remis six procès-verbaux.

» Le premier, de M. le maire de Saint-Leu, assisté de son adjoint, sous date du 27 août, neuf heures trois quarts du matin.

» Le deuxième, de M. le juge de paix du

ordre encore de sortir ; et à dix heures, pour l'apposition des scellés, même ordre à ceux qui étaient *inutiles*. Hélas ! j'étais toujours du nombre. Cependant j'aurais pu dire à ces messieurs ce que j'avais vu... » (*Assassinat du dernier Condé*, par l'abbé Pellier, aumônier du prince, pag. 48.)

canton d'Enghien, daté du même jour, une heure de relevée.

» Le troisième, de MM. Pierre Bonnie, premier chirurgien de Son Altesse Royale, et Letellier, docteur en médecine de la Faculté de Paris, résidant à Saint-Leu, requis le 27 par M. le maire de Saint-Leu.

» Le quatrième, même date, de MM. Godard et Deslions, docteurs en médecine, médecin et chirurgien en chef de l'hôpital de Pontoise, requis par M. le juge d'instruction de la même ville.

» Le cinquième et le sixième, de M. le juge d'instruction de Pontoise, accompagné de M. le juge-auditeur, faisant fonctions de procureur du roi; l'un de ces derniers procès-verbaux constatant l'état intérieur de l'appartement où Son Altesse Royale est décédée, et l'autre contenant réquisition à MM. Marc, Marjolin et Pasquier, de procéder à l'examen extérieur du corps de Son Altesse Royale, et, ultérieurement, à l'autopsie cadavérique, en constatant que ces docteurs s'étaient déjà acquittés du premier objet de leur commission, mais n'avaient encore rédigé aucun rapport.

» De ces divers procès-verbaux dont j'ai pris immédiatement connaissance, résultaient les faits suivants :

» Le 26 du mois courant, S. A. R. le prince de Condé, en se couchant à minuit, donna au sieur Lecomte, son valet de chambre, l'ordre de le réveiller le lendemain matin, à huit heures. Celui-ci se présenta à l'heure indiquée, et n'ayant pas trouvé ouverte la porte de la chambre à coucher du prince, il y frappa à plusieurs reprises, sans recevoir de réponse, et sans entendre aucun mouvement. Alors il se retira dans la chambre qu'il occupe lui-même, et où il attendit pendant environ vingt minutes. Le premier chirurgien du prince vint l'y trouver, et lui demanda à être introduit dans l'appartement de Son Altesse Royale, pour y faire son service ordinaire.

» Le sieur Lecomte se présenta de nouveau à la porte de cet appartement, et, n'entendant aucun bruit, il revint trouver le sieur Bonnie, auquel il fit part des inquiétudes que ce silence lui faisait éprouver.

» Tous deux revinrent alors à la porte de la chambre du prince, et y frappèrent sans succès, à coups redoublés.

» Ils allèrent témoigner leurs craintes à M. le premier gentilhomme et aux autres personnes du château, qui se rendirent sur-le-champ à l'entrée de l'appartement du prince.

» Le sieur Manoury, l'un des valets de chambre, enfonça, à l'aide d'une masse de fer, le panneau du bas de la porte d'entrée de l'appartement, et s'y introduisit par cette ouverture. Les volets des croisées étaient fermés ; mais à la lueur d'une bougie qui brûlait dans l'âtre de la cheminée, le sieur

Manoury aperçut le corps du prince, verticalement placé contre la croisée nord de sa chambre à coucher.

» Aussitôt il ouvrit précipitamment les volets et les persiennes de la croisée, au levant de la même pièce.

» Le sieur Bonnie, qui entra au même instant, s'approcha du corps du prince, en écartant une chaise placée à côté de l'angle gauche de la croisée.

» Il toucha le corps, le trouva froid, et, sûr que la vie l'avait complètement abandonné, il ne changea rien à la position dans laquelle il était placé.

» D'après le procès-verbal des sieurs Bonnie et Letellier, le froid et la raideur cadavériques observés par eux le 27, à dix heures moins un quart du matin, prouvent qu'il y avait au moins huit heures que le prince était suspendu, et font conséquemment conjecturer qu'il est mort vers les deux heures du matin du même jour.

» Le cadavre pendait à l'attache du haut de l'espagnolette des volets intérieurs de la croisée, par le moyen de deux mouchoirs en toile blanche, dont l'un, fixé par les deux extrémités à l'espagnolette, se liait en forme d'anneau au second mouchoir, qui entourait le coů du prince.

» Son Altesse Royale était vêtue d'un caleçon, d'une chemise, d'un gilet de flanelle sur la peau ; elle avait pour coiffure un mouchoir de soie; ses jambes étaient nues, et la pointe des pieds touchait le plancher. La distance, entre ce plancher et l'espagnolette, est de six pieds et demi de hauteur. L'état du lit annonçait que le prince s'y était couché. Les deux croisées de l'appartement étaient exactement fermées, ainsi que les volets en dedans et en dehors; la porte d'entrée de l'appartement fermée intérieurement au verrou, suivant l'habitude du prince; aucune trace d'effraction ni de violence; tous les meubles de la chambre à coucher du prince rangés dans leur ordre accoutumé.

» Tel était, en résumé, Monsieur le Ministre, l'état de l'instruction commencée avant mon arrivée à Saint-Leu.

» Pour la vérifier et la compléter, j'ai requis qu'il fût de nouveau procédé, en ma présence et en celle des magistrats réunis au château, à une nouvelle visite du corps de Son Altesse Royale, par MM. les docteurs Marc, Marjolin et Pasquier, qui en dresseraient immédiatement leur rapport.

» Ce rapport constate :

» 1° Que la mort de Son Altesse Royale a été produite par strangulation ;

» 2° Que cette strangulation n'a pas été opérée par une main étrangère ;

» 3° Qu'il n'existe sur la surface du corps aucun signe de violence ou de résistance ; qu'on a seulement remarqué une contusion à la partie postérieure et supérieure de l'avant-bras droit, et des excoriations très superficielles sur les deux jambes, mais que ces lésions légères paraissent le résultat de quelque frottement de ces parties contre le bord saillant de la chaise, voisine de la fenêtre, et contre la boiserie de celle-ci, dans les derniers moments de la vie du prince.

» J'ai pensé qu'il était utile de chercher, dans l'autopsie du cadavre, de nouvelles lumières sur l'objet de ma mission. Il a été procédé à cette autopsie, en ma présence, par les mêmes docteurs Marc, Marjolin et Pasquier, qui en ont également dressé procès-verbal.

» Cette opération a pleinement confirmé les observations résultant de la visite extérieure du corps, et les hommes de l'art ont terminé leur rapport en déclarant qu'il était évident :

» 1° Que la mort avait eu lieu par strangulation et par l'accumulation et la stase du sang noir dans les vaisseaux du cerveau, et plus encore dans ceux du poumon ;

» 2° Que cette mort n'avait pas été opérée par une main étrangère.

» L'interrogatoire des personnes habitant le château et attachées au prince m'a paru devoir être aussi l'un des documents essentiels d'une instruction aussi grave ; il a eu lieu le même jour, à ma requête et en ma présence. Les témoins entendus dans cette information sommaire, dont procès-verbal a été également rapporté, sont : la dame Sophie Dawes, baronne de Feuchères ; le général Lambot, aide de camp de Son Altesse Royale ; le baron de Flassans, écuyer et commandant des équipages du prince, baron de Préjean, vicomte de Belzunce, gentilhomme de sa chambre; Manoury, Lecomte, Leclerc, valets de chambre de Son Altesse Royale, et enfin le sieur Obry, concierge général du château de Saint-Leu.

» Ils ont déclaré que, notamment depuis les évènements politiques de juillet dernier, S. A. R. le prince de Condé était en proie à une mélancolie profonde et à des craintes qui se manifestaient par l'expression de sa physionomie, par ses discours, et quelquefois même par des mouvements convulsifs. Il lui échappa plusieurs fois de dire qu'il ne survivrait pas à la dernière révolution; que c'était trop pour lui d'en avoir vu deux; qu'il avait trop vécu; et d'autres propos analogues.

» Quelques rapports controuvés ou exagérés sur les rassemblements de Paris lui inspiraient les alarmes les plus vives sur le sort de la dynastie régnante et de la France, sur le sien propre, celui de ses gens et des personnes attachées à sa maison. Il avait, depuis les évènements de Juillet, entièrement cessé de se livrer à l'exercice de la chasse, et il paraissait continuellement triste et absorbé.

» Les dépositions de deux des témoins entendus sont de nature à justifier d'une manière plus précise, que le prince méditait depuis quelques jours le triste projet qu'il a exécuté.

» Le mercredi qui précéda sa mort, il se fit apporter par un de ses valets de chambre un couteau de table, et, appuyant cet instrument sur le pouce de sa main gauche, il dit que la pointe ne piquait pas et en demanda un autre.

» Le 26 (veille de sa mort), il prit la main d'un de ses gens, le sieur Manoury, et la pressa fortement dans les siennes, en le regardant les larmes aux yeux : il le chargea de remettre une aumône à la femme Amaury, et, sur l'observation du valet de chambre, qu'il paraissait plus à propos de faire cette aumône quand Son Altesse Royale serait à Chantilly, le prince répliqua : « Chargez-» vous de cet argent, vous serez toujours à même de » le remettre ; pour moi, je ne sais pas. »

» Il avait dit plusieurs fois à la baronne de Feuchères, qu'il concevait très bien que l'on pût se détruire, et que lui-même en avait formé le projet à l'époque des Cent jours, lorsqu'il était dans la Vendée.

» Mais la déclaration de la baronne de Feuchères se rattache plus étroitement, sur ce point, à l'une des découvertes les plus importantes de l'instruction.

» Ce témoin déclare que, mercredi dernier (25 août), vers les trois heures de l'après-midi, s'étant présentée chez le prince, elle le trouva écrivant une lettre qu'il cacha à son arrivée, et qu'il se refusa de lui laisser voir, en disant qu'elle contenait des choses trop tristes.

» Avant que cette déclaration eût été faite, je m'étais occupé d'assembler les fragments d'un écrit de la main de Son Altesse Royale, fragments trouvés le matin du 28 (jour de mon arrivée au château), dans le foyer de la chambre à coucher du prince. J'ai réussi à les rapprocher ; et, malgré l'absence de quelques-uns des morceaux de l'écrit, déchiré vraisemblablement par le prince lui-même, ils offrent un sens complet et jettent le jour le plus lumineux sur les causes de la mort de Son Altesse Royale.

» Je crois devoir, Monsieur le Ministre, mettre sous vos yeux une copie de ces fragments, que j'ai fait coller sur deux feuilles de papier blanc, en présence des magistrats ci-dessus désignés et de quelques-unes des personnes attachées à la maison du prince. Un procès-verbal a été dressé de ce travail, et signé de tous ceux qui y ont assisté. La correspondance des fragments lacérés est sensible au premier coup-d'œil jeté sur l'original et exclut toute idée d'arbitraire ou d'inexactitude dans la combinaison matérielle que j'ai réussi à opérer.

» Saint-Leu appartient au roi
» Philippe
» ne pillés, ni ne brûlés
» le château ni le village
» ne faites de mal à personne

» ni à mes amis, ni à mes
» gens. On vous a égarés
» sur mon compte, je n'ai
» urir en aïant
» cœur le peuple
» et l'espoir du
» bonheur de ma patrie.

» — Saint-Leu et ses dépend
» appartiennent à votre roi
» Philippe : ne pillés ni ne brûlés
» le le village
» ne mal à personne
» ni es amis, ni à mes gens
» on vous a égarés sur mon compte
» je n'ai qu'à mourir en souhaitant
» bonheur et prospérité au peuple
» français et à ma patrie
» Adieu pour toujours

» L. H. J. DE BOURBON,
» Prince de Condé.

» *P. S.* — Je demande à être enterré
» à Vincennes, près de mon infortuné fils.

» En comparant ces deux pièces, on voit que la première a été le premier thème du prince : elle ne porte pas de signature ; elle énonce dans sa seconde ligne une invitation qui, par la ponctuation de la phrase, paraîtrait s'adresser au roi ; ce dont l'auteur se serait aperçu après coup, et il l'aurait supprimée dans la seconde pièce, qui semble être son projet corrigé et arrêté, car il termine par une signature à laquelle il ajoute un *post-scriptum* dicté par la douleur paternelle. Ce projet ne porte aucune date : mais on est assuré qu'il ne remonte pas à plus de trois jours avant le décès du prince, par la connaissance généralement acquise que le prince prenait constamment le titre de duc de Bourbon, et ne commença à substituer à cette qualification celle de *prince de Condé*, que depuis l'époque toute récente où le roi l'avait désigné par ce dernier titre.

» La résolution d'attenter à une vie que des terreurs continuelles et chimériques lui avaient rendue insupportable, se manifeste si clairement par cet écrit, qu'il suffirait à lui seul pour convaincre irrésistiblement d'une vérité apprise, d'ailleurs, par tous les éléments de l'information, et sans qu'aucune circonstance se soit rencontrée qui pût donner la moindre ouverture à toute autre supposition.

» BERNARD (de Rennes),

» Procureur général. »

M. Bernard (de Rennes), adroitement circonvenu par Mme de Feuchères et ses affidés, s'était laissé berner d'un bout à l'autre de son information sommaire. Principalement du chef des fragments d'écrit réunis, du texte restitué par lui à grand'peine, sa mystification avait été complète. Il ne fallait pourtant qu'un peu de réflexion pour s'en garantir. C'était en effet le sieur Guillaume, attaché au cabinet de Louis-Philippe, qui avait recueilli le 27 août, après l'apposition des scellés, les fragments autres que ceux remis dans la soirée par Lecomte à M. de la Villegontier, et ceux encore trouvés le lendemain 28. Comment donc avaient-ils pu échapper à Manoury, qui, premier entré le matin du 27 dans la chambre mortuaire, avait regardé dans la cheminée et n'avait rien aperçu [1], et à Romanzo, autre valet de chambre, qui, le matin du 27, s'était livré, lui aussi, à de minutieuses recherches [2]? Autre circonstance extraordinaire : comment ces fragments ne portaient-ils aucune trace de feu, alors qu'il y en avait eu d'allumé dans la cheminée presque

[1] Manoury, valet de chambre. — « Ce qui m'étonne, c'est que l'on ait pu, le soir du 27 août et même le 28, recueillir et réunir ces fragments. Je vous déclare avoir regardé à l'instant dans la cheminée de la chambre du prince, et je n'y ai rien aperçu. C'est seulement le lendemain, que Lecomte dit avoir trouvé dans cette cheminée quelques-uns des fragments qui composent cet écrit. J'ai cherché moi-même et ai trouvé dans la cheminée du salon un petit morceau portant le mot *roi*, qui a été réuni à l'un de ces écrits. On a dit alors que l'écrit avait été trouvé dans la cheminée de la chambre du prince, et la copie dans celle du salon. » (*Dépos.* devant M. de la Huproye.)

[2] Romanzo, valet de chambre. — « M. Briant était venu nous engager tous, de la part de Mme de Feuchères, à rechercher avec le plus grand soin, dans la chambre du prince, tout ce qui pourrait l'intéresser, disant que le prince devait avoir laissé quelque écrit qui la concernait. J'ai cherché partout et n'ai rien trouvé. Le lendemain 28, M. de Rumigny, aide de camp du roi, qui s'était rendu à Saint-Leu avec MM. Pasquier et de Sémonville, nous invita à chercher dans la cheminée. J'avais déjà la veille regardé dans la cheminée s'il était possible de s'être introduit dans la chambre du prince par cette voie. Je m'étais convaincu que cela était impossible, la cheminée étant fermée par une grille, et l'intérieur ne portant aucune trace d'introduction. Obtempérant au désir de M. de Rumigny, je cherchai dans la cheminée et

toute la journée, pour les autorités qui verbalisaient? Il fallait réellement avoir un épais bandeau sur les yeux, pour ne pas voir que dans la journée du 27 et la nuit du 28, on avait répandu à dessein sur les cendres du foyer les fragments en question, dans le but bien évident d'accréditer le suicide. A elle seule, cette machination effrontément ourdie était une preuve démonstrative du crime.

Pour une intelligence même médiocre, cette circonstance eût été un trait de lumière, la révélation d'une supercherie criminelle. Quoi qu'il en fût, à supposer même que ces débris dénotassent une pensée de suicide, M. Bernard (de Rennes) aurait dû logiquement se dire que le prince s'en était departi, puisqu'il avait lacéré l'écrit. Il ne lui eût pas été nécessaire de pousser beaucoup plus loin son enquête, pour apprendre ce que l'instruction judiciaire devait plus tard mettre hors de conteste, à savoir, que ces fragments ne constituaient pas autre chose qu'un projet de placard rédigé par le duc de Bourbon, le 10 ou le 11 août,

je trouvai cinq ou six de ces fragments, je ne pourrais indiquer lesquels. Je dois faire remarquer qu'on en a également trouvé dans la cheminée du salon. J'ignore si ces deux écrits sont de la main du prince, et dans quelle intention ils avaient été composés. La seule réflexion qui m'ait frappé est celle-ci : le prince ayant brûlé la veille une grande quantité de papiers, pourquoi n'a-t-il pas brûlé ces deux écrits au lieu de les déchirer? et comment se fait-il que ces fragments n'aient été aucunement atteints par l'action du feu? » (*Dépos.* devant M. de la Huproye.)

placard qu'il s'était proposé de faire afficher à la porte du château de Saint-Leu, par manière de sauvegarde. Mais il avait renoncé à son dessein, en ayant reconnu l'inutilité, entouré qu'il était d'une population qui n'avait pas cessé de lui prodiguer les témoignages de respect et d'amour. Pour un esprit moins infatué, les deux écrits, brouillon et copie, loin de faire preuve de préméditation du suicide, en auraient été au contraire la négation formelle. Il fallait que le procureur général eût le sens intellectuel bien émoussé, pour ne pas flairer là un manège! Ce qui achève de confondre à son sujet, c'est qu'un des serviteurs du duc de Bourbon avait émis devant lui cette réflexion toute simple, que, si le prince eût conçu la pensée de mettre fin à ses jours, un écrit de lui, placé sur son bureau ou sur la cheminée de sa chambre à coucher, aurait sans ambiguïté, sans équivoque, annoncé sa résolution fatale. Ainsi la tactique de la rusée baronne n'avait pas été un seul instant mise en défaut : comme à un petit garçon, elle avait à souhait inculqué son thème du suicide à l'innocent procureur général!

M. Bernard (de Rennes) n'avait pas été plus heureusement inspiré dans les inductions qu'il avait tirées de circonstances et de particularités, ou de pure invention, ou démesurément grossies, également dénaturées dans leur essence et leur portée, telles que les terreurs imaginaires du prince de

Condé, sa mélancolie habituelle, l'histoire puérile du couteau, et surtout le retour au prétendu projet de suicide pendant les Cent jours, celui-là fruit de l'imagination féconde de Mme de Feuchères! La baronne s'était fait un jeu de la crédulité du procureur général. Rien n'avait été capable de dessiller les yeux de M. Bernard (de Rennes), quand cependant nombre d'indices décelaient un attentat que la cupidité et non la politique avait dû inspirer. Il n'avait pas été frappé davantage de la couleur suspecte, du caractère louche de certaines dépositions qu'il avait reçues, évidemment préméditées, combinées et concertées d'avance de façon à surprendre sa bonne foi, à l'entraîner dès le début dans le courant du suicide.

Le rapport des médecins de Paris sur les causes et les circonstances de la mort du duc de Bourbon était principalement destiné aux magistrats. En dehors de ce document qui, à raison de son objet spécial, pouvait manquer d'effet sur l'opinion, la famille d'Orléans jugea indispensable d'agir directement sur le public. M. Marc, médecin du roi, se chargea de remplir cette partie du programme. Dans une brochure où il affichait la prétention de se mettre à la portée de toutes les intelligences, il entreprit de démontrer scientifiquement le suicide du prince de Condé. Dans cette élucubration de commande, la thèse à établir revêtait la forme d'une consultation. Ce n'est pas autre chose qu'un factum, où le thème imposé, le parti pris du suicide, se décèle à chaque page. Dans sa préface, l'auteur annonce qu'« il profite avec empressement de l'autorisation qu'il a sollicitée et obtenue de faire connaître les faits ». Il oublie seulement de dire de qui il tient cette autorisation. On eut donc lieu de se demander, dans le public, si c'était de Louis-Philippe, pour un livre où était déshonorée la mémoire de son oncle, du bienfaiteur de sa famille[1] !

Mais avant de livrer son travail à l'impression, le docteur Marc avait eu la malencontreuse idée d'en donner communication et lecture à l'Académie royale de médecine. Son mobile, on le devine. Se berçant de l'espoir de surprendre l'adhésion de ce corps savant, il comptait l'associer en quelque sorte à son œuvre, le rendre solidaire de ses conclusions médico-légales. Le rapport judiciaire en eût tiré un surcroît d'autorité : ainsi se trouverait pleinement justifiée l'opinion consignée au procès-verbal

[1] *Examen médico-légal de la mort de S. A. R. le prince de Condé*, par M. le docteur Marc, médecin du roi. — L'auteur a joint au texte une lithographie représentant la position du duc de Bourbon à la croisée. Cette figure faite de souvenir, après que le corps eût été décroché de l'espagnolette, manque d'exactitude, comme il a été démontré dans l'instruction. Le dessinateur avait fait œuvre de complaisance : il en fut récompensé par la place d'inspecteur des bâtiments de Chantilly.

M. le professeur Tardieu n'a fait que la reproduire dans la planche 1, pag. 138 de son *Étude sur la pendaison*. La même inexactitude s'y rencontre relativement à la position du fauteuil, beaucoup trop rapproché du corps du prince.

d'autopsie. Mais M. Marc avait trop présumé de son influence sur l'Académie de médecine, surtout de la condescendance de ses éminents collègues. Flairant la manœuvre, l'illustre compagnie se garda d'y donner les mains; elle refusa de se prêter à une ruse grossière. Donc, dans la séance du 30 novembre 1830, M. Marc fait sa communication. L'assemblée est ainsi saisie de la question, mise en quelque sorte en demeure de se prononcer sur la matière, après une discussion en règle. Mais ici s'ouvre la série des mécomptes, ou plutôt des déboires du médecin de Louis-Philippe. M. Orfila, une illustration du corps médical, commence par élever des objections graves contre les théories de l'auteur de la communication. Après lui, le docteur Castel fait plus : cet académicien bat magistralement en brèche tous les arguments de M. Marc, et ne laisse rien subsister de sa thèse. M. Marc comprit à ce moment combien il s'était fourvoyé : il n'y avait pour lui d'autre issue que de couper court à des débats scientifiques qui n'étaient rien moins qu'à son avantage. Il allégua piteusement que « son intention n'avait été que de faire une simple communication ». Mais, à cette façon de se dérober, on se récria de toute part au sein de l'Académie. Le praticien malavisé fut puni de sa frasque. La leçon même ne laissa pas d'être cruelle : on ne se fit point faute de lui faire comprendre que, pour ajouter un poids décisif à son opinion personnelle, il s'était proposé de la couvrir subrepticement de l'approbation de ses collègues! L'avortement de cette tentative n'empêcha pas la presse stipendiée de prôner le livre avec fracas. Des extraits étendus, insérés à grands frais, en furent donnés par plusieurs journaux.

La communication du docteur Marc à une compagnie savante avait pu, à la rigueur, être réputée faite dans l'intérêt de la science; et encore, les extraits publiés par des journaux passer pour une des réclames ordinaires à ces sortes de travaux. Aussi la famille de Rohan, héritière légitime du duc de Bourbon, avait-elle jugé convenable de garder le silence. Mais la manœuvre ne devait pas s'arrêter là : le *Mémoire* de M. Marc allait recevoir une publicité de plus en plus tranchée et désormais significative. On ne se borne point à sa reproduction dans une publication périodique, les *Annales d'hygiène publique et de médecine légale*, et encore à l'éditer sous forme de brochure, à l'usage des personnes qui ne lisent pas les *Annales d'hygiène* : il paraît presque intégralement dans la *Gazette des Tribunaux* [1], feuille judiciaire inféodée au pouvoir et, de tout temps, bassement adulatrice de la magistrature. Cette fois il n'y a plus à s'y méprendre. Ce n'est point d'une discussion scientifique qu'il s'agit, ni d'une réclame à

[1] Numéros des 16, 17 et 18 janv. 1831.

l'adresse du public : c'est une cause à juger qu'on lui soumet, un plaidoyer dans les formes qu'on prononce à son tribunal !

Imbus du sentiment louable mais peut-être exagéré des bienséances, les princes de Rohan avaient pu jusque-là s'abstenir. Actuellement on leur forçait la main : un pareil appel à l'opinion publique nécessitait une réponse. Il était de leur devoir d'opposer des faits à des faits, des raisonnements à des raisonnements, et de justifier ainsi les efforts qu'ils étaient déterminés à faire pour mettre la vérité en lumière. Ils avaient par devers eux un fonds plus que suffisant pour dissiper l'impression que le factum inconsidéré de M. Marc avait pu produire.

Mais leur action allait être devancée par un controversiste ardent qui, ne s'inspirant que de l'intérêt de la science et de la vérité, devait porter de nouveaux et rudes coups à l'échafaudage officiel dressé par l'officieux médecin de Louis-Philippe. Le docteur Dubois (d'Amiens), jeune encore, mais faisant déjà autorité dans le monde médical, entreprit de réduire à sa juste valeur l'argumentation de M. Marc. Dans la *Réfutation* par lui publiée, il ne se borne pas à démolir pièce par pièce la thèse de son confrère, il s'égaie encore impitoyablement à ses dépens à propos de certaines naïvetés qui lui étaient échappées [1]. Et le châtiment

[1] « Si, écrit M. Marc, des mains étrangères avaient porté atteinte aux jours du prince de Condé, l'attentat n'aurait pu avoir

était justement infligé, car M. Marc ne s'était pas borné à l'examen purement médico-légal, à la question scientifique, pour le moment la seule convenable à résoudre : il était, de plus, entré dans l'examen des faits, dans l'appréciation de certaines circonstances encore imparfaitement connues, et cela pour les travestir et en dénaturer la signification. Sous une érudition d'emprunt et de mauvais aloi, il s'était efforcé de masquer la pauvreté de ses prétendues preuves.

Après M. Dubois (d'Amiens), un autre praticien, le docteur Gendrin, au nom de la famille de Rohan, entre dans la carrière. Celui-là allait achever de saper par sa base et ses fondements le *Rapport* des médecins du roi, et en même temps porter le coup de grâce à l'imprudente publication de M. Marc.

été commis que pendant le sommeil de ce prince ou lorsqu'il était éveillé. » (*Mém.*, pag. 3›). — « Le raisonnement est de toute justesse, observe M. Dubois (d'Amiens); nul doute que si le duc de Bourbon était éveillé, il ne dormait point, et que s'il dormait, il n'était point éveillé. » — Sur le meurtre, ce praticien résume son opinion en ces termes : « Le prince était couché, il sommeillait; des assassins, introduits dans sa chambre à coucher (je ne veux pas chercher ici comment et par qui), se jettent sur lui, le saisissent, le contiennent facilement dans son lit, et alors le meurtrier, et le plus déterminé et le plus expert, l'étrangle sur-le-champ, couché sur le dos et retenu par les autres scélérats. Puis, pour donner l'idée du suicide, pour ne pas donner lieu à des recherches juridiques qui auraient pu les faire découvrir, ils passent une cravate autour du cou de leur victime et la suspendent à l'espagnolette de sa fenêtre. » (*Réfutation médico-légale du Mémoire de M. le docteur Marc*, par M. le docteur F. Dubois (d'Amiens), dans la *Revue médicale*, février et mars 1831.)

Son *Mémoire médico-légal sur la mort violente du duc de Bourbon* eut un immense retentissement. A la différence du médecin de Louis-Philippe, M. Gendrin se tient exclusivement sur le terrain de la science ; il se renferme dans l'examen de la question médico-légale, à l'exclusion des considérations morales et psychologiques dont M. Marc avait saturé son factum. Fort des déductions de la science, il démontre invinciblement la fausseté de l'argumentation de son confrère et l'inanité des raisons qu'il invoque à l'appui du suicide. Quant au genre de mort violente du prince de Condé, circonspect jusqu'au bout, il réserve son opinion jusqu'à l'examen approfondi des faits et des témoignages qui doivent résulter de l'enquête. Mais dès ce moment il est surabondamment démontré qu'aucun des raisonnements de M. Marc n'est décisif, ou même plausible, en faveur du suicide, tandis que les plus inéluctables inductions de la physiologie concourent à établir le crime [1].

[1] *Mémoire médico-légal sur la mort violente du duc de Bourbon, prince de Condé*, par A.-N. Gendrin, dans les *Transactions médicales*, mars 1831.

Il ne faut pas confondre ce premier *Mémoire*, exclusivement scientifique, avec la *Consultation médico-légale* délibérée par le même praticien, le 19 juin de la même année.

M. le professeur Ambroise Tardieu, dans son *Étude médico-légale sur la pendaison*, Paris, 1879, pag. 21, traite fort dédaigneusement les conclusions formulées par M. Gendrin, dans les *Transactions médicales*, Paris, 1831, tom. III, p. 375. Nous n'avons pas à prendre parti entre ces deux éminents praticiens,

Dans la recherche du caractère et des causes de la mort violente du prince de Condé, M. Bernard (de Rennes) avait signalé un zèle qui n'avait d'égal que la courte vue du magistrat et sa remarquable incapacité. On a vu dans quel panneau il avait donné, en s'évertuant à réunir les quarante et quelques fragments de papier qu'une main clandestine avait répandus après coup dans les cheminées du château de Saint-Leu, pour faire croire au suicide! Au terme de cette tâche ingrate et laborieuse, cet honnête mais peu retors procureur général s'était écrié, dans l'accès d'une joie enfantine, qu'« il tenait la vérité ! » Hélas ! il ne tenait qu'un siège à la Cour

qui nous sont étrangers l'un et l'autre. Disons seulement que, dans l'occurrence, M. Tardieu obéit trop visiblement à un sentiment de rivalité médicale : à la lecture de sa dissertation, il saute aux yeux qu'il saisit l'occasion de dénigrer son confrère. En concédant au docteur Tardieu, que « la pendaison puisse s'accomplir dans les conditions matérielles et dans la position générale du corps constatées chez le prince de Condé », il n'en est pas moins certain que cette constatation, au moment où elle a été faite, n'excluait ni la possibilité, ni surtout la probabilité de l'assassinat par strangulation. Or, aujourd'hui que le meurtre du duc de Bourbon est un fait avéré, irréfragablement établi, tant par les révélations *in extremis* de Lecomte, que par les confidences posthumes du général Lambot, on nous permettra de consigner ici une observation. Il y a lieu, ce semble, de réfléchir sur l'extrême réserve avec laquelle il convient d'accueillir les affirmations parfois si tranchantes de messieurs les spécialistes et experts. Les plus savants, les plus autorisés d'entre eux, sont sujets à errer, tout comme les auteurs les plus érudits, les praticiens les plus consommés ; M. Tardieu en fournit actuellement la preuve !

de cassation, où Louis-Philippe se hâta de le confiner. A continuer de se servir de ce chef de parquet crédule au possible, mais incontestablement homme de bien, Louis-Philippe n'était rien moins que rassuré à l'égard des dangers que pouvait lui faire courir son ingénuité. Aussi bien l'affaire de Saint-Leu se montrait sous un jour de plus en plus menaçant, avec des conséquences redoutables. Le nom du roi s'y trouvait étroitement mêlé ; il apparaissait comme complice aux yeux du peuple, sur qui, comme on sait, l'imagination et le sentiment ont toujours plus de prise que la raison. C'était un écheveau formidable que Louis-Philippe lui-même allait être forcé de débrouiller. Or, à pareille tâche, il n'avait garde d'associer un homme simple comme M. Bernard (de Rennes). Pour auxiliaire, il lui fallait dans l'emploi un autre bon sujet, celui-là à sa discrétion et aguerri contre toute espèce de scrupules. Il l'avait présentement sous la main, dans la personne de M. Persil, un avocat subalterne, rongé de besoins et d'ambition, le même que nous avons vu précédemment faire antichambre à Neuilly, pendant que M. Dupin, son grand confrère, pérorait la duchesse d'Orléans pour la décider à accepter la couronne. M. Persil, jusque-là, s'était moins fait connaître comme auteur d'une compilation médiocre sur le régime hypothécaire et comme avocat, que par les désordres de sa vie, par son talent à dégrafer des corsets de drôlesses. De l'abjection du personnage, de la turpitude de son caractère, Louis-Philippe était fondé à attendre une soumission entière à ses volontés, une condescendance sans bornes. En effet, l'âme de cet avocat était aussi laide que sa face ; et, au Palais, on lui appliquait les traits dont Tacite a peint un Romain décrié de son époque : *Cassius Severus, sordidæ originis, maleficæ vitæ, sed orandi validus*[1] ; « Cassius Severus, homme de basse extraction, à la vie malfaisante, mais parleur indomptable. » C'est ainsi que Louis-Philippe préludait au choix de ses hommes de parquet, en attendant qu'il peuplât ses tribunaux d'âmes damnées, et colloquât jusqu'à des chenapans dans ses Cours royales[2] !

[1] *Ann.*, IV, 21.

[2] Qu'on ne suppose pas, ici, que nous exagérions le moins du monde : nous pourrions citer maints noms et faits, avec preuves à l'appui. On comprend de reste les motifs de notre réserve. Un exemple seulement. Sous Louis-Philippe, dans une petite ville de province, nous avons vu un procureur du roi tricher au jeu à une table de boston. Déplacé à raison de ce fait qui fit scandale, il signala son passage dans d'autres ressorts par de nouvelles incartades, avant d'être finalement promu conseiller à la Cour royale de Paris ! Au cours de sa carrière judiciaire, suivant le témoignage de sa propre famille obligée de nous en faire la douloureuse confidence, il s'était passé la fantaisie d'administrer le chloral à son beau-père et à sa femme, dans l'intention sans doute de raccourcir pour eux la trame des misères de cette vie : il était notoirement l'amant de sa belle-mère ! Président des Assises, il n'y avait pas de plus intrépide discoureur de morale : il ne tarissait point de leçons de vertu aux accusés !

Louis-Philippe, en descendant du trône le 24 février 1848, léguera à la République et à l'Empire un corps judiciaire gangrené, une magistrature aux trois quarts pourrie.

Le 29 septembre 1830, la nomination de M. Persil, comme procureur général près la Cour royale de Paris, en remplacement de M. Bernard (de Rennes), appelé à la Cour de cassation, paraissait au *Moniteur*, journal officiel.

CHAPITRE XXXII

Obsèques du prince de Condé. — Madame de Feuchères quitte précipitamment Saint-Leu. — Son agitation, ses terreurs au Palais-Bourbon. Accueil empressé et scandaleux que lui fait la famille d'Orléans. — Explosion du sentiment public. — *Appel à l'Opinion*, de Lafont d'Auxonne. — Démarches du général Lambot pour une nouvelle information judiciaire. — Instruction supplémentaire à Pontoise. — Tentative infructueuse de l'abbé Pellier. — Évocation de la procédure criminelle par la Cour royale de Paris. — M. de la Huproye, conseiller instructeur : difficultés de sa tâche. — Dépositions de Mme de Feuchères, de Lecomte, de l'abbé Briant, des époux Dupré. — Présomptions multipliées, indices certains de l'assassinat. — Conclusions du rapporteur. — Consternation et stupeur au Palais-Royal. — Angoisses et perplexité au sujet du parti à prendre. — Délibérations secrètes avec le procureur général. — Coup d'autorité de M. Persil. — M. de la Huproye mis d'office à la retraite. — M. Brière-Valigny, nouveau rapporteur. — Conclusions arrêtées d'avance. — Questions soumises à la Cour royale de Paris. — Arrêt de non-lieu. — Sa dénonciation à la Cour de cassation. — Arrêt de rejet. — Physionomie de l'audience. — Stupéfaction du public. — Rémunération des magistrats qui ont concouru au dénoûment de l'affaire. — Soulèvement de plus en plus accentué de l'opinion. — Procès civils et correctionnels. — Infatuation des parquets. — Efforts de M. Persil pour la suppression de pièces compromettantes. — M. Gustave de Beaumont : bel exemple qu'il donne de l'accomplissement indéfectible des devoirs du magistrat. — Sa disgrâce sous couleur de mission extraordinaire aux Etats-Unis. — M. Didelot lui succède : anéantissement des pièces que n'avait pu détourner M. Persil. — Acte d'indépendance et révocation de M. Faucher, procureur du roi à Senlis. — Décri de la justice de Louis-Philippe et avilissement de plus en plus signalé de sa magistrature. — Infractions aux dernières volontés du prince de Condé. — Legs du château d'Écouen. — Servilité et bassesses du Conseil d'État. — Litiges entre la famille d'Orléans et Mme de Feuchères. — Brouille et rupture des ci-devant associés, Louis-Philippe et Mme de Feuchères. — Liquidation de l'héritage du duc de Bourbon. — Apreté et rigueurs des administrateurs de Louis Philippe. — Brocantage mesquin pratiqué au nom du duc d'Aumale — Popularité décroissante de la maison d'Orléans. — Avanie de la princesse Adélaïde à Saint-Leu. — Moralité et enseignements de la catastrophe du duc de Bourbon. — Impression qui en reste à Louis-Philippe. — Récits des précédents historiens. — M. Nettement : son intuition remarquable. — Invraisemblance d'un acte révocatoire du testament du 30 août. — Authenticité absolue de la lettre du roi à Mme de Feuchères. — Manie épistolographique de Louis-Philippe. — Phases successives du sentiment public à l'égard de la nouvelle dynastie. — Trait mordant à propos du crime de Saint-Leu. — La magistrature de Louis-Philippe, tourbe vénale et dégradée, étroitement associée à la fortune du règne. — Certitude d'une justice boiteuse, de plus en plus inique et corrompue. — Conditions de la vitalité et de la durée des gouvernements. — Pronostics infaillibles d'une existence éphémère pour l'établissement monarchique de 1830. — Action de la Providence et vindicte divine. — L'impunité du forfait de Saint-Leu à jamais à la charge de la mémoire de Louis-Philippe !

Le corps du duc de Bourbon avait été exposé, le visage découvert, dans une chapelle ardente. Un goût simple et sévère, en harmonie avec les faits d'armes, les idées et les sentiments du défunt, préside à la décoration funèbre. Le prince est entouré d'une pompe religieuse et guerrière. Cette exposition fut marquée par un incident émouvant, véritable trait de lumière pour la justice, si elle avait été décidée à percer les ténèbres qui voilaient insuffisamment le crime. On sait que la vue de la victime, en provoquant le trouble et le remords, manque rarement son effet sur les natures non encore complétement endurcies. C'est ce qui advint à Lecomte, que son silence intéressé associe désormais à l'attentat. Passant devant son maître, ce valet de chambre du duc de Bourbon ne peut soutenir sa vue. Il se trouble ; et, vaincu par son émotion, il laisse échapper ces paroles : « J'ai un poids sur le cœur, » ou « J'en ai gros sur le cœur ! » Elles ne manquent pas d'être rapportées. On presse Lecomte de s'expliquer, d'en donner la signification. D'abord il balbutie, puis il se renferme dans un silence obstiné. C'est seulement plusieurs jours après, quand on lui a fait comprendre la gravité de son exclamation, qu'il s'efforçera d'en dénaturer le sens et d'en atténuer la portée. « En le plaçant dans la maison du prince, dit-il, Mme de Feuchères lui a fait perdre son établissement de la rue de la Paix. Lié par un traité avec son successeur, il ne peut plus exercer l'état de coiffeur. » Cette explication de Lecomte, absolument inadmissible, est rejetée par ses camarades eux-mêmes. Plus tard, dans l'instruction criminelle, on le verra persister dans cette voie ; et, malgré les adjurations pressantes et bienveillantes du magistrat instructeur, se refuser à toute espèce d'aveux.

Le 4 septembre, les dépouilles mortelles du duc de Bourbon furent transportées à Saint-Denis, où devaient être célébrées les obsèques. Le duc d'Orléans, le duc de Nemours, le prince de Joinville, le duc d'Aumale, fils du roi, y assistèrent. Le 9, en remettant à l'église paroissiale de Chantilly le cœur du prince, l'abbé Pellier de Lacroix, son aumônier, prononça une courte allocution dont les derniers mots eurent un retentissement durable : — « Le prince est innocent de sa mort devant Dieu ! » — Protestation courageuse contre la version du suicide, que la famille d'Orléans s'efforçait d'accréditer ! M. de Broglie, alors ministre des cultes, en défendit l'insertion au *Moniteur*. Et comme on s'en étonnait, il se contenta de proférer ces dédaigneuses paroles : « Il faut laisser tomber cela ! » — *Cela* pourtant marquait d'un stigmate ineffaçable la royauté bourgeoise à son début ! La punition ne devait pas se faire attendre. De ce jour allait commencer la série des malheurs domestiques qui, presque sans interruption, devaient fondre sur Louis-Philippe et sa famille !

Mme de Feuchères ne parut point à la cérémonie funèbre de Saint-Denis. Dès le dimanche 29 août, de grand matin, elle avait quitté précipitamment le château de Saint-Leu. Agitée d'une façon extraordinaire, poursuivie d'étranges terreurs, elle courut à Paris s'enfermer au Palais-Bourbon. *Scelus aliqua tutum, nulla securum tulit*[1] ; « on trouve parfois impunité dans le crime ; sécurité, jamais ! » — Ce fut le cas de Mme de Feuchères. Durant quinze jours, elle fit coucher l'abbé Briant, armé de pistolets, dans la pièce servant de bibliothèque qui précédait sa chambre à coucher. Elle avait pourtant à côté d'elle, la nuit, Mme de Flassans, sa nièce ! Appréhendait-elle que l'image du prince de Condé ne lui apparût, dans le silence et la solitude des nuits ?... A la fin cependant, ses frayeurs se dissipèrent. D'augustes amitiés l'avaient rassurée ! D'ail-

[1] Sén. le trag., *Hipp.*, I, II.

leurs, elle était livrée à d'autres et non moins fortes émotions. Depuis plusieurs mois, elle opérait à la Bourse de Paris sur un capital énorme. Elle avait imperturbablement pris position à la hausse sur la rente et certaines valeurs. Sa hardiesse fut couronnée d'un plein succès et lui valut des bénéfices considérables.

Au sortir de la Bourse, où, dans les agitations du jeu, elle trouvait la trêve d'un moment aux remords de sa conscience, la baronne était reçue à bras ouverts dans la maison d'Orléans. La foule se montrait sa voiture stationnant devant le Palais-Royal, que le nouveau roi n'avait pas encore quitté [1]. « Mme de Feuchères, rapporte un historien [2], fut invitée à la cour et y reçut un accueil dont le lendemain tout Paris s'entretenait avec stupeur. » En dépit de la catastrophe tragique de Saint-Leu, elle continuait d'être l'amie intime, l'hôte assidue de la famille d'Orléans. Déjà sévèrement appréciées du vivant du dernier Condé, ces relations familières soulevèrent une réprobation universelle, à la suite du mystérieux événement. Le roi des Français ne s'en émut guère. Un écrivain moraliste [3] fait à ce sujet une remarque parfaitement fondée : « Tel était

[1] Nous avons dit précédemment que les dégradations causées aux Tuileries par la prise d'assaut, n'avaient pas encore permis d'y installer la royauté nouvelle.

[2] Louis Blanc, *Hist. de Dix ans*, tom. III, pag. 67.

[3] Théod. Muret, *Gouv. de 1830*, tom. III, pag. 200.

Louis-Philippe : un chef de famille honnête et respectable dans son intérieur, mais chez qui la moralité personnelle n'était pas toujours une garantie, en dehors du cercle de son foyer! »

Comblée d'égards et d'attentions par la famille d'Orléans, la baronne affichait de plus en plus une insolente sécurité. De fait, la justice n'avait pas un seul instant songé à l'inquiéter. Elle en prit sujet d'une attitude encore plus hautaine et provoquante. Se prodiguant en tous lieux avec ostentation, elle finit par lasser la patience du public. Elle commença de ce moment d'être insultée du regard et de la voix. Mais elle essuya ces outrages avec un front qui devint un scandale de plus. Il en rejaillit une déconsidération immense sur la maison d'Orléans. On se dit naturellement que la baronne n'aurait jamais osé braver à ce point l'opinion publique, si elle n'avait pas eu des complices en haut lieu; et, supposition absurde, mais autorisée par les apparences, on en vint à croire à la participation de Louis-Philippe à l'assassinat du duc de Bourbon! Et ce sentiment prit un tel corps, qu'il en subsiste encore aujourd'hui des traces. Même à notre époque, nombre d'honnêtes gens sont persuadés que Louis-Philippe s'est fait le complice des meurtriers de son oncle. Cette croyance n'a pas cessé d'être fortement enracinée dans l'esprit du peuple. C'est qu'il ne faut point attendre de lui des distinctions et des nuances que son intelligence ne perçoit pas. Le peuple voit les choses en bloc. Ses déductions procèdent d'un grossier bon sens, d'une brutale et inflexible logique. Pour lui, *cui prodest scelus, is fecit*[1]; « le crime est à celui qui en recueille les fruits! »

Nonobstant le tumulte de l'époque, les divisions et les idées divergentes des partis politiques, l'opinion s'était prononcée d'une façon à peu près unanime sur le mystère de Saint-Leu. Servies par un instinct généralement sûr, les masses avaient incontinent flairé le crime, et rejeté bien loin l'idée de la race héroïque de Condé disparaissant dans l'acte d'un obscur désespéré. Chez tous, un sentiment intime produisait la conviction sur cette tombe fatalement ouverte. Le bon sens du public n'avait garde de se laisser abuser par des impostures intéressées, non plus qu'égarer par les sophismes perfides de la science officielle. Un cri universel dénonçait l'assassinat. Il allait devenir impossible au gouvernement d'éluder une information judiciaire en règle.

Pourtant Louis-Philippe s'était un moment bercé de l'espoir de l'esquiver! Présentement il vaquait à des soins à ses yeux fort urgents. Au nom du duc d'Aumale, son fils mineur, il était tout entier aux formalités préalables à la prise de possession de l'héritage des Condé. Suivant ordonnances des 2 et

[1] Sén., le trag., *Méd.*, III, II.

4 septembre, le roi pourvut simultanément à l'administration de ses domaines privés, à la gestion des biens personnels du duc d'Aumale, à l'exercice des actions judiciaires, tant en demandant qu'en défendant, qui devaient en être la conséquence. A récapituler les faits, les dates et les actes, à l'œuvre de la régularisation de la situation, on ne peut qu'admirer la célérité de Louis-Philippe. C'est le type, le parfait modèle de l'administrateur diligent et soigneux. Ainsi, le 27 août, à onze heures et demie du matin, il apprend que son oncle gît accroché à l'espagnolette de la croisée de sa chambre à coucher. Le même jour, à quatre heures du soir, M. Pasquier lui mande que les papiers de la victime ont été enlevés ou détruits, qu'il va néanmoins procéder à l'apposition des scellés. En même temps, M. de Rumigny, son homme de confiance, lui écrit que « la mort du prince de Condé n'a pas l'air d'être le résultat d'un suicide. » Le lendemain 28, quand le cadavre est à peine refroidi, la remise du testament a lieu entre les mains de M. Debelleyme, président du Tribunal civil de la Seine, lequel en ordonne le dépôt dans l'étude d'un notaire. Pas une minute de perdue dans l'accomplissement des formalités que la loi prescrit! Quant au point de savoir s'il existe ou non d'autres dispositions testamentaires, Louis-Philippe ne s'en préoccupe nullement : l'enlèvement ou la combustion des papiers par les assassins, dans la nuit du 26 au 27 août,

le rassure complétement contre toute découverte importune.

Pendant ce temps, dans le public, les commentaires, de leur côté, faisaient leur chemin ; et, témérairement bravée, l'inculpation ne craignait pas de remonter jusqu'au trône. Pour l'étouffer dans son germe, un moyen sûr et honorable s'offrait à Louis-Philippe: c'était de répudier une succession à ce point ténébreuse. La délicatesse la plus vulgaire lui faisait un devoir de lacérer un testament qui prêtait à de sinistres interprétations. Ou bien, s'il était incapable de s'y résoudre, il pouvait faire un emploi désintéressé de ce patrimoine des Condé, lequel, pour lui et ses enfants, allait être un héritage de malédictions et de malheurs. Consommé avec spontanéité, nul doute que ce sacrifice n'eût fléchi, désarmé la conscience publique! Séparer sa cause de celle de Mme de Feuchères, qu'une feuille de l'époque appelait « une petite baronne anglaise qui ressemblait à une espagnolette », la laisser se débattre comme elle pourrait en Cour d'assises, c'était la ligne de conduite à suivre, la seule praticable et honorable pour Louis-Philippe. Mais attendre de lui cette résolution, c'était compter sans sa cupidité. Dans l'occurrence, il ne devait malheureusement pas s'en départir, le monarque qui, le 7 août, la veille de son avènement au trône, avait fait passer tous ses biens sur la tête de ses enfants, sans égard pour la coutume invariable de ses prédécesseurs et les traditions constantes de la monarchie [1]. Ici apparut au grand jour la religion particulière à la nouvelle dynastie. On put, dès lors, augurer que le culte du veau d'or serait le trait saillant, caractéristique du règne!

On se souvient du transport des magistrats de Pontoise au château de Saint-Leu, dans la journée du 27 août, et du commencement d'information auquel ils avaient procédé. On ne saurait qualifier du nom d'enquête sommaire les actes qu'ils y dressèrent : tant ils furent superficiels, empreints de légèreté! De retour à Pontoise, le procureur du roi Roussigné avait pris en mains la direction de l'affaire. Mais ce ne devait pas être pour longtemps: il allait être nommé juge d'instruction à Paris. Au surplus, cette instruction judiciaire ne se prolongea guère, et l'issue répondit au début. Le 7 septembre 1830, elle aboutit à une ordonnance de

[1] Ce fut une lourde faute que l'acte en date du 7 août 1830, par lequel Louis-Philippe, déjà lieutenant général du royaume, faisait passer sur la tête de ses enfants, avant d'accepter la couronne qu'on lui offrait, la nue-propriété de tous ses biens, qui, d'après les antiques lois de la monarchie, eussent dû être aussitôt confondus avec le domaine de la couronne. Dès l'origine, l'acte était entaché de nullité, puisque les frais d'enregistrement ne furent acquittés que quelques années plus tard. Sans doute, vu l'importance exceptionnelle des droits à percevoir, l'administration consentit à l'enregistrer en *débet*, c'est-à-dire à crédit : mais qui ne voit que cette complaisance illégale viciait radicalement la donation? Dans cette précaution de Louis-Philippe, on ne saurait méconnaître la prudence du bon père de famille. Mais était-elle digne d'un homme appelé par une grande nation à l'honneur de diriger ses destinées? On sait à quoi elle a servi!

non-lieu rendue par la Chambre du conseil du Tribunal civil de Pontoise. Elle était conçue et motivée en ces termes : « Attendu qu'il résulte de l'information que la mort du prince de Condé a été volontaire et le résultat d'un suicide; que la vindicte publique n'a, dans cette circonstance, aucun renseignement nouveau à rechercher, ni aucun coupable à poursuivre, et que la procédure est complète, déclare qu'il n'y a lieu à suivre. » —

Dès l'origine, les magistrats de Pontoise eussent sagement agi en se déclarant incompétents, plutôt que d'entamer une procédure qui, juridiquement et d'après les principes constitutionnels, aurait dû leur rester entièrement étrangère. C'est que, pour statuer sur la mort violente du prince de Condé, pour en déterminer la nature et les caractères, la justice ordinaire était sans attributions réelles. Aux termes de l'article 18 de la nouvelle Charte constitutionnelle, il appartenait exclusivement à la Cour des Pairs de connaître des attentats contre la sûreté de l'État. Or, l'article 87 du Code pénal assimilait aux attentats contre la sûreté de l'État ceux commis contre la personne des membres de la famille royale. Le duc de Bourbon ayant incontestablement cette qualité, le crime d'attentat contre sa personne relevait donc de la juridiction de la Cour des Pairs. Cette jurisprudence avait été explicitement, solennellement établie par l'ordonnance royale qui avait renvoyé Louvel, l'assassin du duc de Berry, devant cette haute juridiction[1]. Sous un autre rapport encore, il appartenait à la Cour des Pairs de connaître de cette grave affaire. Les personnes de l'entourage du prince de Condé, au moment de sa fin tragique, portaient le poids d'une lourde responsabilité; et, parmi elles, figurait un pair de France, M. de la Villegontier. Conformément aux articles 29 et 53 de la Charte constitutionnelle, c'était là une raison de plus de saisir la Cour des Pairs d'une instruction où cette responsabilité avait à se dégager. La question, d'ailleurs, semblait préjugée par la Chambre des Pairs elle-même. Ses grands dignitaires avaient charge de remplir les fonctions d'officiers de l'état civil pour la famille royale; et c'était précisément à ce titre qu'ils s'étaient rendus à Saint-Leu, le jour de la mort du prince, pour constater son décès. Ils

1 On nous objectera peut-être que la compétence de la Cour des Pairs pouvait être contestée, et pour cela on se fondera sur une étiquette de cour, laquelle établissait une distinction entre les princes de la famille royale et les princes du sang. Nous répondrons qu'une étiquette de cour n'est pas une loi. La loi qui classait les attentats contre les princes de la famille royale parmi les crimes de haute trahison et les attentats à la sûreté de l'État, et ordonnait qu'ils seraient poursuivis comme tels devant la Cour des Pairs, n'avait pas entendu faire et effectivement n'avait pas fait une pareille distinction. Aucune loi n'avait reconnu ou admis cette ligne de démarcation entre les princes de la famille royale et ceux du sang. Le Code pénal, dont l'article 87 avait motivé le jugement de Louvel, était muet à cet égard. De fait, elle n'existait pas sous le premier Empire, dans la famille de Napoléon Ier, au nom duquel ce code avait été promulgué.

avaient donc reconnu en lui la qualité de membre de la famille royale, qualité qui avait fait édicter l'article 87 du Code pénal.

Donc, du moment qu'il était constant que le duc de Bourbon était mort, que son corps était froid et qu'aucun moyen n'existait de le rappeler à la vie, il y avait stricte obligation de se borner aux mesures suivantes : laisser dans la chambre à coucher les choses en l'état où elles se trouvaient, fermer la porte, y mettre une garde; et, cela fait, attendre les grands officiers de la Chambre des Pairs, auxquels incombait exclusivement la tâche de vérifier le décès, sa nature, ses particularités et circonstances. Par continuation du devoir de ces hauts dignitaires, en vertu de la loi et sur ordonnance du roi, la Cour des Pairs devait être convoquée et investie de l'instruction chargée de faire la lumière sur le genre de mort auquel avait succombé le prince. Les procès-verbaux dressés avant leur arrivée, ensemble l'information commencée, constituaient donc autant d'actes illégaux, bons seulement à embrouiller l'affaire. De fait, jusque-là dévoyée, elle allait aboutir à un chaos véritable.

Mais une marche si rationnelle, à la fois naturelle et légale, ne pouvait être du goût de Louis-Philippe, contempteur des principes du droit, despote à l'égard des gens de robe, et, par-dessus tout, suborneur effréné de la justice. Sur une juridiction comme la Cour des Pairs, il sentait bien que son action, ouverte ou clandestine, se serait infailliblement émoussée. On y comptait encore de nombreux partisans du régime déchu, lesquels nécessairement voudraient tirer la chose au clair. Le roi n'était donc rien moins qu'assuré d'y tenir la lumière sous le boisseau. A saisir les Pairs de l'affaire, il ne pouvait se dissimuler que les actes et les faits seraient examinés de près, et que, aussi loin et aussi haut qu'il fallût remonter, toutes les circonstances seraient inflexiblement éclaircies. Dès lors sa détermination était irrévocablement prise. Il allait employer tous ses efforts, tout son pouvoir, pour étouffer l'affaire. Peu lui importait que la mémoire du dernier Condé restât sous le coup d'une accusation ignominieuse, que le nom de son oncle portât le poids d'une flétrissure !

Mais s'il lui était expédient et aisé de tourner la juridiction de la Pairie, il n'avait pas les mêmes moyens de fourvoyer la conscience publique. Ce fut effectivement l'écueil où échoua la stratégie de Louis-Philippe. Un cri universel proclamait l'assassinat, et déjà il retentissait dans la masse du public avec l'accent menaçant d'une incrimination directe. Ainsi qu'il arrive toujours en pareil cas, l'opinion allait avoir pour organe l'un de ces hommes prompts à prendre les devants, de ceux-là qui, en toute occurrence imprévue, n'ont rien à perdre à interposer leur personnalité équivoque, mais au contraire tout à gagner en famosité et en scandale. Un prêtre défroqué attacha le grelot. C'était Lafont d'Auxonne, ci-devant espion de police et spadassin de lettres. Fort de renseignements puisés sans doute dans les entours du Palais-Bourbon, il lança une brochure qui piqua au plus haut degré la curiosité publique. Mélange de faits en partie exacts, en partie erronés, de conjectures téméraires et de suppositions hasardées, son *Appel à l'Opinion* produisit une sensation extraordinaire. Dans une audacieuse prosopopée, l'auteur met en scène un personnage qu'il ne nomme pas, mais qu'il dénonce d'une façon plus que diaphane, comme l'instrument du meurtre du prince de Condé.

Prenant occasion d'un songe mystérieux, il raconte l'évènement en ces termes :

« L'esprit tout occupé du grand récit qu'on vient de lire et qu'on achevait d'imprimer pour le répandre, j'ai livré mes sens au sommeil. Un songe lugubre et pénible en est venu troubler le repos, et le fantôme du bon prince m'est apparu.

» Persévère, m'a-t-il dit, homme compatissant et secourable, persévère à venger la mémoire du plus aimant et du plus infortuné des mortels.

» Les barbares avaient depuis plusieurs jours résolu ma mort : ils l'ont effectuée. Malgré leur subite invasion et les demi-ténèbres de ma cellule, j'ai pu reconnaître leur chef. Il a l'audace de Catilina jointe à la prodigieuse force d'Hercule. Je le savais avec répugnance dans mon palais. On l'y a maintenu malgré mes ordres, et j'ai péri d'une mort affreuse... [1] »

A ces traits, il était impossible de se méprendre sur l'identité de l'homme si ouvertement désigné: c'était le général Lambot; et on le signalait comme l'auteur principal du crime! Secrétaire des commandements du duc de Bourbon, aide de camp de service dans la nuit du 26 au 27 août [2], M. Lambot était en quelque sorte responsable de l'évènement: lui surtout avait charge de la sûreté des jours du prince. L'appartement qu'il occupait au château de Saint-Leu était contigu à celui du duc de Bourbon. Ce jour-là, il avait couché à Paris. Il lui importait donc de faire constater cette circonstance, d'établir l'*alibi* dans la nuit fatale [3]. Aussi, sous le coup de la double responsabilité matérielle et

1 *Appel à l'Opinion publique sur la mort de Louis-Henri-Joseph de Bourbon, prince de Condé*, par l'auteur des *Mémoires secrets et universels des malheurs et de la mort de la reine de France.* 2e édit. Paris, Dentu, 1830.

2 Il avait succédé dans ces doubles fonctions au baron de Saint-Jacques, en octobre 1827, par la protection de la baronne de Feuchères, dont il était alors l'amant notoire, au nez et à la barbe du vieux prince.

3 « M. le général Lambot a quitté Saint-Leu le 26, à neuf heures et demie du soir; le lendemain 27, à huit heures du matin, il était chez lui au Palais-Bourbon. Si, par une de ces fatalités qui arrivent quelquefois dans la vie, sa rentrée au Palais-Bourbon n'a pas été remarquée, un fait positif établissait que c'était là que le général avait passé la nuit: c'est l'attestation de Chaponnet et de sa femme, qui ont vu le général rentrer dans sa chambre, et qui, même, en ont emporté la clé. » (*Plaidoirie* de Me Hennequin. *Gazette des Tribunaux* du 15 janv. 1832.)

morale qui lui incombait, affirme-t-il qu'il n'attendit pas l'effet produit par la publication de Lafont d'Auxonne, pour demander une enquête. Sa conviction profonde était que le prince de Condé avait péri victime d'un abominable assassinat. En conséquence, dès la nomination de M. Persil comme procureur général, il prit l'initiative des démarches; et, relativement à sa résolution de provoquer les investigations de la justice sur la sombre catastrophe de Saint-Leu, il s'exprime en ces termes :

« Je pensai que M. le duc d'Aumale, légataire universel de M. le duc de Bourbon, comblé de ses bienfaits, se trouvait obligé, plus que personne, à faire toutes les démarches nécessaires pour porter le flambeau de la vérité sur les parties les plus secrètes de cette mystérieuse catastrophe. Je crus que le conseil, que la famille du prince, animés du même sentiment, avaient plus que tous autres les moyens de diriger utilement ces poursuites. Ce fut donc auprès d'eux que je crus devoir porter l'expression de mon vœu et mes instances les plus vives, pour obtenir que les causes de la mort de M. le prince de Condé fussent recherchées par tous les moyens dont disposait la puissance souveraine. A cet effet, je m'adressai à M. de Canouville, membre du conseil de M. le duc d'Aumale. Il fut convenu qu'il en parlerait à Mlle d'Orléans [1]; mais lorsque,

[1] La princesse Adélaïde d'Orléans, sœur de Louis-Philippe.

quelques jours après, je vins savoir le résultat de sa démarche, il me dit que je ferais mieux de lui en parler moi-même. Je me déterminai alors à user du libre accès que mes fonctions d'aide de camp de M. le duc de Bourbon m'avaient donné au Palais-Royal, pour me présenter en effet moi-même dans la soirée. Je pensai que M. de Canouville avait prévenu Mlle d'Orléans, et ce fut à elle que je parlai. Il me parut que Son Altesse Royale comprenait d'abord cette affaire d'une manière toute différente de la mienne. Cependant je fus assez heureux pour la convaincre assez promptement de la nécessité des poursuites que je demandais. Elle me promit d'en entretenir le roi Louis-Philippe, et d'appuyer mes réclamations.

» Je crus convenable de voir M. Dupin, membre du conseil, et M. Persil, procureur général, pour les entretenir également de mon vœu que des poursuites fussent faites, dans le but de mettre l'affaire au grand jour par des débats publics. M. Dupin entra parfaitement dans ma pensée. Il me fit même connaître qu'il avait eu occasion d'émettre, dans le conseil, l'opinion qu'il était convenable et urgent de prescrire les recherches et les poursuites les plus actives ; que, toutefois, s'il était consulté, il me promettait d'appuyer mon opinion de tout son pouvoir. Je trouvai M. Persil, que je vis ensuite, beaucoup moins disposé à entrer dans mes vues. Il me dit que des débats publics n'étaient pas possibles avec la législation existante, s'il n'y avait pas quelqu'un à mettre en accusation. Je lui fis observer qu'à défaut de prévenu, il se trouvait toujours des personnes responsables ; qu'il me paraissait que des débats publics étaient indispensables ; et que, dans tous les cas, on pourrait au besoin demander une loi spéciale, qui ne pouvait être refusée par des Chambres françaises, lorsqu'il s'agissait de découvrir de quelle mort avait péri le dernier des Condé. Je quittai M. Persil avec le regret de voir que mes observations avaient produit peu d'impression sur son esprit. . . . .

» Quelque temps après, j'allai au Palais-Royal pour apprendre quel résultat avaient eu mes démarches. Mlle d'Orléans me parla de la brochure de M. le docteur Marc, et me parut persuadée que cet ouvrage suffirait pour fixer l'opinion. Je jugeai, dès lors, que ce que je pourrais dire serait sans influence sur la suite d'une affaire qui excitait à un si haut degré ma sollicitude, et que la direction qu'elle recevrait à l'avenir serait, comme elle l'avait été jusqu'à ce moment, contraire à ma manière de penser. Je crus devoir cesser toute démarche au Palais-Royal. Comme je l'avais jugé, le conseil de M. le duc d'Aumale s'abstint de toutes poursuites. Il délaissa à une autre famille des devoirs qui m'avaient paru les siens, devoirs que je croyais commandés également par le sang et par l'honneur. Les princes de Rohan eussent pu sans doute s'associer à cette noble tâche; mais c'était à M. le duc d'Aumale qu'il appartenait de marcher à la tête des vengeurs de l'infortuné duc de Bourbon. Le conseil de famille de ce jeune prince, mineur, et qui ne peut rien par lui-même, aura un jour un compte grave à lui rendre pour cette détermination[1]. »

Plus efficace que les démarches du général Lambot, la publication émouvante de Lafont d'Auxonne, en forçant la main au pouvoir, avait déconcerté à l'improviste les calculs de Louis-Philippe. Il n'y avait plus à espérer d'ensevelir le scandale dans le silence. Désormais il fallait que le nom du roi retentît dans les tribunaux, associé à celui de la baronne de Feuchères. Il était de notoriété que les princes de Rohan, héritiers spoliés, allaient se pourvoir à fins civiles et criminelles, d'abord pour venger leur parent assassiné, ensuite pour faire annuler, comme entaché de suggestion et de captation, le testament qui instituait le duc d'Aumale légataire universel.

Surexcitée au point qu'on a vu, l'opinion publique attendait impatiemment une solution. La curiosité était générale. Ce qu'on savait déjà de l'affaire était un stimulant, une raison pour vouloir en savoir davantage. Dans cette sombre tragédie de Saint-Leu, il y avait trop d'énormités, trop de

[1] *Mémoire présenté, à la Chambre des Pairs, par le général Lambot, sur la mort de Mgr le prince de Condé,* pag. 12.

mystère, pour qu'on ne se montrât pas avide de connaître jusqu'aux moindres détails. Louis-Philippe n'était donc qu'au commencement de ses déboires. Le procès civil n'était pas encore engagé, que déjà ses préludes s'annonçaient d'une façon pour lui alarmante. Un hideux et affligeant spectacle se dressait devant tous les yeux. Cette intimité si peu acceptable entre la famille d'Orléans et la méprisable sultane dont le nom et la personne étaient l'objet des quolibets de la foule, cet étrange échange de lettres, ces formules intéressées d'amitié et de gratitude; et, à la suite de ces honteux préliminaires, les scènes d'intérieur où le caduc débris de la race des Condé, le dernier rejeton du héros de Rocroy était battu, meurtri par une prostituée de haut bord; les révélations sur l'assassinat, le luxe des précautions prises pour le dissimuler, la grossièreté des manœuvres tendant à accréditer le suicide, tout cela formait un ensemble dramatique qui saisissait les imaginations, remplissait les cœurs d'émotion, et donnait en quelque sorte la fièvre! — Les conséquences de la situation étaient incalculables. En ce qui regardait la maison d'Orléans, la moindre de toutes devait être désastreuse. Avilie dès son berceau, la monarchie issue des barricades allait sortir de cette crise profondément déconsidérée. A quelque parti qu'ils appartinssent, ses ennemis mettraient en commun leur mépris et leur haine.

Mus par des mobiles différents, mais agressifs à l'unisson, ils allaient à l'égard de l'établissement de Juillet se montrer également implacables.

Le cri de l'opinion publique devenant irrésistible, il était impossible au gouvernement de persister plus longtemps dans l'indifférence et l'inaction. Le 11 septembre 1830, les princes de Rohan avaient lancé assignation à fins civiles. Le mois suivant, ils déposèrent une plainte au parquet de Pontoise; et, suivant acte au greffe du même tribunal, en date du 23 décembre, ils se constituèrent parties civiles. Ainsi mis formellement en demeure, le parquet de Pontoise, avec l'autorisation du garde des sceaux, se décida à un supplément d'information. — « Considérant en fait, dit le procureur du Roi dans son réquisitoire, que, d'une plainte annexée, transmise au parquet par M. le prince Jules-Armand-Louis de Rohan, et d'un ouvrage rendu public par la voie de l'impression, intitulé *Appel à l'Opinion publique*, etc., il paraît résulter que tous les témoins entendus dans l'information déjà faite n'ont pas entièrement déclaré ce qu'ils savent; etc. » — Et il concluait à une nouvelle enquête. Commencée immédiatement, elle se poursuivait activement devant le juge d'instruction de Pontoise, quand, usant de son droit d'évocation, la Cour royale de Paris, par arrêt du 20 janvier 1831, se saisit de l'affaire.

Antérieurement, le 10 octobre, l'abbé Pellier de

Lacroix, ancien aumônier du duc de Bourbon, avait écrit à Louis-Philippe en ces termes :

« SIRE,

» Ayant vainement attendu que je fusse interrogé sur la mort de Son Altesse Royale Monseigneur le duc de Bourbon, dont j'avais l'honneur d'être l'aumônier, et voyant qu'il ne se fait aucune enquête sur une fin si extraordinaire, je viens supplier Votre Majesté de vouloir bien m'entendre un instant. J'aurais l'honneur de déposer entre ses mains ma déclaration écrite. Je la crois d'une trop haute importance pour la consigner seulement dans l'historique que j'écris; et tout ce que j'apprends, d'ailleurs, m'inspire le devoir de m'adresser au Roi, que je crois surtout intéressé à connaître les preuves de l'horrible assassinat commis sur la personne de son infortuné parent. Venger sa mémoire, rendre à l'honneur le dernier des Condé, ne saurait être une chose indifférente à sa famille.

» Je suis, etc.

» PELLIER DE LACROIX,
» rue de Bourgogne, n° 38. »

A l'époque où cette lette fut adressée à Louis-Philippe, l'élu de la bourgeoisie, le représentant de la monarchie populaire et citoyenne, recevait avec une extrême facilité, voire même avec une excessive familiarité, tous ceux qui se présentaient au Palais-Royal. Grand fut donc l'étonnement du public, quand la presse lui apprit que le Roi avait refusé de donner audience à un ecclésiastique qui demandait à l'entretenir d'un objet si important, où l'honneur de la famille royale était en jeu! La réponse du cabinet de Louis-Philippe était singulière.

« Palais-Royal, 12 octobre 1830.

» J'ai l'honneur, Monsieur, de répondre à la lettre que vous avez écrite au Roi, le 10 de ce mois. Si vous avez des révélations à faire, je suis chargé de vous engager à vous adresser à M. le garde des sceaux, qui sera toujours prêt à vous entendre. Peut-être feriez-vous mieux, et plus immédiatement, de vous adresser à M. le procureur général près la Cour royale de Paris, dont l'office est de poursuivre sur les moindres indices qu'on fournit à la justice.

» Je vous prie, Monsieur, d'agréer mes salutations.

» Le premier secrétaire du cabinet,

» Baron Fain [1]. »

[1] « Comme je ne demandais point, observe l'abbé Pellier, à faire des révélations sur les assassins, mais à fournir des preuves de l'assassinat, et comme d'ailleurs mon caractère de prêtre ne me permettait pas de me porter moi-même accusateur contre personne, je dus attendre le supplément d'enquête qui devait nécessairement avoir lieu, si *les moindres indices* suffisaient à la justice. Ce supplément d'enquête fut enfin ouvert à Pontoise, le 15 décembre suivant; et j'y comparus le 17, comme témoin cité

La démarche de l'abbé Pellier constituait réellement un acte de courage. En effet, sa position et les circonstances la rendaient pour lui particulièrement périlleuse. A entreprendre d'éclairer de la sorte Louis-Philippe, il y avait alors, pour un ecclésiastique, nécessité de remonter un courant redoutable. La génération actuelle se ferait difficilement une idée du point de discrédit où était tombé le clergé en 1830 et des animosités qu'il s'était universellement attirées. Il subissait enfin le juste châtiment de ses longs excès; et l'expiation, qui commençait pour lui, n'était pas près d'arriver à son terme. A cette époque, la vue d'une soutane suffisait pour allumer la colère du peuple, et l'ingérence d'un prêtre dans une affaire quelconque était une cause de défaveur, ou plutôt de suspicion et de haine. On confondait prêtres et carlistes dans un anathème commun. Gagnant la magistrature, cette prévention

judiciairement. Persuadé de l'assassinat et acquérant chaque jour de nouvelles preuves de ce crime atroce, j'étais étonné que tous les parents ne se portaient pas partie civile pour venger la mémoire de la victime. Afin d'éclairer la famille du légataire universel, je crus devoir lui adresser un mémoire de vingt pages contenant l'analyse des motifs de ma conviction. Le roi Louis-Philippe n'avait pas voulu m'entendre : c'est à la reine que je fis remettre ce mémoire par une main sûre. Mais le but que je m'étais de nouveau proposé ne fut pas atteint. La famille d'Orléans est toujours restée étrangère au dessein si juste et si honorable de venger la mémoire du dernier des Condé. On a vu, au contraire, l'avocat de Son Altesse Royale le duc d'Aumale faire cause commune avec celui de la baronne de Feuchères et soutenir le système du suicide. » (Abbé Pellier, *ibid.*)

avait envahi jusqu'au sanctuaire de la justice. Avec M. Isambert, nommé conseiller à la Cour de cassation en remplacement de M. Pardessus, démissionnaire, on citait, dans les rangs supérieurs et inférieurs du corps judiciaire, des sujets atteints d'une sorte de monomanie antireligieuse, animés de véritable prêtrophobie. Nonobstant, l'abbé Pellier allait se dévouer tout entier à l'accomplissement de ce devoir, à défaut de ceux auxquels il incombait en première ligne. Tâche ingrate, où il ne devait recueillir qu'amertume et dégoût, insulté bassement comme il le fut en plein tribunal correctionnel par un obscur et méchant robin de parquet, le substitut Desclozeaux!

On vient de voir la Cour royale de Paris évoquer à elle la poursuite de l'instruction criminelle relativement à la mort violente du duc de Bourbon, dont était saisi le Tribunal de Pontoise. Dans cette phase nouvelle de la procédure, il y avait lieu de désigner un de ses membres comme magistrat instructeur. Le choix était délicat et scabreux. Il se porta sur un conseiller auquel, à raison de ses antécédents, la tâche semblait naturellement dévolue. C'était M. de la Huproye, l'un des plus anciens magistrats de la Cour [1]. Cette désignation, toutefois, ne s'était pas

[1] Voici, sur M. de la Huproye, la notice biographique qui nous est fournie par son gendre M. Theurier de Pommyer, juge honoraire au Tribunal civil de la Seine. On sait que c'est à ce même magistrat que nous sommes redevable de la communication intégrale

faite toute seule : elle avait été combattue sous main, fortement contrecarrée par le procureur

. . . .

des papiers de son beau-père afférents à l'instruction judiciaire après la mort du duc de Bourbon, notamment son *Rapport préparé* et ses *Notes particulières*, documents d'un prix inestimable pour l'histoire.

«M. Antoine-Edme de la Huproye, né à Troyes le 17 juin 1765, d'une famille très-honorable, fut élevé à Paris par un oncle qui lui fit donner une excellente éducation. Après avoir fait son droit, il fut reçu conseiller au Châtelet, le 20 décembre 1787. Il y fut chargé de l'instruction de plusieurs affaires importantes, jusqu'au 20 janvier 1791, où le Châtelet cessa ses fonctions. Il fut alors nommé l'un des trois commissaires du roi chargés de réprimer l'insurrection de Saint-Domingue, et de réorganiser cette colonie. Mais la révolution en France marchant à grands pas, leur départ ne put s'effectuer, et M. de la Hupoye donna sa démission.

» Lors de la condamnation à mort de Louis XVI, il composa un petit écrit de quatre pages d'impression, intitulé *Appel au peuple*, qui eut beaucoup de retentissement. Il était signé : FORTIS, *ami des loix*.

» A la suite de cet éclat, M. de la Huproye se vit forcé d'émigrer. Réfugié d'abord en Angleterre, où il demeura quatre ans et demi, il se rendit ensuite en Allemagne et en Pologne. Dans ces pays, il fut obligé, pour vivre, de donner des leçons de français.

» Rentré en France au mois d'août 1800, il revint à Troyes dans sa famille. Il était occupé à relever les ruines de sa propriété de Charmont, dont une partie lui était restée, quand en juillet 1802 il fut nommé juge au Tribunal d'Arcis-sur-Aube, puis en 1807 président du même tribunal et membre du conseil général de l'Aube, enfin en 1811 président du Tribunal de Troyes. Trois ans après, sous les Bourbons, il était appelé à la Cour royale de Paris, où il a siégé durant quinze années.

» Après sa retraite, en juin 1831, il s'adonna entièrement à l'agriculture, pour laquelle il avait toujours eu beaucoup de goût. Il est mort le 2 juin 1839, entouré d'une famille qui le chérissait. M. de la Huproye était chevalier de la Légion d'honneur.

» Dans la demande qu'il avait formée, comme émigré, pour entrer en France, il disait : « Dans la chaleur d'une juste indi-

général Persil, qui en calculait la portée. Au Palais-Royal, on redoutait extrêmement le caractère indépendant de M. de la Huproye et le zèle éclairé qu'il ne manquerait pas d'apporter dans la fonction dont il était chargé.. Parvenu à un âge avancé, il avait l'intention depuis longtemps arrêtée de prendre sa retraite ; il désirait seulement qu'elle fût profitable à l'avancement de son gendre, M. Theurier de Pommyer, juge suppléant au Tribunal civil de la Seine. Il s'en était ouvert à un chef de bureau du ministère de la justice, lequel l'avait engagé à patienter. Il avait aussi communiqué son désir à M. Persil, qui lui avait répondu que « la chose était toute simple et ne souffrirait aucune difficulté ». Cette circonstance avait été portée à la connaissance du Palais-Royal, en vue de calmer ses appréhensions. Elle avait effectivement quelque peu dissipé ses alarmes : on y avait vu une sorte de mainmise sur le magistrat instructeur. C'était, on le verra bientôt, singulièrement présumer de sa condescendance. Quoi qu'il en soit, une fois chargé de l'instruction de l'affaire de Saint-Leu, M. de la

gnation causée par la condamnation à mort de Louis XVI, j'avais composé l'*Appel au peuple*. Cet écrit m'ayant exposé à des poursuites, j'ai dû émigrer. Je n'ai jamais porté les armes : mon caractère de magistrat s'y opposait. »

» Un de ses frères, émigré comme lui, avait fait partie de l'armée de Condé.

» Certifié véritable.

» Theurier de Pommyer,

» Son gendre. »

Huproye crut de son devoir d'ajourner l'exécution de son projet de retraite. Il suspendit donc ses démarches, et cessa de donner suite à sa demande. Mais ses intentions étaient connues.

En raison des circonstances particulières où elle se poursuivait, de la nature des faits, de la qualité et du rang des personnes, des intérêts engagés, cette instruction judiciaire était embarrassée d'entraves, hérissée d'obstacles de tout genre. Il ne s'en était peut-être jamais rencontré de plus difficile. Pour la conduire à bonne fin, il ne suffisait pas d'un magistrat expérimenté, laborieux, scrupuleux observateur de ses devoirs ; il fallait en outre une grande vigueur de corps et d'esprit, un caractère indéfectible, une fermeté inébranlable. Sous ce dernier rapport, M. de la Huproye laissait malheureusement à désirer. Ce n'est pas que l'âge eût émoussé la pénétration de son jugement ; mais la trempe de son esprit, l'énergie de sa nature s'en trouvaient fort amoindries. La bonne volonté et le zèle allaient être insuffisants pour le maintenir à la hauteur d'une tâche aussi ardue que périlleuse. On le comprendra de reste aux explications qu'il nous faut donner.

Pour comble de malheur, l'infortuné duc de Bourbon, dernier de sa race et de son nom, ne laissait après lui personne dans sa maison qui eût un intérêt véritable à prendre soin de sa mémoire. Et, fait aussi lamentable que singulier, ses propres légataires devaient être ses premiers, ou, pour mieux dire, ses uniques accusateurs! A cette époque agitée, au milieu du déchaînement des passions politiques, des compétitions rivales et des haines domestiques, du silence ou du mensonge en quelque sorte obligé des uns, des réticences forcées ou intéressées des autres, l'œuvre de la justice va être traversée de toutes les manières. L'enquête devra surmonter des difficultés inouïes. Les témoins vont se trouver en présence de légataires tout-puissants, surtout en face d'une femme énergique et audacieuse à l'excès, en position de déployer des moyens formidables. Mme de Feuchères a toutes les ressources à sa disposition. Elle a déjà usé d'intimidation, en affichant bruyamment le haut patronage qui la couvre. A Paris, personne n'ignore qu'envers et contre tous la famille d'Orléans la protège. Ajoutez son empire, l'autorité qu'elle a prise, se faisant ouvertement la dispensatrice des grâces et des faveurs du nouveau pouvoir, offrant à ceux qui épouseront sa cause son crédit, son influence toute-puissante, pour le maintien de leur situation, pour la conservation de leur place ou de leur emploi dans la maison du légataire universel, et, subsidiairement, dans la sienne. Elle a bien d'autres moyens encore de captation : par exemple, l'appât de larges récompenses dissimulées sous le nom de pensions de retraite. Elle a surtout l'argent, source dont elle peut à son gré ouvrir et faire couler les canaux d'une façon presque intarissable. En regard de tant de perspectives éblouissantes pour ses tenants et affidés, c'est l'abandon et la ruine pour ceux qui accompliront leur devoir ! Pour encourir sa disgrâce, il suffira de se montrer ou tiède ou vacillant. Quant à ceux qui auront le courage de la braver, la témérité d'affronter son courroux, ils essuyeront ses coups irrésistibles, l'effet de son ressentiment implacable.

Et ce n'était là qu'une partie des écueils où allait se heurter, et probablement se briser, cette information si difficile ! Un autre et plus désolant empêchement à l'œuvre de la justice dérivait de la qualité et du rang des personnes. Entre tous les témoins, plusieurs sont le plus haut placés dans l'échelle sociale ou dans la domesticité du prince ; beaucoup subissent la conséquence d'antécédents fâcheux, qui ne leur laissent déjà plus l'indépendance, une liberté entière. Nombre se trouveront dans la position la plus fausse, aussi bien à l'égard du magistrat instructeur, que de Mme de Feuchères, pour avoir participé à ses faveurs les plus intimes. Des grands officiers et principaux serviteurs du duc de Bourbon, il en est peu en effet qui n'aient passé dans ses bras ! M. de la Villegontier et le général Lambot sont dans ce cas. On s'en apercevra bien à leur attitude indécise, à leurs tergiversations, au décousu, à l'ambiguïté de leur langage.

En résumé, l'infortuné duc de Bourbon ne laissait presque personne en possession de l'indépendance de situation et de l'autorité morale indispensables pour remplir avec succès le rôle de vengeur de sa mémoire. On s'en convaincra tout de suite à la revue rapide du haut personnel de sa maison. Nous avons dit les démarches du général Lambot, dans l'intention d'amener les investigations de la justice. M. Lambot, ancien amant de la baronne, devait persister toute sa vie dans un système de conduite pitoyable. Il connaît les assassins, mais il ne les dénoncera jamais! Il croit se mettre en règle avec sa conscience, s'acquitter envers la mémoire du prince de Condé, en faisant agir les autres à sa place. Il est dominé par son insurmontable répugnance à se porter dénonciateur dans les formes. Il sait bien qu'à s'y résoudre, il fera monter sur l'échafaud Mme de Feuchères et son complice, le sous-officier de gendarmerie, un homme appartenant comme lui à l'armée! Jusqu'au terme de sa carrière, le général demeurera incapable d'une résolution héroïque; il n'aura jamais la force d'âme nécessaire pour sortir de sa fausse position. Si, par ses révélations posthumes, il a cru y suppléer, établir sa justification, il a été bien mal inspiré [1]!

[1] *Eclaircissements*, dans les papiers (inédits) du général Lambot.

En même temps qu'à M. Lambot, le rôle de vengeur du prince de Condé incombait au comte de la Villegontier, pair de France et premier gentilhomme de sa chambre. Il appartenait à la maison depuis 1826, au sortir de la préfecture d'Ille-et-Vilaine, qu'il avait déplorablement administrée. Ce hobereau de Bretagne n'était entré chez le duc de Bourbon que par le canal de Mme de Feuchères, qu'il avait platement courtisée. Grâce à l'insistance de la baronne, il avait pu se faire accepter du prince, auquel il n'inspirait que de la répulsion [1]. Dans ces nouvelles fonctions, il n'avait guère réussi à en triompher : le duc de Bourbon était demeuré à son égard dans les termes d'une froideur marquée. A l'issue des journées de Juillet, M. de la Villegontier avait déclaré avec fracas qu'il n'arborerait jamais les couleurs tricolores. — « Vous voulez donc me faire égorger ? » s'était écrié le débile vieillard. — Cet éclat peu dangereux ne l'avait point empêché de conserver sa dignité de pair de France; et, à ce titre, de prêter serment au nouveau régime. M. de la Villegontier, qui savait pourtant beaucoup de choses, allait figurer à l'enquête de la façon la plus terne, la plus insignifiante. Il parut même un moment déserter la

[1] « Songez que les la Villegontier ont de la fortune et ne devraient pas faire, en entrant dans ma maison, une démarche inconvenante sous tous les rapports, et qui me restera toujours sur le cœur. » (*Lettre* du duc de Bourbon, lue par Me Lavaux, avocat de Mme de Feuchères. *Gazette des Tribunaux* du 24 déc. 1831.)

cause de son bienfaiteur. Un trait achèvera de peindre ce personnage hybride. Ce fut lui qui, s'autorisant de sa qualité de pair de France, vint trouver le baron de Brian, directeur de la *Quotidienne*, pour l'engager à garder le silence sur l'affaire du duc de Bourbon[1] !

M. de Choulot, capitaine général des chasses, n'était guère dans de meilleures conditions pour sauvegarder la mémoire du Prince. Pas plus que M. de la Villegontier, il ne se sentait à l'aise, en état de porter le front haut devant Mme de Feuchères. Cet officier, au dévouement bruyant durant la vie du duc de Bourbon, n'allait plus, après sa mort, qu'épancher ses regrets en complaintes dolentes, en bucoliques parfaitement stériles. Sans doute, il subissait douloureusement la contrainte que lui imposait l'alliance de sa famille avec celle de la baronne. Le marquis de Chabannes, neveu de M. de Choulot, avait épousé Mathilde Dawes, nièce de la favorite et sœur de James Dawes, récemment créé baron de Flassans. Celui-là, jadis commissionnaire dans les rues de Londres, avait trouvé dans la maison du prince de Condé une fortune à peine croyable. Le duc de Bourbon l'avait doté d'abord de 200,000 francs, puis de la belle terre de Flassans, l'un des domaines que la famille de Rohan avait apportés dans la maison de Condé. Mathilde Dawes, sa sœur, devenue marquise de Chabannes, avait été encore plus ma-

1 Abbé Pellier, *Mensonges et calomnies*, etc., pag. 56.

gnifiquement traitée. Le Prince l'avait gratifiée d'un million, ce qui avait singulièrement rehaussé l'éclat de ses charmes aux yeux du marquis de Chabannes, consentant à ce prix à devenir son époux ! C'est ainsi que vampires et vautours, acharnés à leur proie, s'étaient abattus sur la personne du pâle survivant des Condé. Sangsues attachées avec ténacité à ses flancs, inutilement gorgées de son vivant, elles devaient avec plus de voracité encore se repaître de ses restes, après sa mort !

M. de Belzunce, gentilhomme de la chambre, était, lui aussi, bien qu'à un degré moindre, enlacé dans les liens de la reconnaissance à l'égard de la baronne. Elle lui avait fait obtenir la croix de la Légion d'honneur, hochet de vanité alors moins décrié qu'aujourd'hui, où, dans l'ordre civil, il est devenu le signe distinctif de l'homme dépourvu de valeur personnelle, le cachet authentique de la bassesse ou de la turpitude. La nation n'avait pas encore dans la bouche l'adage incontesté, que « tout porteur de ruban rouge doit, au préalable, être tenu en mésestime ! » — Embarrassé sans doute de l'attitude à prendre, M. de Belzunce, dès l'ouverture de l'enquête, se hâta de quitter Paris. Certainement il lui en coûtait de parler. Pourtant il ne put se soustraire entièrement à cette nécessité ; une commission rogatoire vint le relancer jusqu'à Bayonne. Pour ce qui est de M. de Préjean, second gentilhomme de la chambre, honnête homme et loyal serviteur dans toute l'acception des termes, il n'avait jamais rempli qu'un rôle secondaire dans la maison du duc de Bourbon. Il était dépourvu du rang et de l'autorité nécessaires pour se mettre utilement en évidence. Il ne pouvait donc apporter à la vérité un appui efficace, des forces décisives.

Par des raisons d'un autre genre, le baron de Surval, intendant général, se trouvait dans une situation également malaisée. Sa position était fausse, singulièrement embarrassante, surtout gênée vis-à-vis de Mme de Feuchères, dont il était à certains égards l'obligé. C'était lui qui, chargé de rassembler les notes dans le travail préparatoire, avait présidé à la rédaction du testament du duc de Bourbon. Il en était l'exécuteur testamentaire. Par la force des choses, M. de Surval aurait donc à rendre témoignage contre l'œuvre à laquelle il avait coopéré, qui s'était même accomplie, consommée par son ministère ! D'un pas si délicat, il se tira pourtant à son honneur, à force de droiture ; tant il est vrai que, ne jamais dévier de la ligne du devoir est, de toutes, la conduite la plus habile ! M. de Surval demeura homme de bien, ce qui, dans la conjoncture, n'était point facile. Entre tous, il fit preuve d'indépendance et de dignité. Au surplus, la dignité de la vie devait être jusqu'au bout l'accompagnement de sa carrière. M. de Surval déposera avec fermeté dans l'instruction criminelle, sans se départir de la réserve à laquelle il se croit astreint par ses relations antérieures avec Mme de Feuchères, et sa qualité d'exécuteur testamentaire [1].

Après le baron de Surval et l'abbé Pellier, les autres défenseurs de la victime n'allaient plus guère se rencontrer qu'aux degrés inférieurs de l'échelle sociale, dans les rangs de l'infime domesticité du duc de Bourbon. Tandis que ceux qu'il avait comblés de bienfaits, comme Obry [2], de Chantilly, son filleul, ou se taisaient, ou, par leurs réticences intéressées et même par de coupables dénégations, entravaient l'œuvre de la justice, de pauvres serviteurs comme la femme Gouverneur résisteront à toutes les tentatives, à la pression qu'on exercera sur eux pour altérer leur témoignage. Dans cette classe de gens n'ayant rien à gagner à remplir leur devoir, mais

1 Après la mort du duc de Bourbon, M. de Surval continua de remplir les fonctions d'intendant général : mais ses comptes une fois réglés, en février 1833, il adressa sa démission à M. Borel de Brétizel, président du conseil d'administration du duc d'Aumale, en déclarant qu'il n'accepterait rien en compensation de cette retraite volontaire. Le coup fut rude, sensible pour la nouvelle dynastie, qui chercha inutilement à le rattacher à elle. On lui offrit une préfecture ou la recette de Loir-et-Cher, à son choix. M. de Surval refusa tout, et termina son honorable carrière en Normandie, au sein de la retraite. (Voir sa *lettre*, à la fin du vol.)

2 Obry, de Chantilly, filleul du duc de Bourbon, et Obry aîné son frère, concierge du château de Saint-Leu, désertèrent également la cause du prince et se rangèrent du bord de Mme de Feuchères, qui reconnut cet important et triste service en laissant par testament au survivant d'eux, Obry, de Chantilly, une somme de 50,000 francs.

au contraire tout à perdre, il se trouvera de nobles cœurs, des voix indépendantes et courageuses pour rendre hommage à la vérité, sans aucune défaillance.

Tel était le milieu disparate d'états, de rangs, de conditions, d'intérêts, duquel M. de la Huproye avait charge de faire émerger la vérité et jaillir la lumière. Nous avons dit ses qualités, ses aptitudes pour l'accomplissement de cette tâche ; nous avons dû également faire connaître celles qui lui manquaient. On verra malheureusement la fermeté du magistrat défaillir, succomber à l'épreuve. Mais aussi, pour être juste, il faudra tenir compte de son degré de violence. M. de la Huproye aura à lutter contre des obsessions inouïes, à repousser même des assauts inimaginables.

C'est le 6 février 1831, que le conseiller instructeur ouvre son procès-verbal d'information et procède à l'audition du premier des cent vingt-deux témoins, dont les dépositions, multiples pour un grand nombre, composent une formidable enquête[1]. Entre tant d'interrogatoires, nous n'insisterons que sur ceux de Mme de Feuchères, de Lecomte, de l'abbé Briant et des époux Dupré. Le coauteur du crime, le complice de la baronne, y figure aussi, mais au titre le plus insignifiant. Sa

1 Les résultats en ont été condensés et discutés, dans un judicieux résumé, par M. Mermilliod, avocat et membre de la Chambre des députés. On le trouvera à la fin de ce volume.

déposition n'a de remarquable qu'une insinuation bien caractérisée, à l'effet de faire prendre le change au magistrat instructeur et de lui inculquer la croyance au suicide. La manœuvre est adroite; pourtant elle ne paraît pas avoir eu du succès. Mais, ici, on a lieu de s'étonner que la défiance de M. de la Huproye ne se soit pas éveillée à l'endroit du personnage, qu'il n'ait pas conçu des soupçons du fait de sa liaison suspecte avec Mme de Feuchères, de ses relations équivoques avec Flassans, enfin de son introduction récente dans la maison et l'intérieur du duc de Bourbon. Il y a là des circonstances singulières, des particularités étranges, desquelles certainement un autre magistrat, investigateur impitoyable, eût voulu avoir le secret. Il est probable qu'il en aurait tiré tout au moins des inductions lumineuses. Une chose surprenante encore, c'est que, sans s'arrêter au costume et aux galons du sous-officier, il ne soit pas venu à la pensée de M. de la Huproye de scruter ses antécédents, sa moralité, de le mettre en demeure de justifier de son lieu de présence dans la nuit du 26 au 27 août. A la place de cela, nous assistons à une déposition, qu'on nous passe le mot, de véritable amateur, dont le fond au surplus fort banal ne provoque pas une seule observation, le moindre éclaircissement de la part du magistrat enquêteur! M. de la Huproye aurait dû cependant être frappé de certains détails, de peu de valeur en apparence, topiques néanmoins dans la circonstance [1]. Dans le fait de cette comparution effrontée, il y a sans doute un trait d'audace capable d'en imposer au magistrat dans son cabinet. Mais en Cour d'assises, à la confrontation publique avec la baronne, surtout avec Lecomte, devant qui, on doit s'en souvenir, il s'était trouvé face à face à la porte de l'escalier dérobé, dans la nuit du 26 au 27 août, qu'on imagine l'incident qui eût pu surgir! C'eût été probablement un coup de théâtre. Dans tous les cas, peut-on raisonnablement supposer que le ministère public et la partie civile eussent été de si bonne composition, aussi sobres de questions et d'éclaircissements que le conseiller instructeur? Le fait de l'assassinat démontré, devenu indéniable, il eût bien fallu en trouver les auteurs, puisqu'une seule personne n'avait pu suffire à sa perpétration! Et ces auteurs, le plus simple bon sens indiquait qu'il fallait les chercher dans la maison du prince de Condé, ou tout au plus dans ses tenants. La filière était inéluctable. La révélation se produisant forcément, la découverte des assassins était immanquable. Donc, si l'affaire avait abouti à l'examen contradictoire en Cour d'assises, aux débats publics et solennels de l'audience, on estimera, ce semble, que Mme de

1 *Est boni judicis, parvis ex rebus conjecturam facere uniuscujusque et cupiditatis et continentiæ;* « le talent d'un magistrat éclairé consiste à tirer des inductions des moindres circonstances, pour découvrir dans chacun quelle est sa passion dominante, et de quels excès elle peut le rendre capable. » Cic., *in Verr.*

Feuchères et son complice n'auraient pu éviter la constatation certaine, irréfragable de leur crime!

M. de la Huproye procède à l'interrogatoire des témoins avec un soin scrupuleux : on désirerait seulement un peu moins de solennité, une étreinte plus vigoureuse des choses et des personnes. Il prélude à l'audition de Mme de Feuchères par ces paroles dignes et sévères : « La justice, qui recherche avec tant de soin les causes d'une mort violente, parce que tout homme, par cela même qu'il existe, est utile à son pays, ne saurait demeurer indifférente quand il s'agit de la mort du dernier des Condé, du dernier rejeton d'une famille féconde en héros, dont le nom se lie à toutes les pages de notre histoire ; d'un prince que l'on proclamait le premier chevalier de son siècle, que les malheureux pleurent comme un père, et dont la perte sera, pour tous ceux qui étaient attachés à son service, une source intarissable de regrets. » —

La baronne est entendue à trois reprises différentes, toujours au titre de témoin, jamais comme inculpée ou prévenue. Ses trois dépositions n'offrent qu'un tissu d'inventions, de contradictions, d'impossibilités physiques et morales. Ses affirmations aussi bien que ses dénégations sont le plus souvent confondues. Elle élude, d'ailleurs, les questions avec une adresse merveilleuse ; et quand elle y est ramenée et qu'on la presse de répondre catégoriquement, elle tombe dans des divagations ou se rejette sur son absence de mémoire. Elle invoque des *alibi*, qui, à leur fausseté démontrée, se retournent d'une façon terrible contre elle. Les présomptions et les indices de culpabilité à sa charge ressortent si probants, si nombreux, qu'en dehors de l'action d'une volonté toute-puissante résolue à sauver à tout prix un coupable, on peut affirmer qu'il ne se rencontrerait pas aujourd'hui un seul juge d'instruction capable de laisser sortir libre de son cabinet un témoin de l'espèce de Mme de Feuchères. C'est un singulier témoin, que celui contre qui s'élèvent des témoignages aussi concluants, de si accablantes preuves!

L'existence de l'escalier dérobé, et le trajet suivi par la baronne, le matin du 27 août, pour se rendre à la chambre du duc de Bourbon et pour en revenir, attestent invinciblement sa participation au crime. Les deux questions que lui pose à ce sujet le conseiller instructeur sont les plus simples, les plus précises du monde : « 1° Par quel escalier vous êtes-vous rendue à l'appartement du Prince? 2° La porte de l'escalier dérobé était-elle ouverte ou fermée? » — Réponse à la première question : « Réveillée presque en sursaut par M. Bonnie et Lecomte, et entendant parler de Monseigneur, je me suis jetée à bas de mon lit et me suis bornée à m'envelopper d'une robe de chambre, sans mettre mes bas. Je présume que, dans l'état où j'étais, j'ai dû passer par l'escalier dérobé, qui était aussi l'escalier de service. Mes femmes de chambre, celles de Mme de Flassans et toutes les personnes qui habitaient l'entre-sol faisaient leur service par cet escalier. Les valets de chambre du Prince y passaient eux-mêmes très-souvent. » — Réponse à la seconde question : « Je n'étais occupée que d'une idée, celle d'arriver à la porte de la chambre du Prince. Je me rappelle même avoir dit à M. Bonnie et à Lecomte : « J'y » vais monter bien vite : quand il entendra ma voix, » il me répondra. » Mais je ne puis me rappeler si la porte donnant sur l'escalier était ouverte ou non. Tout ce que je puis dire, c'est qu'arrivée à la porte de Monseigneur, j'ai crié à diverses reprises et de toutes mes forces : « Ouvrez, ouvrez; c'est moi! » J'avais l'idée qu'il se trouvait mal et « qu'il était encore temps de le sauver. » — Ainsi, rien de positif; en réalité, pas de réponse de Mme de Feuchères!

La vérité était que, le matin du 27, la baronne s'était rendue à la chambre mortuaire par la voie la plus longue, celle du grand escalier du château. Donc, Mme de Feuchères, qui, dans l'ordre naturel des choses, aurait dû passer par l'escalier dérobé pour gagner le salon qui précède la chambre du duc de Bourbon, avait pris le grand escalier, et elle était revenue à son appartement par la même route. C'était là assurément une marche extraordinaire : mais on comprend qu'elle lui était imposée par la nécessité de ne pas faire voir aux gens de la maison que le verrou de l'escalier dérobé était resté ouvert toute la nuit.

M. de la Huproye rappelle ici un souvenir à Mme de Feuchères. — « N'est-ce pas en montant le grand escalier avec M. Bonnie, que vous lui avez dit : « Peut-être faudra-t-il le saigner? » — « Je l'ai » dit, il est vrai, répond-elle ; mais c'est à la porte » de Monseigneur. » — Le magistrat lui fait remarquer qu'à la porte de Monseigneur, elle n'a plus dû songer qu'à frapper, à faire entendre sa voix, à prêter l'oreille. Visiblement embarrassée à cette observation, elle ne trouve rien à répondre. M. de la Huproye procède à une confrontation de témoins, d'où il résulte que c'est bien dans le trajet par le grand escalier que les paroles ont été prononcées. Une fois de plus, Mme de Feuchères est convaincue de mensonge! Sur les vingt-cinq ou trente questions dont se composent ses interrogatoires, la baronne ne fait pas une seule réponse qui soit pour elle un titre à la confiance de la justice. Ses dénégations animées, parfois hautaines, n'effacent pas le souvenir des propos tenus par elle à la Reine-Blanche[1],

[1] *François*, valet de pied. — « Environ dix-huit mois avant la mort du Prince, à l'instant où Mme de Feuchères allait monter en voiture à la Reine-Blanche (rendez-vous de chasse dans la forêt de Chantilly) pour revenir à Chantilly, une des personnes de la société disait que la mort du Prince serait un très-grand malheur pour sa maison. A quoi Mme de Feuchères répondit avec un ton de légèreté et d'indifférence qui me révolta : « Que son

propos malheureusement en parfaite harmonie avec l'insensibilité dont elle a fait preuve au moment de la mort du Prince, et aussi avec ces paroles rapportées par le témoin Bonardel : « Bah! il (le duc de Bourbon) ne tient guère ; aussitôt que je le pousse du doigt, il ne tient plus ; il sera bientôt étouffé! »

Interrogée sur la cause qui, suivant elle, peut avoir amené la mort du prince de Condé, Mme de Feuchères répond : « Je me suis rappelé spécialement ce que j'avais entendu dix fois de la bouche du Prince, lorsque j'ai appris le genre de mort auquel il a succombé. J'ai entendu plusieurs fois le Prince raconter que, se trouvant dans la Vendée pendant les Cent jours, sa maison fut entourée par des gendarmes. Il avait une paire de pistolets sur la table. — « J'ai conçu alors, disait-il, l'idée de me » détruire, pour ne pas tomber entre leurs mains. « — Ces divers entretiens, ajoute-t-elle, m'ont tou» jours fait tableau. »

La baronne reçoit ici un démenti formel de trois témoins.

Baron de Saint-Jacques. — « J'ai accompagné le Prince dans la Vendée, en 1815. La maison occupée par lui ne fut jamais cernée par des gendarmes. Le

existence se prolonge un an ou deux, et il en arrivera ce qu'il pourra. » — Je fus tellement indigné de ce propos, que j'en fis part à ma femme et à Schütz.

Jean Schütz, garçon d'appartement à Chantilly, confirme la déposition de François, dont il a partagé l'émotion. (*Dépos.* devant M. de la Huproye.)

Prince avait une paire de pistolets, mais jamais en évidence. Je ne l'ai jamais entendu dire qu'il eût conçu l'idée de se détruire pour ne pas tomber entre les mains des gendarmes [1]. »

Dupin. — « J'ai suivi le Prince dans la Vendée pendant les Cent jours. Il n'a pas été cerné par des gendarmes et n'a point couru de dangers. Jamais il n'a manifesté l'idée de se suicider [2]. »

Manoury. — « Il n'est pas à ma connaissance que le Prince, en racontant les évènements de la Vendée, ait jamais dit qu'il eût conçu dans ce moment l'idée du suicide. Le Prince prenait toutes les précautions nécessaires pour se soustraire au danger. Je ne lui ai jamais entendu manifester l'idée du suicide. Au contraire, il professait le plus grand mépris pour les personnes qui attentaient à leurs jours [3]. » —

Ainsi, aucun des serviteurs du Prince n'a connaissance de la scène des gendarmes. Ceux qui accompagnaient le duc de Bourbon pendant les Cent jours n'ont aucun souvenir d'une aventure qui ne pouvait cependant pas leur échapper. Jamais personne, hormis Mme de Feuchères, n'a entendu de la bouche du Prince qu'abjurant les sentiments de toute sa vie, il ait, dans aucune rencontre, formé le dessein de se détruire.

Justement frappé de cette circonstance, M. de la

1 *Dépos.* devant M. de la Huproye.

2 *D°.*

3 *D°.*

Huproye, dans un subséquent interrogatoire, représente à Mme de Feuchères tout ce qu'il y a d'invraisemblable dans le récit qu'elle lui a fait. Cette première explication est alors à peu près abandonnée par la baronne. — « Lorsque j'ai appris, dit-elle, que le Prince s'était suicidé, les conversations que je lui avais entendu tenir se sont retracées à mon esprit et j'ai raconté, sans y attacher aucune importance, ce que je lui avais entendu dire, sans en tirer la conséquence que le Prince s'était porté au suicide, sans même dire qu'il eût jamais exprimé devant moi le regret de ne pas s'être suicidé pendant les Cent jours. Mais je dois exprimer l'indignation dont je suis pénétrée, en voyant que, par des insinuations perfides, on cherche à déverser sur moi tout l'odieux de cet évènement. » —

A propos d'une autre allégation encore, Mme de Feuchères va être prise derechef en flagrant délit de mensonge. Elle dépose que « l'abbé Pellier a confié au docteur Fontaneilles, qu'il savait parfaitement que le prince s'était suicidé, mais qu'il devait soutenir le contraire, parce que, autrement, il ne pourrait assister à son enterrement. » Le magistrat instructeur interroge M. Fontaneilles, qui lui fait cette réponse : « Le jour de la cérémonie religieuse à Saint-Leu, M. l'abbé Pellier avait officié. Après la cérémonie, je lui dis en plaisantant qu'il avait agi contrairement aux principes de sa profession, en enterrant le Prince, qui s'était suicidé.

M. l'abbé Pellier prit la chose au sérieux, et me dit que, s'il avait eu la conviction du suicide du Prince, il ne l'aurait pas enterré. Au contraire, il était persuadé que le duc de Bourbon avait été assassiné [1]. »

Une contradiction frappante, c'est celle où tombe Mme de Feuchères sur son anxiété dans la journée du 27 août, au sujet des papiers que le duc de Bourbon a pu laisser. — « Quelle était donc, lui demande M. de la Huproye, la cause de la préoccupation que vous auriez montrée, dans la journée du 27 août, touchant des papiers que le Prince avait pu laisser, préoccupation partagée et exprimée par M. de Flassans? Quels papiers craigniez-vous ou espériez-vous qu'on aurait pu trouver chez lui? — Réponse : « Ma préoccupation portait spécialement sur l'espoir que j'avais de trouver une lettre que le Prince m'aurait adressée. Je ne pouvais me faire à l'idée qu'il m'eût quittée d'une manière aussi cruelle sans m'avoir écrit. Jamais je n'ai été absente sans recevoir chaque jour une lettre de lui. J'étais tellement préoccupée de cette idée, que, pendant les deux jours qui ont suivi sa mort, je m'attendais à chaque instant à recevoir une lettre de lui. Je suis moralement convaincue que si le Prince était mort en état de raison, il n'eût pas manqué de m'écrire. » —

L'explication que Mme de Feuchères donne maintenant de ses inquiétudes ne se rapportant plus

[1] *Dépos.* devant M. de la Huproye.

avec la cause qu'elle leur assignait le soir du 27 août, le magistrat instructeur ne pouvait manquer de relever la différence. Aussi pose-t-il à la baronne la question suivante : « Le 27 août au soir, après qu'on eût constaté que le Prince n'avait laissé aucun papier, vous avez dit que vous vous sentiez soulagée d'une grande inquiétude, parce que vous craigniez que Monseigneur n'eût annulé ses dispositions en faveur de M. le duc d'Aumale, et ne vous eût tout donné. Le Prince vous aurait-il donc manifesté l'intention de changer son testament? » — Mme de Feuchères répond : « Je déclare ici solennellement que jamais, dans aucun temps, dans aucune circonstance, le Prince ne m'a manifesté le regret de l'avoir fait, ni aucune intention de le changer. Je ne me rappelle pas avoir témoigné, à l'occasion des papiers, d'autre inquiétude, d'autre regret, que de n'avoir pas trouvé une lettre pour moi. » —

La baronne reçoit ici un démenti formel de M. de la Villegontier. — « L'abbé Briant, dit-il, demanda plusieurs fois qu'on fît la recherche des papiers destinés à Mme de Feuchères. Durant la journée entière du 27, elle manifesta une vive préoccupation au sujet des papiers que Monseigneur avait pu laisser. Le baron de Flassans, son neveu, qui revint le soir de Paris, exprima plusieurs fois en route les mêmes inquiétudes. Cette forte préoccupation de Mme de Feuchères ne cessa qu'après la visite du président et du grand référendaire de la Chambre des Pairs, quand il fut reconnu que, dans les meubles de la chambre de Monseigneur, aucun papier de ce genre n'existait. Le soir, elle dit qu'elle se sentait soulagée d'une grande inquiétude, parce qu'elle appréhendait que Monseigneur n'eût annulé sa disposition en faveur de M. le duc d'Aumale, et ne lui eût tout donné [1]. » —

Quant aux scènes de violence dont la confection du fameux testament fut la cause, scènes rapportées avec précision par M. de Surval et d'autres témoins, la baronne s'en tire en disant que, « les témoins qui ont déposé de ces faits, de ces propos, ont déposé à faux. » Dénégation commode, mais impuissante à détruire les affirmations catégoriques et concordantes des témoins, spécialement du baron de Surval ! Même dénégation, celle-là plus arrogante encore, à l'endroit de l'horrible éclat du 11 août. Mais, cette fois, en voulant trop prouver, la baronne s'enferre. Cette scène, non seulement elle la nie, mais de plus elle imagine de ruiner toutes les suppositions à son sujet par une objection péremptoire. — « Le 11 août, dit-elle, j'étais à Paris. » — Malheureusement pour elle, la fausseté de l'*alibi* est positivement établie par les témoignages circonstanciés et explicites de M. de la Villegontier et du valet de chambre Manoury. L'argument se retourne alors d'une façon accablante contre Mme de Feuchères. En

[1] *Dépos.* devant M. de la Huproye.

résumé, dans ses trois dépositions, pas une articulation de sa part qui ne reçoive un démenti sans réplique des personnes ou des faits! Du commencement à la fin de ses déclarations, quand elle n'est pas en contradiction avec elle-même, elle est convaincue de mensonge, du parti pris de déguisement de la vérité, d'inventions insoutenables. Et on ne saurait en être surpris : elle sent qu'elle est perdue, rien qu'à soulever un coin du voile! Avec cela sa hauteur ne se dément point. Ce n'est pas elle, ce semble, qui est sur la sellette, mais le conseiller instructeur. A tel langage et telles attitudes, un témoin ordinaire eût été, à coup sûr, arrêté. On s'étonne que le magistrat n'ait pas décerné contre Mme de Feuchères un mandat de dépôt, comme il en avait le droit et aussi le devoir. Mais M. de la Huproye recule toujours devant cette obligation de son ministère; et de ce chef, il n'est pas exempt de blâme. Habile à la confondre, il ne profite pas de ses avantages pour la pousser à bout. Il semble qu'il veuille se décharger sur d'autres de la corvée de la faire descendre de son piédestal!

Les dépositions du valet de chambre Lecomte revêtent une physionomie particulière, un caractère d'indécision étrange ; c'est un mélange singulier de contradictions, d'artifices, de confession en même temps que de dissimulation de la vérité. Aujourd'hui que nous possédons ses aveux *in extremis*, on comprend parfaitement ce qui jusqu'à présent était resté chez lui obscur, ambigu, inexplicable. Lecomte n'a pas participé matériellement au meurtre du prince de Condé ; il a été mêlé incidemment au drame, du fait de sa rencontre fortuite, inopinée, avec les assassins, dans la nuit du 26 au 27 août, comme nous l'avons précédemment raconté. C'est seulement à ses derniers instants, que ce valet de chambre se décidera à révéler ce secret terrible. Présentement, partagé entre son devoir envers la mémoire de l'infortunée victime et l'intérêt de son avenir étroitement lié au salut de Mme de Feuchères, il persistera jusqu'au terme de l'instruction dans une attitude et un langage équivoques, dans des réticences et des contradictions telles, qu'il est impossible que le magistrat instructeur n'induise pas nécessairement sa complicité dans le crime. Il est manifeste que le silence de Lecomte a été acheté par Mme de Feuchères. Sa femme, au surplus, a reconnu qu'ils en avaient reçu de l'argent[1]. Mais les révélations de Lecomte laissent toujours dans l'obscurité un point important. Comment se fait-il que, dans la nuit du 26 au 27 août, l'escalier dérobé soit resté ouvert, accessible à tout le monde? Y a-t-il eu con-

1 Dans le factum intitulé : *Examen de la procédure criminelle*, etc., on représente Lecomte et sa femme comme tombés dans la misère. C'est un mensonge de plus à ajouter à tous ceux dont fourmille cette élucubration de MM. Lavaux et A. Lefebvre, avocats de Mme de Feuchères.

nivence criminelle, ou simplement négligence de la part du valet de chambre de service? Lecomte a beau se défendre de toute complicité directe dans le meurtre du duc de Bourbon, il n'en demeure pas moins acquis, avéré, que, si le verrou avait été tiré quand lui, Lecomte, s'est retiré à minuit dans sa chambre, l'exécution du crime devenait à peu près impossible.

Dans la maison du prince de Condé, quand on avait su que Lecomte était le valet de chambre de service dans la nuit fatale, un cri soudain s'était élevé : « Ils l'ont assassiné [1]! » M. de la Huproye établit soigneusement ce point dans l'instruction. De plus, il met solennellement Lecomte en demeure

1 *Comtesse de la Villegontier*. — « En apprenant de la femme Colin, le 31 août, que Lecomte était le valet de chambre de service ce jour-là, je ne pus m'empêcher de m'écrier : « Ils l'ont assassiné ! »

D. — « Pourquoi, en apprenant que Lecomte était de service auprès du Prince lors de sa mort, avez-vous dit : « Ils l'ont assassiné? »

R. — « Je savais que Lecomte avait été imposé au Prince par Mme de Feuchères en qualité de valet de chambre, parce que Lecomte coiffait très bien, et qu'elle désirait l'avoir constamment à sa disposition. Je savais que le Prince, qui n'aimait pas à voir de nouveaux visages autour de lui, s'était longtemps refusé à admettre Lecomte à son service. Mais il avait fini par y consentir à force d'importunités, comme il faisait toujours. Mme de Feuchères avait même interverti à son égard l'ordre établi dans la maison du Prince, et exigé que Lecomte mangeât à l'office, avantage dont n'avaient jamais joui les autres valets de chambre. Lecomte, d'après ce que j'avais entendu dire, ne jouissait pas d'une bonne réputation dans son quartier, et Monseigneur le regardait comme un espion placé auprès de lui par Mme de

de s'expliquer sur l'étrange propos qu'il a tenu: « J'en ai gros sur le cœur, » ou « J'ai un poids sur le cœur; » indice non équivoque des tourments de l'âme, cri d'une conscience bourrelée! On se souvient de l'explication inacceptable que Lecomte a donnée de cette exclamation à Manoury et à Dupin, ses camarades. Devant le magistrat instructeur, il prend le parti de la nier. Il importe de reproduire textuellement son langage. — « Je ne conteste pas, dit-il, que j'aie un poids sur le cœur. Je suis trop affligé de la mort de Monseigneur et des suites qu'elle a eues pour moi, pour ne pas avoir effectivement un poids sur le cœur. Mais je nie avoir tenu ce propos, et je repousse les interprétations qu'on pourrait en donner. » On voit que Lecomte ne fait que reproduire l'explication qu'il a précédemment fournie; puis il se retranche derrière une dénégation impuissante à prévaloir contre les témoignages positifs et irréprochables de Manoury et de Dupin, qui ont recueilli fidèlement ses paroles.

Dans la nuit du 26 au 27 août, surpris à l'arrivée inattendue de Lecomte, Mme de Feuchères et son complice n'avaient pas eu le temps de tirer le verrou de la porte vitrée de l'escalier dérobé, ainsi qu'ils

Feuchères. Ce sont là les seuls motifs qui m'ont arraché cette exclamation : « Ils l'ont assassiné ! » J'ajoute que la manière dont il remplissait son service auprès de Monseigneur était malhonnête et même brutale. » (*Dépos.* devant M. de la Huproye.)

avaient fait ingénieusement pour la porte de la chambre à coucher du duc de Bourbon. Le matin du 27, si la baronne ne fût pas montée par l'escalier d'honneur du château, on eût immédiatement constaté que le passage de l'escalier dérobé ou escalier de service était demeuré libre toute la nuit. On comprend, dès lors, les insinuations de Mme de Feuchères pour faire admettre qu'elle est montée par l'escalier de service au lieu du grand escalier, trajet de beaucoup le plus long, de plus inconcevable de la part d'une femme qui, dans le trouble et l'émotion que la nouvelle vient de lui causer, songe à peine à se vêtir, ne met même pas ses bas !

Lecomte s'efforcera ici de venir à la rescousse de la baronne. Il dépose qu' « étant allé avec M. Bonnie la prévenir que le Prince ne répondait pas, elle leur répondit : « Peut-être pourrai-je monter par mon petit escalier ; » qu'arrivés dans le cabinet de toilette, ils entendirent frapper à la porte de l'escalier dérobé, et que lui, Lecomte, ouvrit à Mme de Feuchères. *C'est lui qui a tiré le verrou pour l'introduire* [1]. » — D'après cette déposition, la marche suivie par Mme de Feuchères aurait été correcte, précisément ce qu'elle devait être. Il serait constant que le verrou de l'escalier dérobé aurait été fermé la nuit du 26 au 27, puisque le matin du 27 Lecomte est venu l'ouvrir. Des assassins n'auraient donc pu

[1] *Dépos.* devant M. de la Huproye.

suivre cette voie. Et comme il était peu admissible qu'ils se fussent introduits par le vestibule du château, en raison des difficultés, il n'y aurait donc point assassinat, mais suicide!

Malheureusement, le témoignage de Lecomte est contredit, démontré faux, par les déclarations précises et concordantes d'autres témoins. Il est de plus inconciliable avec des circonstances reconnues par ce valet de chambre lui-même, qui s'est embrené ici tout autant que la baronne, invoquant le prétendu *alibi* que nous avons dit ci-dessus. L'affirmation du chirurgien Bonnie, surtout, est aussi nette, aussi concluante que possible. — « J'ai remarqué, dit-il, que le verrou était tiré, de manière que l'on pouvait pénétrer dans le cabinet de toilette par l'escalier dérobé. C'est Manoury qui nous l'a fait observer, en disant à Lecomte : « Vous n'avez donc pas fermé le verrou ? » — A quoi Lecomte répondit : « Je l'ai cru fermé ; je n'y ai pas fait attention [1]. » — Pour Lecomte, c'était cependant bien là le moment de dire, si cela avait été vrai : « Le verrou était fermé ; je viens de l'ouvrir à Mme de Feuchères ! » — Mais il lui était impossible de tenir ce langage en présence de Bonnie, alors qu'ils venaient de passer ensemble par le grand escalier ! Ainsi, en cherchant à tendre la perche à Mme de Feuchères, Lecomte ne réussit qu'à la perdre davantage. Et du même coup, à la

[1] *Dépos.* devant M. de la Huproye.

fausseté reconnue de sa déposition, il aboutit à faire peser à sa propre charge les plus graves présomptions de complicité! Lecomte achève d'ailleurs de se perdre par ses dires impossibles. Il allègue, par exemple, que, « quand il était de service, il n'a jamais remarqué que le verrou de la porte de l'escalier dérobé fût tiré; qu'il n'est jamais descendu par cet escalier, convaincu qu'il conduisait à l'appartement de Mme de Feuchères; bien plus, qu'il n'a jamais vu ouverte la porte de l'escalier dérobé [1]. » — Ainsi Lecomte, qui est depuis trois ans au service du duc de Bourbon; qui, durant trois saisons, a rempli à Saint-Leu les fonctions de valet de chambre, Lecomte ne sait pas ce qu'on n'ignore plus quand on a passé vingt-quatre heures dans cette résidence! Lui, valet de chambre, il ne sait pas que l'escalier dérobé conduit à un corridor, lequel ramène au vestibule; que cette issue peut donner accès à cinq ou six personnes qui, indépendamment de Mme de Feuchères, habitent cette partie du château; et que, par cette voie, on peut arriver de la cour et du parc jusqu'à la porte de la chambre à coucher du prince

[1] Lecomte, dans lequel on reconnaît bien moins un témoin qu'un affidé, après avoir cru servir Mme de Feuchères par des déclarations dont il sait toute la fausseté, élève pourtant contre elle, au cours de ses dépositions, une grave accusation et fait connaître dans des termes pleins d'amertume qu'il croit à l'assassinat. Faut-il voir là le langage d'un complice qui maudit l'auteur de sa chute, ou le résultat d'un jeu concerté pour donner de l'autorité à son témoignage touchant le verrou de l'escalier dérobé?

de Condé!... Lecomte s'empêtre dans ses articulations, perd le fil au milieu de ses divagations et se dénonce lui-même!

Au juste sentiment du conseiller instructeur, l'insigne fausseté des dépositions de ce valet de chambre implique au premier chef sa culpabilité. Une dernière fois, M. de la Huproye le met en défaut, en lui posant une question précise : — « Le 26 au soir, vous êtes-vous assuré que la porte de l'escalier dérobé fût fermée au verrou? » — « Non, monsieur, » répond Lecomte. — Ainsi Lecomte n'ose pas affirmer que, dans la nuit du 26, la porte de cette importante communication ait été fermée en dedans! Il était pourtant du devoir du valet de chambre de service de fermer tous les soirs au verrou les différentes portes du château. Et le magistrat constate que, sauf Lecomte, jamais aucun autre valet de chambre n'y a manqué.

Mais Lecomte n'a-t-il à se reprocher qu'une simple omission, une fatale négligence? A-t-il seulement oublié de s'assurer de l'état du verrou? — Non; la faute de Lecomte est plus grave : c'est bien volontairement qu'il a laissé le passage libre; et voilà le secret qui l'oppresse! — Mais est-ce avec connaissance de cause qu'il a fourni le moyen de commettre le crime? L'injonction ou la prière de laisser le verrou ouvert était-elle accompagnée de l'horrible confidence? ou le valet de chambre a-t-il pu raisonnablement induire un tout autre dessein? — Sur cette question, insoluble d'après les seuls témoignages de l'enquête, Lecomte ne s'est pas expliqué à ses derniers moments; il a seulement repoussé toute complicité active dans l'assassinat du duc de Bourbon. Quoi qu'il en soit, avec les éléments acquis et dans l'état de la procédure, Lecomte, responsable de la vie de son maître au regard de la loi et de la raison, est justiciable de la Cour d'assises; et c'est à bon droit que M. de la Huproye estime qu'il ne restera plus aux débats d'audience qu'à déterminer dans quelle mesure il a concouru au meurtre du prince de Condé.

Si l'on en croit le général Lambot, qui affirme tenir ce renseignement de Flassans, ce serait seulement dans la journée du 29 août que le sous-officier de gendarmerie, coauteur du crime et complice de Mme de Feuchères, aurait pu réussir à s'évader du château de Saint-Leu[1]. Jusque-là, il serait demeuré caché dans la chambre de l'abbé Briant. Le fait supposé exact, et rien n'autorise à le révoquer en doute, il serait donc à peu près certain que, si, dès leur arrivée au château, les magistrats de Pontoise s'étaient livrés à des perquisitions rigoureuses, un des deux assassins fût tombé dans leurs mains. Avec l'aide et l'assistance de la baronne, on conçoit qu'il ait pu déjouer la surveillance du concierge François Obry, à moins

[1] *Éclaircissements*, dans les papiers manuscrits de M. Lambot.

de voir encore dans ce dernier un complice de Mme de Feuchères. C'est ici le lieu de regretter qu'à l'égard de ce concierge du château de Saint-Leu, M. de la Huproye ne se soit pas montré plus pressant dans ses interrogatoires. Il eût peut-être été du nombre de ceux qu'il réputait déjà justiciables de la Cour d'assises... Mais passons à l'interrogatoire de l'abbé Briant, qui, au témoignage de Flassans rapporté par le général Lambot, aurait recélé dans sa chambre le plus étrange des assassins, un sous-officier de gendarmerie!

Arrivé à Saint-Leu en compagnie de la baronne, quelques jours avant la mort du duc de Bourbon, l'abbé Briant avait été logé dans une des chambres du château de Saint-Leu qui correspondaient directement avec l'escalier dérobé, sans passer par le grand vestibule. Ce prêtre singulier, aux trois quarts défroqué, était, nous l'avons déjà dit, le suivant à toutes fins de Mme de Feuchères. Il ne séjournait qu'accidentellement au château, ne faisant pas partie de la maison du Prince, qui ne le voyait qu'avec répugnance. Confident intime de la baronne, compagnon de tous ses voyages, dépositaire de tous ses secrets, il s'efforcera dans l'instruction d'égarer la justice autant qu'il lui est possible. Tous ses efforts convergent à donner de la vraisemblance au suicide, dont aussi bien que personne il connaît toute la fausseté. Du reste, il n'est pas plus sympathique au conseiller instructeur qu'il ne l'a été au prince de Condé. Dès son premier interrogatoire, M. de la Huproye est amené à se tenir contre lui fortement en garde. Des allégations mensongères, des insinuations perfides de l'abbé Briant, pas une qui ne soit démentie, qui ne trouve sa réfutation sans réplique des faits ou des autres témoignages! Ce qui ressort clairement de ses déclarations louches et entortillées, c'est que cet ecclésiastique matois n'est qu'un madré compère. Nul doute qu'il ne sache bien des choses qu'il a personnellement intérêt à céler! Ses réponses aux questions du magistrat dénotent invariablement la détermination bien arrêtée de donner le change à l'instruction, d'établir la thèse du suicide. Mais son système repose sur des assertions tellement suspectes à force d'invraisemblance, que ses moyens se retournent contre lui, et, aux yeux du conseiller, impriment véhémentement à leur auteur le cachet et la couleur de complice du crime. Ici, il n'est que juste de rendre hommage à la sagacité de M. de la Huproye. Elle n'est pas un seul instant déroutée par la tactique de l'abbé Briant, qui voit percer à jour son manège, déconcerter ses faux-fuyants et subterfuges. Sans atteindre à la certitude, la conviction du magistrat à son sujet demeure entière. L'abbé Briant, qui jusqu'à présent avait suivi partout Mme de Feuchères, la suivra encore cette fois, mais à la Cour d'assises!

Non moins gravement compromis sont les époux

Dupré, autres créatures de Mme de Feuchères. On doit se souvenir que c'est Dupré qui, dans la nuit fatale, est allé réveiller Lecomte, pour l'avertir du mouvement inaccoutumé qu'on entendait de son entresol dans la chambre du duc de Bourbon. Pas n'est besoin de dire que, vendus à la baronne, Dupré et sa femme se garderont bien de déposer de ce fait formidable dans l'enquête. Au contraire, ils affirment n'avoir pas perçu le moindre bruit dans la nuit du 26 au 27 août, alors que du logement qu'ils occupent on entend distinctement au-dessus de sa tête aller et venir dans la chambre à coucher du Prince, tousser, cracher, même l'heure sonner à la pendule ! M. de la Huproye a voulu s'en assurer lui-même, en se transportant à Saint-Leu. Comment donc, cette nuit-là, Dupré et sa femme ont-ils pu avoir l'ouïe si dure ? — « Les apprêts du suicide, si suicide il y a, leur fait observer le magistrat, ont dû causer d'inévitables dérangements. Le prince s'est levé, il a marché vers la croisée, il a dû approcher une chaise ; et ce n'est que péniblement qu'il a pu s'y exhausser[1]. Enfin, il n'a pu quitter la

[1] Le duc de Bourbon va lui-même faire connaître combien, dès 1825, il était peu ingambe, mal solide sur ses jambes. Voici ce que, le 31 mai 1825, il écrivait de Reims à Mme de Feuchères, à l'occasion du sacre de Charles X :

« Demain, je ne sais pas si le *poor dear* s'en tirera avec honneur. Figurez-vous l'escalier du trône à monter ou descendre trois ou quatre fois, raide comme un bâton de perroquet, avec vingt-huit marches bien étroites, avec le fameux manteau à

chaise, il n'a pu porter de tout son poids sur l'attache de l'espagnolette sans qu'un bruit se soit produit, par exemple, le balancement de la chaise ou du corps. De l'acte matériel, il est impossible qu'il ne soit pas résulté un choc, un ébranlement quelconque. » — A ces observations topiques, aux interrogations pressantes du magistrat instructeur, les époux Dupré opposent une réponse invariable: « Nous n'avons rien entendu ! » —

Cependant M. de la Huproye n'est pas bien convaincu que le sommeil des époux Dupré ait été aussi profond qu'ils le disent. Il conserve des doutes à cet égard; et, continuant de s'enquérir, il arrive à découvrir la cause de l'étonnante occlusion d'oreilles des époux Dupré, pendant qu'on assassine le duc de Bourbon. C'est d'abord une enfant de neuf ans, Florence Payel, qui s'explique devant lui avec la candeur et l'ingénuité de son âge. Sans doute, on n'avait pas songé encore ou pas eu le temps de lui composer un langage. Aussi, pater-

porter et à manier! Encore incertain si je prendrai ma canne, car que deviendrai-je, si elle m'échappe, étant obligé de me servir de mes deux mains pour ne pas m'entortiller les jambes, évènement qui serait le plus embarrassant de tous? Enfin, un miracle pareil à celui de la sainte ampoule viendra peut-être à mon secours. »

L'original de cette lettre faisait partie du portefeuille ramassé aux Tuileries en 1848, lors du sac du palais, avec cette inscription de la main de Louis-Philippe sur la couverture : *Papiers de M. le duc de Bourbon*. Nous avons eu communication discrétionnaire de ces papiers.

nellement interrogée par le conseiller instructeur, l'enfant lui raconte qu' « un jour qu'elle jouait avec le fils de Dupré, également âgé de neuf ans, dans la cour des écuries du Palais-Bourbon, celui-ci lui dit que son père et sa mère étaient bien riches, qu'ils avaient beaucoup d'argent. » — M. de la Huproye lui demande si c'est la première fois qu'elle rapporte ce propos. La petite Payel répond qu'elle en a fait part antérieurement à quelqu'un qu'elle désigne : c'est Thomas Fife, valet de pied du duc de Bourbon. Ce dernier confirme sa déclaration. Il a effectivement entendu dire à l'aînée des filles Payel, que le fils de Dupré avait dit à elle et à sa sœur, que son père et sa mère avaient beaucoup d'argent et qu'ils se retireraient à la campagne!

Lesobre, autre témoin entendu, ajoute à ce trait une nouvelle lumière. — « Au mois de septembre dernier, dit-il, Mme de Feuchères fit offrir à Dupré la place d'argentier qu'il a remplie pendant quelques jours, au bout desquels il permuta contre celle de valet de chambre. Ses idées l'ont porté à quitter le service de Mme de Feuchères, encore bien qu'il n'ait essuyé aucun désagrément de sa part. Dupré et sa femme sont sortis de la maison dans les premiers jours de janvier. Le jour ou la veille de leur sortie, j'ai entendu Dupré, dans l'emportement de la colère, dire à table, en jurant : « F....e, elle est bien heureuse que je n'aie pas voulu parler[1] ! »

[1] *Dépos.* devant M. de la Huproye.

Suffisamment édifié sur la sincérité et la véracité des époux Dupré, le magistrat instructeur estime à bon droit que, pour leur délier la langue et leur rafraîchir la mémoire, il n'y a plus qu'à recourir à la solennité de la Cour d'assises. Bref, à l'égard de la baronne de Feuchères, de Lecomte, de l'abbé Briant, des époux Dupré, il conclura devant la Chambre des mises en accusation à la prise de corps et au renvoi devant les assises.

Au risque d'être taxé de longueur et de prolixité, nous avons dû donner un aperçu de ces dépositions. Il était indispensable, pour l'édification du lecteur, d'entrer dans les détails qui précèdent, non pas afin de démontrer l'assassinat du prince de Condé, lequel ne saurait désormais faire question, mais à l'effet de mettre tout le monde à même d'apprécier en connaissance de cause l'œuvre de la justice, qui reste aujourd'hui à juger. On pourra maintenant estimer à sa valeur le scandaleux arrêt qui va suivre. Aussi bien les magistrats oublient trop souvent qu'ils sont eux-mêmes soumis à des jugements plus redoutables que leurs arrêts, aux jugements du public! C'est donc au tour du public de prononcer son jugement, un arrêt en dernier ressort, sur une affaire tristement fameuse, où la magistrature vénale et corrompue de Louis-Philippe allait signaler la gravité de ses écarts, fournir la mesure de sa bassesse, de ses criminelles complaisances. Durant la Restauration, elle avait achevé d'obscurcir son lustre, déjà fortement terni. Avec Louis-Philippe, elle allait rencontrer le tombeau de sa considération. En donnant contre l'écueil de l'affaire du prince du Condé, elle devait sombrer dans le plus ignominieux des naufrages! —

M. de la Huproye touche au terme de sa longue et laborieuse information. Poursuivie à Paris le 6 février 1831, en conséquence de l'arrêt d'évocation, elle sera close le 2 juin : elle aura donc duré près de quatre mois! Le conseiller instructeur n'a pour ainsi dire pas désemparé de sa tâche : il a entendu 120 témoins, recueilli 231 dépositions. On trouverait difficilement dans les annales criminelles une instruction judiciaire conduite, sinon avec plus de fermeté et de vigueur, du moins avec plus de zèle et de conscience. Durant son cours, du premier jour au dernier, les allées et venues se sont succédé presque sans interruption entre le parquet du procureur général et le cabinet particulier de Louis-Philippe. Le roi en a suivi anxieusement les phases et les péripéties : il a constamment été tenu au courant de la physionomie et de la tournure de l'affaire. Les conclusions du rapporteur ne sont pas pour lui un mystère : elles ont plongé le Palais-Royal dans la consternation. La boussole y est affolée par l'excès de la stupeur. Louis-Philippe paraît déterminé à brusquer le dénoûment. Le seul remède qu'il voit à sa situation, c'est d'étouffer l'affaire.

M. Persil est mandé d'urgence. Mlle d'Orléans

(la princesse Adélaïde), femme au jugement sain et à l'esprit viril, conseillère habituelle du Roi, avait insisté pour qu'on entendît le procureur général avant de hasarder aucune mesure illégale ou violente. Il n'était question, en effet, de rien de moins que de la confiscation du dossier de l'affaire du prince de Condé. La sœur de Louis-Philippe, elle, préférait une action directe sur la magistrature. Dans tout cela, le nouveau garde des sceaux, M. Mérilhou était absolument laissé de côté. La question se débattait sans intermédiaire entre le Roi, Mme Adélaïde et le procureur général près la Cour royale de Paris. En dernier lieu, le problème à résoudre était celui-ci : comment parviendrait-on à triompher de l'indépendance et de l'intégrité du conseiller rapporteur?

Le matin du jeudi 2 juin, à l'issue d'une conférence entre les trois personnages ci-dénommés, M. Persil se transporte au domicile de M. de la Huproye, rue Neuve-Saint-François, n° 16, au Marais. Un entretien s'engage. Il se trouve consigné dans un écrit de la propre main de M. de la Huproye, heureusement pour l'histoire. Le conseiller instructeur ne dissimule pas sa conviction absolue de l'assassinat du prince de Condé, et annonce au procureur général qu'il va déposer son rapport. L'opinion du public a devancé ses propres conclusions. M. Persil les trouve trop absolues et probablement erronées. Il s'étonne que M. de la

Huproye soit en désaccord avec les trois médecins du Roi, concluant au suicide. Il lui paraît indispensable que MM. Pasquier, de Sémonville, Cauchy, Bernard (de Rennes), ainsi que les trois médecins, soient entendus comme témoins. A ce moment et sous cette forme, l'ingérence du procureur général dans l'instruction était déjà exorbitante. Le conseiller rapporteur se borne à lui faire remarquer le caractère que comporte une pareille intrusion de praticiens, à entendre non plus comme experts, mais à titre de témoins ordinaires! — « Appeler ces médecins à déposer comme témoins, ajoute-t-il, n'est-ce pas reconnaître et déclarer qu'on regarde comme insuffisant ou de médiocre importance le rapport qu'ils ont signé et déposé en qualité de docteurs experts? » — L'observation était fondée, même quelque peu malicieuse. Sur ce, M. Persil retourne au cabinet du Roi, où se tient un nouveau conseil.

Le résultat de la nouvelle délibération de Louis-Philippe, de sa sœur et du procureur général allait se traduire rapidement en fait. L'action était décidée. On était résolu à empêcher à tout prix le conseiller rapporteur de faire partager sa conviction à ses collègues de la Chambre des mises en accusation. Pour cela, il fallait prévenir le dépôt de son rapport, le dessaisir de l'instruction par démission volontaire ou forcée. S'il se montrait récalcitrant, on ne reculerait point devant un parti extrême : on le mettrait d'office à la retraite. Le choix du nouveau rapporteur était arrêté d'avance. M. Persil s'était porté fort de l'acceptation d'un magistrat, duquel il répondait. Quoi qu'il advînt, il garantissait de sa part, comme de la Cour au surplus, une soumission aveugle, une docilité sans bornes.

En conséquence de la résolution prise, le lendemain 3 juin, dans la soirée, M. Persil se rend de nouveau au domicile de M. de la Huproye, rue Neuve-Saint-François, n° 16. Le magistrat était à souper, avec sa femme et sa fille [1]. Le procureur général l'informe que « son rapport ne verra pas le jour, parce que des raisons d'État s'y opposent [2]. » L'intègre magistrat résiste. Il repousse l'application d'une doctrine détestable, qui, en subordonnant à la politique l'action de la justice, la met à la discrétion du pouvoir. Les motifs de conscience et d'honneur qu'il invoque sont rejetés. M. Persil s'échauffe dans la discussion. « Il s'agit bien de la culpabilité ou de l'innocence d'une femme flétrie ! Il y va de l'honneur, de la considération de la maison d'Orléans, engagée dans une compromission funeste, sous le coup d'une solidarité déplorable, dont il faut qu'elle se tire à tout prix ! » — C'est

[1] M. de la Huproye avait conservé, dans sa vie domestique, les habitudes de l'ancien régime.

[2] Ce sont les propres paroles de M. Persil, fidèlement rapportées dans l'écrit de M. de la Huproye, que nous avons sous les yeux.

en ces termes que s'exprimait le procureur général, touchant l'intimité prolongée de Louis-Philippe et son association d'intérêt avec Mme de Feuchères! En forme de conclusion, il déclare au conseiller rapporteur, que le siège de juge au Tribunal civil de la Seine est accordé à son gendre M. Theurier, mais que, dès demain, il recevra, lui, la notification de sa mise d'office à la retraite [1]. Au domaine de la justice, c'est ainsi que Louis-Philippe inaugure son règne! Et celui qui porte une si griève atteinte à la sainteté des lois, à l'indépendance de la magistrature, est le même qui a jeté à la face de la branche aînée cette

[1] On lit dans l'*Histoire de Louis-Philippe*, de M. Crétineau-Jolly, tome II, page 96 : « La Huproye, qui, jusqu'à ce jour, fut l'œil de l'aveugle et le pied du boiteux, n'aurait pas cédé à l'injonction et à la menace. Les larmes de sa femme, les prières de sa fille, les appréhensions qu'on fit naître dans le cœur du vieillard troublèrent son esprit. A une époque où la révolution et l'orléanisme se faisaient concurrence dans la manipulation des émeutes et de l'arbitraire, la Huproye eut peur. Afin d'acheter la paix de ses vieux jours, il consentit à une faiblesse, et *signa sa démission*. Alors il n'y avait personne qui parlât pour la justice et qui jugeât dans la vérité. La Providence permit néanmoins que le rapport et l'instruction fussent conservés, comme un acte d'accusation, pour servir à l'histoire des sanglants héritages. »

M. Crétineau-Jolly a été induit ici en erreur sur un point essentiel. Il n'y eut pas, à proprement parler, démission : M. de la Huproye fut mis d'office à la retraite. Au surplus, la méprise de l'honorable historien lui est commune avec M. Hennequin, avocat des princes de Rohan, lequel paraît ne pas avoir plus exactement connu les particularités de la mise à la retraite de M. de la Huproye, et parle également de démission.

sanglante épigramme : « La Charte sera désormais une vérité ! » —

La scène ou plutôt l'altercation que nous venons de raconter avait porté un trouble indicible dans l'intérieur de famille de M. de la Huproye : sa femme et sa fille éplorées l'avaient supplié de céder. Le vieux conseiller ne s'était pas rendu à leurs instances. Le procureur général partit sans emporter la démission. L'intimation restant sans effet, l'exécution forcée allait suivre.

Le 4 juin, une double ordonnance du Roi met d'office à la retraite M. de la Huproye, et nomme M. Charles Theurier, son gendre, juge titulaire près le Tribunal civil de la Seine. Le 5, M. Brière-Valigny, président de chambre à la Cour royale de Paris [1], est substitué à M. de la Huproye, dans les fonctions de rapporteur de l'affaire du duc de Bourbon. Le 10, le procureur général requiert un supplément d'instruction et l'audition de MM. Marc, Marjolin et Pasquier, comme témoins. A cette phase de la procédure, nous prierons le lecteur de bien noter les dates scrupuleusement exactes que nous allons relever : il doit se préparer à marcher de surprises en surprises !

Le 10 juin, le dossier de l'instruction est encore entre les mains de M. de la Huproye : cela résulte positivement de sa demande écrite et datée d'en

[1] Il avait été récemment promu à ce poste, par ordonnance royale du 17 mars 1831.

être déchargé, que nous avons sous les yeux [1]. Le 13, il n'est pas davantage au greffe, comme l'atteste une note jointe à la liasse. Quant aux trois médecins à entendre, le nouveau rapporteur recevra leurs témoignages sans une seule pièce sous la main, sans avoir pris connaissance de l'affaire. Il n'en ouvre pas moins intrépidement son procès-verbal. Enfin, le 14 juin, le dossier est réintégré au greffe par M. de la Huproye, fatigué de s'être mis inutilement à la disposition de M. Brière. Le même jour, il passe aux mains, non pas du nouveau rapporteur, mais de M. Persil. Ce ne sera que le surlendemain qu'il sera communiqué à M. Brière [2] !

Du 14 au 16 juin, le procureur général aura à la rigueur deux jours pour prendre lecture des pièces et former sa conviction sur l'affaire. Le 16, il doit fournir son réquisitoire à la Chambre des mises en accusation et à la Chambre des appels correctionnels, réunies sous la présidence du premier président Séguier. M. Persil, au surplus, n'a pas à s'inquiéter d'être à court de temps : dès sa nomination, ses

[1] Une note de M. de la Huproye donne l'explication de ce retard : le dossier contient des documents confidentiels dont il ne veut se dessaisir qu'aux mains de son successeur.

[2] M. Brière-Valigny l'atteste lui-même de sa propre main dans une lettre datée, ou plutôt un billet adressé à M. de la Huproye, billet poli, mais écrit dans un style tel, qu'on le croirait destiné à un barbon ou à un jeune homme. M. de la Huproye, qui l'a conservé avec ses autres papiers relatifs à l'affaire du duc de Bourbon, n'a certainement pas dû en garder un souvenir flatteur.

conclusions ont été prêtes. Il estime que le fait du suicide résulte d'une manière incontestable de tous les éléments de la procédure criminelle. Il conclura donc à ce que la Cour déclare qu'il n'y a pas lieu à suivre !

Mais M. Brière-Valigny, rapporteur, lui, à quelle source puisera-t-il sa conviction? Sur quelles pièces et documents de l'instruction fondera-t-il les conclusions de son rapport? Pour avoir une opinion, il a besoin apparemment d'autre chose encore que de l'avis des trois médecins de Louis-Philippe! C'est seulement le 16 qu'il a eu communication de l'énorme dossier; et le même jour, il est obligé de le déposer sur le bureau de la Cour. A examiner l'affaire en deux jours, M. Persil a certainement fait preuve de facultés transcendantes, d'une puissance de travail surnaturelle. Mais, à supposer chez lui les mêmes aptitudes et ressources intellectuelles, M. Brière n'aura peut-être pas plus de quatre ou cinq heures pour se mettre au courant de l'information. Heureusement, au dernier moment, les princes de Rohan présentent requête afin d'obtenir sursis à statuer : ils doivent fournir un mémoire sur les questions médico-légales que soulève la cause. Faisant droit à la demande de la partie civile, la Cour renvoie son délibéré au mardi 21 juin. D'ici là, il sera loisible à M. Brière-Valigny de feuilleter au moins le dossier. Sans cette circonstance qu'il ignorait encore le matin du 16 juin, on voit quelles conclusions motivées eût fournies ce magistrat, type et modèle du commun des conseillers rapporteurs!

Nous ne sommes pas encore au bout. Cependant, du 16 au 21 juin, répit inespéré pour le rapporteur, qui devra compulser la volumineuse procédure. Or, dans cet intervalle, à supposer même qu'il ne mange, ne boive, ni ne dorme, qu'enfin les fonctions ordinaires de la vie se trouvent miraculeusement suspendues en lui, nous nous demandons encore comment M. Brière-Valigny pourra, non pas se former une opinion réfléchie, basée sur l'étude approfondie des faits et des témoignages de l'enquête, mais seulement prendre lecture intégrale des pièces du dossier [1]. Évidemment cela ne lui sera pas possible, autrement qu'à la course ou au vol! Au lecteur d'apprécier les lumières que la Chambre des mises en accusation tirera de l'avis de ce président de chambre, nous le répétons, parangon et perle des rapporteurs!

Quoi qu'il en soit, nous voici au 21 juin, terme de l'ajournement fixé par la Cour. Le délibéré va être

[1] A deux époques différentes, après la révolution de 1848, nous avons pris communication de cette immense procédure, qui ne remplissait pas moins de trois cartons au greffe criminel. La première fois, rien qu'à la compulser, nous avons passé près d'un mois! La seconde fois, à lever des extraits, nous avons dû en employer deux! Nombre de dépositions, nommément celles par commissions rogatoires à Bayonne, à Joinville, etc., sont d'une écriture serrée et très fine : il faut beaucoup de temps et une application soutenue pour les lire.

vidé. A part les trois médecins entendus sur la réquisition de M. Persil, et sur lesquels on compte visiblement pour influencer la religion des conseillers ou plutôt pour leur dicter la décision à rendre, M. Brière-Valigny n'a reçu aucune déposition nouvelle. La procédure tout entière a été instruite par M. de la Huproye, qui a une connaissance approfondie de l'affaire. M. de la Huproye a conscience que son successeur n'en sait pas le premier mot. Par pure obligeance, en vue d'alléger le lourd fardeau assumé par M. Brière-Valigny et la responsabilité de la Cour, il informe le président Séguier, que, nonobstant qu'il soit dessaisi, il tient à sa disposition, à titre consultatif, le rapport détaillé et raisonné qu'il allait déposer et ses conclusions toutes prêtes. M. Séguier ne daigne pas seulement l'honorer d'une réponse. Du moins, nous n'en trouvons aucune trace dans les papiers de M. de la Huproye, imbu dans cette circonstance du plus louable des scrupules, attaché jusqu'au bout à ses devoirs, timoré même par delà l'exercice de ses fonctions [1] !

Dans l'examen auquel la Chambre des mises en accusation allait se livrer, elle devait voir se reproduire incessamment ces deux questions de la loi : Existe-t-il des traces d'un assassinat ? Y a-t-il des

[1] M. de la Huproye, esprit exact, parfois même minutieux, avait l'habitude de tout noter. A supposer qu'il ait reçu de M. Séguier une missive verbale, il en eût assurément laissé souvenir dans ses papiers.

indices suffisants de culpabilité? Ainsi, ce qu'elle a uniquement à rechercher, c'est s'il résulte ou non, de l'instruction criminelle, des *traces* d'un fait qualifié crime par la loi et des *indices* suffisants de culpabilité contre certaines personnes. Les *preuves* de la culpabilité ne sont point de la compétence de cette chambre : elles ne sauraient être débattues et jugées que devant la Cour d'assises. Pas n'est besoin d'ajouter que, par *indices*, la loi entend de fortes présomptions se rattachant au fait dénoncé. Revenant donc à la double question de la loi, que le lecteur décide maintenant si la solution de chacune de ces deux questions pouvait sembler un instant douteuse. Est-ce que la réponse ne découlait point, claire comme le jour, de toute l'information judiciaire? Les *traces* du crime et les *indices* de culpabilité ne débordaient-ils pas à toutes les pages de l'instruction criminelle?

Détournons un moment notre attention et nos regards du délibéré qui va se vider. Supposons l'humble réduit d'un artisan de nos villes, ou le modeste foyer d'un habitant de la campagne. Là se rencontre le corps d'un homme accroché plutôt que pendu, portant sur sa personne les marques irrécusables d'une lutte horrible et douloureuse. Si, par sa position même, le cadavre atteste qu'il aurait été aisé d'arrêter l'effet du lien strangulateur dans ce moment suprême où l'homme le plus infortuné n'éprouve plus qu'un sentiment, celui de retenir la vie ; si le désordre maladroitement réparé sur le théâtre du crime décèle clairement l'action violente, le passage d'assassins ; si, à deux pas de la victime, veille un intérêt sordide qui n'explique que trop l'attentat ; si enfin, dans le cours de cette information préalable qui ne recherche encore que des traces et des indices, des dépositions graves, précises, concordantes, viennent établir de coupables pensées, des visées criminelles ; si les réponses de ceux que l'opinion publique désigne comme les auteurs ou les complices du crime n'offrent à l'investigation qu'un tissu d'impossibilités matérielles et morales, de contradictions flagrantes, d'allégations démenties par une foule de documents et d'actes, comment donc les personnes incriminées par les faits eux-mêmes pourront-elles se soustraire à l'épreuve des débats publics, au grand jour, à la solennité de la Cour d'assises ? Hé bien, il ne s'agit point ici d'une vaine hypothèse : il y va d'une poignante réalité. Seulement la victime n'est pas cachée dans les rangs obscurs du peuple : c'est le prince de Condé ! Mais ses assassins sont sous la protection, sous l'égide de la famille d'Orléans, intéressée à leur sauvegarde. L'impunité leur a été solennellement promise ; et actuellement, elle leur est positivement garantie, assurée, de l'exprès commandement de Louis-Philippe, le propre neveu de la victime !

Et c'est à pareil office que la Cour royale de Paris doit vaquer ! Elle descendra au rôle d'instrument servile, à jamais déshonoré du roi des Français. Donc, le 21 juin 1831, à huis-clos, elle décide qu'« il n'est pas établi que la mort du prince de Condé soit le résultat d'un crime. » Comme si c'était là la question que la loi lui donnait à résoudre ! Mais reproduisons *in extenso* son arrêt. Aussi bien il est destiné à demeurer attaché à perpétuité au pilori de l'histoire. Il est de ceux qui ont imprimé aux noms des magistrats qui l'ont rendu une note d'infamie éternelle, une flétrissure indélébile. Leurs noms doivent être justement livrés à l'immortalité de la honte.

« La Cour ; — après en avoir délibéré, considérant qu'il n'est pas établi que la mort de Son Altesse Royale le duc de Bourbon, prince de Condé, soit le résultat d'un crime, dit qu'il n'y a lieu à suivre ; ordonne que le présent arrêt sera exécuté à la diligence du procureur général du Roi.

» Fait en Cour royale, au Palais de Justice à Paris, le 21 juin 1831, en la Chambre du conseil, où étaient présents et siégeaient : M. Séguier, premier président ; MM. de Haussy, Brière-Valigny, présidents ; MM. Silvestre de Chanteloup, Monmerqué, Gabaille, Villedieu de Torcy, Espivent, Philippon, Moreau, Grandet, Amelin, conseillers ; MM. Jurien et Desclozeaux, conseillers-auditeurs[1],

[1] Les conseillers-auditeurs, aussi bien que les juges-auditeurs, étaient des magistrats auxiliaires qui, à cette époque encore, étaient attachés aux cours et aux tribunaux. Cette institution, assez vicieuse, ne survécut pas longtemps à la révolution de 1830.

ayant voix délibérative; lesquels, ainsi que maître Gorgeu, greffier, ont signé la minute du présent arrêt [1]. »

1 Une note de M. de la Huproye, ami particulier de M. de Monmerqué, qui évidemment en a fait la confidence, dévoile plusieurs particularités de cette délibération secrète. Instruit à fond de l'affaire par M. de la Huproye, M. de Monmerqué, magistrat intègre, combattit énergiquement les conclusions du procureur général et la fable du suicide. Corroboré de la déposition des médecins de Louis-Philippe, le suicide l'emporta: M. Séguier et les conseillers-auditeurs, dûment stylés, entraînèrent la Cour.

L'arrêt de la Cour de Paris (Chambres des mises en accusation et des appels de police correctionnelle réunies), avec des notes tirées de l'instruction et des mémoires fournis par la partie civile, a paru en brochure in-4°, de 6 feuilles d'impression. On la trouvera à la Bibliothèque nationale, sous le nº 5, 165.

Parmi les notes en question, lesquelles au surplus fourmillent d'inexactitudes, on remarquera la suivante:

« La Cour a dû regretter, dans l'intérêt de la vérité, que la retraite de M. de la Huproye au moment où elle allait être appelée à prononcer, l'ait privée des indications précieuses que ce magistrat pouvait lui donner mieux que tout autre, et sur les détails de cette immense instruction et sur le degré de confiance qu'elle pouvait accorder aux divers témoignages. On sent, en effet, qu'un nouveau rapporteur, quels que fussent son zèle et sa capacité, ne pouvait pas connaître aussi bien l'instruction, après *un examen de douze à quinze jours*, que celui qui l'avait faite et s'en était presque uniquement occupé depuis cinq mois. D'un autre côté, le geste, le ton et la physionomie des témoins laissaient au magistrat instructeur des impressions, et lui seul peut les rendre. »

Le lecteur sait à quoi s'en tenir sur l' « examen de douze à quinze jours », par M. Brière-Valigny, rapporteur.

M. Séguier, premier président de la Cour royale de Paris, était en même temps membre du conseil de famille du duc d'Aumale: dans la circonstance, il conserva sans pudeur ces deux rôles. Il y a plus: bibliophile destitué de sens moral, il ne rougit pas d'accepter de Mme de Feuchères le cadeau d'un exemplaire des

Méconnaissance absolue des présomptions et des indices ou plutôt des preuves du crime, lesquelles ruissellent de toute l'instruction ; violation réfléchie, délibérée de la loi, telle est en deux traits l'œuvre de la Cour de Paris ! Et pour être le couronnement, ce n'était pas de sa part une infraction isolée au droit, aux règles de la procédure criminelle ! Elle avait préludé à son inqualifiable arrêt par un acte que M. Persil appelle « une dérogation aux habitudes ordinaires, » mais qui, en réalité, constituait une transgression patente de l'esprit et de la lettre du Code d'instruction criminelle. On sait que, d'après notre législation pénale, à la partie civile revient le droit de fournir un mémoire devant la Chambre des mises en accusation, et dans ce droit se trouve implicitement compris celui de prendre communication de l'instruction judiciaire. Cette communication n'avait pu être refusée à MM. Hennequin et Mermilliod, avocats des princes de Rohan : quant à Mme de Feuchères, elle n'y avait aucun droit.

Œuvres de Bossuet, aux armes de la maison de Condé ! C'est la correspondance de Flassans qui nous révèle ce détail. Les lettres de Flassans au général Lambot renferment bien d'autres révélations. Les noms propres y sont souvent estropiés, mais l'identité des personnes est certaine. M. Brière-Valigny, par exemple, y est constamment dénommé *Brierre de Valligny*. Écrites sur le gros et filandreux papier de l'époque, ces lettres portent toutes le timbre de la poste. Leur authenticité est indiscutable.

L'affaire du duc de Bourbon donna lieu à des trafics de conscience impossibles à divulguer. La postérité aura peine à y croire, même après la publication de justifications irréfragables.

Ouvertement désignée comme l'un des auteurs du meurtre, sous le coup des présomptions et des indices les plus graves, elle n'était cependant pas sortie de la classe des témoins, grâce à la protection occulte de la famille d'Orléans. Elle n'avait été entendue qu'au titre de témoin, nullement comme inculpée ou prévenue. Elle était donc absolument sans droit pour prendre connaissance de l'enquête. Néanmoins, au mépris de la loi, ses conseils en obtinrent communication. Ils en firent même le plus déplorable usage, par la publication d'un factum où les dépositions des témoins sont tronquées, travesties, dénaturées de toutes les manières, quand elles ne sont pas omises en tout ou en partie[1]. A telles complaisances du parquet, signalées par la presse, il ne lui avait pas été malaisé de pronostiquer l'issue, de prédire à coup sûr l'avortement de l'affaire.

Cependant il était impossible aux princes de Rohan de se croiser les bras : l'arrêt est dénoncé par eux à la Cour de cassation. Il excédait manifestement le pouvoir de la Chambre des mises en accusation. Un intérêt d'ordre public s'y trouvait engagé. Ils convient en conséquence le ministère public à s'associer à eux, à coopérer au soutien du pourvoi,

[1] C'est le livre intitulé : *Examen de la procédure criminelle instruite à Saint-Leu, à Pontoise, devant la Cour royale de Paris, sur les causes et circonstances de la mort de Son Altesse Royale le duc de Bourbon, prince de Condé*. Paris, 1832. In-8°. Il en a déjà été question plus haut.

dans l'intérêt de la loi et de l'ordre social. C'était déjà trop de s'être laissé prévenir.

Au procureur général près la Cour de cassation, gardien institué de la loi, préposé à la défense de l'ordre légal, incombait le devoir de se pourvoir sur-le-champ contre l'arrêt de la Cour royale de Paris [1]. Mais ce procureur général est M. Dupin, l'homme-lige, le factotum de la maison d'Orléans, antérieurement mêlé à l'intrigue du testament, ayant même joué un rôle équivoque dans sa confection, comme on doit s'en souvenir. On se rappelle également les démarches du général Lambot auprès de M. Dupin, à l'effet de provoquer les investigations de la justice, de la déterminer à faire la lumière sur le tragique événement de Saint-Leu. Après les confidences qu'il a reçues du général, M. Dupin sait pertinemment à quoi s'en tenir sur le genre de mort du prince de Condé. Plus tard il y fera même allusion dans des termes significatifs [2]. Mais c'était infiniment trop présumer de ce tartufe de justice. Na-

[1] On sait que les dispositions de l'article 88 de la loi du 27 ventôse an VIII confèrent au procureur général près la Cour de cassation le droit et la faculté de se pourvoir contre les jugements et arrêts, dans l'intérêt de la loi.

[2] Tout le temps que M. Dupin, président de la Chambre des députés, occupa le Palais-Bourbon, Mme de Feuchères, qui habitait la partie demeurée la propriété du prince de Condé, ne put obtenir d'être reçue aux bals de la présidence, malgré ses démarches réitérées. On insistait auprès de M. Dupin au nom de la baronne, en s'autorisant de son admission aux Tuileries. « Le Roi a le droit de faire grâce ; moi, je ne l'ai pas ! » fut sa réponse invariable.

ture vulgaire, sans élévation d'esprit ni dignité de caractère, M. Dupin appartenait à la classe des magistrats parvenus, qui, aux prises avec un intérêt de fortune ou d'ambition, font bon marché de leur devoir, n'hésitent guère à faire litière de la justice. Au surplus, aux gages du gouvernement, les magistrats ne s'appartiennent plus. « L'indépendance de la magistrature, observe avec raison M. de Bonald, est inconciliable avec le salaire qu'elle touche : indépendant et salarié sont deux termes contradictoires. »

Le parquet faisant la sourde oreille à son adjuration, la famille de Rohan allait se trouver réduite à ses seules forces. Le résultat dès lors n'était plus douteux. C'est le 24 juin que le prince Louis de Rohan a formé son pourvoi contre l'arrêt de la Chambre des mises en accusation. A cette heure se produit une énormité nouvelle. Le dossier de l'affaire arrive à la Cour de cassation démuni du mémoire relatant les faits et les circonstances sur lesquelles il se fonde. Une main restée inconnue l'avait soustrait [1] !

Le 22 juillet 1831, la cause vient en ordre utile : elle va être plaidée à la Chambre criminelle présidée par M. Bastard (de l'Estang). M. Piet, avocat de la maison de Rohan, est assisté de MM. Hennequin et Mermilliod, conseils de la partie civile.

[1] Ce fait à peine croyable a été établi par M. Hennequin, dans sa plaidoirie pour les princes de Rohan. (*Gazette des Tribunaux*, du 15 janv. 1832.)

Après des considérations d'un ordre élevé sur l'importance et le caractère de l'affaire, M. Piet poursuit en ces termes : « On se demande avec inquiétude si un arrêt qui renferme une atteinte des plus graves à nos lois criminelles, qui menace l'institution du jury, ne sera point cassé, quoiqu'il ait été attaqué, parce que le ministère public a gardé le silence. On ne peut s'imaginer qu'une fin de non-recevoir contraire à l'intérêt général, contraire à la justice, et que la loi n'a pas formellement admise, empêche la Cour suprême de rétablir l'ordre des juridictions. On compte sur vos lumières, sur votre haute sagesse, bien plus encore que sur mes efforts, pour rendre à la justice son cours illégalement interrompu. On espère que, s'il existe des coupables, ils n'échapperont point à la vindicte publique. »

Vains efforts, inutile appel à l'indépendance, à l'intégrité de la Cour suprême! La honteuse désertion du parquet a donné le signal : la servilité des conseillers fera le reste. Le procureur général s'est dérobé. Embarrassé sans doute du rôle qu'il aurait à jouer, il n'a garde d'occuper sa place au siège du ministère public. Il s'est fait remplacer par un comparse de parquet. C'est l'avocat général Voysin de Gartempe, girouette usée dans la politique à force de tourner au vent et d'entretenir la cassolette au service de tous les régimes [1] ! Ce porte-parole de

[1] Voyez sa notice, dans la *Biog. des hom. du jour*, de G. Sarrut et Saint-Edme, tome Ier, pag. 99.

Louis-Philippe, à la faconde plate et ampoulée, prit à tâche d'embrouiller ici le droit, de noyer la question dans des développements oiseux ou sophistiques. Au domaine judiciaire, c'est à coup sûr un spectacle foncièrement démoralisant, que celui de l'organe du ministère public pratiquant ouvertement l'art d'égarer la justice.

Sobre et mesuré dans l'exposition des faits, précis dans l'examen du point de droit, M. Piet n'avait pas laissé d'être interrompu à plusieurs reprises par le président de la chambre, qui, recrue de fraîche date de l'orléanisme, ne pouvait évidemment pas goûter la force de son argumentation et de sa dialectique. M. Bastard (de l'Estang) était un de ces gros hommes surchargés d'embonpoint en qui le poids du physique suffirait pour étouffer la délicatesse du sentiment moral. Magistrat sans tenue, durant la plaidoirie de l'avocat de la partie civile, il n'avait pas cessé de se livrer à une gesticulation pétulante et de trépigner d'impatience sur son siège !

La Cour se retire dans la Chambre du conseil, et, après deux heures de délibération, rend l'arrêt suivant, au rapport d'un de ses membres, M. Rives :

« Attendu qu'il résulte des articles 1 et 3 du Code d'instruction criminelle, que l'exercice de l'action civile qui naît d'un crime est essentiellement subordonnée à l'exercice de l'action publique;

» Que, conséquemment, la partie privée ne peut poursuivre son action devant les tribunaux criminels lorsque le ministère public n'agit point ou acquiesce au jugement rendu sur ses premières poursuites;

» Que l'intérêt de l'ordre social est en effet l'objet principal de la juridiction criminelle, et que les intérêts privés n'en sont que l'objet accidentel et accessoire;

» Que si l'article 135 du Code d'instruction criminelle autorise la partie civile à se pourvoir par opposition contre les ordonnances des Chambres d'instruction, dans les cas et dans le délai portés par cet article, c'est une exception au droit commun qui doit être restreinte dans sa disposition et dont on ne peut induire en faveur de la partie civile aucun droit d'action directe et principale, ni par conséquent le droit de se pourvoir en cassation contre des arrêts définitifs d'un tribunal supérieur, contre lesquels le ministère public ne réclame pas;

» Qu'aucun des articles dudit Code, relatifs aux attributions des Chambres d'accusation, ne confère aux parties civiles le droit de se pourvoir en cassation entre leurs arrêts;

» Que ce droit des parties civiles doit donc être apprécié et jugé suivant les principes généraux et les règles particulières fixés par ledit Code; que, d'après les principes généraux, il ne peut y avoir devant les tribunaux criminels d'action civile là où il n'y a pas d'action publique; que, d'après les règles particulières établies par les articles 408 et 412 dudit Code, relatives au droit de pourvoi des parties civiles en matière criminelle, ce droit de pourvoi n'est accordé aux parties civiles que relativement aux condamnations civiles qui pourraient avoir été prononcées contre elles ;

» Que le ministère public ne s'est point pourvu contre l'arrêt attaqué ;

» Attendu que la Chambre d'accusation de la Cour royale de Paris a été saisie par la partie civile ; qu'elle était compétente pour statuer sur l'instruction commencée par suite de la mort du duc de Bourbon, et qu'elle n'a prononcé contre la partie civile aucune condamnation civile ;

» Qu'il suit de là que, sous aucun rapport, la Cour n'est légalement saisie du droit de connaître dudit arrêt ;

» Par ces motifs, la Cour déclare M. le prince de Rohan non recevable dans son pourvoi et le condamne à l'amende. »

On voit ici que la Cour de cassation ne fait qu'emboîter le pas que lui a marqué la Cour royale de Paris. C'est par une fin de non-recevoir que le pourvoi de la partie civile est écarté ! Il demeure donc constant que la question des *traces* et des *indices* n'a point été jugée. C'était pourtant la seule que la loi eût en vue. Du même coup, jamais il n'apparut plus clairement combien il est odieux de se tirer par une fin de non-recevoir d'un procès où l'honneur est engagé.

Dans cet arrêt, pas d'argument de fond, pas de raison topique, mais seulement des arguties de droit, des subtilités de légiste! Son énormité n'a d'égale que l'infatuation de ses auteurs, jusque-là que d'invoquer l' « intérêt social, » quand eux-mêmes, au nom du droit, procurent la planche de salut au crime! Voltaire a-t-il donc eu tort de dire que « ce qu'on appelle la justice est aussi arbitraire que les modes[1] ! » — Ces magistrats de la Cour de cassation, pas plus que ceux de la Cour royale de Paris, n'avaient gravé dans leur esprit le principe immortel proclamé par le grand historien de Rome : *Leges rem surdam, inexorabilem esse*[2]; « la loi n'est qu'une abstraction sourde, inexorable. » En dernier résultat, la magistrature française jette la mémoire du dernier Condé sur la claie des suicidés. L'horrible drame de Saint-Leu a commencé par la cupidité; il a son épilogue, son couronnement, dans un déni de justice!

La salle d'audience de la Cour de cassation, ordinairement peu fréquentée, était comble ce jour-là. Après le prononcé de l'arrêt, la foule s'était lentement écoulée, visiblement en proie à un sentiment de stupeur. Le lendemain on n'avait pas dans Paris d'autre sujet de conversation, et chacun commentait le monstrueux arrêt avec indignation et mépris. Ainsi un malheureux vieillard mourait assassiné;

1 *Dict. phil.*, v° Arrêts.
2 Tite-Live, II, 3.

et renchérissant sur leur forfait, ajoutant l'infamie au meurtre, les assassins avaient avec préméditation insulté à leur victime ! Pour dissimuler l'assassinat sous les apparences du suicide, ils l'avaient accroché à l'espagnolette de sa croisée ; ils avaient ravi l'honneur au prince, après lui avoir ôté la vie !... Et l'héritier légataire de 80 millions, qu'avait-il fait ?— L'héritier, il avait tenu pour valable le suicide, et, en dernier lieu, il venait de faire tailler, dans l'arrêt de la Cour de cassation, un vêtement d'innocence pour ses meurtriers ! L'héritier, il palpait tranquillement la fortune de la victime déshonorée : et tout était dit ! —

On a vu plus haut que, par une violation de la loi jusque-là sans exemple, Mme de Feuchères avait obtenu communication de l'instruction criminelle. Si assurée qu'elle fût de l'appui de Louis-Philippe et de la collusion secrète de ses gens de justice, elle n'en avait pas moins suivi la marche et les phases diverses de l'instruction criminelle avec une vive anxiété. C'est que tout autre qu'elle et ses acolytes eût été mis en état d'arrestation, après les présomptions et les indices relevés à leur charge. Elle avait, en même temps, à faire face à l'instance aux fins civiles introduite contre elle et le duc d'Aumale, pour cause de captation et de suggestion du testament du 30 août. Officieux et hommes d'affaires pullulaient autour d'elle, alléchés à toutes sortes de titres, les uns par l'appât de l'argent qu'elle semait à profusion, les autres par le profit de la famosité et du scandale qui devaient immanquablement découler du procès. Dans une circonstance si critique, avec l'immense décri qui enveloppait sa personne, elle sentit le besoin d'un défenseur d'un talent éprouvé, en possession en même temps d'une grande situation et d'une haute considération, par là capable d'imposer au public, qui, de toutes parts, se déchaînait contre elle. Dans ce but, elle avait jeté les yeux sur une illustration du barreau et de la Chambre des députés, M. Mauguin, le célèbre avocat, à qui elle fit offrir de splendides honoraires, s'il consentait à se charger de sa cause. Mais il refusa de l'assister, soit comme avocat plaidant, soit comme directeur de son conseil de défense. S'imaginant n'avoir offert qu'un salaire insuffisant, elle revint à la charge et offrit cette fois un prix fabuleux. Mais imbu des antiques traditions d'honneur et de délicatesse encore subsistantes à cette époque dans le barreau de Paris, l'illustre avocat repoussa toutes ses sollicitations. Elle dut alors se rabattre sur les notabilités d'un rang inférieur. Là, pour son argent, elle était sûre de trouver autant de défenseurs qu'elle voudrait : elle ne pouvait manquer d'être servie à souhait par des avocats mercenaires. MM. Lavaux et Lefebvre, sur qui son choix se fixa, prirent en mains la direction de son conseil de défense.

Après s'être concertés avec le Palais-Royal pour une action commune et un appui réciproque, ces avocats ne désemparèrent pas de travailler l'opinion en faveur de leur cliente. La besogne était ardue, même avec le concours et l'assistance que leur prêta la police. Indépendamment des distributeurs et colporteurs ordinaires, des agents du gouvernement, des employés d'administration répandaient à pleines mains dans le public les défenses de la baronne, quand ils ne les portaient pas à domicile[1]. C'est ainsi que Paris fut inondé du factum de M. Marc, que Mme Adélaïde avait jugé « suffisant pour éclairer l'opinion publique. » Ces publications étaient criées à vil prix dans les rues et les carrefours de Paris, quand elles n'étaient pas distribuées gratis. Toutes affichaient la prétention d'édifier le public. Incrédule et railleuse, la multitude n'en fut que plus agressive, plus intempérante dans ses propos. D'autre part, il ne manqua pas d'écrivains pour soutenir la thèse opposée au suicide, et avec d'autant plus d'avantages et de succès, qu'elle avait pour elle la vérité. Des romanciers même s'emparèrent du sujet; et, sous le voile de l'allégorie, d'allusions plus ou moins transparentes, déversèrent à pleines mains le sel et les traits du ridicule, une déconsidération profonde sur Louis-Philippe et sa famille[2].

[1] Documents puisés aux archives de la Préfecture de police sous la Commune de 1871.

[2] Parmi ces productions de circonstance, nous ne citerons que l'*Epicier, histoire fantastique*, de Lepeintre-Desroches. Paris, 1832. 4 vol. in-12. Le roi des Français et la baronne de Feuchères y sont représentés sous des couleurs auxquelles il est impossible de

Rectifiant les dates et les faits, multipliant les citations et les éclaircissements, les publications sérieuses eurent facilement raison de l'échafaudage de mensonges et de calomnies élevé à grands frais par la baronne de Feuchères. Mais opposer ainsi une

se méprendre. Par exemple, au tome I, pag. 179, on trouve le portrait suivant de Louis-Philippe :

« M. Desforêts était éminemment épicier d'âme et de cœur, et il ne faisait cas que de ce qui offrait des résultats pécuniaires. Tout pour lui, dans le monde physique et moral, se résumait à ceci : « Y a-t-il à gagner ou à perdre dans cette affaire ? » Quelques-uns ont assuré même que, contrairement à l'usage des gens opulents, il n'avait voulu avoir beaucoup d'enfants que par calcul. Selon lui, les enfants sont les piliers d'un grand édifice, et s'entre-soutiennent les uns les autres.

» Pour la partie sensitive de son être, on n'a jamais bien su à quoi s'en tenir. Il était si prudent, si négatif, qu'il évitait toujours de se mettre dans des cas où il eût été obligé de laisser paraître de la passion ou des émotions. Quant à l'exaltation, il en avait autant d'horreur que de l'astronomie et de la prodigalité. Il se mettait rarement en colère : il savait s'arranger de manière à ne pas refuser ou à refuser plausiblement : il possédait à souhait le masque de la cordialité franche et d'une bonhomie sans pareille à l'égard de tout le monde, mais surtout de ceux qu'il ménageait, en les haïssant, et qu'il caressait, quand il aurait voulu les voir au diable. Dépourvu d'élévation d'esprit et de noblesse de caractère, sans élégance ni délicatesse dans les goûts, avec la trempe d'un marchand et l'extérieur d'un boutiquier, il ne laissait pas de posséder les parties essentielles du courtisan, la souplesse, la duplicité, le manque de foi et de franchise. »

Au tome IV, pag. 25, l'auteur met dans la bouche du roi l'objurgation suivante :

« Quoi ! vous avez de l'esprit, et vous ne savez pas que l'espèce humaine est faite pour un petit nombre d'hommes adroits, pour les gens habiles et les grands coquins ? Elle va au-devant du joug : elle veut être conduite, opprimée, exploitée comme les bestiaux. Vouloir l'éclairer, c'est s'en faire haïr. »

digue au flot toujours montant de ses impostures, n'était pas une œuvre alors exempte de dangers. Le moindre de tous était d'encourir les vexations de l'administration, les persécutions mesquines du gouvernement, s'employant sourdement pour Mme de Feuchères. Le respectable abbé Pellier, l'ancien aumônier du duc de Bourbon, en fit cruellement l'expérience. Dans un livre substantiel, regorgeant de faits et d'observations, il avait levé les derniers doutes sur l'assassinat du prince de Condé, et vengé sa mémoire de l'odieuse imputation du suicide [1]. Une si noble conduite lui valut sa destitution, sans préjudice d'une autre disgrâce. En butte aux diffamations, aux calomnies, aux outrages de toute espèce des deux avocats de Mme de Feuchères, il se crut en droit, au même titre que les autres citoyens, de demander protection aux tribunaux. Mais à supposer que, lui, prêtre diffamé, lâchement calomnié, il pût obtenir satisfaction et réparation de la justice, c'était bien mal connaître les magistrats de Louis-Philippe. L'abbé Pellier s'était donc décidé à porter plainte en police correctionnelle. Mal lui en prit, car il devait rencontrer au siège du ministère public, comme avocat du roi, le ci-devant conseiller-auditeur Desclozeaux, récemment promu à ce poste en récompense de la part qu'il avait prise à l'arrêt de non-lieu de la Cour royale de Paris. Non content de

[1] *L'assassinat du dernier des Condé, démontré contre la baronne de Feuchères et ses avocats.* Paris, 1832. In-8°.

faire l'apologie d'odieux libelles, cet énergumène de parquet poussa le délire et l'emportement de la passion jusqu'à se livrer à de perfides insinuations contre un ecclésiastique de tout point honorable : il en vint à mettre en suspicion sa sincérité, élevant même des doutes sur la véracité de son témoignage! En si beau chemin, il ne devait plus s'arrêter. Épousant publiquement la cause d'une femme perdue de réputation, sans moralité ni pudeur, il osa bien délivrer en plein tribunal un certificat de bonne vie et mœurs à Mme de Feuchères! Pour le coup, c'était plus que de l'exaltation : au Palais, on se demanda s'il n'y avait pas chez ce substitut un état mental particulier! Il sortit de l'audience honni, couvert de ridicule. — Éternelle aberration des hommes de parquet, contre laquelle, à toutes les époques, publicistes et historiens ont élevé des protestations aussi multipliées qu'impuissantes! — « L'organe du ministère public, a dit l'un des plus autorisés [1], n'est pas l'homme du gouvernement, mais de la loi; et cependant les fastes de la magistrature n'offrent que de rares exemples de cette courageuse indépendance. Les procureurs et avocats du roi près les cours souveraines et les tribunaux inférieurs n'ont que trop souvent méconnu le caractère de leurs fonctions : constitués régulateurs du pouvoir, ils se sont considérés comme ses seuls instruments. » —

Un autre substitut de ce même Tribunal de la

[1] Dufey, *Hist. des Parlements*, tome II, pag. 284.

Seine allait heureusement fournir un contraste consolant : c'était M. Gustave de Beaumont, le même qui, plus tard, devait occuper une place si distinguée à la Chambre des députés. Par l'effet du roulement annuel, il se trouvait alors attaché à la chambre à laquelle était dévolue la connaissance du procès civil. M. Gustave de Beaumont était donc désigné par le sort pour donner ses conclusions dans l'instance en suggestion et captation de testament, et, à ce titre, il avait entre les mains le dossier de l'affaire. Le parquet de Louis-Philippe, grand écumeur de dossiers, avait pourtant omis de distraire de celui-là deux pièces malencontreuses qui jetaient le jour le plus fâcheux sur les antécédents de la baronne et sur ses relations intimes avec la famille d'Orléans. Le Palais-Royal en avait pris un juste sujet d'inquiétude. Comment expliquer cet oubli, avoir raison d'une pareille négligence? M. Persil avait bien chapitré le procureur du roi Desmortiers : mais à laver la tête à ce subalterne, il n'avait gagné que de gâter un peu plus son affaire ! Sans autre préliminaire, il requit de M. Gustave de Beaumont la remise des pièces en question. A obtempérer à l'injonction, le substitut se faisait, à coup sûr, complice de leur anéantissement. M. Gustave de Beaumont opposa au procureur général un refus inflexible. Les instances aussi bien que les menaces de M. Persil s'émoussèrent contre la fermeté inébranlable du magistrat, indéfectiblement attaché à ses devoirs. Force fut d'aviser d'une autre manière. Le parquet se concerta avec le gouvernement. N'osant pas destituer purement et simplement M. Gustave de Beaumont, en raison de sa clientèle politique et de ses puissantes alliances de famille, Louis-Philippe imagina de l'envoyer aux États-Unis, sous couleur de mission extraordinaire. Ce substitut ainsi évincé, les documents compromettants disparurent [1]. M. Gustave de Beaumont fut remplacé par un avocat du roi plus maniable, à l'échine courbée et souple, aux opinions de commande. Ce fut M. Didelot, robin fort ignorant [2], mais magistrat bon à tout faire. Il ne démentit point l'espoir qu'on avait fondé en lui. Merveilleusement flexible aux volontés du roi, il surpassa même l'attente!

1 « M. Gustave de Beaumont, substitut du procureur du roi près le Tribunal de première instance de la Seine, avait dans son dossier relatif au procès intenté au sujet du testament de S. A. R. monseigneur le duc de Bourbon, deux pièces qui donnaient de l'inquiétude aux adversaires de MM. les princes de Rohan-Guéménée. On tenta quelques démarches pour l'amener à s'en dessaisir. Mais ces efforts furent vains auprès d'un magistrat trop profondément pénétré du sentiment de ses devoirs pour y manquer aussi gravement. On imagina alors de l'envoyer aux États-Unis, sous le prétexte d'y aller étudier le système pénitencier des prisons. Après son départ, les pièces compromettantes disparurent du dossier, lequel dans ce nouvel état plus favorable fut remis à un autre magistrat. » (*Notice historique sur la vie et la mort de S. A. R. Mgr le duc de Bourbon*, par le comte A.-S. de Villemur, p. 118.)

2 Le même qui, plus tard, lors de son installation comme procureur général à Caen, adressa ses félicitations à cette ville pour avoir « *donné le jour au vertueux Malesherbes!* » (Voy. *introd.* pag. XXXIX.)

M. Faucher [1], autre magistrat de parquet, moins solidement apparenté que M. Gustave de Beaumont, fut aussi moins heureux. Ce procureur du roi près le Tribunal civil de Senlis apprit à ses dépens ce qu'il en coûtait à faire preuve d'indépendance sous Louis-Philippe, quand on n'était pas en position de se faire craindre. Ce fut encore un contre-coup de la tragédie de Saint-Leu, toujours destinée à porter malheur! Pourtant, à la distance où l'on était de l'événement, il semble que le sangfroid et la réflexion eussent dû avoir eu le temps de pénétrer dans les conseils de Louis-Philippe. — Au mois de mai 1835, à l'occasion d'une affaire soumise au Tribunal de Senlis, le ministère public avait à se prononcer sur la valeur d'un certificat délivré par le docteur Marjolin, dans la cause criminelle du baron de Pontalba, inculpé de tentative d'assassinat sur la personne de sa belle-fille. M. Marjolin, dans la circonstance, avait montré ni plus ni moins la même complaisance que dans l'enquête relative à l'assassinat du duc de Bourbon : son attestation était tout aussi peu digne de créance. Le rapprochement s'imposait : tant il était frappant! M. Faucher avait donc le devoir de faire remarquer au tribunal à quel point le certificat de ce médecin était dénué d'autorité. Rappelant à ce propos la condescendance dont M. Marjolin avait précédemment fait

[1] Parent des deux frères jumeaux de ce nom, nés à la Réole en 1760, et condamnés à mort en 1815, sous le règne de Louis XVIII.

preuve dans l'affaire du duc de Bourbon, et le rôle joué dans l'instruction criminelle par les praticiens de Louis-Philippe, il avait terminé par ces paroles, qui, dans la localité, exprimaient le sentiment général : « Eh bien, malgré tout notre respect pour la chose jugée, et quelle que soit la cause obscure et mystérieuse de ce fatal événement, nous croyons devoir dire ici, messieurs, qu'il n'est pas un de nous qui croie au suicide du prince de Condé [1]. » Aussi bien, à Senlis, à proximité du théâtre de la catastrophe, on savait de reste à quoi s'en tenir sur la fable du suicide. Cette voix grave et autorisée avait retenti comme un coup de tonnerre, d'autant qu'elle était le cri de la conscience d'un magistrat universellement estimé, dépendant par fonction mais indépendant par caractère, espèce alors à peu près disparue du champ judiciaire que moissonnait Louis-Philippe. La chancellerie intima au procureur du roi l'ordre de se rétracter. Sur son refus, il fut brutalement révoqué.

M. Faucher, magistrat de la bonne école, était aimé dans son arrondissement : sa droiture, la sûreté de son commerce, la simplicité de ses habitudes, lui avaient concilié la sympathie générale. Ce fut, dans le pays, un déchaînement universel contre le pouvoir. A son départ de Senlis, la population tout entière prodigua au magistrat

[1] *Causes célèbres*, tome XIV, page 26; *Gazette des Tribunaux*, du 3 juin 1835.

destitué les témoignages les plus expressifs de regret : il eut même beaucoup de peine à l'empêcher de lui faire cortège. Voilà à quoi aboutissait l'impolitique éclat du gouvernement! Mais au département de la justice, il soufflait alors comme un vent de folie. Désemparant des régions calmes et sereines de la raison, le pouvoir était descendu dans l'arène des passions, et n'y combattait plus qu'avec maladresse, à armes inégales. Lui aussi entassait Pélion sur Ossa, fautes sur fautes, bévues sur bévues. Antérieurement il n'avait été ni moins aveugle, ni moins étourneau, à l'égard d'un vieux royaliste habitué à proclamer avec hardiesse les vérités les plus périlleuses. C'était le comte de Kergorlay [1], frappé d'une condamnation judiciaire pour avoir révélé dans un écrit véhément des particularités venues à sa connaissance touchant la mort violente du prince de Condé. Comme toujours, le plus sensible dommage avait été pour Louis-Philippe, qui, derechef mis en jeu, y avait trouvé un nouveau et scandaleux retentissement de la catastrophe de Saint-Leu. Il y avait même personnellement reçu force horions désagréables, au sujet de « son oncle bien-aimé et bien pendu, » pour emprunter ici le langage incisif de l'avocat de M. de

1 Le même qui, en 1815, avait écrit sur le registre ouvert dans sa commune pour l'acceptation ou le rejet de l'Acte additionnel : « Puisqu'il faut pour nous gouverner un homme qui monte à cheval, je vote pour Franconi. »

Kergorlay, en verve de malignité dans la cause, lâchant la bride à son humeur caustique à l'audience!

Par contre, les faveurs du gouvernement pleuvaient et n'allaient pas discontinuer de pleuvoir sur tous ceux qui s'étaient conduits et continueraient de se conduire d'une façon correcte, c'est-à-dire au gré de ses désirs. On a vu M. Desclozeaux, conseiller-auditeur, passer substitut du procureur du roi à Paris[1]. L'avancement des magistrats de Pontoise, qui avaient mené la première information judiciaire et mis à couvert Mme de Feuchères, fut prompt et significatif. M. Roussigné, procureur du roi, avait été nommé juge d'instruction à Paris[2]. M. de Boisbrunet, juge d'instruction, fut promu président de son tribunal, et M. Vinet, juge-auditeur, passa substitut à Mantes[3]. La rémunération des magistrats de la Cour royale de Paris ne fut ni moins éclatante ni moins rapide : elle eut même cela de particulier, que, pour chacun d'eux, elle s'étendit à presque tous les membres de la famille! M. Brière-Valigny, par exemple, obtint un siège à la Cour de cassation et un avancement exceptionnel pour M. de Royer, son gendre. C'est ainsi que, sous Louis-Philippe, ce qu'on nomme vulgairement la famille judiciaire allait plus que

[1] *Ordon.* du Roi, du 28 sept. 1830.
[2] *Ibid.*
[3] *Ordon.* du 1er sept., insérée au *Moniteur* du 2.

jamais devenir une caste dans l'État, infatuée de son rang et de son importance, insupportable à tous par sa morgue et sa hauteur ! Dans le monde judiciaire, l'immoralité allait couler à pleins bords [1], la prévarication s'épanouir, tenir même le haut du pavé, grâce à l'impunité assurée aux déportements et aux excès des magistrats. On ne comptera bientôt plus les affaires ténébreusement enterrées, les scandales étouffés dans le silence, du fait de l'omnipotence des parquets et de leur pratique renforcée d'intimidation. Avec l'habitude du huis-clos, les magistrats arrangeront les choses en secret et en famille. Objet de la risée universelle en France et à l'étranger, la judicature de Louis-Philippe va s'abîmer avec lui dans un commun mépris !

Par son testament, le duc de Bourbon avait expressément formulé le vœu d'être enterré à Vincennes, près du duc d'Enghien, son infortuné fils. Sans égard pour ce désir, on lui donna la sépulture à Saint-Denis. Ses autres volontés ne furent pas mieux respectées. Une de ses dispositions testamentaires portait affectation du château d'Écouen à l'établissement d'une école hospitalière pour les orphelins des armées de Condé et de la Vendée. Mme de Feuchères était même spécialement chargée de cette clause : c'était elle qui devait présider à l'organisation de la maison. Une rente de cent mille

[1] Voy, *introd.*, pag. XII.

francs, à prélever sur la succession, était en même temps destinée à subvenir à l'entretien de cette fondation. Mais il fallait l'agrément du Roi pour que ce legs fût valable. Aussi, le 22 février 1831, envoyant la baronne en possession de tous les legs particuliers faits à son profit dans les testaments de 1824 et de 1829, le Tribunal de la Seine crut-il devoir surseoir à l'exécution du legs d'Écouen. Le Conseil d'État avait à fournir son avis au préalable. A sa composition actuelle, l'issue n'était pas douteuse. Ce résidu de valets ne manqua point d'opiner pour le refus d'autorisation [1]. Une ordonnance du Roi, du 12 juil-

[1] Avis du 28 juin 1833. — A cette occasion, le journal *la Mode* publia l'article suivant (n° de juillet 1833) :

« Personne n'ignore avec quel respect on accueillait en 1828, au Palais-Royal, le legs pieux du duc de Bourbon. A l'époque où l'on convoitait cette riche proie, on rendait hautement hommage à la noble pensée qui avait créé une dotation pour les enfants de la Vendée et de l'émigration. Mais depuis la révolution de Juillet, Louis-Philippe a réfléchi que l'exécution de cette volonté pouvait être éludée, et le comité de l'intérieur de son Conseil d'État a été chargé de débarrasser la fortune de M. le duc d'Aumale de cette redevance contre-révolutionnaire. MM. les conseillers d'État, avec cette indépendance qu'on leur connaît, viennent de décider, sous la présidenee de M. Barthe, que le legs du duc de Bourbon était immoral. Ils ont vu, dans une aumône faite à la fidélité, des *semences de discorde civile* ; dans un témoignage donné au dévouement, *des souvenirs dangereux* ! La valetaille du Conseil d'État a poussé la lâcheté et le servilisme jusqu'à flétrir d'épithètes injurieuses la mémoire du vieux général des armées de l'émigration. Aujourd'hui ce monument d'ingratitude et d'impiété n'attend plus que la signature de Louis-Philippe, et alors la fortune du duc d'Aumale sera augmentée de cent mille livres de rente. Le jeune prince ressaisira ce lambeau de l'héritage de Condé, qui allait lui

let 1833, homologua cette décision[1]. Louis-Philippe s'y donnait hypocritement les apparences d'un chef d'État subissant une pénible contrainte! Personne ne fut la dupe de ses prétendus scrupules constitutionnels. Les honnêtes gens qui prennent les choses à cœur s'indignèrent de ce manège. Ce n'était, en effet, rien de moins qu'une odieuse spoliation effrontément pratiquée sous le couvert et avec la complicité d'un corps de l'État. En mettant au grand jour le rôle abusif du Conseil d'État, elle attestait une fois de plus le vice de l'institution, comme rouage d'administration et de gouvernement. C'était donc à bon droit que Labbey de Pompières l'avait proclamé à la tribune de la Chambre des députés, dans la session de 1828 : « Le Conseil d'État n'est qu'une violation de la justice civile! »

Antérieurement, Mme de Feuchères s'était pourvue en appel contre le jugement du Tribunal de la Seine qui avait rejeté sa demande en délivrance du legs d'Écouen. Mais elle fut déboutée par arrêt de la Cour royale de Paris, du 16 juillet 1833, lequel confirma le jugement. Au nom de Louis-Philippe, devant la Cour de Paris comme devant le Conseil d'Etat, on avait particulièrement insisté sur ce motif, qu'un

échapper. Deux millions rentreront dans l'escarcelle du fils de Louis-Philippe ; et cette aubaine ne lui aura coûté que la honte d'une insulte faite à son bienfaiteur. »

[1] Voir une lettre de Mme de Feuchères, où elle proteste contre l'avis du Conseil d'État. (*Gazette des Tribunaux*, du 18 juillet 1833.)

pareil établissement était une insulte à la révolution de 1830, et encore sur la nécessité d'effacer les distinctions et classifications de partis! Cependant l'âpreté du Roi n'avait pas laissé de faire scandale; et, sous le coup de la réprobation générale qui éclatait dans les manifestations du public révolté, l'avocat du duc d'Aumale s'était vu en quelque sorte obligé de prendre certains engagements, lesquels sont encore à tenir [1]! Les avocats de la baronne ne manquèrent pas de profiter de la circonstance, en donnant le beau rôle à leur cliente, par opposition et contraste avec les administrateurs du legs universel du duc d'Aumale, qu'ils vilipendèrent de leur mieux. A tels litiges, aux traits et couleurs qu'ils comportaient, on comprend de reste que la bonne harmonie dût être déjà fort troublée entre les ci-devant associés Louis-Philippe et Mme de Feuchères. De fait, les relations de la baronne avec la famille d'Orléans avaient commencé par se ressentir d'une réserve qui n'avait plus rien d'amical. L'affaire du legs d'Écouen

[1] « Je puis assurer une chose, c'est qu'on ne méconnaîtra jamais, pour M. le duc d'Aumale, ce que prescrivent l'honneur et la délicatesse; et si jamais on pouvait l'oublier, le premier usage que le jeune Prince ferait de sa volonté serait de s'en souvenir et d'y conformer ses actes. » (Plaidoirie de Me Philippe Dupin pour le duc d'Aumale contre Mme de Feuchères. Cour royale de Paris, audience du 9 juillet 1833 — Voir *Gazette des Tribunaux*, du 10 juillet.)

Nous venons de dire que l'engagement reste toujours à tenir: c'est une dette d'honneur, qui n'est pas et ne sera probablement jamais acquittée.

et ses suites changèrent la froideur en rupture déclarée[1].

Au surplus, dans la liquidation des dettes de l'immense héritage des Condé, les administrateurs de Louis-Philippe avaient apporté des procédés rigoureux, on peut même dire impitoyables. Leur action s'était signalée par des faits d'une extrême dureté, par des traits d'avarice sordide, par toute une série d'actes mesquins, sinon odieux. Le jeune

[1] « De l'immense fortune qu'il léguait à la branche d'Orléans, le prince de Condé avait seulement distrait une somme de cent mille francs de rente, ainsi que son beau château d'Écouen, dont il disposait en faveur de la fondation d'une école où devaient être élevés, selon ses pieuses expressions, « dans l'amour de Dieu, du Roi et de la France, les fils de ses anciens frères d'armes. »

» Ce legs particulier, qui aurait dû être sacré pour le filleul de l'illustre testateur, fut déféré comme d'abus au Conseil d'Etat, lequel le déclara nul et caduc, comme immoral. Le résultat de ceci, c'est que le château d'Écouen et les cent mille livres de rente furent réunis avec le reste de la succession dans les mains du fils de Louis-Philippe.

» Il ne nous convient en aucune façon d'examiner ici au point de vue, soit du droit ordinaire, soit du vieux droit politique français, la mesure qui a récemment frappé les biens de la famille d'Orléans. Toutefois, nous croyons que le décret du Président de la République, agissant dans la plénitude de son pouvoir dictatorial, aurait pu contenir, en ce qui concerne les biens personnels de M. le duc d'Aumale, une disposition particulière qui aurait, à notre avis, été tout à la fois un acte de stricte justice, de haute réparation politique et de moralité publique. Cette disposition particulière aurait eu pour objet de déclarer nulle et non avenue la sentence sus-relatée, et de réhabiliter le legs du prince de Condé en faveur des fils de ses anciens frères d'armes, en lui restituant son plein et entier effet.

» Une pareille disposition n'aurait-elle pas, en effet, présenté

duc d'Aumale, on le conçoit, y était resté personnellement étranger [1]. Ainsi les vieux serviteurs du duc de Bourbon avaient été congédiés du jour au lendemain, comme autant de bouches inutiles, surtout ceux qui, tels que Poulain et Guy, refusaient de croire à la mort volontaire de leur maître. Les menues dettes de cette opulente succession étaient discutées sou à sou, comme les pauvres débris d'un patrimoine obéré, accepté seulement sous bénéfice d'inventaire! On fit rendre à de pauvres palefreniers jusqu'au dernier torchon qui leur était fourni par la lingerie du Prince. Toutes les nippes et défroques du duc de Bourbon, depuis sa bonbonnière jusqu'à

le triple caractère que nous venons d'indiquer? D'abord, elle aurait été une satisfaction donnée au droit le plus strict et le plus rigoureux, en substituant les héritiers légitimes au spoliateur; en second lieu, elle aurait réalisé une haute réparation politique, en ce sens qu'elle aurait solennellement fait justice d'une décision dictée par le plus étroit et le plus cupide esprit de parti. Enfin, elle aurait vengé la moralité publique qu'on a pu invoquer avec tant de cynisme, alors qu'on la violait si profondément.

» L'usurpation de 1830 a fait à son profit un acte de socialisme flagrant, en s'appropriant, sous le couvert d'une sentence légale, une chose dont le légitime propriétaire avait régulièrement disposé dans l'exercice de sa libre volonté. Le gouvernement du 2 décembre, qui paraît s'être donné pour mission d'en finir avec la révolution et les révolutionnaires, aurait, à notre avis, fait un acte éminemment conservateur et réparateur, en réintégrant les véritables ayants droit dans un legs dont ils ont été littéralement dépouillés par une cupidité à laquelle ne suffisait pas un héritage de 83 millions! » (*La Faction orléaniste*, par Alexandre Remy, pag. 159.)

[1] Né le 16 janvier 1822, le duc d'Aumale avait 8 ans en 1830.

sa seringue, furent exposées avant la vente. Chemises, caleçons, bretelles, pantoufles, tout ce qui lui avait servi fut mis aux enchères, après avoir passé au préalable sous les regards étonnés du public acheteur[1] !

Dès le mois de décembre 1830, à la requête du Palais-Royal, un ordre d'expulsion avait été signifié à toutes les personnes qui n'étaient pas attachées à la maison du duc d'Aumale. Cet ordre inhumain ne comportait pas d'exception. Le docteur Guérin, vieillard de quatre-vingts ans qui avait prodigué ses soins aux trois derniers Condé, reçut de la sorte congé. Il fallait que le Palais-Bourbon fût libre au 1er janvier suivant ! Plusieurs n'attendirent pas ce terme et préférèrent déguerpir sur-le-champ. Notifié par une circulaire de M. de Surval, exécuteur testamentaire du duc de Bourbon, le premier ordre d'évacuation avait manqué son effet. Il fut renouvelé sans plus de succès. Aussi bien, sans emploi, sans ressources, comment, au cœur de l'hiver, la plupart des pauvres serviteurs du Prince auraient-ils pu se procurer un gîte? M. Borel de Brétizel, président du conseil d'administration des biens du duc d'Aumale, se montrait pourtant intraitable. Il ne parlait de rien de moins, que d'employer la force à l'égard des

[1] Nous n'avons aucun goût pour la charge et la caricature en histoire. Si donc nous donnons ces détails, c'est qu'ils nous semblent édifiants, caractéristiques. Quant à leur réalité, elle est garantie par des témoignages oculaires.

récalcitrants ou retardataires, pour les faire sortir! Sur les représentations de M. de Surval, on consentit à en référer à Louis-Philippe. Le père du duc d'Aumale avait déjà égrené pas mal de fleurons de sa fleur de popularité : il ne jugea pas à propos d'en perdre davantage. Il recula donc devant la mesure de rigueur projetée. Ces pauvres gens restèrent.

Ainsi achevait de s'accomplir cette funeste transmission d'héritage, accompagnée des malédictions de tous les malheureux que l'inépuisable bienfaisance du duc de Bourbon sustentait. Les vilenies de la maison d'Orléans l'avaient rendue en peu de temps aussi haïssable que Mme de Feuchères. On a vu cette dernière, le 29 août, quitter de grand matin le château de Saint-Leu, où elle ne fût point demeurée à l'abri des insultes. C'était à présent le tour de Louis-Philippe et de sa famille. A Saint-Leu et à Chantilly, leurs noms n'étaient pas plus en honneur que leurs personnes. Au reste, dans ces localités, ils ne devaient plus guère discontinuer de se déconsidérer par une incroyable lésine[1].

[1] A la fin d'octobre 1842, on vit une immense affiche jaune collée à tous les coins de rue de Chantilly, et conçue en ces termes :

« ADMINISTRATION DES FORÊTS
de Son Altesse Royale le duc d'Aumale.
Inspection de Chantilly.

A VENDRE,
par adjudication,
par le ministère de Me Caron, notaire de Son Altesse Royale, à

A quelque temps de là, un esclandre imprévu rendit publiquement témoignage de leur impopularité, de l'hostilité de la population à leur égard. Le château de Saint-Leu rappelait à Mlle d'Orléans d'ineffables souvenirs d'enfance. Mme de Feuchères ayant décidé qu'il serait rasé[1], la sœur de Louis-

Chantilly et en son étude, le jeudi 3 novembre prochain, à midi,

LES GLANDS

de la récolte de l'année 1842, dans les forêts de Son Altesse Royale, savoir : (suit le détail des lots de la glandée). »

Préalablement à cette étrange adjudication, des perquisitions avaient été ordonnées au domicile d'indigents de la commune, à l'effet de rechercher et de leur faire rendre les glands qu'ils avaient pu ramasser au préjudice de l'héritier du prince de Condé.

Le jour de la vente, mus par un sentiment de dignité naturelle, les habitants de Chantilly refusèrent de s'associer à ce mesquin brocantage. Les mises à prix ne furent pas couvertes, et peu s'en fallut que l'administration du duc d'Aumale ne fût réduite à consommer elle-même sa marchandise ! — « C'était, dirent les mauvais plaisants, la malveillance publique qui lui jouait ce tour *sans glands !* »

A une nouvelle adjudication, un sportman qui tenait déjà du duc d'Aumale un moulin à bail, M. Fasquel, sauva le prince d'une nouvelle mortification, en se portant enchérisseur de ses trois mille cinq cent douze hectolitres de glands !

[1] Le domaine de Saint-Leu, et même celui de Boissy, étaient la propriété de Mme de Feuchères, aux termes du testament de 1824, dont les dispositions avaient été renouvelées dans le testament olographe du 30 août 1829.

Le journal *la Mode* (n° du 17 août 1833, page 151), en annonçant le lotissement du domaine de Saint-Leu, terminait son article en ces termes :

« Cette bonne dame (la baronne de Feuchères) a mis le dernier manoir du duc de Bourbon à la portée de toutes les bourses. Allez frapper à sa porte, son portier vous délivrera un *laissez-*

Philippe voulut le visiter une dernière fois. Dans ce but, elle s'était rendue à Saint-Leu en compagnie de l'aide de camp Athalin. Reconnue et entourée par les habitants, elle fut injurieusement apostrophée à l'appellation de *sac à vin*, par allusion à une faiblesse qu'on lui imputait. Ce fut effectivement sa

passer, au nom de Mme la baronne de Feuchères, pour visiter Saint-Leu. On donne à qui en veut. Seulement on a pris la précaution de faire quelques petits changements aux distributions intérieures. Vous n'y trouverez plus l'escalier dérobé par où passait Mme de Feuchères et qui a servi à introduire les assassins: on l'a démoli. La porte qui communiquait dans la chambre du Prince, est devenue une croisée, et l'*innocente* espagnolette a disparu. Il ne reste plus de vestiges de la mort du Prince: il ne reste que son héritage, qu'on va vendre en présence des vieux serviteurs de la maison de Condé. »

Le 25 novembre 1842, le même journal *la Mode* ouvrit une souscription publique pour l'érection d'un monument à Saint-Leu, sur l'emplacement même où le duc de Bourbon avait été trouvé mort, le 27 août 1830. Elle produisit 40,000 francs. Le monument se trouve au nord du village. Son inauguration eut lieu le 27 juin 1844.

A l'aliénation en détail du domaine de Saint-Leu ne devaient pas s'arrêter les bouleversements dans la contrée. Plus tard, en 1842, les maires des communes avoisinant Montmorency, au nombre de dix-huit, présentèrent requête à Louis-Philippe pour qu'il se rendît acquéreur de la forêt, menacée de défrichement. Voici la lettre qu'ils reçurent en réponse:

« Saint-Cloud, le 20 novembre 1842.

» Messieurs les maires de Montmorency, de Margency, de Montlignon, d'Andilly, de Saint-Prix, de Saint-Leu, de Taverny, d'Ermont, du Plessis-Bouchard, d'Eaubonne, de Bazancourt, de Frépillon, de Béthemont, de Chauvry, de Baillet, de Bouffemont, de Deuil et de Groslay.

» Le Roi a lu avec beaucoup de sollicitude la lettre que vous lui avez adressée. Les noms de vos communes sont aussi présentes

dernière visite à ce berceau de ses jeunes années. Le marteau et la pioche des démolisseurs allaient

à la mémoire de Sa Majesté, que ces lieux qu'elle a tant de fois visités dans les premières années de sa jeunesse, si heureusement écoulées, lorsqu'elle habitait vos cantons. Aussi le Roi a déjà éprouvé un regret bien vif de n'avoir pu empêcher la destruction du château de Saint-Leu, où il avait été élevé, et où il se fût retrouvé avec tant de bonheur, entouré de ces témoignages d'affection et d'attachement que les bons habitants de vos belles contrées lui ont tant de fois renouvelés.

» Le Roi voudrait qu'il fût en son pouvoir d'accéder au vœu que vous lui exprimez. Il serait heureux, en faisant l'acquisition de la forêt de Montmorency, de la préserver des atteintes que vous redoutez pour elle. Mais malheureusement, messieurs, les charges énormes qui pèsent sur le Roi et les dettes qu'elles l'ont forcé de contracter rendent l'accomplissement de ce vœu impossible. C'est ce dont Sa Majesté m'a chargé de vous informer, en vous réitérant l'expression de ses regrets.

» Agréez, messieurs, l'assurance de ma considération la plus distinguée.

» Le secrétaire du cabinet,
» Baron Fain. »

Mais, par une coïncidence remarquable, en même temps qu'elle alléguait des charges énormes et se plaignait d'être accablée de dettes, la liste civile faisait l'acquisition de la terre de Carhaix, aux confins de la Vendée, au prix de un million cinq cent mille francs! Le public en conclut que, si elle n'avait pas d'argent pour faire une acquisition utile à dix-huit communes, elle en trouvait pour faire une acquisition politique, et pour devenir propriétaire d'un domaine que l'on considérait comme une porte ouverte sur la Vendée.

Quant aux « charges énormes qui pèsent sur le Roi et les dettes qu'elles l'ont forcé de contracter », le passage suivant de *la Mode* (fév. 1840, p. 247) en fait connaître l'origine et la nature :

« Dès que le crime de Saint-Leu eut mis M. le duc d'Aumale en possession de son déplorable héritage, les habiles calculateurs de la liste civile décidèrent, dans leur sagesse, qu'aucune des dettes et des charges de la succession ne serait acquittée des

bientôt effacer tout vestige de cette résidence, qu'elle ne devait plus revoir!

Un autre souvenir, mais d'un genre différent, devait aussi en rester à son frère. On se rappelle les terreurs qui, durant quinze jours, avaient assailli Mme de Feuchères au Palais-Bourbon. Pour être moins immédiate et seulement rétrospective, l'impression reçue par Louis-Philippe de la tragédie de Saint-Leu n'allait pas moins durer autant que son existence. L'image du duc de Bourbon assailli pendant son sommeil, immolé sans défense, se grava profondément dans son esprit, au point de n'en plus sortir. Bien des années après la catastrophe, le Roi n'en parlait encore qu'avec effroi. Et c'est à sa suite qu'il

deniers de la famille. Chacun comprendra fort bien cet acte de prudence. La couronne de Juillet n'était alors rien moins qu'affermie sur la tête de Sa Majesté Louis-Philippe. On devait s'attendre à de nouveaux bouleversements, peut-être même à une autre révolution; et, dans ces prévisions fâcheuses, il ne fallait pas s'exposer à payer de sa poche les charges d'une succession que l'on pouvait perdre tout aussi lestement qu'on l'avait recueillie. Aussi que firent les gens de la liste civile, au nom de M. le duc d'Aumale? Ils se firent donner d'abord un délai à long terme pour acquitter les droits de succession, puis ils empruntèrent à gauche et à droite les sommes nécessaires pour acquitter les dettes les plus urgentes, donnant toujours hypothèque sur les biens du prince de Condé. Un grand nombre de fournisseurs et d'ouvriers ne purent même obtenir d'être payés avec cet argent d'emprunt. On consentit à ceux-là des obligations remboursables dans cinq ou six ans, avec l'inévitable hypothèque sur les biens de la succession, si bien que nous nous rappelons avoir vu un malheureux serrurier de Chantilly qui se plaignait d'avoir été renvoyé à l'année 1838 pour le payement d'un mémoire de 1,500 francs! »

adopta pour lui-même une précaution qui devait demeurer heureusement inutile. Désormais il ne voulut plus reposer la nuit, aux Tuileries ou ailleurs, sans une lumière et des armes à son chevet [1]. Témoignage à coup sûr significatif, surtout si l'on réfléchit à l'intrépidité et au sang-froid qui, de tout temps, caractérisèrent Louis-Philippe!

Du lugubre drame de Saint-Leu, il nous reste à dégager la moralité, à tirer l'enseignement, objet essentiel de l'histoire. Aussi bien ses leçons ne doivent pas être perdues, quoiqu'on en profite rarement. Mais auparavant nous devons faire quelques observations touchant les récits de nos devanciers. Les précédents historiens n'ont pas eu de peine à formuler l'assassinat, mais sans avoir en mains les moyens de justifier leur sentiment, d'établir leur croyance sur des fondements inébranlables. M. Nettement, le plus explicite de tous, est aussi celui qui, pour le fond des choses, s'est le plus approché de la vérité. Avec une rare perspicacité, guidé presque uniquement par les lumières de son intelligence, il a soulevé un coin du voile qu'un concours providentiel de circonstances nous a permis de déchirer. Du

[1] « Le Roi et la Reine reposent toujours dans un même lit, qui est presque aussi large que long, mais garni de deux parties différentes. Une moitié contient un seul sommier de crin, et l'autre d'excellents matelas et lit de plumes : ce côté est pour la Reine. Il y a toujours de la lumière dans la chambre de LL. MM. et deux pistolets sur la table de nuit, près du Roi. » (*Dix ans à la cour du roi Louis-Philippe*, par B. Appert, t. III, p. 302).

même coup, il a en partie devancé le jugement de la postérité, et fait à deux des principaux acteurs du drame de Saint-Leu leur part de responsabilité équitable. M. Nettement n'a erré que sur des points qu'en l'absence de documents positifs il lui était bien impossible d'élucider. Erroné à certains égards, son jugement n'en demeure pas moins très remarquable. Nous croyons à propos de le reproduire ici dans son intégralité, ne fût-ce que pour rectifier l'estimable historien là où il s'est trompé.

« Nous estimons, dit M. Nettement, que l'histoire a le droit de conclure que le duc de Bourbon est mort assassiné; que la responsabilité du crime est sur la mémoire de Sophie Dawes, baronne de Feuchères; que la responsabilité de l'impunité de la baronne de Feuchères est sur la conscience de Louis-Philippe d'Orléans, qui a cru avoir intérêt à ce que la femme à qui il devait l'héritage du duc de Bourbon ne montât pas sur l'échafaud.... Rien ne prouve que le duc d'Orléans ait été complice du crime : tout porte à croire qu'il en a désiré l'impunité. Des hommes bien placés pour connaître cette affaire ont assuré que d'abord la baronne de Feuchères ayant su que le duc de Bourbon avait fait un testament, depuis les journées de 1830, en faveur de Henri de France, comte de Chambord, et de Mlle sa sœur, et qu'il devait le remettre à M. de Choulot, s'était décidée au crime pour s'emparer du testament. Maîtresse du testament après la sinistre nuit de Saint-Leu, elle n'avait pas laissé ignorer au duc d'Orléans que, le jour où elle serait en Cour d'assises, le testament serait produit en public. On assure, en outre, que Louis-Philippe avait un motif impérieux pour protéger son ancienne alliée : c'est que la baronne de Feuchères possédait une lettre dans laquelle il lui mandait d'empêcher *à tout prix* le départ du duc de Bourbon pour l'étranger. Sophie Dawes ayant commenté d'une manière sinistre ce mot imprudent *à tout prix*, le duc d'Orléans devait appréhender, dit-on, que la lettre, objet du commentaire meurtrier, ne fût produite à l'audience [1]. »

L'historien a le devoir de ne rien affirmer au-delà de la vérité, ou tout au moins de ce qui lui paraît évident. Sans doute, il peut, il doit même, relever les présomptions qui militent en faveur d'un fait : mais aussi il doit proposer ses doutes, toutes les fois qu'il n'y a pas à ses yeux certitude. Des présomptions, des indices même, si pertinents qu'ils soient, ne constituent pas des preuves, à moins que par leur gravité, leur précision, leur concordance, ils n'atteignent à ce niveau. Nous croyons donc erronée la conjecture de M. Nettement relativement au testament du prince de Condé postérieur à 1830. S'il y a eu un acte révocatoire de sa part, il faut nécessairement admettre qu'il a été anéanti dans la

[1] *Hist. de Louis-Philippe*, par M. A. Nettement, p. 96.

combustion de papiers accomplie par les assassins dans la nuit du 26 au 27 août. Mais alors pourquoi les inquiétudes de Mme de Feuchères? Pourquoi ses recherches actives et celles de ses affidés? Elle ne fut, en effet, rassurée qu'à partir du moment où l'on acquit la certitude que le duc de Bourbon n'avait pas laissé d'autres dispositions testamentaires que celles qu'elle lui avait extorquées.

Nous sommes convaincu que Mme de Feuchères n'a jamais eu en sa possession un testament dont elle pût se faire une arme contre la famille d'Orléans. Mais en soutenant que ce testament n'a jamais existé, nous devons reconnaître aussi que sa confection était imminente, inévitable. Le déplacement du prince de Condé de Saint-Leu ne pouvait manquer d'être fatal à ses premiers légataires. M. de Choulot n'avait été mandé d'urgence dans cette résidence, que pour hâter les derniers arrangements relatifs au départ. Or, indubitablement, le voyage à Chantilly n'était, dans la pensée du duc de Bourbon, que la première étape de sa sortie de France.

Quant à la fameuse missive si inconsidérément adressée à Mme de Feuchères, celle où Louis-Philippe lui recommande d'empêcher *à tout prix* le départ du Prince, elle ne saurait aujourd'hui être révoquée en doute. Des personnes dignes de foi, entre autres le littérateur Auguis, ont attesté que l'original avait passé sous leurs yeux. M. Boullée, l'éminent historien, en a eu communication par M. Nicod, avocat général à la Cour de cassation et député ; et M. Odilon Barrot, l'un des exécuteurs testamentaires de Mme de Feuchères, n'en a jamais nié l'existence. Il y a plus : il a avoué que cette lettre, entre autres, avait été une des raisons qui lui ont fait refuser la correspondance de Mme de Feuchères avec la famille d'Orléans, que la baronne lui avait gracieusement offerte quelque temps avant sa mort[1]. Surabondamment la teneur de la lettre en question se trouve relatée dans la correspondance de Flassans avec le général Lambot, que nous avons sous les yeux. Flassans, qui la vise et la commente, affirme que les avocats de sa tante en reçurent le dépôt, et qu'elle devint ainsi pour elle une cause de sécurité absolue[2]. Il est donc constant que, démunie de cette lettre, partant de la protection intéressée de Louis-Philippe, Mme de Feuchères aurait infailliblement gravi les marches de l'échafaud !

Quant à la recommandation en elle-même, il est clair que Louis-Philippe n'attachait point aux mots

[1] Mme de Feuchères est morte en Angleterre, le 2 janvier 1841, d'une angine ou maladie d'étouffement par la gorge, en proie à son tour aux souffrances qu'elle avait fait endurer au duc de Bourbon. Juste expiation à elle infligée par la Providence ! Le général baron de Feuchères vivait séparé de sa femme depuis 1822. Modèle d'honneur et de délicatesse, il fit donation aux hospices de Paris de l'intégralité de ses droits dans l'héritage de la baronne. (Voir *Moniteur* du 29 juillet 1841).

[2] *Lettre* de Flassans, dans les *Papiers* du général Lambot.

à tout prix la signification meurtrière que leur donna la baronne. Il n'aurait jamais écrit cette lettre s'il avait prévu une pareille interprétation, la façon atroce dont elle traduirait en action des termes qui, à ses yeux, n'avaient pas cette portée. Le Roi avait certainement en vue son arsenal ordinaire d'artifices, ses cajoleries félines, son ascendant dominateur sur le duc de Bourbon. Mais aussi Louis-Philippe, qui connaissait son tempérament fougueux, la violence de ses passions et de son caractère, son audace effrénée, est inexcusable de n'avoir point réfléchi que Mme de Feuchères était femme à se porter à tous les excès. Cette lettre, entre tant d'autres, demeure un exemple mémorable des dangers de la manie épistolographique, ou plutôt de la rage d'écrire, qui, à toutes les époques, posséda Louis-Philippe. Pourtant, il semble que, dès sa jeunesse, il eût dû être bien prémuni contre ce travers par l'illustre Washington, lors de la visite qu'il lui fit dans son voyage en Amérique. — « On ne doit jamais rien écrire que l'on ne puisse laisser imprimer », lui avait dit ce prudent politique [1]. Aphorisme de sagesse pratique, constamment méconnu dans l'usage par Louis-Philippe. Il

[1] C'est à Louis-Philippe lui-même qu'on doit la divulgation de cette particularité de sa jeunesse. Nous la tenons de la propre bouche de M. de Montalembert, à qui le Roi l'avait racontée, lors de la visite d'usage que lui fit le noble pair, après son élection à l'Académie.

aimait néanmoins à rappeler ce conseil, dont il ne fit jamais son profit. Un exemple de plus du désaccord fréquent du langage avec les actes, de la contradiction à relever si souvent entre les maximes professées et la conduite des hommes !

Donc, c'est à la possession de cette trop fameuse lettre, que Mme de Feuchères fut redevable de l'assurance imperturbable, ou plutôt de l'audace qu'elle déploya dans l'instruction criminelle et au cours de ses procès. Tacite en a fait excellemment la remarque, à propos des débordements et des crimes d'une autre femme : *Insontibus innoxia consilia; flagitiis manifestis subsidium ab audacia petendum* [1]; « l'innocence recourt sans danger à la prudence; les forfaits évidents n'ont de refuge que dans l'audace. » Ceux-là donc se sont gravement trompés, qui ont attribué à l'innocence de Mme de Feuchères son incoercible outrecuidance. Dans l'acte souverainement imprudent de Louis-Philippe, elle puisa même un surcroît de morgue et d'arrogance. Le Roi, de son côté, demeura dans d'horribles transes aussi longtemps qu'il fut à la discrétion d'un coup de tête de la baronne. Quant à sa complicité, au sens ordinaire du mot, dans le meurtre du duc de Bourbon, des méchants ou des insensés pourraient seuls aujourd'hui la soutenir. De complicité matérielle, de participation directe, effective, à l'attentat, il n'y en eut d'aucune sorte de sa part. Mais pour ce qui

[1] *Ann.*, XI, XXVI.

est de la responsabilité morale, une juste part revient incontestablement à Louis-Philippe et à sa maison. Il est en effet plus que présumable que, sans les assurances récidivées de protection et de sauvegarde que sa sœur, sa femme et lui prodiguèrent à Mme de Feuchères, jamais elle n'eût conçu la pensée du crime, ou si elle l'eût conçue, jamais elle ne serait allée jusqu'à l'exécution. Mais ainsi encouragée, forte des déclarations solennelles, irrétractables, de la famille d'Orléans, elle se crut en position de tout oser. Du moment qu'on lui octroyait d'avance un brevet d'impunité, avec sa volonté forcenée et sa perversité native, elle ne pouvait manquer de descendre jusqu'au bout la pente, de fournir entièrement la carrière du crime!

Louis-Philippe ainsi témérairement engagé, il y a apparence que, s'il ne perdit pas complètement la tête, du moins il ne crut pas possible de reculer. A tous égards, cela lui était effectivement difficile. Il lui aurait fallu vaincre sa propre nature, maîtriser sa cupidité. Il était malheureusement incapable d'un si héroïque effort. Ne pouvant se résoudre au sacrifice d'un héritage si ardemment convoité, si persévéramment couvé, il ferma volontairement les yeux sur l'abîme où, avec sa considération personnelle et l'honneur de sa maison, allait en même temps, à sa suite, s'effondrer la justice. De son fait et exprès commandement, elle devait en effet se couvrir à jamais d'infamie, en dérobant sciemment des scélérats à l'échafaud! La captation de l'héritage des Condé consommée, l'obligation de soustraire à la Cour d'assises Mme de Feuchères et ses complices allait être la première punition de Louis-Philippe. Bien d'autres châtiments de ce chef lui étaient encore réservés, à lui et à sa famille!

La justice n'est le plus impérieux devoir des gouvernements, que parce qu'elle est le premier besoin des peuples. A l'issue de la procédure criminelle instruite sur l'assassinat du dernier Condé, chacun put aisément prévoir qu'elle serait non pas seulement boiteuse, mais inique, exécrable, sous le règne de Louis-Philippe. A telle monstruosité judiciaire, la nation confondit dans un égal mépris le Roi et son infâme magistrature. De fait, tourbe vénale et dégradée, elle était destinée à ne plus lui marchander aucun service. Un jour viendrait où il faudrait la balayer en masse, assainir ses prétoires arrivés au dernier terme de la putridité morale. — « Les gouvernements, dit Montesquieu [1], ne valent et ne durent que par leur moralité et les services qu'ils rendent; et de tous le plus essentiel, c'est de faire bonne et exacte justice à chacun, parce que ce service-là répond à un besoin impérieux. » Rien que sur ce considérant, la condamnation du règne de Louis-Philippe était juste et pouvait à bon droit être prononcée. Sa magistrature tombera dans un tel discré-

[1] *Discours de rentrée au Parlement de Bordeaux*, 11 nov. 1725.

dit, qu'avec ses forfaitures l'autorité de la chose jugée n'existera bientôt plus en France!

On prête à une bourgeoise de Paris une épigramme mordante, à propos de l'assassinat de Saint-Leu. « Parlez-moi de ces pères de famille : ils sont capables de tout! » — Le trait, s'il a été décoché, n'était que l'avant-coureur du mépris profond et persistant des masses. Le peuple avait acquiescé à l'usurpation de la couronne : son sentiment résista davantage à la spoliation d'une succession. Mais à l'association cupide avec une courtisane de haute volée, son instinct d'honnêteté se révolta tout de bon. Il fut pris de dégoût!

C'était plus qu'il ne fallait pour que, dès ce moment, on pût présager l'avenir à coup sûr, pronostiquer une durée éphémère à l'intronisation nouvelle. C'est qu'on ne fonde point une dynastie sur le mépris universel d'un pays. « Le mépris qui, observe judicieusement le cardinal de Retz, est la maladie la plus dangereuse d'un État, et dont la contagion se répand le plus aisément et le plus promptement du chef dans les membres [1]. » L'animosité des partis politiques n'était donc pas, pour la branche cadette, l'écueil le plus dangereux. En dehors d'individualités isolées, il n'y a pas de nation moins haineuse que la nôtre. En revanche, chez nous le mépris ne s'efface jamais : et c'est là communément la pierre d'achoppement

[1] *Mém.*, édit. Hachette, 1870, t. I, p. 287.

de tous nos gouvernements. Ainsi vicié dans sa base, sapé dans ses fondements, le trône de Louis-Philippe était destiné à crouler, non pas dans la surprise d'une émeute, par l'effet d'un coup de main réussi, comme les gens à courte vue ou les intéressés le disent, mais sous la révolution du mépris!

Qu'ils s'appellent rois ou empereurs, la main de la Providence s'appesantit à son heure sur les potentats aussi bien que sur les simples particuliers. Tous également expient leurs aberrations ou leurs excès. Admirable dans ses décrets, il n'y a qu'à en observer attentivement les effets, dans la succession des temps, pour reconnaître combien équitablement elle dispense la punition à la faute, le châtiment au méfait. Et la peine, même ici-bas, le coupable ne la subit pas seulement de son vivant, mais aussi par delà la tombe. Le point culminant qu'il a occupé, au faîte de la fortune ou des honneurs, ne sert qu'à mettre davantage en vue, en relief, la sanction providentielle. A si saisissant spectacle, il devient impossible de méconnaître ou de nier une vindicte divine. En tenant à couvert les assassins de son oncle, en étouffant tous les sentiments de la nature sous la plus révoltante cupidité, Louis-Philippe avait imprimé une tache indélébile à son nom. Comme suprême expiation, l'impunité du forfait de Saint-Leu devait peser lourdement et à jamais sur sa mémoire!

FIN DU TOME IIIe ET DERNIER.

DOCUMENTS HISTORIQUES

ET

PIÈCES JUSTIFICATIVES

TESTAMENT DU DUC DE BOURBON

« Au nom du Père, du Fils et du Saint-Esprit, je recommande mon âme à Dieu.

» Moi, soussigné, Louis-Henri-Joseph de Bourbon, duc de Bourbon, prince de Condé, etc., etc.

» Je nomme et institue mon petit-neveu et filleul Henri-Eugène-Philippe-Louis d'Orléans, duc d'Aumale, mon légataire universel, voulant qu'à l'époque de mon décès, il hérite de tous les biens et droits mobiliers et immobiliers de quelque nature qu'ils soient que je posséderai à cette époque, pour en jouir en toute propriété, sauf les legs que j'institue par ces présentes ou que je pourrai instituer par la suite.

» A défaut du duc d'Aumale désigné, je nomme et institue pour mon légataire universel le plus jeune des enfants mâles de mon neveu Louis-Philippe d'Orléans.

» Je lègue à la dame Sophie Dawes, baronne de Feuchères,

une somme de deux millions, qui sera payée en espèces aussitôt après mon décès, quitte de tous droits d'enregistrement ou autres frais, qui seront acquittés par ma succession.

» Je lui lègue en toute propriété :

» 1° Mon château et parc de Saint-Leu ;

» 2° Mon château et terre de Boissy, et toutes leurs dépendances ;

» 3° Ma forêt de Montmorency et toutes ses dépendances;

» 4° Mon domaine de Mort-Fontaine, tel qu'il se compose et que je l'ai acheté de Mme de Villeneuve, suivant contrat des 21 et 22 juillet 1827 et 20 août 1829 ;

» 5° Le pavillon occupé par elle et ses gens au Palais-Bourbon, ainsi que ses dépendances ;

» 6° Le mobilier que comprend ce pavillon, ainsi que les chevaux et voitures, affectés au service de ladite dame baronne de Feuchères. Cette dernière mesure est applicable aux officiers de ma maison meublés par moi.

» Les frais d'actes, de mutation, d'enregistrement, et actes généralement quelconques nécessaires pour mettre ladite dame baronne de Feuchères en possession des legs ci-dessus, seront à la charge de ma succession, de telle sorte qu'elle entre en jouissance desdits objets quitte et libre de tous frais pour elle.

» Mon intention est que mon château d'Ecouen soit affecté à un établissement de bienfaisance en faveur des enfants, petits-enfants ou descendants des anciens officiers ou soldats de l'ancienne armée de Condé et de la Vendée.

» Je donne alors ce château et le bois qui en dépend à ladite dame baronne de Feuchères, en la chargeant de fonder l'établissement dont il s'agit, voulant en cela lui donner une nouvelle marque de mon attachement et de ma confiance.

» J'affecte au service des dépenses de cet établissement une somme de cent mille francs, qui sera payée annuellement et à perpétuité par mon petit-neveu le duc d'Aumale, ou par ses représentants. Je m'en rapporte, au surplus, aux soins de madite dame baronne de Feuchères pour que mon intention soit remplie, ainsi que sur le mode d'après lequel cet établissement devra être formé et aux autorisations qu'elle aura à solliciter et à obtenir pour y parvenir.

» Je donne et lègue, à titre de pension, à chacun de mes gentilshommes, secrétaires de mes commandements, membres de mon conseil, officiers, employés ou serviteurs de ma maison qui se trouveront à mon service au moment de mon décès, en telle qualité que ce soit, savoir :

» 1° A ceux qui auront dans ma maison plus de vingt ans de service, la moitié des appointements ou gages dont ils jouiront ;

» 2° A ceux qui auront plus de quinze ans de service, les trois quarts desdits appointements ou gages ;

» 3° A ceux qui auront plus de dix ans de service, la moitié des appointements ou gages ;

» 4° A ceux qui auront plus de cinq ans de service, le quart des appointements ou gages ;

» 5° A ceux qui auront moins de cinq ans de service, et plus de deux ans, une année de leurs appointements ou gages, à titre de gratification une fois payée.

» Entendant qu'ils jouissent de ces pensions cumulativement avec les traitements attachés aux fonctions qu'ils pourront remplir dans la maison de mon petit-neveu le duc d'Aumale.

» Je recommande à mon petit-neveu le duc d'Aumale les officiers et serviteurs de ma maison, lui enjoignant de traiter avec bienveillance tous ceux qui m'ont servi avec zèle et m'ont donné des marques d'un attachement particulier.

» Je prie le Roi d'agréer mon vif désir et ma demande expresse que ma dépouille soit déposée à Vincennes, auprès des restes de mon fils bien-aimé.

» Je nomme pour mon exécuteur testamentaire M. le baron de Surval, et lui donne, conformément à la loi, la saisine pour assurer l'exécution du présent testament.

» Fait à Paris, en notre Palais-Bourbon, le trente du mois d'août mil huit cent vingt-neuf.

» LOUIS-HENRI-JOSEPH DE BOURBON. »

1° Ordonnance du Roi relative à l'exercice des actions concernant M. le duc d'Aumale, fils mineur de Sa Majesté, et à la formation d'un conseil de famille.

A Paris, le 2 septembre 1830.

Louis-Philippe, roi des Français, à tous présents et à venir, salut.

Voulant pourvoir tout à la fois à l'exercice des actions tant en demandant qu'en défendant, relatives aux biens personnels de notre bien-aimé fils le duc d'Aumale, mineur, et aux actes de gestion et administration desdits biens, que nous ne jugeons pas à propos de nous réserver,

Nous avons ordonné et ordonnons ce qui suit:

1° M. Borel de Brétizel, conseiller à la Cour de cassation, est nommé administrateur chargé de toutes les actions relatives aux biens personnels provenant à notre bien-aimé fils le duc d'Aumale, du legs universel à lui fait par Son Altesse Royale le feu prince de Condé, notre bien-aimé oncle.

2° M. le baron de Surval est nommé intendant desdits biens, et continuera à les gérer et administrer, sauf les autorisations supérieures du conseil de famille, et notre homologation, quand il y aura lieu.

3° Le conseil de famille, qui procédera en cas de nécessité d'autorisation spéciale, sera composé de MM. le marquis de Marbois, le maréchal duc de Trévise, le baron Séguier, premier président, Lepoitevin, président à la Cour royale; le le comte Alexandre de la Rochefoucauld et le comte de Canouville.

Il sera présidé par M. le président de la Chambre des pairs.

4° Il nous sera référé de toutes les mesures définitives et de liquidation générale qui excéderont les bornes ordinaires de l'administration.

Signé : LOUIS-PHILIPPE.

Par le Roi : le garde des sceaux, ministre secrétaire d'État au département de la justice,

Signé : DUPONT (de l'Eure).

2° Ordonnance du Roi relative à l'administration provisoire des domaines de l'apanage de la maison d'Orléans, des domaines privés du Roi, et de ceux des princes et princesses du sang royal.

A Paris, le 4 septembre 1830.

Louis-Philippe, roi des Français, à tous présents et à venir, salut.

Voulant pourvoir à l'administration provisoire des domaines de l'apanage de notre maison et des domaines privés dont nous nous sommes réservé l'usufruit, ainsi qu'à l'administration des domaines des princes et princesses, nos bien-aimés enfants, pendant leur minorité et notamment à la poursuite des actions judiciaires relatives à ces domaines,

Nous avons ordonné et ordonnons ce qui suit :

1° Le sieur Deviolaine, conservateur de nos forêts, est nommé intendant provisoire de nos domaines privés et de ceux qui composent l'apanage de notre maison.

2° Le sieur Badouix, directeur de nos domaines, est nommé administrateur des domaines appartenant aux princes et princesses nos bien-aimés enfants, pendant leur minorité.

3° Toutes actions judiciaires, tant en demandant qu'en défendant, seront exercées par les susnommés en ladite qualité et chacun en ce qui le concerne.

4° Notre garde des sceaux, ministre secrétaire d'État au département de la justice, est chargé de l'exécution de la présente ordonnance.

Signé : LOUIS-PHILIPPE.

Par le Roi : le garde des sceaux, ministre secrétaire d'État au département de la justice,

Signé : DUPONT (de l'Eure).

PRÉCIS DES RÉSULTATS DE L'INSTRUCTION CRIMINELLE RELATIVE A LA MORT DU DUC DE BOURBON, PRINCE DE CONDÉ.

On sait que le 27 août 1830, à huit heures et demie du matin, au château de Saint-Leu, le duc de Bourbon a été trouvé dans sa chambre, dont on avait dû enfoncer la porte, suspendu par deux mouchoirs à l'agrafe supérieure de l'espagnolette d'une des croisées. Le cadavre était froid et inanimé, et paraissait privé de vie depuis plusieurs heures. Une enquête rapide et l'autopsie du corps amenèrent pour conclusion que le prince s'était volontairement donné la mort. Cependant l'opinion publique, s'appuyant sur la révélation de circonstances ignorées ou négligées d'abord, protestait contre cette conclusion et signalait un assassinat. Le précis actuel, qui embrasse toutes les données fournies par les instructions successives relatives à cet événement, et par l'instruction supplémentaire intervenue depuis la distribution à la Cour du *Mémoire* de Me Hennequin, se réfère, pour justification, à ce *Mémoire*, où les textes de l'enquête sont rapportés avec l'exactitude et le soin le plus consciencieux. Il portera, nous l'espérons, jusqu'à l'évidence la preuve que le duc de Bourbon ne s'est pas donné la mort, et qu'il a péri victime d'un assassinat.

Avant de résumer les circonstances qui établissent ces deux propositions, il convient d'expliquer comment la croyance au suicide, qui paraissait générale dans les premiers moments de l'événement, a pu faire place depuis à la conviction de l'assassinat. Quelques-unes des personnes que les soupçons semblaient désigner n'ont pas manqué de dire que ce ne fut qu'après l'ouverture du testament du prince, et sur le refus de Mme de Feuchères de s'intéresser en faveur des officiers et serviteurs de sa maison, qu'on entendit parler sourdement d'assassinat, et que ce changement d'opinion résulte d'un intérêt qu'on n'apprécie que trop. On a été enfin jusqu'à accuser dans cette affaire l'esprit de parti, comme si toutes les opinions ne s'étaient pas confondues et réunies pour signaler un attentat que la cupidité seule et non la politique avait dû inspirer. Quant à cette insinuation, que l'intérêt et le dépit d'avoir été peu favorisés par le testament avaient agi sur l'esprit des serviteurs du prince, il suffirait pour y répondre de rappeler que plusieurs témoins refusèrent noblement d'avance tout dédommagement que négocierait Mme de Feuchères; que d'autres refusèrent les avantages et les places qu'elle leur fit offrir; qu'enfin, parmi ces témoins, un certain nombre n'ont aucun intérêt au testament et ne figurent dans l'instruction qu'à titre d'amis du prince. D'ailleurs, quelle que soit la position de toutes les personnes qui ont déposé, une circonstance explique le changement notable de leur langage. On sait que, dans la matinée du 27 août, on avait été obligé d'enfoncer le panneau inférieur de la porte du prince, attendu la fermeture d'un verrou intérieur. Cette circonstance contribua plus qu'aucune autre, dans le premier moment, à égarer l'opinion des personnes du château, et à faire admettre généralement le suicide. Elle a été depuis exploitée obstinément par ceux qui avaient intérêt à faire prévaloir cette hypothèse. Mais lorsqu'on apprit qu'il était facile, du dehors, d'amener la targette du verrou dans sa gâche, au moyen d'un cordon ou lacet; lorsque l'épreuve en eut été faite à maintes reprises avec plein succès, cette découverte ouvrit les yeux d'un grand nombre de personnes, et le seul motif qui leur faisait repousser la possibilité de violences extérieures étant détruit par le résultat desdites expériences, elles durent alors, sans qu'il y ait rien d'étrange dans leur changement d'opinion, substituer à la supposition du suicide la conviction de l'assassinat, qu'une foule de circonstances, établies de reste par l'enquête, mettaient hors de doute désormais.

L'extrême facilité avec laquelle les assassins ont pu, du dehors, ramener le verrou dans la gâche, pour créer un état de choses exclusif de l'idée de l'assassinat, et détourner tous les soupçons, est tellement notoire, et le premier conseiller instructeur lui-même, qui a été témoin de l'expérience, peut si bien en affirmer les résultats, qu'il est superflu d'insister davantage sur ce point.

Malheureusement ces faits n'étaient pas connus de tous, lors des premières enquêtes judiciaires. Aux magistrats, aux médecins de Paris, qui, à leur arrivée, ne purent voir qu'un cadavre déposé sur un lit, on dit tout d'abord que l'événement était le résultat d'un instant de délire. Dès lors magistrats et médecins crurent n'avoir qu'à constater un fait matériel, celui du suicide, qu'on leur déclarait évident, et qu'à en compléter la démonstration. Personne, d'ailleurs, n'osait émettre une opinion contraire. La fermeture du verrou paralysait en apparence toutes les objections. Chacun était trop consterné pour comparer toutes les contradictions que présentait cette horrible fin avec les circonstances morales et matérielles déjà connues. La découverte d'écrits où semblait se déceler la pensée de la mort, et que des révélations importantes ont depuis expliqués, contribuait encore à tromper les esprits. Mais aujourd'hui que les dernières raisons de douter se sont dissipées, sauf trois ou quatre personnes qui, avec Mme de Feuchères, persistent à repousser l'idée d'un assassinat, il y a unanimité d'opinion pour l'affirmative parmi les officiers, employés et serviteurs du Prince, parmi tous ceux enfin qui l'approchaient et qui sont à même de peser les raisons si puissantes qui révèlent la main du crime. Les seuls, en effet, qui résistent ou feignent de résister à cette conviction, sont : M. et Mme de Flassans, Mme de Chabannes, neveu et nièces de Mme de Feuchères, l'abbé Briant, le général Lambot [1], et Mme de Saint-Aulaire.

Ce point préliminaire éclairci, passons à l'examen des faits et justifions la première proposition qui résulte de l'enquête, savoir : que le duc de Bourbon ne s'est pas donné la mort.

[1] M. Mermilliod, rédacteur de ce *Précis*, a été ici induit en erreur par l'attitude d'abord ambiguë de M. Lambot. Mais le général ne devait pas tarder à affirmer le crime, dont il connaissait parfaitement les auteurs. Nous avons expliqué les causes de sa conduite, d'abord louche et embarrassée. (B. de G.)

Rappeler que le Prince avait une horreur profonde du suicide ; que la veille de l'événement il avait manifesté une liberté d'esprit et fait des dispositions contradictoires avec une pensée de mort ; qu'enfin il était, en raison de ses infirmités et de sa maladresse notoires, rapprochées des circonstances constatées, dans l'impossibilité physique d'accomplir le genre de suicide dont on a créé l'apparence, c'est établir suffisamment qu'il n'a pas attenté lui-même à sa vie.

Son horreur du suicide est démontrée par des dépositions unanimes. Ceux qui ont lu l'instruction n'oublieront pas les paroles si senties du Prince à M. Hostein, qui lui annonçait l'arrestation de Polignac, en disant qu'à sa place il eût préféré se brûler la cervelle : « Apprenez qu'un homme d'hon- » neur ne se donne jamais la mort : il n'y a qu'un lâche qui » puisse le faire. Quel exemple pour la société ! Je ne vous » parlerai pas comme chrétien, quoique j'eusse dû commen- » cer par là. Vous savez qu'aux yeux de la religion, le plus » énorme des crimes est le suicide ; et comment se présenter » devant Dieu, quand on n'a pas eu le temps de se repentir ? » — L'homme qui s'exprimait ainsi, avec une conviction si pénétrante, pouvait-il en un jour avoir foulé aux pieds tous ces principes, lorsqu'on sait qu'il s'y ajoutait chez lui une crainte extrême de mourir ? Vainement on objecterait que ces sentiments, exprimés lorsqu'il était heureux, ont pu changer lorsque les événements de Juillet sont venus contrister son cœur ; vainement on rappellerait son exclamation à Mme de Saint-Aulaire : « Eh ! ma chère, est-ce qu'on peut vivre ? » — Un seul mot répondrait : La mort de son fils le duc d'Enghien a sans doute plongé le Prince dans la plus vive douleur ; et cependant, à l'époque de cet affreux événement, il n'a point songé à s'ôter la vie : ni alors, ni depuis, cette pensée n'a été révélée ni par ses actions, ni par ses discours. Les événements de Juillet l'avaient bien affecté d'abord, mais le calme était rentré dans son âme, surtout depuis la visite de la Reine et les témoignages d'attachement que sa fête avait donné occasion aux habitants de Saint-Leu de manifester pour lui. Son exclamation à Mme de Saint-Aulaire est de la nature de celles que chacun a émises dans sa vie, sans pour cela penser à un suicide.

Quant à cette observation, qu'il semblait avoir mis beaucoup d'intérêt à connaître d'un témoin les détails de la mort d'un de ses parents qui s'était pendu à l'aide d'un mouchoir, il suffit de dire que cette curiosité, d'ailleurs toute naturelle, se manifesta précisément à une époque où on le prétend heureux (janvier 1830), et bien avant les événements qu'on présente comme la cause de sa résolution désespérée.

On remarquera surtout que c'est depuis ces événements, qu'on prétend avoir changé ses idées, qu'il les exprima avec tant d'énergie à M. Hostein, comme on l'a vu tout à l'heure.

On a voulu aussi tirer un grand parti d'un incident relatif à M. de Cossé, et de l'impression que lui auraient causée les discours de celui-ci sur les caricatures dont Charles X et son goût pour la chasse étaient l'objet. On prétendait que le Prince était sorti de table dans une émotion extrême, et que cette circonstance avait porté le dernier coup à son imagination. Il n'en est rien : le prince engagea seulement Mme de Feuchères à faire cesser la conversation sur un sujet inconvenant pour un parent de Charles X. Mais il resta à table, continua de manger avec appétit et de se montrer très-bienveillant pour M. de Cossé tout le reste du jour. Les circonstances relatives à l'appétit du Prince le 26 août, à sa gaieté, à sa vivacité d'esprit au jeu (qu'il avait repris seulement depuis trois jours), sont attestés par une foule de témoins. Le 25, jour de sa fête, il n'était pas préoccupé : il avait reçu avec bonté et expansion les autorités de Saint-Leu. S'il est vrai qu'en se rappelant les malheurs de la famille royale et les liens qui l'y attachaient, il ait dit avec émotion, en entendant la musique : « Quelle fête pour moi ! » il est constant aussi que les démonstrations des habitants de Saint-Leu ce jour-là le touchèrent sensiblement, et que la naïve expression de leur amour et de leur dévouement pour lui dut le convaincre plus que jamais de l'erreur où on l'avait tenu à cet égard, et dont il avait déjà entretenu un des témoins en s'écriant : « Combien on m'avait trompé ! »

Une telle conviction était-elle de nature à le dégoûter de la vie? Il pensait si peu à la quitter, qu'il avait dit à Payel : « Nous partirons vendredi ou samedi pour Chantilly. » Il avait aussi recommandé à M. Dubois, architecte, de tenir son appartement prêt pour cette époque, « *dût-on y passer la nuit.* » A la fin de la soirée, en quittant le salon, il dit aux personnes de sa maison : « *A demain.* » Il avait remis au même *lendemain* à payer sa perte de jeu : c'est un fait attesté de tous. A six heures, il avait fait partir un courrier pour M. de Choulot, afin qu'il vînt lui parler *le lendemain* à huit heures au lieu de dix. Avant de se coucher il s'était fait panser, comme d'ordinaire, sans parler, il est vrai, mais cela lui arrivait très souvent ; il avait placé sous son traversin son mouchoir, en y faisant un nœud pour se rappeler, suivant sa coutume, quelque chose *le lendemain;* il avait placé son argent sur la cheminée, avait remonté sa montre de chasse, ordonné à Lecomte de le réveiller à huit heures, et à son chirurgien Bonnie de venir le panser à la même heure ; enfin fait une foule de dispositions qui ne permettent pas de douter qu'il comptait sur *un lendemain*, et qu'il était bien loin de penser à s'ôter la vie. Mais, dit-on, suivant le témoin Collinet, qui d'ailleurs ne l'a pas vu, le Prince aurait fait un geste d'adieu inaccoutumé à ses gens, et qui les surprit beaucoup. Il est possible que le geste ait eu lieu : mais il n'a pas surpris les gens du Prince, *qui n'en ont pas dit un mot*, dans l'instruction. En tout cas, ce geste s'expliquerait parfaitement encore par l'effet du sentiment que devait éprouver le Prince, en pensant à son départ du lendemain (que son ordre si pressant à M. de Choulot annonce qu'il voulait enfin réaliser) ; qu'il était ainsi au moment de quitter ces serviteurs dévoués, attachés depuis tant d'années à sa personne, et cesser de voir cette seconde famille que son cœur et ses bienfaits lui avaient créée. Il n'est donc pas étrange aussi, que, préoccupé de desseins qui coûtaient tant à sa faiblesse et à sa sensibilité, il ait répondu le même jour audit Collinet : « Que la chasse était ce qui l'occupait le moins en ce moment. » C'est faute d'avoir bien compris cet excellent prince, c'est faute surtout d'avoir connu quels étaient sa situation domestique et ses projets de départ, on pourrait dire de *fuite*, que l'opinion du suicide a pu s'accréditer un moment, et qu'on a pu y référer des circonstances qui, bien appréciées, sont précisément la démonstration du contraire.

Après avoir fait toutes les dispositions que nous venons de rapporter d'après les témoins, le prince se mit au lit. Cette circonstance est importante, en ce qu'elle prouve que le Prince n'avait pas l'intention de porter atteinte à ses jours; car il ne se fût pas couché, s'il eût voulu la réaliser. Elle est importante encore en ce que le lit, dont nous rappellerons plus tard l'état, n'ayant pas été trouvé le lendemain matin dans le désordre et avec les traces que le corps du prince aurait dû y laisser, il en résulte la preuve que des mains étrangères y ont touché dans la nuit, après coup.

Or, cette circonstance que le duc de Bourbon s'est couché est établie incontestablement par la présence de son bandage dans le lit, par celle du mouchoir de poche noué, sous le traversin, enfin par la prompte extinction des bougies à peine usées d'un pouce, et que le prince, suivant son habitude, avait dû souffler avant de se mettre au lit, au bout de vingt-cinq ou trente minutes de combustion. Une autre circonstance, qui prouve encore qu'il n'était préoccupé d'aucune idée de suicide, et que l'intérêt de la cause nous force de mentionner malgré sa nature, est celle qui établit que le prince avait satisfait dans la nuit à certaines nécessités que l'homme néglige et oublie même dans les situations analogues à celle où on veut placer le prince, et dont l'accomplissement suppose une disposition physique et morale toute dégagée d'anxiété et de terreur.

Ces divers faits de détail ne permettent donc pas aujourd'hui d'admettre que le prince ait eu le dessein de se suicider. Comme on l'a dit, il craignait trop d'ailleurs la mort, envisagée sous un autre point de vue que celui de l'honneur et de la nécessité des combats; il avait en outre trop d'horreur du suicide pour en avoir admis un instant la pensée. Habitude du malheur, résignation aux décrets de la Providence, sentiments d'honneur chevaleresque, idées religieuses, tout l'éloignait invinciblement d'un acte qui impliquait des principes bien différents.

La supposition d'une mort volontaire, inadmissible dans l'ordre moral, est réfutée aussi fortement dans l'ordre physique, par son impossibilité même.

En effet, lorsque le prince fut trouvé le 27 au matin, il paraissait, suivant l'expression des témoins, plutôt accroché que pendu à la patte de l'espagnolette d'une de ses fenêtres. Le mouchoir de strangulation n'embrassait pas les contours du cou, mais formait une sorte de mentonnière ou d'anse qui s'élevait diagonalement vers l'occiput en couvrant en partie les oreilles, près desquelles il était si lâche qu'on a pu y introduire facilement la main. Au moment de l'ouverture de la chambre mortuaire, le corps n'avait pas quitté son centre de gravité, quoique la flexion des genoux et des reins lui fît perdre quatre pouces au moins de sa hauteur : de telle sorte que le lien n'ayant pu opérer une constriction instantanément irréparable par le seul effort de l'individu, et la position du corps ayant laissé au prince la faculté de faire cesser le danger, au premier sentiment de douleur, en se redressant sur ses pieds et s'aidant, au besoin, de la poignée de l'espagnolette et des rideaux, on ne comprend même pas comment la strangulation et la mort ont pu survenir.

Malgré les présomptions de quelques personnes, on doit croire que dès le principe la suspension fut incomplète, car en accordant toute l'extensibilité possible aux mouchoirs, on ne peut cependant supposer que l'extension ait été de la longueur des quatre pouces que la flexion des membres faisait perdre en hauteur au corps, plus, de la distance qui aurait dû se trouver au premier instant entre la pointe des pieds et le sol.

Mais en admettant un instant cette hypothèse, il devient nécessaire pour la préparation et la consommation du suicide, que le prince ait pu s'élever sur un meuble qui lui aura d'abord facilité la formation des liens suspenseurs, et du haut duquel il se sera laissé tomber, ce qui aura amené pendant un temps quelconque la suspension complète et, par suite, la strangulation. Or, la chaise qui aurait aidé à l'acte ne se trouvait pas à proximité du corps : ainsi que l'a dit Manoury, si elle se fût trouvée près du prince, lui Manoury se fût jeté dedans, à cause de l'obscurité de la chambre. M. Bonnie, qui l'a dérangée, déclare que dans la position première où il l'a trouvée, *elle n'avait pu en aucune façon servir à la consommation du suicide.* Or, elle n'a pu davantage servir à ses apprêts, puisque si le prince en eût fait usage pour attacher les mouchoirs, et s'en précipiter ensuite, il n'eût pu, étant suspendu, éloigner lui-même cette chaise lourde et massive, surtout l'éloigner sans la renverser, car le tapis ne permettait pas qu'elle glissât. On remarquera encore que le prince ayant été trouvé la face tournée vers la partie de l'appartement où était la chaise, il n'avait pu s'en servir aucunement, puisque autrement il faudrait admettre qu'il eût fait tous ses préparatifs en ayant les talons sur le bord de la chaise, au lieu de la partie antérieure des pieds, qu'il eût attaché les mouchoirs à l'espagnolette en se renversant en arrière, et qu'il se fût précipité aussi en arrière de dessus cette chaise. M. Bonnie et les autres témoins ont donc eu raison de dire que, tant par son éloignement que par sa direction, ce meuble n'avait pu servir au suicide. En supposant la chaise en contact avec les jambes du prince ou très rapprochée de lui, on élève une nouvelle objection contre le suicide, car il avait un moyen de plus d'échapper à la mort, à la première impression douloureuse. D'ailleurs, et c'est ce qui est à noter, ses infirmités l'eussent empêché de pouvoir monter sur une chaise; car, indépendamment de son grand âge, il avait eu une cuisse fracturée, et ce n'était qu'avec la plus grande peine et en s'appuyant fortement sur une canne, qu'au dire des témoins il gravissait les escaliers. Or, la chaise était bien au delà du double plus élevée qu'un degré d'escalier ; et comment eût-il fait pour s'y élever, lui qu'on était obligé de soutenir sous les bras pour l'aider à monter en voiture ? Dans tous les cas, une autre infirmité encore, outre sa maladresse extrême qui, au dire de plusieurs de ses gens, ne lui permettait pas de faire lui-même les nœuds de ses souliers, lui eût interdit de faire les nœuds des deux mouchoirs, attendu que l'un de ces nœuds était placé à la partie latérale droite de son cou, et qu'il ne pouvait porter sa main gauche à la droite de sa tête. C'était au point que, pour se gratter du côté gauche, le prince était obligé d'abaisser la tête. On peut qualifier cela d'habitude, sans doute, mais d'habitude précisément motivée par la présence d'un cal, ainsi que les médecins le reconnaissent, et par la force de la nécessité.

On a prétendu que l'autopsie avait démontré que cette fracture de la clavicule ne l'empêchait pas de lever le bras. (Le procès-verbal d'autopsie ne dit rien à cet égard, et a négligé cette fracture aussi bien que celle de la cuisse). On a ajouté que la liberté de ses mouvements était prouvée par son habileté à la chasse, où il faisait même ce qu'on appelle *le coup du roi*. Mais on a oublié que des témoins ont ajouté que c'était en renversant beaucoup le corps en arrière, ce qui suppose une grande difficulté. Une autre preuve, a dit un médecin dans l'instruction supplémentaire, c'est qu'il montait à cheval et y restait des journées entières. Sans doute, mais il fallait l'aider pour y monter aussi bien que pour se mettre en voiture. Ainsi, d'aucune façon, il n'eût pu profiter du voisinage de la chaise pour consommer son suicide. Mais il est avéré, par les explications de Manoury et de M. Bonnie, qu'elle était à une distance telle que cette supposition même est inadmissible. Or, comment admettre que, sans chaise, ce vieillard eût pu dresser un appareil compliqué, faire deux nœuds différents, engager derrière son cou l'anneau de l'un des mouchoirs dans les deux tours de l'autre, enfin passer le lien suspenseur dans une agrafe à la hauteur de laquelle un homme de la taille exacte du prince (cinq pieds six pouces), mais jeune et souple dans ses mouvements, n'atteindrait qu'avec effort? On est donc forcé de reconnaître que le suicide a été impossible, et qu'il ne peut expliquer la mort du Prince. On va voir que l'action de mains étrangères est au contraire invinciblement démontrée par une foule de circonstances.

SECONDE PARTIE

Le duc de Bourbon a péri victime d'un assassinat.

Il n'est plus aujourd'hui douteux que Mme de Feuchères connaissait l'existence du legs immense fait en sa faveur par le dernier testament du Prince. Ses inquiétudes sur la stabilité de ces dispositions, l'intérêt extrême qu'elle avait à se les assurer à tout prix, ne sont pas moins constants. Ils expliquent la fin du duc de Bourbon. Il convient donc de rappeler les circonstances qui s'y réfèrent, car elles sont de nature à jeter un grand jour sur le caractère véritable de l'événement. Ce testament répugnait cruellement au Prince. Indépendamment de la contrariété qu'un tel acte inspire à tous les vieillards, il était pour le duc de Bourbon un douloureux rappel de la perte du fils tant pleuré qui aurait dû, dans l'ordre de la nature, recueillir ces biens convoités par des étrangers. Puis, il sentait que sa fortune était le seul appât de l'affection qu'on lui montrait, car il disait à M. de Surval : « Une fois qu'ils auront obtenu ce qu'ils désirent, mes jours » peuvent courir des risques..! Ma mort est le seul objet » qu'on ait en vue. » — Aussi, combien ne résista-t-il pas à la réalisation d'un acte qui semblait lui inspirer les plus tristes pressentiments ! On a vu, par l'instruction, avec quelle obstination, à l'aide de quels moyens, Mme de Feuchères parvint à triompher de sa répugnance. Obligé de mettre sa faiblesse sous l'appui d'une intervention étrangère, il implora vainement un sursis qui ne lui fut pas accordé. Aux observations du fidèle et dévoué M. de Surval, il répondait : « Que faire? vous connaissez sa violence. » — Et une autre fois : « J'ai eu hier soir avec la baronne une scène terrible. » Scène terrible, en effet, puisque, poussé à bout par elle, il lui avait dit : « C'est une chose épouvantable que de me mettre ainsi le couteau sous la gorge. Eh bien ! enfoncez-le donc tout de suite, ce couteau, enfoncez-le! » Il finit, cependant, selon sa coutume, par céder aux manœuvres employées contre lui, mais en se réservant intérieurement de modifier son testament, qui était bien loin d'être l'expression de toutes ses volontés, et qu'il regardait seulement comme provisoire. Il eut, à ce qu'il paraît, l'imprudence de révéler cette pensée, car le bruit s'en répandit au château, et parvint sans aucun doute aux oreilles de Mme de Feuchères, nécessairement informée de tout ce qui se passait dans la maison. A cet effet, elle le tourmenta de nouveau pour obtenir qu'il convertît ces dispositions muables en donations entre vifs et irrévocables. Mais les remontrances de M. de Surval eurent cette fois plus de succès. Il fit sentir au Prince que l'énormité des droits d'enregistrement compromettrait le service de sa maison, et il fallut bien que Mme de Feuchères se résignât à voir ajourner ses desseins, jusqu'à ce que des économies sur les dépenses eussent pu couvrir ces frais. Ces économies que, d'après les dépositions du général Lambot, elle annonça à M. de Surval vouloir faire opérer sur les chasses, expliquait pourquoi, après les événements de Juillet, elle insista tant pour que le Prince supprimât son équipage de sanglier. Son insistance pour une mesure présentée aujourd'hui comme un acte de prudence dans les circonstances d'alors, ne prenait donc l'intérêt du Prince que comme prétexte; elle ne tendait donc qu'à profiter de l'opportunité des événements pour réaliser enfin les moyens de couvrir les frais de la donation en question. On peut juger par là et du caractère de Mme de Feuchères et du mensonge de ses protestations. Il convient ici de faire observer que M. de Surval, en s'opposant à cette donation, proposa de vendre ce domaine à mademoiselle Adélaïde, sœur du roi.

Précédemment, en 1824, elle avait déjà obtenu du prince un testament remis en ses mains, et qui lui attribuait les propriétés de Saint-Leu et de Boissy. En 1829, elle aurait voulu faire ajouter à ces biens la forêt d'Enghien, à laquelle le Prince tenait infiniment, comme étant le domaine de ses pères, et dont les revenus lui furent pourtant accordés. Ainsi on peut suivre la progression de son avidité et de ses exigences ; après cela, comment accueillir sans incrédulité les déclarations de Mme de Feuchères, « *qu'elle n'avait jamais rien désiré, qu'elle avait montré toujours le plus grand désintéressement* ! »

Il est prouvé aujourd'hui, que le testament de 1829, dont elle connaissait parfaitement la teneur, ainsi que l'établit le *Mémoire* de M. Hennequin, avait été imposé par elle au Prince, et qu'il semblait, en y acquiesçant enfin, prévoir les conséquences que cet acte enfanterait pour lui.

L'instruction a fait connaître que le Prince avait conçu trois projets successifs de départ : le premier, en juillet, lorsqu'il faisait tenir ses chevaux constamment préparés pour fuir en cas de danger imminent ; le deuxième, vers le milieu d'août, pour un voyage médité aux eaux de Bourbonne, qui ne devaient lui servir que de prétexte pour sortir de France par la Suisse ; le troisième, par un retour momentané à Chantilly, où ses jours étaient plus en sûreté, et qui devait être comme sa première station. De l'existence avérée de ces divers plans, résulte la preuve que le Prince voulait s'éloigner d'abord de Saint-Leu, ensuite de la France ; et que le désir de se soustraire au joug devenu insupportable d'une femme qui, après avoir tout obtenu de lui, semblait croire n'avoir plus de ménagements à garder, entrait au moins pour autant dans ce projet que la crainte des événements politiques. D'ailleurs, le Prince avait été touché des malheurs de l'ex-famille royale, et il regardait peut-être comme un devoir d'honneur de partager leur exil. Du reste, il était tellement dans ses vues de ne point associer Mme de Feuchères à son projet; il voulait tellement, au contraire, profiter de cette circonstance pour se séparer d'elle à jamais, que tous ses apprêts avaient été commandés secrètement, et que les précautions les plus minutieuses avaient été ordonnées par lui pour qu'elle ne pût s'en apercevoir. Aussi ne s'ouvrit-il qu'à deux hommes dont il connaissait le vrai dévouement, MM. de Choulot et Manoury; et lorsque M. de Flassans, neveu de Mme de Feuchères, voulut intervenir, s'empressa-t-il, pour le dépayser, de s'opposer à ce qu'il demandât des passeports, et même à ce qu'il pût en obtenir. Quoi qu'il en soit, il paraît que Mme de Feuchères, soit peut-être par les confidences de son neveu, soit par une indiscrète curiosité, avait eu connaissance de ce qui se passait ; car si, dans la dernière entrevue de M. de Choulot avec le Prince, les précautions prises avaient dû, au dire du premier, rendre impossible qu'on entendît son entretien, il a pu en être différemment les autres fois ; et Manoury déclara lui-même que Mme de Feuchères paraissait déjà intriguée de ses allées et venues.

Le besoin de se défendre de tout ce qui pouvait directement ou indirectement se rapporter à elle dans l'ensemble des faits, a conduit Mme de Feuchères, à propos de cette circonstance, à des dénégations dont la maladresse et la fausseté évidentes font comprendre son but et nuisent d'autant plus à ses intérêts. Elle nie que le Prince ait eu des projets de départ, et cela « *parce qu'il n'eût pas manqué de les lui confier.* » Les lui confier! n'était-elle donc pas la dernière personne qui dût recevoir une telle confidence, lorsque ces projets avaient précisément pour motif le besoin d'échapper à sa tyrannie et à ses violences ; quoiqu'on semble insinuer que son anxiété était motivée par le regret qu'il éprouvait d'avoir manifesté vivement son acquiescement au gouvernement nouveau, auquel il est prouvé, au contraire, qu'il adhérait avec le sentiment des intérêts dont il était la garantie?

C'est en vain qu'elle se défend : il est avéré qu'elle a connu ces projets. On n'ignore pas les inquiétudes que lui suggérèrent sans doute les bruits qui circulaient sur un changement de volontés du Prince à l'égard de son testament. Ces inquiétudes durent prendre bien plus d'intensité quand les plans de départ lui vinrent démontrer que le Prince voulait rompre les liens dont elle avait su l'enlacer, se soustraire à son joug et s'éloigner d'elle à son insu. Trop habile pour ne pas comprendre que sa présence seule était la garantie de son pouvoir et que le Prince, une fois dégagé de son influence, après avoir fait le pas le plus difficile, ne tarderait pas à anéantir des dispositions que cette influence, désormais détruite, avait pu seule imposer et maintenir; en un mot, que les témoignages de la dépendance du Prince ne serviraient pas à son émancipation; devinant d'ailleurs que les biens dont il n'avait pas gratifié la branche aînée des Bourbons, lorsque cette famille était sur le trône et dans la prospérité, il croirait peut-être devoir les léguer à leur infortune, maintenant qu'ils étaient exilés et pauvres, et faire dominer ensuite les intérêts de parenté, les liens d'honneur et les considérations de devoirs nouveaux, sur des affections indignes et trop tard étouffées, Mme de Feuchères sentit que tout allait lui échapper à la fois, et qu'un coup désespéré pouvait seul parer à cet inévitable résultat.

Elle savait que la résolution du Prince, si souvent abandonnée et reprise, était cette fois irrévocablement arrêtée : elle le craignait du moins. Il fallait à tout prix mettre obstacle à l'exécution d'un plan qui compromettait pour elle d'immenses intérêts. Le 27 août, le Prince avait cessé de vivre!...

On opposera peut-être que la connaissance que Mme de Feuchères avait des avantages contenus à son profit dans le testament, et ses inquiétudes sur le sort de ce testament prouvent bien l'intérêt qu'elle aurait pu avoir au crime, mais, ne prouvent pas le crime lui-même. Sans doute : mais n'est-ce pas avoir fait un pas immense vers la vérité, que d'avoir montré quel intérêt pouvait inspirer la pensée du crime? S'il est possible de descendre du crime à ses auteurs, il est possible aussi de remonter des coupables au crime. Les annales judiciaires font foi que cette marche a été maintes fois suivie et avec succès.

Au surplus, nous allons rappeler les indices qui, dans cette lugubre et mystérieuse affaire, attestent le caractère criminel de l'événement du 27 août.

L'état de la chambre du Prince, le 27 au matin, est le plus parlant peut-être de ces indices. Si le Prince s'était suicidé (après s'être couché, comme on en a la preuve), il eût inévitablement opéré sur le bord de la couche cette dépression et cet affaissement que le seul fait de l'entrée et de la sortie, et peut-être aussi le mode particulier que suivait le Prince, joint à la masse d'un corps puissant, faisait remarquer chaque matin, et qui occasionnait un renflement, au lieu d'un sillon, dans le milieu du lit. En admettant même que cette nuit-là, le Prince, qui s'était si bien astreint, au dire de Manoury, à toutes ses habitudes, fût descendu de son lit avec plus de vivacité qu'il n'avait coutume et qu'il ne lui était effectivement possible, toujours est-il qu'il eût dû laisser sur le bord du matelas les traces de sa sortie, puisque le mouvement le plus prompt et le plus agile ne pouvait manquer d'affaisser l'endroit de son passage; toujours est-il, à plus forte raison, que le Prince n'eût pas eu l'idée ni le besoin de ramener son lit sur le devant de l'alcôve, et de l'écarter d'un pied et demi du mur, auquel il adhérait toujours suivant son désir, notamment dans la soirée du 26, ainsi que l'affirment les gens de service qui ont fait ce jour-là le lit et la chambre.

Il faut donc reconnaître que ces circonstances indiquent l'intervention de mains étrangères, la présence et les maladroites précautions des assassins. En effet, après avoir étranglé le Prince, ils ont dû, pour le tirer du lit par les extrémités, relever la couverture jusqu'aux pieds. Après l'avoir suspendu, ils se sont occupés de faire disparaître les traces de leur forfait et de donner aux objets une apparence d'ordre et de régularité. Ils ont donc relevé les bords de la couche et fait creuser, en soulevant les matelas, la partie du milieu. Et comme ils avaient dû, soit pour la consommation de l'assassinat, soit pour cette opération dernière, passer derrière le lit, et conséquemment l'écarter du fond de l'alcôve, ils l'ont laissé dans cette position, soit qu'ils n'y aient pas fait attention, soit qu'ils l'aient négligé par suite de la précipitation inséparable d'un tel moment.

La veille au soir, Lecomte, qui avait déshabillé le Prince pour la dernière fois, avait laissé, suivant l'habitude, la chaise et les pantoufles devant la cheminée. Cependant ces pantoufles ne se sont pas trouvées à la même place le lendemain matin, mais bien à la tête du lit, quoique le Prince eût la coutume de marcher nu-pieds sur le tapis de sa chambre, et qu'il eût dû prendre surtout cette précaution pour éviter tout bruit, s'il avait fait réellement lui-même les apprêts de sa mort. Ainsi qu'un des témoins l'explique, cette circonstance accuse l'intervention de personnes étrangères, qui, soit par réflexion, soit par ignorance des habitudes du Prince, crurent satisfaire à toutes les vraisemblances en posant les pantoufles devant le lit : tant il vrai que le crime se trahit aussi souvent par l'excès de ses précautions que par leur absence !

Mais si l'état des lieux proclame si haut l'action de mains coupables, que ne prouve pas l'état du cadavre, où le meurtre semble avoir empreint ses horribles traces ! Ces traces, nous nous bornerons à les rappeler, car les procès-verbaux sont là qui les détaillent, l'instruction est là qui les confirme et en révèle plusieurs jusqu'alors négligées. On a déjà montré comment la position du corps contredisait la possibilité d'une mort volontaire ; comment la suspension incomplète peut s'expliquer de la part des assassins, soit par l'absence de clarté suffisante, soit par la difficulté de prendre un point d'attache plus élevé, soit même par une de ces maladresses inséparables du trouble dont un attentat pareil est accompagné ; comment enfin la suspension complète n'a pu avoir lieu dans l'origine et même un instant sans le rapprochement nécessaire d'un meuble, qui aujourd'hui est démontré n'avoir point existé à proximité suffisante du Prince. Ce qu'il faut redire ici, ce sont les marques accusatrices qui se sont présentées aux regards les plus inattentifs et les plus prévenus : 1° la langue du Prince ne faisait point saillie hors de sa bouche, ainsi qu'il arrive toujours dans les cas de pendaison ; 2° le visage était décoloré, et non pas noir et tuméfié, comme on l'observe constamment dans le même cas ; 3° la bouche était presque close et ne s'est ouverte que lorsque le corps a repris sur le lit la position où il était quand les assassins ont étranglé leur victime ; 4° les chevilles étaient froissées et indiquaient la violence qu'on avait employée pour maintenir le Prince au moment de l'asphyxie ; 5° des ecchymoses et de longues excoriations se faisaient remarquer aux deux jambes, et situées de manière à ne pouvoir s'expliquer par les convulsions d'une agonie volontaire : leur sanguinolence atteste d'ailleurs, qu'elles n'ont pu être opérées dans le trajet de la croisée au lit, par le froissement des mains du témoin qui le prétend, puisque les excoriations et déchirement d'épiderme pratiqués sur un corps privé de vie ne produisent pas de sécrétion sanguinolente ; 6° une excoriation placée à la partie gauche du cou, derrière et au-dessous de l'oreille, ne pouvait avoir été le résultat de la pression du mouchoir, puisque ce lien par sa nature et sa disposition ne pouvait occasionner une telle blessure, et qu'elle était au dessous de la ligne dudit mouchoir ; 7° une tache rouge et large comme la paume de la main, qui plus tard *tourna au noir*, apparaissait sur la nuque entre les deux épaules et ne pouvait également avoir été produite par le lien, puisque sa direction le portait derrière la tête beaucoup au-dessus du point où résidait cette tache ; 8° enfin, une empreinte assez profonde parcheminée et *sans ecchymose*, s'offrait à la partie antérieure du cou et dans la ligne de pression du mouchoir. Toutes ces constatations ne laissent donc aucun doute sur la cause et l'instant de leur production : elles indiquent malheureusement trop bien que le Prince a été étranglé dans son lit par un des assassins, pendant que les autres le maintenaient par les jambes et par les bras ; qu'après lui avoir noué un mouchoir autour du cou, on l'a saisi par ce mouchoir en passant la main entre la chair et le lien, ce qui a produit sur la peau les marques et écorchures signalées ; qu'en le traînant vers la croisée encore palpitant, les jambes ont frôlé le bois du lit ou le bord de quelque meuble, et se sont excoriées parallèlement, comme on l'a vu ; qu'il était déjà totalement privé de vie lorsqu'il fut accroché à l'espagnolette, puisque l'empreinte *sans ecchymose* opérée à la partie antérieure du cou par l'action du lien se concilie avec l'idée de la suspension opérée après la mort. C'est en effet une observation qui ne paraît pas contestable, que l'empreinte avec ecchymose indiquerait la suspension pendant la vie, et que l'empreinte sans ecchymose, qui peut aussi se rencontrer dans l'hypothèse où l'individu serait pendu vivant, est la seule qu'on puisse obtenir par la suspension opérée après la mort. On ne pourrait opposer que ces diverses circonstances établissent la strangulation volontaire, car tous les accidents intérieurs reconnus par les médecins s'appliqueraient aussi parfaitement à la strangulation forcée. Il n'est pas étrange ensuite que les médecins qui ont procédé à l'autopsie pensent que le corps ne présentait aucun signe de violence ou de défense naturelle, puisque, par une distraction inexplicable, ils ont négligé de constater plusieurs traces qui demandaient au moins examen, telles que la tache rouge de la nuque, l'excoriation latérale du cou, toutes choses aujourd'hui notoires d'après un grand nombre de témoins. Leurs assertions, malgré la réputation dont ils jouissent, ne méritent donc pas une foi entière ; car ils n'ont pas vu précisément ce qui était le plus de nature à détruire l'idée d'un suicide, et ce qui accusait le plus vivement l'action d'une violence. Peu importe, comme l'a exprimé l'un de ces médecins dans l'enquête supplémentaire, que la chevelure du Prince ne présentât la trace d'aucun désordre, lorsque l'on réfléchit que sa chevelure était comprimée sous un foulard qui n'a pas permis aux cheveux de se défaire. Et d'ailleurs, le désordre de la chevelure n'était-il pas, au besoin, aussi facile à réparer que celui du lit? — C'est le même médecin qui alors a prétendu expliquer l'excoriation des jambes par leur frottement contre la chaise au moment où le Prince s'en serait laissé glisser. Mais c'est répondre à la question par la question, ou plutôt c'est aller contre les faits; car c'est admettre que la chaise ait été placée sous les pieds du Prince, tandis qu'il est avéré que M. Bonnie l'a trouvée, non pas à proximité, mais hors de l'embrasure de la fenêtre. Cette circonstance, que l'enlèvement de l'épiderme se serait opéré de bas en haut, qu'on croit si décisive en faveur du suicide, s'explique aussi exactement et avec plus de probabilité par un frottement survenu pendant qu'on tirait le Prince du lit, qu'on le traînait dans la chambre ou qu'on l'accrochait à l'espagnolette, en le laissant involontairement glisser. Au surplus, sur toutes ces contestations cadavériques résultant, soit des procès-verbaux, soit de l'instruction, nous ne pouvons mieux faire que de renvoyer à la consultation médico-légale ci-jointe du savant docteur Gendrin, dont le travail scientifique ne laisse aucun doute sur l'origine des contusions et lésions observées, non plus que sur la réalité de l'assassinat.

L'argument dans lequel semblent se réfugier, en dernière analyse, les soutenants de la version du suicide, est de prétendre que la fermeture du verrou de l'escalier dérobé, conduisant de chez Mme de Feuchères à l'appartement du Prince, ne permettait pas d'y pénétrer; que, ce verrou fût-il ouvert, il restait encore la fermeture du verrou intérieur de la chambre à coucher ; que ces deux circonstances impliquaient seules l'impossibilité de l'assassinat.

Un mot sur chacune d'elles.

La porte de l'escalier dérobé était fermée, dit-on, dans la matinée du 27 : le valet de chambre Lecomte l'affirme; c'est lui qui l'aurait ouverte à Mme de Feuchères. — Pourquoi donc Lecomte n'a-t-il déclaré ce fait que trois jours après l'événement? Pourquoi donc, lorsque le 27 au matin Manoury lui demanda s'il s'était assuré que le verrou de cet escalier était fermé, répondit-il avec embarras, « *qu'il ne l'avait pas remarqué?* » Pourquoi donc, d'ailleurs, l'aurait-il ouverte pour Mme de Feuchères, qui, en définitive, n'a point monté par l'escalier dérobé? Car elle-même, interrogée sur ce point, n'ose l'affirmer; et cependant elle devrait se souvenir d'y avoir passé, d'avoir frappé, d'avoir attendu qu'on vînt lui ouvrir. Elle pense seulement *qu'elle a dû y passer, attendu le désordre de sa toilette;* mais M. Bonnie atteste qu'elle a pris au contraire le grand escalier. Et remarquez que ce n'est pas un seul témoin qui manifeste ce fait : le sieur Hippolyte le confirme implicitement, mais de la manière la plus décisive; car s'il n'a pas vu Mme de Feuchères monter le grand escalier, il l'a vue dans le grand corridor; or, le corridor aboutit à l'extrémité du grand escalier, et Mme de Feuchères n'a pu se trouver en ce moment dans le corridor que parce qu'elle avait pris le grand escalier. On n'a donc pas eu besoin d'ouvrir pour elle la porte du passage dérobé, qui, en dernière analyse, est resté ouvert pendant la nuit, et par lequel les assassins ont pu s'introduire dans l'appartement.

Arrivés là, il leur restait à franchir la porte de la chambre à coucher. Mais le 27 au matin, la fermeture du verrou a obligé d'enfoncer cette porte : donc le verrou était fermé dans la nuit; donc des assassins n'ont pu entrer dans la chambre du Prince; donc le Prince n'a point été assassiné.

Telle fut effectivement l'induction que beaucoup tiraient de la présence du verrou; telle fut la cause de l'acquiescement de courte durée qu'ils donnèrent à l'opinion du suicide. On se rappelle comment cette conviction, que contrariaient, dans ces mêmes esprits, des circonstances déjà équivoques, fut dissipée par la notion acquise de la possibilité de créer, après coup, une impénétrabilité factice. Nous voulons parler des expériences qui démontrèrent qu'on pouvait, à l'aide d'un lacet, fermer du dehors le verrou. Dès lors, la fermeture de ce verrou cessa d'être un argument péremptoire; et lorsque, dégagé de l'influence de ce fait, on se rappela que le Prince ne fermait presque jamais sa porte au verrou, et que maintes fois ses gens avaient pénétré jusqu'à son chevet sans rencontrer d'obstacle; lorsqu'on réfléchit d'ailleurs qu'une voix connue avait pu, dans le cas où, par extraordinaire, il se fût enfermé cette nuit, obtenir l'ouverture et en profiter pour accomplir son sinistre projet, il ne dut plus rester de doute sur l'attentat que décelaient tant de circonstances. Qu'on se récrie ensuite sur ce qu'il n'existe aucune preuve que les choses se soient ainsi passées! Peu importe, car il n'est point question de prouver, par le verrou, que des assassins ont pénétré chez le Prince, mais de prouver qu'ils ont pu y pénétrer, malgré l'état de fermeture de ce même verrou dans la matinée du 27 août. En un mot, il ne s'agit ici que de faire justice d'un argument mensonger, que de montrer la valeur d'une circonstance dont l'existence factice pouvait se produire à volonté, et dont, par conséquent, l'influence devient nulle en faveur du suicide.

Pour combattre la puissance des indices d'assassinat et corroborer la version du suicide, on a mis en avant quelques circonstances dont on n'ignorait point cependant le véritable caractère, et qui, bien appréciées, font rejaillir de nouvelles charges contre ceux qui avaient espéré en tirer parti pour le succès de leurs desseins. Ces circonstances étaient la présence d'un couteau et celle d'un fusil dans la chambre du Prince, et la découverte de fragments d'écrits, d'où on induisait la préméditation du suicide. Le fusil, il ne pouvait, disait-on, l'avoir auprès de lui que pour le faire servir à sa mort. Mais on sait aujourd'hui qu'il en avait toujours un dans sa chambre, soit à Chantilly, soit à Saint-Leu, pour tirer aux canards. La présence de cette arme prouve même contre le genre de mort qu'on lui attribue ; car, pour s'ôter la vie, un Condé eût-il choisi deux mouchoirs, lorsqu'il avait sous la main une arme qui lui était familière?

Le Prince avait demandé un couteau, puis l'avait fait changer, ne le trouvant pas convenable. Ce ne pouvait être encore que pour se détruire ! — Heureusement, il est désormais constant que le Prince voulait toujours avoir un couteau à sa disposition. A Paris, à Chantilly, comme à Saint-Leu, le chef du service lui en remettait un. Ayant à écrire et à couper du papier, et n'ayant pas d'instrument spécial à cet usage, il avait dû demander un couteau ordinaire. Et la preuve qu'il voulait s'en servir pour autre chose que l'absurde projet qu'on lui prête, c'est qu'on l'a trouvé émoussé, sans qu'il ait pu cependant servir aux apprêts du prétendu suicide.

Enfin, on avait trouvé dans la cheminée du Prince des fragments d'écrits qui parlaient de mort et qui contenaient un adieu. Plus de doute ! ils étaient l'aveu de son attentat sur lui-même !

Si on se reporte à l'instruction, on voit que le Prince avait écrit dans les derniers temps qui précédèrent sa mort. Cependant on n'a rien trouvé qui date de cette période, quoiqu'il eût l'habitude de conserver des brouillons. Peut-être a-t-on su anéantir à temps ces papiers, parce qu'ils étaient relatifs aux projets de départ du Prince et aux chagrins domestiques qui les avaient inspirés. Il résulte aussi des mêmes dépositions, qu'un grand nombre de papiers ont été trouvés consumés. L'ont-ils été par la main du Prince, ou par la main de ses assassins? Voilà le doute pénible qui n'a pu être éclairci. Si le Prince a brûlé lui-même ces papiers, comme cela lui arrivait souvent quand il en faisait la revue, il n'a pu le faire que dans la journée du 26 ou dans la nuit du 26 au 27; car il demeure constant que les domestiques avaient soin, chaque matin, de nettoyer la cheminée et de faire disparaître les résidus de cette nature : il n'en restait jamais trace d'un jour à l'autre. Mais ce n'est pas tout. Indépendamment des papiers brûlés, on a trouvé sur les cendres, et *éparpillés comme une neige*, des fragments déchirés d'écrits qui n'avaient été aucunement atteints par l'action du feu. Ces fragments ont donc été jetés dans l'âtre après la combustion du reste. Qui les a jetés? Est-ce le Prince? Non! car il les eût brûlés avec les autres papiers. D'ailleurs, ils n'y étaient point dans la matinée du 27, jour de la découverte du cadavre : on n'a rien aperçu que des cendres. Romanzo, Bonnie, Manoury, déclarent avoir cherché, avoir visité la cheminée avec attention, et n'avoir alors vu aucun fragment. Ce n'est que plus tard, dans la soirée du 27, que, pour la première fois, on découvre ces débris, pourtant si visibles, et qui, par leur couleur et leur superposition, devaient trancher si fortement avec les cendres noircies des papiers! N'y a-t-il pas dans cette circonstance quelque chose d'étrange et d'inexplicable? à moins qu'on n'admette que ces morceaux ont été jetés là par une main étrangère, après coup, et pour corroborer la donnée du suicide. Comment donc les fragments auraient-ils échappé à la combustion? Il faut le reconnaître, ces écrits étaient déchirés antérieurement à la visite faite par M. Hostein dans le commencement du mois d'août. On les a trouvés en quelque lieu où le Prince les avait jetés, sans doute peu après le pillage de Saint-Cloud, et lorsque ses craintes pour le sort de Saint-Leu ne s'étant pas réalisées, il avait renoncé au projet de les faire afficher sous forme de placard. On les aura alors placés dans la cheminée du Prince, et en feignant de l'insistance pour une nouvelle recherche, on les aura fait trouver là où on avait pris soin qu'ils fussent aperçus. Le général Lambot, l'abbé Briant et Mme de Feuchères prétendent que ces écrits révélaient une pensée de suicide. Mais le premier a été logiquement obligé de convenir que le Prince y avait dû renoncer, puisqu'il les avait déchirés : et c'est en effet la seule conclusion qu'on puisse tirer de ce fait, même dans la supposition, maintenant si peu recevable, que le Prince aurait eu, un instant et à une époque quelconque, le dessein de s'ôter la vie. M. Guillaume, attaché au cabinet du Roi, et le général Lambot, pensent que la date de ces écrits devait être extrêmement récente : le premier, parce que l'écriture lui en a paru fraîche et ne pouvoir remonter au delà de quatre jours ; le second, parce que le Prince avait signé du nom de Condé, et que le 26 août, il ne s'était décidé à signer de ce nom deux lettres au ministre de la guerre et au ministre de la justice, qu'après beaucoup d'hésitation. Mais quant à la première assertion, elle est toute conjecturale et fort susceptible d'erreur. Il est d'ailleurs impossible, par la seule inspection de l'encre, de reconnaître si un écrit date de quatre ou de vingt-cinq jours. La chose était possible peut-être autrefois où la couleur de l'encre jaunissait et s'altérait en peu de jours; mais au point de perfection où en est arrivée cette fabrication, une telle distinction est absurde et arbitraire. Reste donc l'observation du général Lambot. Il se peut effectivement que le Prince ait hésité à changer son ancien nom sur deux lettres officielles en quelque sorte, surtout lorsque la cessation de tout danger et de toutes appréhensions semblait lui permettre de reprendre avec sécurité le nom de sa famille, au lieu de continuer à l'abdiquer. Il a donc pu hésiter dans cette circonstance.

Mais il n'en faut pas tirer la conclusion qu'il ne l'ait pas abdiqué auparavant et dans un instant de terreur; car il était précisément naturel qu'il fît, avec répugnance, le 26 août, ce qu'il avait fait avec facilité dans les premiers jours d'août, période à laquelle se rapporte la rédaction des fragments dont s'agit. Alors il craignait et devait craindre que le nom de Bourbon ne fût un titre de proscription, et il devait penser, au contraire, que le nom de Condé, ce nom si historique, si glorieux, si national, serait une sauvegarde pour lui. En apprenant le pillage du château de Saint-Cloud, il avait redouté pareil événement à Saint-Leu. Il en avait paru frappé, et il n'est pas étrange qu'il ait voulu prendre des mesures pour empêcher qu'il ne se réalisât. Une proclamation destinée à être placardée en gros caractères sur les grilles du château semblait le moyen le plus propre à atteindre ce but. Mettre le château sous la sauvegarde du roi Philippe (la vente qu'il négociait alors de Saint-Leu avait dû lui suggérer cette idée, qui, plus tard, eût été un mensonge sans prétexte); chercher à détourner le pillage, l'incendie et la mort de dessus Saint-Leu ; conjurer enfin les passions populaires, en protestant qu'elles sont, à son égard, l'effet de l'erreur et de l'égarement; essayer enfin de désabuser les esprits en parlant de son amour pour la France : telle est la pensée admirablement habile des deux écrits (brouillon et copie) dont on a trouvé les fragments. Le *Mémoire* de M. Hennequin a montré, avec une justesse sans réplique, combien ces fragments contredisaient la préméditation du suicide, comment ils s'appliquaient à un projet de fuite, au moment de laquelle il ne pensait qu'à assurer protection à ses gens et à ses biens; comment ces mots : *Ne brûlez ni ne pillez le château ni le village; ne faites de mal à personne, ni à mes amis, ni à mes gens,* ne peuvent se concilier avec la simple intention d'annoncer aux personnes de sa famille et de son intérieur qu'on a mis soi-même fin à ses jours; comment ceux-ci : *On vous a égarés sur mon compte,* s'adressent évidemment à des masses populaires, et sont inadmissibles si on les suppose écrits depuis que le Prince, touché des démonstrations des habitants de Saint-Leu, avouait lui-même qu'on l'avait trompé sur leur compte; comment cette phrase : *Adieu pour toujours,* est l'expression de sa douleur en s'éloignant de la France qu'il ne reverra plus; comment encore ce post-scriptum : *Je demande à être enterré à Vincènnes auprès de mon infortuné fils,* peint la prévoyance qui l'assiège du sort funeste dont il peut être atteint en s'échappant à travers cette contrée soulevée par le bruit de sa fuite; enfin, comment la différence et les recherches de style existant entre le brouillon et la copie, que l'on conçoit quand il s'agit d'une sorte de manifeste, excluent l'idée d'un homme minutant son désespoir sur le bord de l'abîme.

Nous ajouterons ici une dernière considération résultant de l'état de lacération de ces écrits. Le Prince les ayant déchirés avait donc renoncé à cette pensée de suicide qu'on lui suppose; et, cependant, on veut qu'il se soit tué ensuite, sans laisser en évidence une révélation confidentielle de son funeste dessein, authentique, entière et non équivoque. Il peut arriver (la chose est rare) qu'on oublie une telle précaution; mais quand on l'a conçue, quand on l'a prise, on ne s'en départ pas ensuite, le Prince moins que tout autre; car sa délicatesse et sa bonté ne lui auraient pas permis, au dire de chacun, de laisser planer le soupçon sur ceux qui l'entouraient, par négligence ou plutôt par *omission volontaire* d'un soin qui peut être regardé comme un devoir. Supposons qu'il eût déchiré cet écrit après une première idée de suicide, abandonnée, reprise plus tard : mais, puisqu'il avait pensé une fois à expliquer les causes de sa mort, il y eût pensé une seconde fois. Revenant à son projet, il fût revenu aux soins qu'il lui avait suggérés d'abord. Impossible de sortir de là. Au contraire, admettez l'hypothèse du placard, et les circonstances comme le bon sens vous expliquent pourquoi il a été trouvé double, pourquoi il a été déchiré, pourquoi il n'a pas été refait. L'opinion générale dans le château expliquait ainsi les fragments dont certains intérêts ont voulu tirer tant d'avantages. M. de la Villegontier et autres avaient déjà fait connaître dans l'instruction de Pontoise l'interprétation qu'on devait leur donner. L'aumônier Pellier avait également révélé des circonstances qui rendaient le but de l'écrit non équivoque. Mais ce n'est pas tout. M. Hostein, témoin honorable et digne de foi, a reçu du Prince lui-même la confidence de l'usage auquel il l'avait destiné. C'est quelques jours après le danger passé que le Prince, prenant un papier, dit gaiement à M. Hostein : *Et moi aussi, j'ai fait une proclamation que je me proposais de faire afficher; car le pillage de*

Saint-Cloud m'avait fait craindre qu'on ne se répandît dans les campagnes et qu'on ne ravageât aussi Saint-Leu; et il lui explique la substance de cette proclamation : elle est identique avec celle des fragments. Le jour même, Manoury a su de M. Hostein, en se promenant avec lui, cette particularité qui met désormais hors de discussion le sens de ces écrits et dément les fausses interprétations qu'on s'est efforcé de leur donner, malgré l'opinion générale des personnes du château. En présence de l'importante déclaration de MM. Hostein et Manoury, l'argument le plus spécieux des partisans du suicide du Prince s'écroule donc comme celui tiré de la fermeture du verrou de la chambre à coucher, et avec lui tout l'échafaudage dont il était l'appui.

Maintenant que rien ne contredit plus l'assassinat, et qu'une foule de circonstances le révèlent, ne convient-il pas, pour en compléter la démonstration, de rechercher les charges individuelles qui incriminent certaines personnes, et qui, par réaction, peuvent, en se combinant avec les faits généraux, conduire désormais à une certitude absolue? N'est-il pas dans les droits de la partie civile de solliciter la justice à demander compte à Mme de Feuchères du funeste usage qu'elle a fait de son empire exorbitant sur le Prince, qu'attestent tous les témoins sans exception? Que penser en effet de celle qui contraignait un faible vieillard à éloigner de sa personne ses serviteurs les plus dévoués et les plus chéris; à se séparer violemment de sa fille Mme de Reuilly, et à la frapper, elle et son mari, des rigueurs les plus cruelles; qui semblait ne s'attacher qu'à abreuver sa vie d'amertumes, à lui rendre son joug et ses exigences insupportables, au point que sa présence suffit pour assombrir son humeur; qui abusait de sa générosité et de sa faiblesse, jusqu'à le forcer de dire à M. Hostein : « Si je vis encore quelques années, il » ne me restera plus rien... Elle a une mauvaise tête et un » mauvais cœur »; qui ne craignait pas de se livrer envers son bienfaiteur à ces scènes odieuses et fréquentes où toutes les lois des bienséances étaient foulées aux pieds, et où la violence était portée au point d'inspirer au Prince cette exclamation rapportée par le baron de Saint-Jacques : « Vous ne savez pas comment elle me traite : elle me bat! »; qui, enfin, lui causait assez de défiance et de crainte pour qu'il manifestât de vives appréhensions sur sa sûreté intérieure et qu'il exprimât l'idée de faire coucher près de lui un domestique de confiance, idée dont il avait déjà déposé le germe dans le sein de M. de Surval, avant la confection du testament, par ces paroles qui n'indiquent que trop ses terreurs et les personnes dont l'intérêt lui faisait redouter un attentat : « Après qu'ils auront obtenu de moi ce qu'ils désirent, mes jours peuvent courir des risques. »

Mais surtout que n'est-on pas autorisé à penser d'elle, lorsqu'on lit les témoignages relatifs aux propos étranges qu'elle a tenus, en novembre 1827, à *la Faisanderie* de Chantilly, et, dix-huit mois avant la mort du Prince, en montant en voiture à *la Reine-Blanche*? Celle qui a été capable de répondre à son neveu, qui lui disait que le Prince pouvait bien vivre encore longtemps : « Bast! il ne tient guère; aussitôt que je le pousse du doigt, il ne tient pas: il sera bientôt étouffé, » peut être soupçonnée de tout; car ces mots prouvent, ce qu'elle dément avec si peu de succès, qu'elle a frappé plus d'une fois un faible vieillard, son bienfaiteur; et ils offrent une coïncidence bien fatale avec le genre de mort par lequel tout fait présumer que le Prince a succombé. Celle qui a pu encore s'écrier, avec une froideur de calcul révoltante : « Que son existence se prolonge un an ou deux, et il arrivera ce qui pourra, » peut être accusée des plus odieuses préméditations; car ces mots annoncent que la vie du Prince ne lui est nécessaire que jusqu'au jour où il aura rassasié sa cupidité, c'est-à-dire où il aura assuré par un testament la part immense qu'elle convoite dans sa fortune.

Il est impossible d'oublier sa conduite pendant la maladie du Prince, dans l'hiver 1829-1830, après la confection du testament, ni son insistance pour forcer le Prince à des écarts de régime et à des excès qui pouvaient provoquer sa mort, en altérant sans retour une santé déjà affaiblie. On a pris soin, dans le *Mémoire* déjà cité, de rapprocher cette circonstance des paroles prononcées à *la Faisanderie* et à *la Reine-Blanche.*

C'est par la même raison que nous n'insisterons pas sur les scènes si violentes qui ont amené le testament, sur celles qui l'ont suivi. Nous rappellerons seulement celle du 11 août 1829, laquelle a laissé sur le corps et sur le visage du Prince des traces dont sa bonté généreuse voulut d'abord dissimuler la cause, mais dont la confidence lui échappa enfin à lui-même. C'est en vain que Mme de Feuchères a voulu sur ce point entrer dans des dénégations dont le mensonge évident donne la mesure de la créance que ses autres protestations méritent. C'est en vain qu'elle affirme qu'elle n'était pas à Saint-Leu ce jour-là, *puisqu'elle se trouvait à Paris :* les explications de détail si précises, données par Manoury, dévoilent son subterfuge; car si effectivement elle invoque un *alibi* le 11 août, et s'il est vrai qu'elle se soit trouvée alors à Paris, c'est qu'elle est partie à midi moins un quart de Saint-Leu, où elle déjeuna chez elle, après avoir commandé deux couverts. Il faut revoir sur ce point, et l'interrogatoire de Mme de Feuchères, et la déposition de M. de la Villegontier, dont elle a si malheureusement invoqué le témoignage!

Exposons maintenant sa conduite le jour de l'événement. L'instruction a fait ressortir son insensibilité, le calme de ses traits en entrant dans l'appartement du Prince, et même après que la mort eut été constatée. Bientôt elle sentit la nécessité de donner quelques marques extérieures de douleur ; aussi parut-elle désolée aux yeux d'un ou deux témoins : mais d'autres signalent l'indignation qu'ils éprouvèrent en la voyant si insensible dans un tel moment. Seule, elle se contraignit moins encore; et Mme de Préjean rend compte de l'expression indéfinissable dont elle fut saisie en la trouvant chez elle, deux heures après, en tête à tête avec l'abbé Briant, *et s'entretenant l'œil sec, comme d'affaires!* Alors sans doute elle était tout entière à l'inquiétude que lui inspirait la découverte possible de quelques papiers contraires à ses intérêts. Son agent lui annonçait l'infructuosité de ses recherches, et elle discutait avec lui les moyens de s'assurer d'une chose si importante. C'est sans doute aussi après cet entretien, que l'abbé Briant revint à la charge et insista encore pour qu'on fît de nouvelles investigations. C'était de pièces sans doute redoutables pour elle, susceptibles de lui nuire ou de la compromettre, et pouvant avoir échappé aux recherches faites dans la nuit par les assassins, que son esprit était préoccupé. Il l'était encore du vil intérêt qu'elle attachait à la possession de l'argenterie affectée au service de Saint-Leu. Mais le souvenir de son bienfaiteur, la douleur de sa perte, la consternation d'un événement si cruel et si mystérieux, tout cela ne l'affectait pas. Sa seule pensée semblait être d'en tirer le profit espéré. Cette préoccupation singulière, partagée en même temps et loin d'elle, par son neveu M. de Flassans, et qui ne cessa qu'au moment où la visite faite par le président et le grand référendaire de la Chambre des pairs eut appris que les meubles ne contenaient aucun papier important, elle l'explique aujourd'hui en disant qu'elle se rapportait à l'espérance de trouver une lettre du Prince pour elle ; ajoutant que, s'il fût mort *en état de raison*, il n'eût pas manqué de lui écrire !

Ainsi voilà de nouveau reparaître cette insinuation sur la démence du Prince, mise en avant d'abord par l'abbé Briant, par ceux enfin qui parlaient par et pour Mme de Feuchères ! On sentait si bien l'improbabilité du suicide dans l'état des circonstances, qu'il fallait calomnier la raison de la victime, et motiver un acte, autrement inexplicable, par une supposition de folie ! Le soir même de l'événement, une autre cause était assignée par elle à sa préoccupation. Couvrant du prétexte d'un désintéressement mensonger les terreurs auxquelles son insistance et celle de son confident et affidé, l'abbé Briant, semblaient devoir donner une cause bien différente ; sentant le besoin de détourner les soupçons, elle prétendit que toute son appréhension était qu'on ne trouvât un testament qui dépouillerait le jeune duc d'Aumale *pour lui donner tout à elle-même*. Qui croira jamais que son âme se soit affligée d'un tel pressentiment? Qui croira surtout qu'elle pût supposer de la part du Prince, si justement refroidi, une extension des avantages qu'elle avait eu tant de peine à obtenir? Non; elle ne pouvait concevoir pareille crainte, mais bien au contraire celle de ne rien conserver!

Un propos qui lui serait échappé le jour même de la mort, et qui, attesté par M. et Mme de Préjean, n'a pas été démenti formellement par Mme de Choulot, qui dit seulement *ne se le point rappeler*, *n'y avoir pas attaché d'importance;* un propos que Mme de Feuchères ne réfute qu'en refusant avec un dédain affecté d'y répondre, *comme trop abominable*, présente une connexion singulièrement frappante avec les paroles étranges par elle prononcées à *la Faisanderie* et à *la Reine-Blanche*, et qu'elle n'a réfutées également que par le silence, en les traitant encore d'*abominations*. Il fallait que sa conscience fût bien alarmée, lui rappelât bien vivement que les présomptions publiques devaient la désigner comme l'auteur du crime, pour que ses premiers mots aient été ceux-ci : « Il est bien heureux que le » Prince soit mort de cette manière! s'il était mort dans son » lit, on n'aurait pas manqué de dire que je l'avais empoi» sonné. » Aussi prit-on soin qu'il n'apparût pas mort dans son lit; aussi la couleur du suicide fut-elle celle qu'on s'efforça de donner à sa fin; aussi Mme de Feuchères, qui ne devait pas avoir plus de données que tous les autres sur le véritable genre de mort du Prince, au lieu de douter, de s'enquérir, de provoquer des vérifications, de poursuivre la découverte de la vérité à tout prix, avec le double zèle que commandaient son attachement prétendu et sa qualité de légataire, n'hésite-t-elle pas un moment à proclamer le suicide, à n'admettre que l'hypothèse du suicide, à la fortifier par des insinuations sur la prétendue démence du Prince, sur la cause de la contusion à l'œil remarquée le 11 août, dont elle était l'auteur, et qu'elle présente adroitement comme une tentative probable de suicide! Et quand ce système *nécessaire* peut être renversé par la confidence que

Manoury a faite des projets de départ du Prince, lesquels expliquent tant de circonstances, faciles à exploiter en les dénaturant, elle appelle Manoury, elle cherche à l'effrayer par la crainte des suites que l'aveu de sa coopération à ces projets peut attirer sur lui, à obtenir enfin son silence et son désaveu !

Cette conviction systématique sur la nature d'un fait si incertain, ne donnerait-elle pas lieu de croire qu'elle avait des raisons pour savoir à quoi s'en tenir, et pour n'avoir pas à solliciter d'éclaircissements ? Voyez comme le besoin de s'isoler à tout prix de tout ce qui a rapport à l'événement sur les choses même les plus indifférentes, la jette dans des dénégations dont la fausseté démontrée donne la mesure de la foi qu'elle mérite pour des paroles ou des faits plus importants ! C'est elle qui a envoyé chercher Manoury, le matin du 27, pour enfoncer la porte. Cela est avéré; et comme s'il y avait du mal en soi à avoir envoyé chercher Manoury, elle s'en défend avec obstination ! On n'en a pourtant d'abord rien inféré contre elle : mais ne serait-ce pas qu'elle ne peut se dissimuler l'avoir envoyé chercher, pour enfoncer la porte, parce qu'elle savait d'avance que le Prince ne pourrait plus l'ouvrir ? Ne serait-ce point pour cette raison, qu'elle ne veut point l'avoir envoyé chercher ? car il lui semble que chacun lisait dans son cœur la cause de cet ordre. Ainsi sa conscience la trahit : elle la jette au-devant des coups du soupçon ! Ce fidèle et inflexible Manoury, qu'elle n'a pu intimider tout à l'heure, elle cherchera bientôt à le gagner par l'offre d'une place importante dans sa maison. Mais il repousse ses caresses comme ses menaces; et ces infructueuses tentatives n'auront fait que montrer combien de prix Mme de Feuchères attache à son silence !

Depuis lors, Mme de Feuchères, signalée par l'opinion, au point que l'avoir servie est pour ses gens un titre d'exclusion générale, inquiète sur les résultats d'une instruction sérieuse et menaçante, a dirigé tous ses efforts et ses facultés vers les moyens qui pouvaient en amortir le coup. Après s'être emparée, dans l'intérêt de sa cause, d'un *Mémoire* où les limites de la question médico-légale étaient, on doit l'avouer, singulièrement dépassées, elle a voulu s'en servir pour influencer certaines convictions ; et la brochure du docteur Marc a été distribuée *de sa part* à plusieurs témoins, au moment où elle les avait appelés devant la justice. On peut juger maintenant Mme de Feuchères.

Indépendamment des charges qui compromettent Mme de Feuchères, il en est que l'instruction semble révéler contre d'autres personnes, et qui nécessitent au moins de la part des magistrats l'examen le plus sérieux. Elles intéressent le valet de chambre Lecomte, les époux Dupré et l'abbé Briant. Nous allons les rappeler successivement et avec brièveté.

D'après l'ensemble de l'enquête, il est difficile de ne pas être frappé de l'embarras qui se manifeste dans les explications de Lecomte, et du *louche*, s'il est permis de parler ainsi, qui règne dans ses actes. Lorsqu'on réfléchit qu'il avait été imposé au Prince, qui s'en défiait, par la baronne, dont il était l'obligé et l'homme de confiance dès longtemps; qu'au dire des témoins, notamment de Mme de la Villegontier, son service auprès du Prince était malhonnête et même brutal ; que ce malheureux et faible vieillard le regardait comme un espion placé pour l'observer et le trahir; qu'il avait précédemment à Paris une mauvaise réputation; qu'enfin l'opinion de plusieurs personnes lui était si défavorable, que, quand Mme de la Villegontier, à son retour, apprit que Lecomte était le valet de chambre de service auprès du Prince la nuit de sa mort, elle ne put s'empêcher de s'écrier : « Ils l'ont assassiné ! » Lorsqu'à ces données on ajoute l'examen de la conduite et des paroles de cet homme, son intervention dans la découverte des *fragments*, son assurance à prétendre, contre toute possibilité et malgré tous les témoignages, que ces fragments existaient dès le matin du 27, au fond du foyer, tandis que personne ne les a aperçus avant le soir, et qu'alors ils étaient répandus très visiblement, *comme une neige*, sur la surface des cendres; sa réponse évasive, le matin de l'événement, lorsque Manoury lui demanda s'il s'était assuré que le verrou de l'escalier dérobé était fermé, ce à quoi il répondit « qu'il ne l'avait pas remarqué »; son explication relative à cet escalier, dont il prétendit presque ignorer l'existence ou l'usage, quoiqu'il se coupât alors avec une déclaration antérieure, où il disait avoir pensé qu'il aboutissait à l'appartement de Mme de Feuchères ; sa rétractation, postérieure de trois jours à la mort, et après avoir eu le temps de se raviser ou d'être stylé, lorsqu'il affirma que c'était lui qui avait tiré le verrou pour Mme de Feuchères (laquelle, en définitive, n'est point montée par l'escalier dérobé) ; enfin, quand à ces fâcheuses contradictions se mêle encore le souvenir de ses réticences et de ses invraisemblables explications sur le propos qui lui était échappé dans un instant d'émotion, qu'il a dénié et que tant de personnes attestent, propos qui était comme l'aveu d'une conscience bourrelée, on ne peut s'empêcher de suspecter le rôle qu'il a joué dans l'événement du 27 août, et de désirer des éclaircissements plus précis sur la part qu'il a pu y prendre ou non. Il avait dit : « *J'en ai gros sur le cœur,* » ou « *J'ai un poids sur le cœur.* » Interpellé sur le sens de ces mots, il ne répondit rien. Ce ne fut que plus tard et sur de nouvelles instances, que, dans la crainte de s'être compromis, il interpréta ses paroles, en disant qu'elles se rapportaient *à la vente de son fonds de coiffeur*, et à la détresse où sa confiance aveugle dans les promesses de la baronne allait le jeter. Depuis, il a reproduit le même système, en l'accompagnant de divagations et de commentaires embarrassés, et en s'empressant avec affectation de déclarer qu'il n'avait vu Mme de Feuchères qu'une seule fois et sans lui parler, *bien qu'elle l'eût fait indirectement inviter à se rapprocher d'elle et à profiter de ses bienfaits.* Cet empressement à renier l'influence de la baronne, avant qu'on se disposât à en faire un grief contre lui, inspire la conviction de cette influence même : *nimia præcautio dolus.* En tout cas, sa déclaration révèle de nouveau les démarches faites par Mme de Feuchères pour se rattacher les témoins. Que ses dons se soient effectivement répandus ou non sur

Lecomte depuis la mort du Prince, toujours est-il que la conduite de Lecomte, ses tergiversations, ses réticences, ses explications invraisemblables et contradictoires, doivent inspirer de la défiance, et qu'il sait au moins beaucoup plus qu'il ne veut dire.

Quant aux époux Dupré, ils étaient attachés au service particulier de Mme de Feuchères : c'étaient gens à sa dévotion. Ils couchaient dans une pièce d'entresol immédiatement placée au-dessous de la chambre du Prince. Cette pièce était précédemment occupée par Manoury, ce qui semblait bien plus convenable, puisque le valet de chambre était alors tout à la disposition de on maître. Mme de Feuchères en évinça Manoury pour y placer des gens attachés à sa personne. C'est en vain qu'elle essaie de le nier : car ici, comme dans presque toutes ses réponses, elle se contredit aussitôt en ajoutant que, *si elle l'a fait, ç'a été par besoin et pour avoir sous la main quelqu'un de son service.*

Dupré et sa femme affirment n'avoir rien entendu dans la nuit du 27, quoique, avouent-ils, les moindres mouvements du Prince ne leur échappassent jamais, quoiqu'ils entendissent jusqu'au son de sa pendule. Comment donc se fait-il que, par une extraordinaire fatalité, ce soit précisément cette nuit-là, cette seule nuit où la chambre aurait dû retentir de plus de mouvement et de bruit que d'habitude, que Dupré et sa femme auraient pour la première fois été privés de la perception de ce qui se passait au-dessus de leur tête? En vérité, qu'il y ait eu suicide, qu'il y ait eu assassinat, toujours est-il que les apprêts de la mort durent frapper leur oreille et leur signaler quelque chose d'extraordinaire. Mais non : ils n'ont rien entendu ! Ne serait-ce pas qu'ils ont eu la volonté de ne point entendre? Certes, leur surdité inopinée, la dureté de leur sommeil dans cette nuit mémorable, prêtent à bien des inductions. Leur langage calculé, la pauvreté de leurs explications, l'invraisemblance de leur système, sont loin d'être satisfaisants. D'autres circonstances vont bientôt justifier les soupçons que leur conduite inspire à toute la maison du Prince, et que le témoin Fife résume en disant, « qu'il ne les estime pas », parce qu'il lui paraît impossible qu'ils n'aient rien entendu. Le jeune fils de Dupré, en jouant avec la jeune fille du sieur Payel, lui a raconté avec l'indiscrétion de son âge, que « ses père et mère ont beaucoup d'argent »; qu'il le leur a vu compter, lorsqu'ils le croyaient endormi; qu'ils veulent se retirer et acheter un bien de campagne. L'enfant, sans autre conséquence, fait part de ce propos à plusieurs personnes! Elle est, ainsi que ces personnes, interrogée : elle persiste dans son rapport. On appelle à son tour le fils de Dupré. Il arrive devant le juge, préparé assurément par sa famille, qui a reçu pour l'enfant la citation de justice. Là, ses dénégations sont tellement formulées et raisonnées, que M. le conseiller instructeur ne peut s'empêcher de lui dire : « Vous me paraissez avoir été bien stylé. » C'est en effet ce que penseront tous ceux qui liront sa déposition. Ainsi, elle n'est que l'expression d'une pensée étrangère, fortement intéressée; et, entre sa dénégation ainsi comprise et l'affirmation de la petite Payel (qui, non plus que ses parents, n'a aucun intérêt à compromettre les Dupré, et qui n'a pas parlé pour le besoin de la cause, mais rapporté à des tiers une confidence dont elle ne pouvait apprécier la portée), il n'y a pas, ce nous semble, à balancer. Le mensonge est là où il peut seulement être utile. Et remarquons que Dupré, tout en déniant le fait et en se prétendant pauvre, jette en passant quelques mots sur une succession qui vient de s'ouvrir pour lui. Or, on sait que c'est le grand moyen de rendre raison d'une opulence présente ou future qu'on ne saurait justifier autrement. Les Dupré seront assez prudents, sans doute, pour ne pas acheter aujourd'hui un bien de campagne et y vivre dans l'aisance : mais si, dans peu de temps, dans peu d'années même, ils achètent un bien de campagne, la succession expliquera tout.

Il y a plus : Dupré, à la suite d'une scène, est sorti de chez la baronne, qui, plus emportée que prudente, n'a pas craint, par orgueil, de braver son ressentiment. Elle n'a pas tardé à s'en repentir. Dupré, dans la vivacité première de son ressentiment, s'est laissé aller à dire devant témoins : « F.....

elle est bien heureuse que je n'aie pas parlé, ou voulu parler! » Ce propos, quoi qu'elle dise, lui est revenu, ou du moins elle a compris qu'il était possible. Elle a dû s'efforcer, dès lors, de calmer les Dupré. Mais comme elle ne pouvait les reprendre sur-le-champ sans s'exposer à aggraver l'importance du propos, elle a dû les engager à feindre quelques tentatives pour se placer ailleurs, et leur promettre qu'après délai suffisant et satisfaction apparente, elle les reprendrait à son service. Ainsi fut fait. Dupré est rentré chez celle qu'il avait offensée : les époux sont aujourd'hui dans toutes ses bonnes grâces! Aussi ont-ils nié avec force le propos attribué audit Dupré, et que le témoin Lesobre a persisté à soutenir dans sa confrontation avec lui. Il est donc avéré que ce propos a été tenu, comme il est tout simple qu'il soit contesté. Mais, comme on a senti le peu de valeur d'une dénégation calculée, en présence de témoignages contraires, on a voulu dénaturer le mot, l'interpréter. Dupré a prétendu qu'il avait voulu seulement parler du caractère de la baronne, qui était moins bon qu'il ne le croyait. La femme Dupré, faute sans doute de s'être assez bien concertée avec son mari, est venue donner une autre version et soutenir qu'il avait voulu faire allusion *à M. Leblond, maître d'hôtel, qui le contrariait dans son service!* Il y a dans ces interprétations une absurdité si palpable, une mauvaise foi si évidente, qu'il suffit de les méditer pour ne conserver aucun doute que le propos révélé a été tenu dans ses termes mêmes. Or, si ce propos est une nouvelle charge ajoutée à toutes celles qui pèsent sur Mme de Feuchères, il est également une charge grave contre les Dupré.

Des circonstances d'une autre nature et aussi peu favorables réclament une attention sévère à l'égard de l'abbé Briant. Connu par son dévouement absolu aux intérêts de Mme de Feuchères, dont il était à la fois l'aumônier, l'instituteur et le secrétaire, et qu'il suivait en tous lieux, il était de la part du Prince l'objet d'une répugnance marquée et qu'atteste l'instruction. On ne saurait trop faire ressortir l'ambiguïté de son rôle à l'époque de l'événement et depuis.

C'est lui qui a présenté l'existence d'un fusil et d'un couteau dans la chambre du Prince, comme indices d'une préméditation de suicide; c'est lui qui a insinué que le Prince avait pris la mesure de l'espagnolette avec sa canne, dans l'intention de s'y pendre, tandis qu'il ne faisait alors que dégager les rideaux pris dans la croisée; c'est lui qui a dit que le Prince était « un vieux bonhomme qui radotait », et que « c'était pour cela qu'il s'était suicidé...; » qu'« il avait des dispositions à l'aliénation mentale »; c'est lui qui a, le premier, proclamé les droits de Mme de Feuchères, réclamé si indiscrètement l'argenterie de Saint-Leu, et insisté si fortement, à plusieurs reprises, pour la recherche des papiers concernant la baronne, et d'une boîte ou cassette présumée contenir les joyaux du Prince. C'est lui qui, non content d'avoir ainsi calomnié sa mémoire et propagé des bruits absurdes pour corroborer l'idée du suicide, s'est fait le champion de Mme de Feuchères, au point de coucher armé à la porte de la chambre de cette dame, au Palais-Bourbon, pendant quinze nuits, parce que, a-t-il dit, « il n'y avait pas encore de police organisée, et qu'on avait volé des plombs au bout du jardin! » Comme si, après le 30 août, l'ordre n'était pas complètement rétabli, et comme si les appréhensions de Mme de Feuchères pouvaient naître sérieusement à propos de vols commis dans un pavillon isolé, à une distance considérable de ses appartements! Non : ses terreurs avaient une autre cause; et elle-même, démentant l'abbé Briant, a attribué ces précautions « à l'émotion résultant du cruel événement de Saint-Leu, et à l'effroi qu'elle en avait *conçu.* »

Au surplus, l'abbé Briant s'est borné à répondre par des dénégations sur la plupart des points les plus importants qui lui étaient reprochés. Il n'a pas dit à l'égard de lui-même un mot qui ne soit réfuté par l'instruction. Il a donc aggravé sa position par ses explications.

En résumé, il est aujourd'hui démontré moralement et physiquement par les enquêtes, que le duc de Bourbon ne s'est pas suicidé, qu'il ne l'a voulu ni pu. Dès lors, il a été nécessairement la victime d'un attentat, puisque sa mort a été violente. Cette conséquence, qui ressort logiquement du premier fait, est confirmée par les circonstances indicatives de l'assassinat, circonstances tirées, tant de l'état des lieux que de l'état du cadavre. Ainsi, quoi qu'on ait pu dire, il y a, en réalité, un corps de délit. C'était donc le cas de remonter aux auteurs présumables du crime. Or, l'intérêt au crime était la voie qui devait guider dans cette recherche, qu'il était d'autant moins convenable de négliger, que des indications et des charges d'une autre nature semblaient fortifier les présomptions spéciales. Telle est la gravité de ces documents accusateurs, qui se pressent en foule dans cette lamentable affaire, qu'il était du devoir de la partie civile de les faire ressortir et d'en poursuivre avec fermeté l'examen. Les révélations de l'enquête étaient là : elles parlaient haut. Elles exigeaient impérieusement que le plus proche parent du dernier des Condé prît en main la cause de sa mémoire, et, sans crainte, comme sans passion ni témérité, accomplît toute son œuvre, en signalant judiciairement, non seulement le crime, mais aussi ceux que l'opinion publique, justifiée par une impartiale et grave instruction, accuse d'avoir pu y concourir.

Sans autre intérêt possible que celui de l'honneur et du devoir, sans désir ni besoin de trouver à tout prix des coupables, il invoque seulement la manifestation de la vérité. Quelle âme généreuse et droite ne sympathiserait pas avec ses vœux, n'applaudirait à sa conduite, ne se joindrait à lui, pour demander que les magistrats ne ferment pas la voie qu'il a si honorablement et si légalement ouverte?

DAUFRESNE,
Mandataire de la partie civile.

MERMILLIOD,
Avocat.

LETTRE DE M. DE SURVAL A Me LAVAUX, AVOCAT

SUR SON PLAIDOYER DU 23 DÉCEMBRE 1831, EN FAVEUR DE MISS DAWES, BARONNE DE FEUCHÈRES [1].

J'ai lu, monsieur, dans la *Gazette des Tribunaux*, le plaidoyer que vous avez prononcé à l'audience du 23 en faveur de Mme de Feuchères, dans l'affaire du testament de monseigneur le duc de Bourbon.

Qu'un avocat use de tous les moyens en son pouvoir pour parvenir à laver son client des inculpations injustes dont il le croit accablé, c'est son devoir essentiel; et la tâche qu'il remplit à cet égard est des plus honorables. Mais qu'il épouse son animosité et sa haine contre un témoin de l'instruction, ceci sort du rôle de l'avocat qui se respecte ; et vous me permettrez, monsieur, de vous adresser à ce sujet les observations suivantes, sur les parties de votre plaidoirie qui me concernent.

D'abord, monsieur, je ne sais point ce que c'est que de me répandre en injures contre qui que ce soit. La modération de mon caractère est assez connue, pour que toutes les personnes qui ont eu des relations avec moi soient mes garants à cet égard. Je ne me suis donc jamais répandu en injures contre Mme de Feuchères, ainsi que vous l'avez dit. J'ai déposé exactement, et avec une entière véracité, sur les faits à ma connaissance. Ce serait à recommencer, je le ferais encore, parce qu'aucune considération personnelle, parce qu'aucune des conséquences possibles de mes dépositions ne me feront jamais trahir la vérité. Dire que j'ai éprouvé

[1] Nous croyons inutile de donner intégralement cette lettre fort étendue. Nous en avons éliminé les détails particuliers concernant exclusivement M. de Surval et les faits déjà racontés et connus du lecteur.

la plus profonde indignation de la conduite de Mme Feuchères envers monseigneur le duc de Bourbon, dire qı j'ai eu cent preuves, mille preuves, qu'elle a abreuvé s deux dernières années d'amertumes et de douleurs, et sa vi depuis qu'il l'a connue, de contrariétés, c'est dire la vérit monsieur; me répandre en injures, ainsi que vous m'en a cusez, est un moyen qui n'a jamais été à mon usage. Voı dites ensuite que je suis entré dans la maison du Prince p l'entremise de Mme de Feuchères. S'il en était ainsi, ne le nierais point. Qui ne sait, en effet, que tous les officie du Prince avaient été placés par elle? C'est une chose p temment connue. L'ascendant, le terrible ascendant, car était en effet terrible, puisque le malheureux Prince trembla à l'idée d'y résister, l'ascendant qu'elle avait su prendre s lui ne lui permettait de ne rien faire sans son consentemen et si je nie d'avoir été non point placé, *mais promu* par el à la place que j'occupais en dernier lieu, c'est par le se amour de la vérité, et non pas que j'y attache la moindre in portance..... M. de Gatigny mort, je lui succédai comme i tendant général. Mme de Feuchères passa aux yeux d monde, et crut elle-même avoir été l'instrument principal d ma nomination. Elle le fut effectivement, en ce sens que, elle s'y fût opposée impérativement, comme elle le faisa dans beaucoup de circonstances, je n'eusse point été nomm' Cela est très vrai : mais il n'en est pas moins certain aus qu'elle avait été amenée là par suite de conventions entre l Prince et moi. Ce fut cependant un acte de politique d Mme de Feuchères, que celui de ma nomination. En y con sentant, elle se rapatriait un peu avec l'opinion publique, qu déjà l'accusait de vouloir faire expulser tous les anciens ser viteurs de la maison de Condé, et elle espérait que la recon naissance m'imposerait envers elle l'obligation de lui céde sur tous les points de ses désirs. Le propos aussi inept qu'impudent qui me fut tenu par un de ses neveux, qu'ell m'avait envoyé pour m'annoncer ma nomination, me con firma bien dans mon opinion à cet égard. « Oui, ajouta-t-il après m'avoir fait son compliment; oui, vous allez êtr nommé : mais bien entendu que vous ferez tout ce que ma tante désirera. » Il a fallu toute la soumission aux ordres du Prince et toute la prudence dont je sentais la nécessité, pour me contenir et me faire répondre seulement : Que, convaincu que Mme de Feuchères ne me demanderait jamais rien que d'honorable et qui ne pût être fait, elle devait être certaine qu'elle ne trouverait jamais d'opposition de ma part. Le lendemain, cependant, en faisant mes remerciements au Prince de la confiance qu'il venait de m'accorder (car Mme de Feuchères avait eu beau faire, c'était à lui seul que je devais toute ma reconnaissance, et c'était lui seul que je jurais de servir fidèlement), le lendemain, dis-je, je ne pus m'empêcher de répéter au Prince le propos qui m'avait été tenu. Il se contenta de me répondre : « Il faut passer là-dessus » et dissimuler. L'essentiel, c'est que vous voilà nommé : il » ne s'agit plus que de bien nous entendre. » Et il s'étendit alors en instructions détaillées sur la conduite que j'avais à tenir avec elle et les siens...

A l'égard de tous ces projets de testament dont on l'accablait, monseigneur le duc de Bourbon n'avait jamais voulu entendre parler de ceux qu'on lui présentait sans ma participation. Il m'avait plus d'une fois prévenu des tentatives que l'on avait faites à ce sujet, en me disant que jamais il ne ferait un acte de cette nature sans qu'il lui fût présenté par moi. Certainement personne plus que moi ne désirait que monseigneur le duc de Bourbon fît des dispositions testamentaires; et en partant même du fatal principe, que « l'intérêt est le principal mobile des hommes dans les affaires de ce monde, » n'étais-je point intéressé, très intéressé, à ce que ces dispositions eussent lieu? Je les désirais donc, oui, monsieur : mais je ne voulais pas que, pour y parvenir, on violentât le malheureux Prince, comme on l'a fait; qu'on enflammât son sang, comme il ne cessait de me le dire, par le tourment qu'on lui occasionnait; qu'on lui ravît le sommeil et le repos, et qu'ainsi on avançât ses jours. Je ne voulais point enfin qu'on lui mît le couteau sous la gorge, suivant ses propres expressions, si étrangement dénaturées par vous. Voilà, monsieur, ce que je ne voulais point, et voilà également ce en quoi il m'empêchait lui-même de combattre Mme de Feuchères ouvertement...

Je ne m'occupai sérieusement de l'acte qui existe, que quand, réduit aux abois et n'ayant pu obtenir le répit qu'il demandait avec tant d'instances, il me dit : « Hé bien, il faut en finir et acheter, si je puis, la tranquillité du peu de jours qui me restent encore. » — Mais le combat qu'il lui a fallu soutenir pour arriver là, moi seul en fus témoin et moi seul sus s'il fut rude et terrible! Ce fut au point, monsieur, qu'outré, navré de l'état dans lequel je le voyais, je m'échappai à lui dire : « Mais, monseigneur, puisque ce consentement vous met dans un état si déplorable, pourquoi consentez-vous? Monseigneur le prince de Condé votre père n'eût point eu une faiblesse semblable. » — « Ah! me répondit-il, en laissant tomber sa tête sur ses mains, ne mettez point le comble à mon malheur. » — Cette réponse me rendit muet et me fit regretter le reproche involontaire que je lui avais fait. De ce moment, lui résigné, je dus l'être moi-même et respecter l'excès de son malheur.

De la simple et stricte ponctualité de mes dernières réponses à M. le conseiller rapporteur, vous inférez inconséquence et changement de langage dans mes dépositions. Parce que je ne me suis point étendu dans chacune d'elles sur cette violence si évidente, et que j'ai rapporté le plus simplement possible tout ce qui a eu lieu à l'égard du testament, après que le Prince eût été résigné, vous me taxez de variations. Était-il donc besoin, monsieur, de ressasser dans mes nouvelles dépositions ce que j'avais dit assez intelligiblement dans mes premières? Fallait-il ajouter de nouveaux détails à ceux que j'avais déjà donnés et qui me paraissaient devoir prouver assez? M. le conseiller rapporteur, consulté, vous dira que je lui ai plusieurs fois tenu ce langage. Je ne m'étends point sur les scènes fréquentes qui ont eu lieu, ni sur les lamentations journalières du malheureux Prince. Ce serait à n'en pas finir, et j'aurais des volumes à déposer à ce sujet. Ainsi donc, dans l'instruction criminelle, je le répète, j'ai déposé de ceux des faits relatifs à la violence et à la découverte de l'assassinat, et j'ai rapporté dans toute leur simplicité ceux relatifs à la rédaction du testament, après que le malheureux Prince eût été résigné. Elle n'est donc point fondée, monsieur, cette accusation de variation de langage que vous portez contre moi et qui découle de votre bouche avec tant de facilité, comme moyen de décrier un témoin qui a eu le tort aux yeux de votre cliente de n'avoir point su mentir à la justice.....

Dans la conduite que j'ai été obligé de tenir à l'égard de Mme de Feuchères, j'obéissais, je le répète, aux ordres du Prince, auquel mon existence entière était vouée : mais j'étais loin de vouloir servir l'ambition et l'avidité de cette femme qui, je le dis et le redis encore, abreuvait ses jours d'amertume et de douleur. Elle n'était point elle-même sans avoir des soupçons sur l'accord particulier qui existait entre le Prince et moi, et plusieurs fois elle en avait témoigné de l'inquiétude. On me répéta un jour, comme avertissement, qu'on lui avait entendu dire : « Je suis sûre que Monseigneur fait des cachotteries avec M. de Surval : il faut s'en méfier. » — Mme de Feuchères avait bien deviné : mais nous étions des innocents auprès d'elle. Il fallait que tôt ou tard nous succombassions. La faiblesse du Prince pour elle, l'ascendant terrible qu'elle avait pris sur lui [1], la frayeur qu'elle lui inspirait, toutes ces armes qu'elle savait si artificieusement em-

[1] Parmi toutes les preuves de cet ascendant se trouve encore celle frappante de cette soumission à laquelle Mme de Feuchères avait obligé le Prince, de la laisser ouvrir le paquet de lettres qui lui arrivait tous les soirs ; et de lui laisser faire une investigation inquisitoriale de celles qui lui étaient particulièrement adressées. C'était pour affranchir ma correspondance avec lui de cette investigation, que le Prince m'avait recommandé de ne lui écrire, à Chantilly, que sous le couvert de l'inspecteur Obry, son filleul, que l'on peut interroger à cet égard. Quand je lui écrivais à Saint-Leu, je faisais porter mes lettres par le nommé Manuel Picq, ou autres gens de la maison, qui les remettaient au fidèle Manoury, par l'entremise duquel elles arrivaient au Prince. On peut aussi les interroger à ce sujet. Ses réponses m'arrivaient directement. Pour elles, il n'y avait point de danger : c'était Manoury qui les mettait à la poste.

ployer, étaient entre ses mains; et on sait si elle en a su faire un usage complet! Au surplus, je n'ai rien négligé pour affranchir le malheureux Prince du funeste joug sous lequel il gémissait. Sachez-le ainsi qu'elle, monsieur, et que cette circonstance augmente, si cela est possible, sa haine contre moi. Peu de temps avant la signature du testament, au moment où le Prince me disait : « Mais elle me menace de partir, si je ne consens point », je lui répondis : « Eh! Monseigneur, laissez-la partir! » —

Dans ce même moment, je soumettais au Prince une nouvelle organisation de sa maison, au moyen de laquelle elle s'en trouvait expulsée, ainsi que tous les siens. Ce projet d'organisation, que j'ai encore là dans mon secrétaire, le Prince le conserva pendant quarante-huit heures. Il le médita donc?... Il me le rendit, après avoir changé un nom qui ne lui convenait point. Ce qui prouve bien qu'il ne lui eût fallu alors qu'un peu d'énergie, pour le mettre à exécution pendant le voyage dont on le menaçait. Mais le malheureux Prince était tellement enlacé, qu'avec infiniment d'esprit, de tact et de jugement, convenant avec moi journellement de sa faiblesse et de ses résultats désastreux, il n'a jamais su la vaincre! En me rendant ce projet, le Prince me dit : « Ce serait encore une affaire du diable : on fera un tapage effroyable : le public s'entretiendra encore de moi; et vous savez que c'est là tout ce que je déteste. Laissons donc cela. Il faut que je subisse le sort dans lequel je me suis placé. Je n'ai d'autre reproche à faire qu'à moi seul : je le sais bien. »

C'est ainsi que l'infortuné Prince a toujours sacrifié son repos, sa tranquillité intérieure, et quelque chose de plus que je n'ose nommer ici, je le dis avec la plus grande affliction, à des considérations puériles! Tous les jours il déplorait sa faiblesse, sans pouvoir la surmonter. *Video meliora proboque, deteriora sequor* : ces six mots d'Horace écrits de sa propre main, que M. Borel de Brétizel, les autres personnes présentes à l'inventaire à Saint-Leu, et moi, trouvâmes dans ses papiers, n'en sont-ils pas encore une preuve? Je regrette et regretterai toujours avec amertume que le malheureux Prince n'ait point eu la force de consentir à cette expulsion. J'ai la conviction que, si elle eût eu lieu, il existerait. Oui, monsieur, il eût échappé au sort affreux qui lui était réservé. De deux choses l'une : ou monseigneur le duc de Bourbon a été assassiné ; dans ce cas, la maxime *Is fecit cui prodest* a fait naître dans les esprits d'effroyables pensées ; ou il s'est suicidé. Eh bien, monsieur, ce serait encore Mme de Feuchères qui l'aurait tué. Oui, monsieur, tué, en le portant à cet acte de désespoir par ces affreux procédés envers lui. Attaquez-moi donc aussi, monsieur ; traînez-moi en police correctionnelle. Faites que je sois confronté avec celle dont vous prenez si glorieusement la défense : je lui répéterai devant nos juges ce que je vous dis ici, parce que telle est mon entière conviction.

Ce sera un tribut que je payerai à l'infortuné Prince dont j'aurais voulu prolonger les jours aux dépens des miens. Par la même raison, monsieur, toute ma vie, je regretterai d'avoir été l'instrument forcé de ce testament qui fait aujourd'hui la joie de Mme de Feuchères : tant je suis convaincu que, d'une manière ou d'une autre, il a causé la mort du malheureux Prince !

Je fais cette profession de foi sans crainte, et je laisse à la raison à venir et aux sentiments élevés que monseigneur le duc d'Aumale professera par la suite, à apprécier les regrets que je manifeste à ce sujet.

Je finis, monsieur, et j'attends votre nouvelle plaidoirie pour y répondre encore. Aux nouvelles et fausses imputations que vous soufflera Mme de Feuchères, en ce qui me concerne, je répondrai par de nouvelles vérités. Le sujet est riche et fécond sous toutes sortes de points de vue ; et je possède, à son égard, une mine abondante. Je ne fuirai donc point la polémique ; et j'attends que vous vouliez rentrer en lice, et essayer de nouveau de faire de l'effet à mes dépens !

Je suis, etc.

Baron A. DE SURVAL.

Palais-Bourbon, 29 décembre 1831.

TABLE DES MATIERES

CHAPITRE XXV.

CHAPITRE XXVI.

CHAPITRE XXVII.

CHAPITRE XXVIII.

CHAPITRE XXIX.

CHAPITRE XXX.

FIN DE LA TABLE DU TOME TROISIÈME.

IMPRIMERIE CENTRALE DES CHEMINS DE FER. — A. CHAIX ET Cie, RUE BERGÈRE, 20, A PARIS. — 11420-5.

TABLE DES MATIÈRES

CHAPITRE XXXI

CHAPITRE XXXII

2000 — Paris. — Imp. Tolmer et Cie, 3, rue Madame.

ERRATA

Pages 52, ligne 28, usurparteur; *lisez :* usurpateur.
— 186, — 2, le coup; *lisez :* l'impression.
— 216, — 13, calcul; *lisez :* détermination réfléchie.
— 272, — 14, chau-; *lisez :* chaudes.

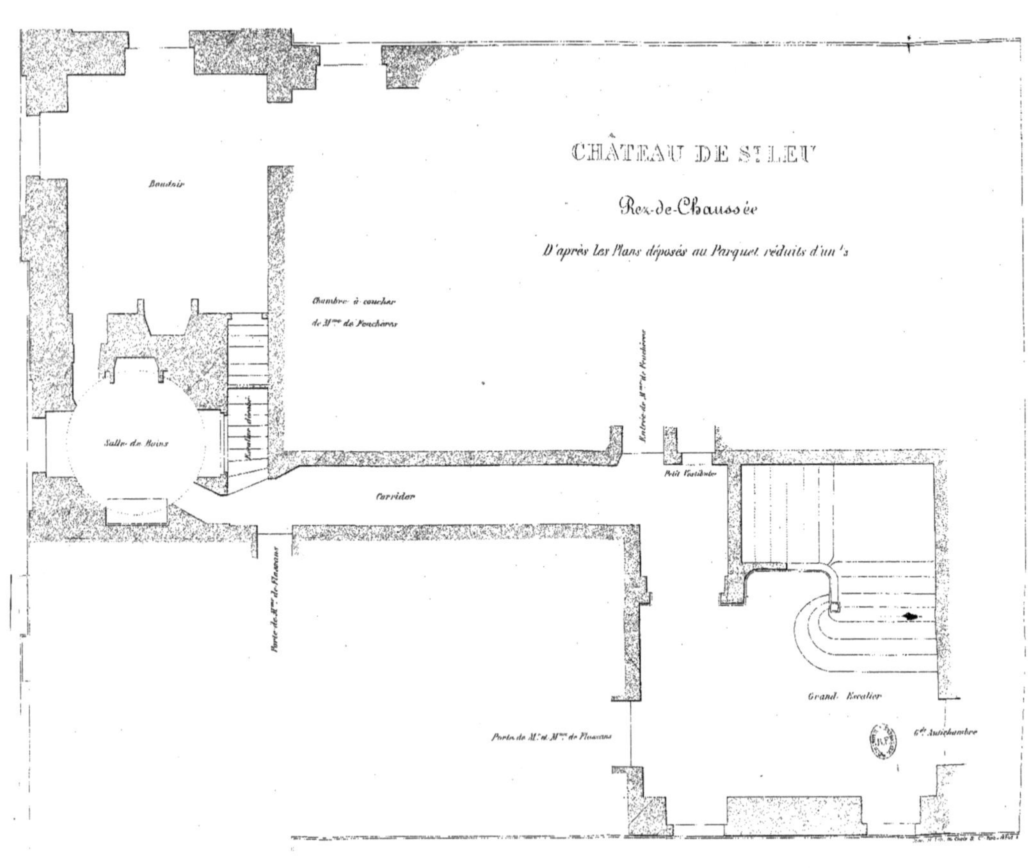
CHÂTEAU DE St LEU
Rez-de-Chaussée
D'après les Plans déposés au Parquet réduits d'un 1/3
Boudoir
Chambre à coucher
de Mme de Feuchères
Salle de Bains
Escalier dérobé
Entrée de Mme de Feuchères
Petit Vestibule
Corridor
Porte de Mme de Flassans
Grand Escalier
Porte de M. et Mme de Flassans
Gde Antichambre

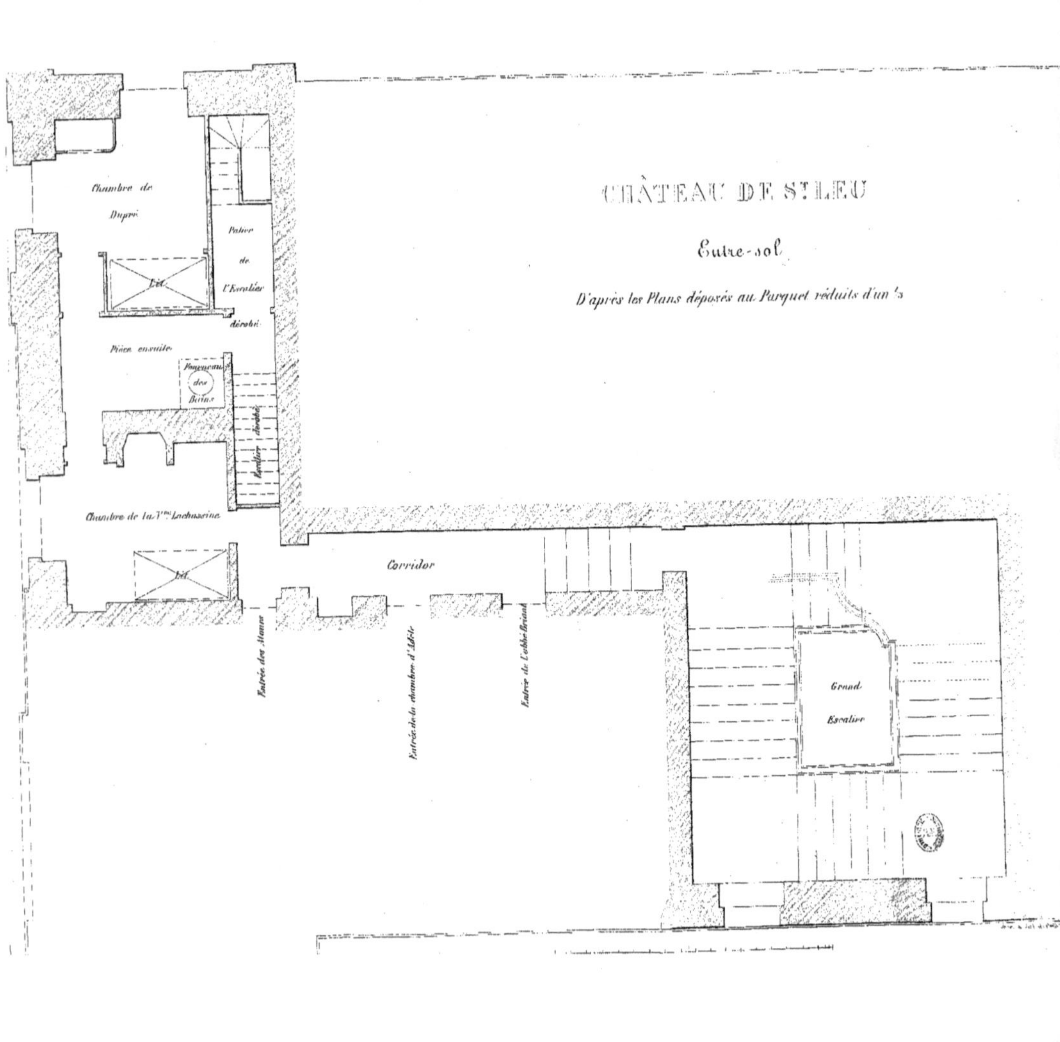

CHÂTEAU DE St LEU
Entre-sol
D'après les Plans déposés au Parquet réduits d'un ⅓
Chambre de Dupré
Lit
Palier de l'Escalier dérobé
Pièce ensuite
Fourneau des Bains
Escalier dérobé
Chambre de la Vve Lachassine
Lit
Corridor
Entrée de la chambre d'Adèle
Entrée de l'abbé Briant
Grand Escalier

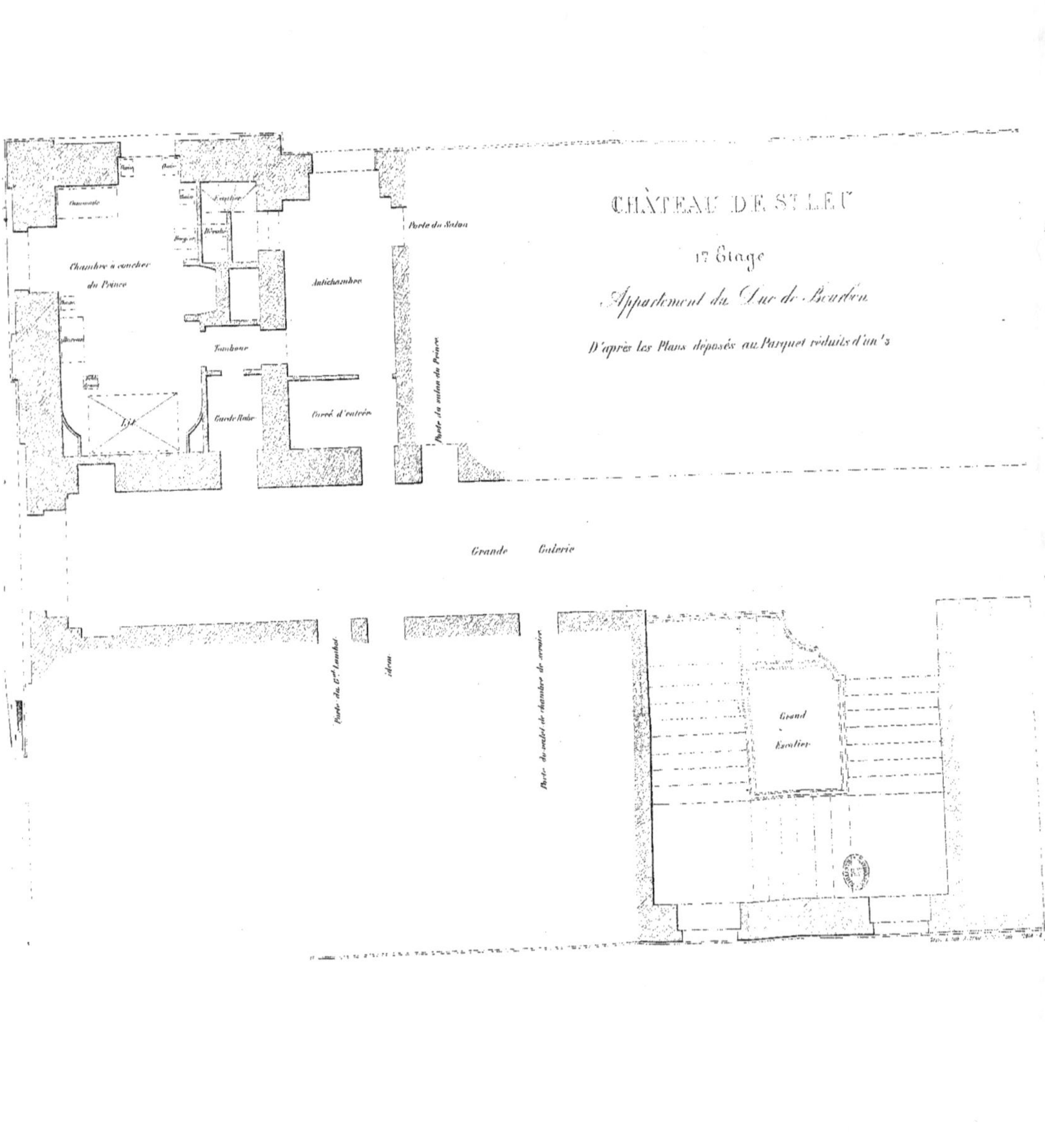
CHÂTEAU DE ST LEU
1er Étage
Appartement du Duc de Bourbon
D'après les Plans déposés au Parquet réduits d'un 1/3
Chambre à coucher du Prince
Antichambre
Porte du Salon
Tambour
Garde Robe
Carré d'entrée
Lit
Porte du salon du Prince
Grande Galerie
idem
Porte du valet de chambre de service
Grand Escalier